牆縫裡的祕密

韓麗明——著

文革謬事拾遺　下

目次

遊街軼事

一個最野蠻，最無恥下流的流氓行為——戴高帽子遊街，是一種對他人人身和人格進行肆無忌憚的侮辱行為。這種荒唐的行為竟然可以在二十世紀六十年代的這個文明世界裡面發生，並且得到某偉人的肯定和推崇，於是全國上下遊街成風。內蒙電力建公司在一九六六年的八月，也進行過好幾次盛大的遊街活動。

在我印象中，文化大革命除了革命，並沒有任何文化。那時候街面上熱鬧非凡，到處人頭攢動，震耳欲聾。人們最喜歡看的遊街示眾，比北京地壇的廟會還要熱鬧十分。被遊街的人戴著紙糊的高帽，胸前掛著牌子，敲著小鑼，打著小鼓，沒有小鑼小鼓的就用舊臉盆、爛簸箕來代替，但是必須要敲得很響。

「牛鬼蛇神」們一路浩浩蕩蕩地過來了，人們歡天喜地圍觀，跟著遊街的隊伍走，走到很遠很遠的地方，再跟著另一支遊街的隊伍返回來。

人們都拍手笑著、跳著，呼朋喚友像看西洋景。十分高興地指點著，議論著：這是誰誰誰，那是誰誰誰，可以說，包頭有史以來，人們從沒這麼熱鬧開心過。有的看熱鬧的孩子調皮地拿泥巴糊在「反革命」的臉上，還引起大人們一陣陣快意的哄笑。

那些被遊街者胸前都掛著大牌子，大牌子上寫著他們的名字，名字上用紅筆打著大大的叉。被遊鬥者，面孔看上去都差不多，蒼白沒有血色，目光呆滯無神，如一群羊被驅來趕去。一九六六年的八月的包頭市青山區，我也曾在這樣的隊伍裡行進過，至今想起來，心中仍在滴血。

最壯觀的那次是在八月二十日，那天，我們都戴高帽、掛牌子、剃陰陽頭。邱萊走在遊街隊伍的最前邊，胸前的牌子上用黑墨醒目地寫著：「走資派邱萊」，名字上打了一個血一樣的紅叉。我在最後面，我胸前牌子的名字上也有紅叉。我第一次看到我的名字上打上叉叉，就害怕地哭了，因為聽人說過，凡是打上叉叉的人，都是要被槍斃的。我嗚嗚地哭著，臉色慘白，腿也軟的邁不動步，後來就被兩個紅衛兵推搡著往前走。「三反分子」趙華輝和「現行反革命」張亭柱因為悄悄說了一句話，被紅衛兵抽出皮帶，在他們身上沒頭沒腦地打了幾下，就再也不響了。

趙華輝是因為兩句話就被打成三反分子的。他那時是食堂的管理員，一天早晨，大家都在「敬祝毛主席萬壽無疆」，老趙突然想起來，食堂沒有薑了，於是就喊採購員小王：「今天食堂也無薑了！」就因為無薑，給趙老漢帶來了厄運。

還有一次，他在向行政科彙報伙食帳時說：「偉大領袖教導我們說：『又虧了』，下邊我公佈伙食帳！」新政科長嚴厲質問他：「你胡說什麼，毛主席什麼時候做過這樣的指示？」趙胸有成竹地說：「這句話我找了兩三天呢！請大家打開毛選第一卷第一篇《中國社會階級的分析》：小資產階級……發財理念極重，對趙公元帥禮拜最勤……他們每逢年底結帳一次，就吃驚一次，說：咳！『又虧了』。這不是毛主席說的嗎？」弄得大家哭笑不得，此事後來也成了他歪曲最高指示的罪證。

張亭柱是土建實驗室的一位試驗工，他喜歡文學，他因為企圖寫一本關於北平和平起義的長篇小說而罹難。在小說的初稿裡，有人物對話把蔣介石稱之為「蔣總統」，他因此被打成了現行反革命。

遊街常常花樣翻新，記得有一次我們還用手牽著一條染成黑色的粗麻繩（寓意「黑幫」）。一路上「打倒×××！」、「打倒×××！」的口號聲不絕於耳。我一個少年，是平生第一次獲得「被打倒」的「殊榮」。

有一陣，公司文革小組天天安排我們這些「牛鬼蛇神」遊街。一天，一大早我們我們就慌忙準備帽子、牌子及手中敲擊的響器，主動來到文革小組門前報到，等待他們派人押著我們遊街。後來執法人員也煩了，說：我們沒球功夫管你們，你們自己去遊吧。於是我們這些「牛鬼蛇神」們就自己打著鑼鼓，自己喊著口號去遊街。這是什麼事啊？所以到了後來，遊街幾乎成了遊戲了，不過這是一個世界上最無聊最荒唐的遊戲。

記得第一次遊街用的高帽子是文革小組讓焊接隊給統一製作的，骨架用的是六毫米的鋼筋，很重，壓在頭上，沒多久就血脈不通，汗如雨下，瀕臨絕境。再後來，揪出來的牛鬼蛇神越來越多，革委會讓我們自備道具，於是我們有的用細鐵絲，有的用竹篾來綁紮高帽子。我也趁機找來竹篾重新綁紮，細心地用白紙糊好，並寫上「三反分子韓麗明」的字樣。遊街之前，我還在工棚裡對著鏡子反覆試戴，惟恐出錯。有人路過，見此情景，不禁啞然失笑。

那些很重的鐵帽子聽說都是焊接隊的劉光明焊的，劉光明是個不到二十歲的小後生，他出身好，對「地富反壞右」深惡痛絕。但是時隔不久，他也被揪出來了，罪名是「侮辱貧下中農」。緣由是，一次大家議論起農村裡劃成份的事，他說，他們村裡就有過地主變成貧農的事情，有個地主子弟因為抽大煙和賭博，到解放前三年已經一文不明，在劃成份時竟然成了貧農。在分地主的浮財時，他挑的幾件東西，都是當年他賭博輸出去的，包括八仙桌、太師椅以及煙槍等，正經貧下中農對此不屑一顧，他們看重的都是農具。

劉光明來到牛棚以後，我把替換下來的最重的帽子交給他了，我交給他，讓他試戴時，突然想到了一個詞：「請君入甕」。

邱書記是山西人，和我是老鄉，在我用竹篾重新做高帽子時，也趁機給他做一頂，他為此對我感激萬分。他說，他老伴已經給他準備好了一雙布鞋，下次再讓他遊街示眾的話，就穿上布鞋，這樣腳底不至於磨出水泡來。可惜，我沒有布鞋，只有工地發的勞保鞋，又硬又硌腳，腳上磨起的水泡始終好不了，後來竟然化膿，走起路來一跛一拐的。

劉光明後來死於自殺，據說由於驚恐而精神分裂。緣由是，包頭市要槍斃一批反革命，劉光明被拉去陪綁。那天，他的背上也插著令箭似的亡命牌，活似古裝劇中斬立決的牌子；綁得也非常有特色，沒用什麼手銬，都是用麻繩，從脖子那邊套過去，雙手反剪，綁的像個粽子；解放軍戰士（印象裡不是穿白色警服，都是軍管會的人都叫解放軍）背著衝鋒槍，兩人負責一個犯人，其中一個摁著他的腦袋，讓其做出低頭認罪的姿勢。

他那天被放回來時，臉色灰白，已經肝膽俱裂，沒幾天就上吊自殺了。

那時，我們每個人上衣口袋處還縫有「××分子」的布條，儘管人不人鬼不鬼，好在都是在工地之內，也就認了。可革委會下令，出了工地，甚至上大街也得戴著布條走，以便「接受革命群眾的監督改造」。我有時候出去只有一個目的，買點兒吃的，補充補充熱量，準備接受明天的再一次遊街。戴布條走，無異於遊街示眾；不戴吧，又怕躲不過英雄們的「火眼金睛」。思來想去，總算找到一條「萬全之策」，我一出四〇六工地就把布條揪下來，回來時再用別針別上去。辦法倒是有了，但每次出去都提心吊膽，生怕出事。

後來舅舅從老家來，聽他說，山西的遊街鬧得更厲害。村裡的一個寡婦，因為耐不住寂寞，和人亂搞被發現，無顏面對鄉親，上吊自殺。這個寡婦以前曾經是地主的小老婆。人們覺得就這樣安葬會便宜了她。不知是誰，想出了裸屍遊街的辦法。

凝聚著多人智慧與心血的道具終於光榮誕生了！板車上豎起穩固堅實的三角架，劉二寡婦赤身裸體地被綁在三角架上，遠遠看去，就像一個大活人站立在板車上。她的頭上戴著高帽，高帽上書寫：「大破鞋劉二寡婦」，可胸前卻一反常態沒有掛牌子，大概設計者是為了突出她胸前那兩個乾癟的乳房以吸引眼球。

遊街在中國，只是一道舊風景，歷史雖說悠久，但真正形成規模和氣候的，還應從打土豪、分田地開始。不過，這要是同文革相比，又是小巫見大巫了。如果說文革把人性之惡發掘至極致的話，那麼，遊街就是不乏幽默、頗具匠心的表演，而裸屍遊街更是這種表演中的上乘之作。

唉，難以忘懷的，空前絕後的大革文化命呀，每次想起來就會讓我的心上滴血。

活人展覽

在中國古代，除去有將犯人斬首示眾的作法外，還有將未處死的犯人枷首示眾、站籠示眾、遊街示眾等作法。在自詡為「破四舊、立四新」的文化大革命中，不但沒有摒棄示眾這類本屬於「舊思想、舊文化、舊風俗、舊習慣」的作法，反而變本加厲地發明出了活人展覽。

一九六六年八月，內蒙電建公司也進行過一次活人展覽。眾所周知，文革初期的破四舊，全國各地基本上都還是在各級黨政機關領導之下開展運動的，當時那些喊著造反有理的口號進行破四舊的紅衛兵，不但得到各地黨政機關的熱烈支持，而且大多是由各地黨政領導授意或直接部署組織起來的，內蒙古電力建設公司的破四舊抄家行動，也是在公司黨委組織下進行的。

八月下旬的一天，公司十幾位「走資派」、「反革命」、「牛鬼蛇神」、「反動技術權威」被當作活靶子，在青山區四〇六工地大食堂門口展出。他們用極端侮辱人格的辦法來醜化這些公民們：脅迫一些人大夏天穿上西服、紮上領帶，化妝成「反動知識分子」；有的則身著長袍馬褂，頭戴瓜皮小帽，腋下夾著帳本，化妝成地主；有的身著狐皮大衣、戴著狐皮帽子，打扮成富豪，封之以「活閻王」的綽號；有的身著旗袍，足蹬高跟皮鞋，塗脂抹粉，化妝成資產階級太太；有的脖子上掛著串起來的卡片，一手拿剪刀，一手拿膠水，冠之以「不學無術的反動技術權威」；有的「走資本主義道路的當權派」打著黑傘，象徵「地富反壞右」的保護人。公司紅衛兵總部還專門派講解員，用侮辱性語言講述這些人的所謂「罪狀」。

時值盛夏，這些人都站在高凳上，搖搖欲墜，汗如雨下。上百人在圍觀，在辱罵，有的年輕人還向他們投擲石塊，向他們的身上吐痰。

食堂門前偌大的空地上，擺滿了各式各樣的家具和罎罎罐罐；幾根繩子上掛滿了鮮豔奪目的奇裝異服。到處都站著身穿草綠色軍裝；左胸佩戴著毛主席像章；腰間紮著軍用皮帶；左臂上套著紅衛兵袖套的公司紅衛兵總部的幹將們。「紅總」的人們在家具和繩索之間來回走動，主動向前來參觀的人們講解介紹。

一個「紅總」的女紅衛兵精神抖擻，鬥志昂揚地用一根細竹桿指著繩索上的一件棕褐色毛皮大衣對參觀的人們說：「這是反動學術權威們穿的裘皮大衣。」側過身，指著旁邊的一張大床介紹說：「這是他們睡的鋼絲彈簧床。」參觀的人們免不了要伸手去摸一摸裘皮大衣，坐一坐鋼絲彈簧床。有人發出感歎：「冬天穿這種裘皮大衣一定不會冷的。」、「睡這種鋼絲彈簧床才不硌背呢。」

「他們過著腐化墮落的資產階級生活，騎在勞動人民頭上作威作福，指手畫腳……。」那個「紅總」的女紅衛兵介紹完了就開始聲討。

我是第一次見識了裘皮大衣和鋼絲彈簧床的模樣。

被示眾者的面前都擺有一張辦公桌，桌上堆滿了從他家抄出來的物品，如花瓶、座鐘、瓷器、字畫等等。有的紅衛兵一邊講解一邊把花瓶、座鐘、瓷器砸爛，把字畫撕毀。

其中有一個最大的「反動技術權威」叫屠欽渭，是公司的總工程師，他年輕時在美留過學，解放前在上海楊樹浦電廠當過廠長。那時，他的月工資二百四十二元，在火電公司是最高的。他面前的折疊床上堆滿了絲綢衣物，及一些精巧的小物件，例如：懷錶、鬧鐘、金絲眼鏡、高檔皮包、古書等等，讓我們看的眼睛發呆，他買的一些罐頭也被拿來堆在桌子上。一些工人質問他：「你每月要吃多少盒肉罐頭？」

屠回答說：「十幾盒。」

「他媽的，爺們連窩頭都吃不飽，你他媽的肉罐頭都要吃十幾盒，你說，你的罐頭是否都餵豬了？」

「是，是！」屠小雞啄米似地連連點頭作答。

還有個副總工程師叫王偉興，他是留日的「反動技術權威」，紅衛兵在他家查出一雙長統絲襪和一付麻將牌，他就成了資本主義復辟的典型；王的面前還有幾本紙張發黃的《論語》和《孟子》，紅衛兵說他「夜夜讀孔孟，時時想變天」，可憐這個老工程師百口莫辯。在圍觀者中，有人對他怒罵，有人向他揮拳示威，還有人向他吐唾沫，搞各式各樣的惡作劇。

山西籍工程師李毅民，她的老婆和他站在一條長凳上。有人質問他：「李毅民！你為啥要娶小老婆？」

李回答：「我的老婆不是小老婆，是原配夫妻。」

「原配夫妻怎麼比你小十幾歲？」

「其實也小不了那麼多，是我顯老！」

「哈哈哈哈」，大家開心地哄笑不停。

至今使我不能忘懷的是，我看到一個完全不同的人，他還不到半百，頭髮就已經花白。臉上堆滿了皺紋，臉色蠟黃，神色憔悴，兩隻眼睛沒有一點光彩，完全失去了英俊才智的銳氣。他在解說自己的罪過時，小心翼翼，聲音細小，嘴唇露出殘缺的牙齒，而且佝僂的身子在微微顫動。他因為在日記中發洩不滿情緒而被定性為「現行反革命分子」，他叫楊貴。

楊貴是調整隊的技術員，喜歡寫日記，他面前的桌子上擺著一本攤開的一九六〇的日記，裡面不時有「飢餓」的字眼跳出，有的日子，啥也沒有，只有一個「餓」字。

楊貴是先天生的佝僂，直不起腰。有人拿他的疾患取笑：「楊貴，爺幫你治治背鍋子好嗎？」

「好，好」，楊貴小雞啄米般地回答。

「知道咋治嗎？」

「不知道！」

「用兩塊門板夾住，爺上去一踩就直了。」

楊貴沒說話，大家快意地大笑不已。

作為那次活人展覽受害者之一的老工程師王偉興在多年後作了悲憤的回憶，他說：「這就像《魯濱遜漂流記》中描寫的生番們在吃人以前的跳舞。」

活人展覽這種反人性的醜惡現象，發生在中國文化大革命當中，絕非偶然。經過長期的階級鬥爭教育，人類普遍的人性已經被戴上了「資產階級人性」的帽子而被批倒批臭，遭到全面專政。講人性成了可恥、可怕的事，蔑視和踐踏人性反而會受到鼓勵與表彰。一切善惡、美醜、好壞、對錯都以階級和政治路線為標準來劃分。在這樣的歷史環境中；在這樣的時代氛圍裡，即使比活人展覽更醜惡、更令人髮指的現象，也完全可以打著革命的旗號堂而皇之地閃亮登場了。

我寫到此，心口不由地感到一陣陣隱痛。

「牛棚」

文化大革命時期，有很多老幹部、知識分子以及無辜的人民群眾遭到迫害，被強加上「走資派」、「反動學術權威」、「反革命分子」、「叛徒」、「特務」等莫須有罪名，這些人被統稱為「牛鬼蛇神」。

牛頭的鬼，蛇身的神。形容作品虛幻怪誕，比喻形形色色的壞人。「牛鬼蛇神」原是佛教用語，說的是陰間鬼卒、神人等，後成為固定成語，比喻邪惡醜陋之物。在文化大革命中，「牛鬼蛇神」成了所被打倒、「橫掃」的無辜受害者的統稱。

那時，各個基層單位常常私設監獄，不經任何法律程序便剝奪「牛鬼蛇神」的人身自由，不允許他們回家，關押在單位裡接受批鬥，強制進行勞動改造。

一般單位都把揪出來的人關押在汽車庫、倉庫等地方。由於這些地方條件惡劣，而且是關押「牛鬼蛇神」的地方，大家順嘴稱之為「牛棚」。文革中不通過公檢法，各單位可以自設監獄關人，現在的年輕人可能都不會相信。

內蒙電建公司的「牛棚」，設在四〇六工地的一排廢舊的汽車庫裡，後來改做堆放材料的倉庫。這一排簡陋的車庫因年久失修，早已破舊不堪，根本不適合住人。群眾專政指揮部認為把它用來關「牛鬼蛇神」最合適，於是就改造成了「牛棚」。

我那時還在土建工地木工班勞動，一天下午，工地通知我們班出幾個人去汽車庫釘製床鋪，我們拉了一大車木料趕往汽車庫，按群眾專政辦公室頭頭的授意，我們先用木頭方子搭建框架，然後在車庫裡順東西方向用木板釘了一大溜通鋪。通鋪很低，幾乎是貼著地面的。我們開始時並不知道這裡是要住人的，直以為上面要擺放貨物。

我由此深刻地理解了唐朝酷吏來俊臣「請君入甕」的故事，因為第二天，群專的頭頭就讓我搬著行李來此居住了。

「牛棚」裡沒有窗戶，一但把門關上裡面就漆黑一團。因為見不到陽光，自然就陰暗潮濕，被子潮的可以擠出水來，卻又不讓晾曬，我的關節炎就是那時留下來的。

「牛棚」裡白天蒼蠅成群，夜裡蚊子成堆。每個人都被咬得遍體鱗傷，奇癢難忍。

每天早晨，我們早早就起床了，疊被、洗漱。監管我們的是幾個剛退伍的小兵，要求我們要把行李疊的像豆腐塊一樣齊整，有幾位老同志怎麼也疊不方正，遭到了士兵的痛毆。後來這幾位老同志每天天不亮就開始起床，顫顫巍巍，搖搖晃晃地擺弄著自己的被子。

「牛棚」裡每天都有人按時分配飯食，飯食毫無營養，難以下嚥。每天有早、中、晚三頓飯，早上是稀飯，中午和晚上都是窩頭和鹹菜。

每天我們抓緊時間吃完早飯，就開始朗讀《毛主席語錄》，唱紅歌。我現在不能聽紅歌，一聽紅歌渾身哆嗦，就是那時留下的毛病。

背語錄、唱紅歌大約半個多小時，然後就開始下工地勞動了，我們幹的是工地上最苦最累的活兒，比如用排子車往工地上送料，拉的多半是金屬材料，工地上又沒有好路，「牛鬼蛇神」們又大多年老力衰，累的汗流浹背。夏天，稍稍在陰涼處躲一會，監管人員就會罵罵咧咧，要不就把土坷垃甩過來了。一天一個留美的老專家對他們說：我們比你們的父母都要大，你就可憐可憐我們吧……

就在那一年，鍋爐房的一臺設備基礎在澆築過程中跑漿了，模板拆除後發現了蜂窩與孔洞，質檢員判定不合格，需要破壞後重新澆築。這樣又苦又累的活兒自然又落到了我們的身上，記得我們用鐵釬和大錘往下鑿混凝土時，虎口都被震得流血。

有一天，我扶著鐵釺，由一個「支左」的士兵來掄鐵錘，突然士兵的鐵錘打偏了，一下打到我的手上。我感到鑽心地疼痛，手一鬆，鐵釺就砸入我的小腿，傷口的血頓時往外冒，我疼得臥地不起，由難友扶我去工地醫務室急救。醫生檢查後說幸好沒打斷腿骨，把我的傷口用消炎粉簡單包紮一下，既不打破傷風針，也不給止痛藥就讓我返回了「牛棚」。我的傷口整整疼了一個星期，晚上躺在稻草鋪的地鋪上，疼得無法合眼。第二天一早我一瘸一拐地照常出工，不得休息。在「牛棚」裡，監管人員是不把我們當人看待的，至今我的左邊小腿上還留下一個深凹的疤痕，這是終身無法磨滅的印記。

在監管人員的面前，我們沒有絲毫做人的尊嚴，在走到離他們十米遠的地方，必須要喊報告，說話時必須先要加上：「牛鬼×××向您報告……！」他們訓斥我們時，不許我們抬頭，這已是金科玉律。只要對方一張口，就要先來一句「國罵」，除了說「他媽的」以外，還說「你這混蛋！」、「你這王八蛋！」等等，用詞豐富多彩。如果哪天哪個監管人員不張嘴罵人，我們反而覺得非常不適應，非常不舒服了。

凡是「罪惡深重」的「牛鬼蛇神」，只有白天勞動時才准許摘下牌子，但勞動一結束，十幾斤重的牌子必須重新掛回脖子上。由於體力耗費太大，這些人每晚躺在床上，連身都不能翻，疼得無法入睡。

天天晚上入睡前都要點名，我至今難以忘記的是邱書記，邱萊，一個一九三八年參加革命的老幹部。每次點名，他都能聽到自己的名字。此時就從屋中木板上傳出來一聲：「到！」聲音微弱、顫抖、蒼老、淒涼。我每次都想哭上一場。這聲音震撼了我的靈魂！

記得邱書記有一次病了，好幾天沒吃飯，家裡給送來半飯盒餃子，監管人員說怕裡面夾著情報，把餃子都用筷子捅了個稀巴爛，他只好用開水把餃子泡著吃了。

那時，「牛鬼」們最害怕的是審訊，因為許多事情，即便你渾身是嘴也說不清楚：

有一個「牛鬼」，在審訊時被打的無奈，胡亂交代說，發報機就藏在家裡的炕沿底下。「群專」人員派人去他家搜查，好多人拿著大洋鎬，把屋裡磚地、門外的臺階甚至連屋頂都刨了；還拿刀把沙發全捅破，也沒找到電臺。不幸，就在他家的當地，並排挖出了兩口棺材，因為包頭乾燥，死者面部竟栩栩如生，你說今後這家如何住人？

王總家裡的床板上有兩個洞，是家裡的舊床，從來沒想過這兩個洞哪來的，群專的人硬說是子彈打的槍眼兒，向他要槍，要子彈，把他嚇得半死。

還有個李總喜歡鼓搗無線電，自己裝過電子管收音機，「群專」的人非要讓他交出發報機，為此他沒少吃苦頭，家裡的火炕都被刨了，也沒有找到發報機。

趙高工的母親是民國初年生人，家裡還保留出嫁時的滿族衣服，「群專」人員說他時時準備封建主義復辟，趙高工感到非常冤枉，他說：即便復辟了，滿清女人的衣服還能穿嗎？

犯了錯誤，必須要跪在毛主席像前請罪，如果請罪請的不好，監管人員就要把你帶到旁邊的小屋去「上小課」、「吃小灶」。「吃小灶」就是幾個監管人員圍著你打，我親眼見一名「牛鬼」因反抗管理，衣服被打得稀爛，滿臉是血。那時，常常半夜裡能聽到旁邊小屋裡傳出的淒慘的叫聲。

我經常偷偷地觀察監管人員穿的鞋子，如果穿的是翻毛皮鞋，和他說話一定要小心翼翼，我見過一個不聽話的「牛鬼」被監管踢得遍體鱗傷。

文革中每個單位都有「牛棚」。幾乎每個單位都死人，上吊的、割腕的、喝藥的、投水的，五花八門。

我在「牛棚」裡大約待了半年多，吃過的苦無法細述，直到如今還經常在惡夢中驚醒，大汗淋漓，半宿不能平復。「牛棚」是一個沉重的話題，沉重得每次回憶都撕心裂肺般疼痛，真是往事不堪回首呀！

「走資派」邱萊

邱萊，文革前系水電部華北電力建設公司內蒙古工程公司的黨委書記。

邱書記山西人，十三級幹部，原名趙秋來，邱萊是共產黨的幹部南下時改的名字，他和趙紫陽曾經是革命戰友，和華國鋒是老鄉。

趙秋來，山西長治壺關縣人，早年在潞澤中學讀書時就參加地下黨，屬犧盟會抗日決死一中隊隊員，劉湘平（謝富治夫人）是該隊的政治指導員，他的入黨介紹人就是劉湘平。潞澤中學屬於革命搖籃，在中國共產黨晉城歷史上有著特殊的意義，晉城第一個黨小組、第一個黨支部、中共晉城地方執行委員會均誕生在這裡。

趙紫陽任中共冀魯豫第四地委書記時，趙秋來是他屬下河南滑縣第七區模範區長。當年和他同時參加革命的戰友，建國後都是高官，最低都是地委級幹部。

邱書記身材矮胖，長的慈眉善目，和彌勒好有一比，與人很有親和力。

文革一開始他就被打成了「走資派」，受到殘酷的迫害，罪名是「執行劉少奇的反革命修正主義路線」。

我常常想，邱書記如何能知道毛澤東和劉少奇是兩回事情？他是照本宣科地執行黨中央的文件的，他哪能分得清，文件中的條款哪一條是毛澤東制定的？哪一條是劉少奇制定的？

他只知道劉少奇是毛澤東的接班人，是毛主席的老鄉及親密戰友，「毛澤東思想」就是劉少奇最先提出來的，毛都說：「三天不學習，趕不上劉少奇！」

文革來了，說他「利潤掛帥、物質刺激」，把企業種種正常的管理制度說成是「資產階級管、卡、壓」，我認為根本站不住腳，一個企業不講利潤如何能行？工人們加班加點不給增加點收入如何能行？一個數千人的國有企業，沒有健全的規章制度如何能行？何況這都是中央文件明確批准的呀！

那時，毛澤東認為全國百分之九十五以上的領導權，都已不在無產階級手裡，他號召造反派向各級政府的領導幹部們手中奪權，他的判斷無疑是錯誤的。

其實那時共產黨的幹部還是比較清廉的。有個黨委副書記，文革中被批判的主要罪名就是「麻袋書記」，他經常在自行車後衣架上夾一條麻袋，每次公司給職工分東西，比如土豆，他總要比別人多分些。嗚呼，如果不是飢餓，一個堂堂的共產黨的書記能夠看得起一麻袋土豆嗎？

邱書記曾對部下說：我將來如果死在內蒙古，就把我葬在大青山下，「天涯何處無芳草，何必馬革裹屍還」。後來他雖然慘死在內蒙古了，卻無法安葬在他選中的那塊地方。

在工廠裡的確有許多幹部存在官僚主義作風，平常說話辦事得罪了一些人，文革來了，一些人乘機報復。生活中就有這樣一些人，喜歡幸災樂禍，別人倒楣，他們高興的猶如過年。

文革初起，我和邱書記就成為了難友，火電公司十七個「牛鬼蛇神」，他排第一，我排十七。

批鬥會上，邱書記脖子上掛著幾十斤重的鐵盤子，頭上戴著用鋼筋焊的高帽子。幾位江西籍的轉業軍人掐住他的脖子用肘關節狠搗他的脊椎，曾經生生地把他的胳膊擰斷。

他還受過「坐噴氣式飛機」、剃陰陽頭、「熱情幫助」（烤火爐子）、「燜山藥」（用棉被燜住頭打）等刑罰。他們還打碎玻璃，把玻璃碴鋪在地上，強迫他脖子上掛著四塊磚頭在玻璃碴上爬行，碎玻璃紮進他的膝蓋和手掌，鮮血淋漓。各種酷刑他無不經歷。

邱書記在文革中受盡了磨難，在工地上住的人常常能在半夜，聽到「牛棚」裡邱書記撕心裂肺的慘叫聲，歷經數年。

我的同事老劉，文革期間為邱萊的事曾去外調過趙紫陽。那時趙紫陽因為「走資派」錯誤已被免除廣東省委書記的職務，軟禁在廣東軍區司令部的大院裡。老劉問詢起邱萊當年的政治表現，趙紫陽滿口讚譽之詞，沒有落井下石。

一九七一年趙紫陽起任中共內蒙古黨委書記時，曾在包頭青山賓館會見邱萊，老友久別，唏噓不已。會見的第二天，邱萊就被解放，第三天又被三結合進革委會，任革委會副主任。

一九七一年邱書記被解放後，專程從包頭來呼和浩特看我，適逢我不在家，沒有見到我，聽說他非常失望。

其實，此時的邱書記已經病入膏肓。後來沒多久，便因頸椎骨質增生壓迫中樞神經，癱瘓在床，常年躺在包頭市青山區第四醫院的病室裡。每天胡言亂語，時亢奮，時沉寂。家裡人為了延長他的生命，得到他每月的微薄收入，每天用鼻飼法給他進食，以延緩生命，直至死亡。

她的女兒，因為不堪忍受父親狂躁時的辱罵，與無休止的擦屎擦尿的生活，看不到生活的前景，終於在一個夜晚，縱身一躍，跳入包頭二電廠的冷卻塔中。邱書記因為大腦早已失去意識，竟對此一無所知。後來不久，他也終於脫離苦境，駕鶴西遊了。

親愛的邱書記，小兄弟我現在淚如雨下，我想地獄也不過如此吧！

嗚嗚!!

「曹地主」與周麻子

電建公司土建工地的曹師傅是個「地主分子」，人們都叫他「曹地主」。我參加工作那年「曹地主」才三十四歲，也就是說，一九四九年解放時他剛滿十八歲，因為那年他爹正好死了，所以地主分子的帽子就由他繼承了下來。昱年，他媽也離世，他成了一個孤兒，頂著地主分子的帽子在村裡一個人艱難地生活。後來他跟姐夫學了點手藝，才出來參加了工作。他生性膽怯，沉默寡言，歷次運動都是運動員，他成家很晚，沒有女人敢嫁給他，因為那頂地主分子的帽子太沉重了，沒人能和他擔得起。師傅們都很同情他，對他的評價是：其實那是個好人，可憐啊。我也想過，這個人從來沒剝削過，也沒享受過地主生活的人，怎麼就落了個地主分子的下場呢？

一次，我和「曹地主」單獨在一起，向他問起了地主分子的來歷，他說，他的地主父親非常艱辛，半生辛勤積攢下來錢都用來買了地。他爹也是種田的一把好手，自己生活非常簡樸，除了攢錢買地，平時捨不得用錢，只有農忙時請短工來，才捨得去割點肉。吃飯時，短工的飯桌上有葷有素，他爹媽二人就在廚房吃剩菜剩飯。他們想的是受苦人吃飽了幹活才有勁，自己能省一點是一點。而且他爹從早到晚都是跟短工們一起在田裡受苦的。

「曹地主」是多大一個地主？說來嚇壞你，他說，他家每年的收成大約有八石！八石是多少？現代人恐怕不大清楚。「石」是舊時的體積計量單位，各地大小可能不太一致。在雁北，一石穀子大約重三百三十至三百五十斤。八石穀子最多也不過二千八百斤。按目前政府收購價每斤稻穀一元計算，值二千八百元。這樣一種經濟基礎，你可以想像他的衣食住行、生活習慣、思想意識是怎樣一種狀態？他過的是怎樣一種生活？他敢不敢於企求山珍海味、綾羅綢緞，奢侈浪費？可不可能飯來張口衣來伸手？如果他不節衣索食精打細算，倒時時都有斷炊的危險。說白了，他就是過著一種普通農民的生活，甚至比稍稍富裕一些的農民還不如。這樣的地主，他的「剝削罪惡」到底有多大？到底應該受到怎樣一種懲罰？每個人都可以評判。

他爹辛苦了一輩子，就攢下一些地，不巧剛到一九四九年，就一命歸西，地主分子的帽子留給了他，讓他跟著遭了殃。我聽了他的話非常吃驚，我從小所受的教育，使我一聽到地主富農這個詞，馬上就會聯想到劉文彩、周剝皮，繼而想到收租院和水牢，想到衣衫襤褸交不起租子的貧雇農……，原來地主裡也有很悲催的人呀！

「曹地主」的長相實在不敢恭維，有點像電影導演馮小剛，但為人卻十分和善，性格也溫良敦厚。我和他在一個宿舍裡住過，聽師傅們說，他每天晚上上廁所歸來，都要給我蓋被子，那時我才十七歲，睡相不好，有一天晚上，我感冒發高燒，他整整陪了我一夜，給我餵藥、倒水喝。我因此很感激他。

「曹地主」一個人生活時，收入不低，經常資助一些家庭貧困的師傅，但他生性耿直，對周麻子這樣陰奉陽違、兩面三刀的人卻不屑一顧。周麻子因此對他耿耿於懷。

土建工地的造反派頭頭周麻子是個極左分子。聽說他祖上也很有錢，只是到了祖父那輩兒染上了毒癮，坐吃山空，家道才漸漸敗落。到解放時，家裡已一文不明，所以有幸定成分為城市貧民。

周麻子的技術不咋的，連個最簡單的圖紙也看不懂，師傅們因此都瞧不起他。但尺有所短、寸有所長，周麻子的政治嗅覺卻非常靈敏，他非常關心工地上的階級鬥爭新動向。經常向年輕工人們宣傳：幹工作不忘階級鬥爭，要監視地富反壞右的一舉一動，有異常情況要及時向他彙報。

記得有一次，因為一個技術問題，「曹地主」頂撞了周麻子，周麻子嫌「曹地主」揭了他的短，氣不打一處來，於是他時刻想尋釁報復「曹地主」，一天晚上，周麻子和我們班的幾個激進青年說起「曹地主」。他越說越憤恨，最後提議：咱們待著也無聊，現在就去教訓教訓這個地主分子吧！顯示一下咱們「紅總」的權威！我非常害怕，又無法給「曹地主」通風報信，只能悄悄地跟在後面看。

那天「曹地主」吃過晚飯，正在宿舍旁邊的工具室裡尋找工具，幾個黑影快速地閃了進去。立刻，光亮熄滅了，緊接著就是一陣慘叫聲，這聲音是那麼的淒厲，讓人聽的心裡發緊。最後我看見周麻子抓著他的頭髮，硬把他從房間裡拖了出來，

「曹地主」滿臉是血。動靜鬧大了，這慘叫聲在夜裡一下就把別的宿舍的工友都吸引過來了。班長白師傅也趕了過來，冷冷地看著他們，罵周麻子說：「麻子，做人要厚道，給後代積點陰德，他礙著你啥事了，你下手那麼狠？」又對我們幾個說：「不要打人，打人不好，你們應該慢慢去改造他！」別的師傅們對周麻子的神態也都鄙夷不屑，但又不敢說什麼。

有一次，周麻子他們還專門組織了一次批鬥「五類分子」的會議，會場就設在離我們住處不遠的野灘上。那天天氣很冷，天色陰沉，空中還飄著一絲雪花。「曹地主」他們幾個「牛鬼蛇神」穿的都很單薄，彎腰撅腚、渾身瑟縮地站在職工們的前面，脖子上掛著大牌子。下面的人穿著白茬皮襖，大頭棉鞋還不暖和，我想「曹地主」他們一定很冷。

土建工地的一幫年輕人都擠坐在一起，大家都戴著新買來的氈帽，樣式就是電影《白毛女》裡楊白勞戴的那種，又便宜，又舒適；帽耳上有兩塊兔皮，把兩個護耳放下來非常暖和。這是我們一幫哥們休息時，集體上街閒逛時在青山區百貨大樓買的，一人一頂，當時就都戴在頭上了，把幾個售貨員小姑娘笑的前仰後合。

批判會開始了，我們一堆年輕人並不在意周麻子的發言，擠在一起抽煙。

周麻子站在「曹地主」的面前。指手畫腳地揭發「曹地主」為他的地主父親鳴冤叫屈。我們不好好聽，在下面胡亂打趣、閒聊。周麻子那天的情緒非常亢奮，說著說著就把話鋒轉到了我們的身上：「我說你們這幫傢伙實在不像話，一人一頂爛氈帽，打扮的像一群流氓，你們還有一絲工人階級的味道嗎？」

不曾想，白師傅在下面開了腔：「周麻子，你不要胡說八道不好，電影裡楊白勞戴的就是這種帽子，你的意思是，楊白勞也是流氓嗎？」

這時，鋼筋班的小張突然高舉拳頭站了起來呼喊：「打到周麻子！周麻子侮辱我們工人階級是流氓！」

周麻子一時犯了眾怒，臉紅脖子粗，難堪萬分，不知該如何是好。

幸虧工地劉書記出來解圍，否則周麻子成了眾矢之的。批鬥會算是徹底亂套了，只好草草收場。

屠總和「劉紅鼻子」

記得我在內蒙電建公司土建工地當工人時，我們班還有兩個編外人員，一個姓屠，是過去公司的總工程師，因為年輕時在美國留過學，所以在文化大革命一開始就被打成了「美國特務」，又因為在公司裡數他的技術職稱最高，所以又給他戴上了「反動技術權威」的帽子。屠總中等身材，胖胖的，面皮白淨，頭髮全白了，臉色又似乎有些失血，看上去十分蒼白。他平常不苟言笑，總是默默地幹活或怔怔地坐著，只有當我們問他話時，他才誠惶誠恐地回答一句。

另一個老頭姓劉，身體極其孱弱，背佝僂著，前額突出，牙齒外露，酒糟鼻子紅紅的，人們都叫他「劉紅鼻子」。老劉頭曾經是公司行政科的科長。就因為在牆上刷寫標語失誤而被打成了「現行反革命分子」。據人們講，那天，他用紅油漆在食堂外面的白牆壁上書寫大字標語「大興三八作風」，他剛剛寫完「風」字，回頭一看，頓時臉色煞白，差點昏厥過去，原來因為油漆稀，他又蘸得多，三字上面的一橫剛好從中央稀稀落落地流了下來一道，與下面的一橫連了起來，好端端的一個「三」字，眨眼見變成了一個「王」字。

那天，他寫標語時正趕上食堂開飯，人來人往，無法遮掩，沒過十分鐘，他就被公安局派來的警車接走了。在公安局待了有半年的光景，因為那裡人滿為患，才又改為「交由本單位群眾監督改造」，陰差陽錯地發配到我們班來。為了便於接受革命群眾的監督改造，他倆和我們住在一個宿舍裡。

兩個老頭幹不動重活，每天就是幫著往工地拉車送料，閒下來就讓他們去起釘子，按「群專」小組長周麻子的安排，我們的洗腳水都由老劉頭給打，每天晚上他都用臉盆把冷熱水兌好，端到每個人的床前，有時候水稍微熱些，周麻子就會罵罵咧咧：「老圪泡，你想把爺燙死呀！」

「周麻子，你家沒老人呀，不要欺人太甚呢！」白師傅經常罵他。

「日他娘的，你們誰家缺先人，就弄回家去供起來！」周麻子憤憤地說。

周麻子閒暇時經常對我們幾個徒工說：「屠欽渭這個老圪泡，他當總工時，每天穿的乾乾淨淨，坐在辦公室裡清風涼爽地每月拿二百四十多元，是我們的六七倍，不是剝削是什麼？」他曾經參與過抄家，對屠總家裡的沙發床也耿耿於懷，他不止一次說：「他媽的，一睡覺就像掉到了棉花堆裡，舒坦的很呢。他老婆也比他小好多歲，你說腐敗不？」

他還說：「你看那個劉志山，像不像《智取威虎山》裡的座山雕？他能是個好人？」他說這些話時，出身好的人都隨聲附和，出身不好的人噤若寒蟬。

聽師傅們說，那個屠總很有些本事，就連蘇聯專家他都不放在眼裡，早年他就因為「右傾」吃過很大苦頭。

包頭二電廠二期擴建工程，二號機投產試運時，發現發電機的運行聲音有些不大正常，全公司的技術人員抓耳撓腮，沒有一個能說出是什麼原因來。出於無奈，公司革委會主任決定，把他押去看看。

那天，天下著毛毛雨，人們本來就不想幹活，便一起跑去觀看，白師傅對屠總有些放心不下，也跟在後面。

去現場看熱鬧的人真多，就連天車上也坐滿了人。屠總脖子上掛著大牌子，彎腰站在汽輪機旁，一個戴著紅袖章的電氣工地的負責人氣勢洶洶地逼問他說：「你老實說，這不正常的聲音是從哪裡來的？如果說錯了，小心你的狗頭！」屠總木然地站著，一聲不吭。

「快說！說不對以破壞『抓革命、促生產』論處！」一直擠在最前面看熱鬧的周麻子也幫著腔說，這時站在他旁邊的白師傅裝作不在意地，狠狠地用大頭鞋的後跟在周麻子的腳尖上踩了一下，周麻子疼的尖叫一聲，呲牙咧嘴地躲到後面揉腳去了。

屠總佇立了半天也沒有說話，須臾，他說：「你們給我找根細銅管來吧！」，細銅管找來了，他將銅管的一頭頂住發電機的外殼，一頭貼近耳朵，聽了好一會兒，終於平靜地說：「轉子線圈裡掉進了東西！」

「真的？」那位負責人滿腹狐疑地問。

「真的！」屠總非常肯定。

「好吧，如果不是，罪加一等！」他向身邊的人一揮手說：「拆卸轉子！」

全場的人都鴉雀無聲，空氣也像凝結了一樣，此時所有觀看的人也不禁汗顏。

螺栓卸開了，天車徐徐地吊起了端蓋，轉子被抽了出來，一個技術員鑽進了定子線圈裡，用鑷子從裡面夾出了一個高粱米大小的螺母，舉起手來讓人們看，人們都歡呼雀躍了起來，那個負責人卻不禁有些蹙眉疾首了。

不知何故，此時的屠總竟然眼含熱淚唏噓了起來。

平生最糟糕的一次旅行

一九六六年八月，內蒙電建公司把我們四個十七歲的小孩，打成了「三反分子」、「牛鬼蛇神」。期間受盡了拘押、遊鬥、吊打的磨難，慘狀不能盡述。那年的十月初，我們幾個小「牛鬼」，再也忍受不了非人的虐待，私下祕密串聯，打算逃往北京上訪。

那是一個月黑風高的夜晚，我們乘看守熟睡之際，悄悄地打開牛棚的大門，躡手躡足地爬將出來，穿越四〇六工地的鐵絲網，徑直朝包頭召潭火車站跑去。

四〇六工地與車站有十幾公里遠，我們不敢走大路，儘量穿越農田及鄉村的土路，待到天濛濛亮時，我們已經遠遠望見了車站屋頂的上紅彤彤的標語了。我們不敢在人多處露面，躲在一個僻靜的地方，等待著上車的機會。

突然我們發現了幾個熟悉的身影，他們是公司文革專案組的成員及幾個紅衛兵打手。他們像狗一樣，在人群中來回穿梭，無疑是在尋找我們的蹤影。我們也警覺地隱藏在一個破爛的房子後面遠遠地在注視著他們的動向。

在車站的外面顯然是很危險的。看到他們幾個進了站房，我們四個孩子拔腿就跑。遠遠地兜了個大圈子，從車站西面的曠野繞進了月臺後面的站場，爬上了一節敞篷的貨車車廂，不時抬頭向站房處張望。

我們腹中饑腸轆轆，但喜悅與驚恐並存，用一句現在時興的話來講是「痛並快樂著」，因為我們終於脫離了樊籠。

時間冗長難耐，直到下午五點時分才從蘭州方向開來了一趟列車，列車喘著粗氣進站了。列車在包頭站停車十二分，車停下後，我們也不敢立即上車，仍在偷偷地窺視周邊環境，直到開車鈴聲響起，我們四個才如離弦之箭，狂奔向列車背面的窗戶（我們是絕不敢通過車門上車的）。

初秋，列車的車窗大開，車上的紅衛兵們熱情萬分，連拉帶拽地把我們從窗口揪了上去。我的下半身還懸在車外時，車就已經開動了，好懸！

景柏岩、軒春生、杜鐵他們三個先我一步上車，他們都汗若水洗，頭髮也濕的一縷一縷的。我們相視而笑，臉上充滿了勝利的喜悅。

我永遠忘不了那天火車上的情景，車廂裡的擁擠完全是世界末日的景象。我沒有經歷過戰亂，逃難，我相信那天火車的擁擠不會好於戰亂或逃難。車門根本擠不上去，許多女生也是從車窗爬上去的，人擠人、人靠人，用摩肩擦踵都不足以形容。行李架上蜷伏著學生；座位下躺著學生；座位靠背上騎著學生，三人的座位擠著六七個人，車廂裡擠得密不透風。站的太累了剛一換腳，那地方就馬上伸下另一隻腳，你抬起的腳便無立足之地了。唯有列車員有飛簷走壁的絕技，他們能踩著椅背從這邊走到那邊。

我蹲在小桌上很長時間下不去。一位老師不忍心看著我疲憊的樣子，示意我把他帶的一卷行李從座位下拖出來坐。行李好不容易拖出來，還沒等我坐下，就坐上了兩個人，只給我留了個小縫兒。

每到一站，還會不斷地有人從車窗爬進來，沒有落腳之地時就蹲在小桌上。男女擠在一起，胸貼胸、面挨面、耳鬢廝磨，甚至能聽到對方心臟的跳動，能感覺女性柔軟的胸部，因為極度的疲憊，誰也不再理會所謂的性騷擾了。

汗臭味、煙味、令人窒息。但是這些和我們失去人生自由，被拷打、作踐相比又算得了什麼？我們的內心充滿了欣喜，我們對未來充滿了希望。

列車開出車站後不久，天就黑了。我被擠在人堆裡，感覺像罐頭裡的沙丁魚。他們三位也被擠散在各處，一個個都在享受著「幸福」的煎熬。

擠在令人窒息的車廂裡，竟然還有想找水、上廁所的人，過來過去都要從我們頭頂上跨過去，再在我們屁股底下找個縫兒插腳。我開始還有勁兒躲閃一下，後來也沒了精神，身上頭上滴滿了過往的人從廁所裡出來趟的黑水，也不覺得髒。整個人都麻木了，熬了一會兒覺得已經過了半個世紀，結果每次一看表，才過了五分鐘。

至今留下的記憶裡，車廂裡烏泱烏泱地，燈光昏暗空氣污濁。記得我內急，擠過去，見廁所裡擠著學生，蹲坑裡有大便堆積，每每想來都有噁心的感覺。

尤其難以釋懷的是，膀胱裡的東西無法排解，男的好辦，擠到窗口，叫同伴擋住，尿向窗外。但女孩子們就悲慘了，她們沒有男人的勇氣和工具，她們只有忍受著膀胱高度腫脹的煎熬。站在我對面的一個女孩，臉色慢慢地羞紅了起來，淚水從眼眶裡流出，她的褲子慢慢地濕潤了起來，無疑，她實在憋不住了，尿液順腿而下。

那天的後半夜，有水珠從行李架上滴下來，流在我的口中有點鹹味，我睡眼惺忪地向上看，只見躺在行李架上的女孩的褲子都濕了，顯然她尿失禁了。我們坐在下面的人誰也沒說話，該說什麼呢？

只要列車一進站，實在憋不住的人就趕緊從窗戶爬出去小便，或買點吃的。如果車上沒人接應，你下了車就甭想再上來了。

午夜時分，火車到了一個大站，據說是大同車站。月臺上的燈刺眼地亮，隔著車窗，我看見外面有很多高的煙囪，有的還直冒白煙，地上堆的煤面，像小山似的。軌道上不時地發出蒸汽機車排氣的「沙、沙」聲響，偶爾還有人影來往穿越。

火車在大同站停了好長時間都沒動，我一直地東倒西歪地維持著站姿，全身酸痛地幾乎要倒下去，可往哪裡倒呢，本來就是傾斜在別人的身上呢！等了不知有多久，火車終於開了，我骨頭的痛感有些緩解。

車廂裡又悶又熱又臭，沒有水喝，口乾舌燥，肚子也很餓。好不容易盼到了張家口，正想擠到窗口買點吃的東西時，有幾個人在窗口外敲打窗玻璃，喊我們開窗，好讓他們上來。

窗邊座位上的幾個人就用手把玻璃窗壓著，不想讓他們進來。過了一會，那幾個人找來一根木棒，把車窗抬開一個縫後，就用木棒撬，那幾個人很快就把窗子弄開，一個個翻身進來。本已很擠，又塞進了八九個人，我說我受不了了，我要下車，有人就幫助我從那個窗口跳了下去，這時只想到下車後能找點水喝。

我在張家口月臺上的水池邊狂飲一氣，回頭一看列車已緩緩啟動，想上車已無望，我順著列車跑，車上那三個哥們根本幫不上我。我趕上了車尾的守車，守車有一個平臺，一位男生伸手把我拉上了車。車廂是進不去了，十月份的後半夜有點冷，我也有點怕，又冷又怕的感覺多年憶起仍如噩夢。那位男生有一件棉大衣，他和我一起靠著車門坐著，棉衣給我蓋了一半，我居然慢慢地睡著了。四十多年過去了，我以感恩的心情來懷念那位拉我上車、溫暖過我的男生，我對那個夜晚留下了永遠的印象。

我心中有一個堅定的信念，再艱難，終歸離北京越來越近了，離偉大領袖越來越近了，我們要向他老人家哭訴我們的冤情，哭訴他的那些逆子對我們的瘋狂迫害。

有則笑話說：文革大串聯時期，人們都坐著火車到處跑。有一天在一列特別擁擠的火車上，突然有個人想要大便，憋不住了，又擠不出去，這人只好把屁股架在車窗上，往車窗外拉。剛拉出來，外面有個車站的工作人員看到了，這人眼神不好，就大聲衝那人喊：「唉，那個大臉的同志，火車快開了，請不要把頭伸出窗外吃油條！」

唉，貌似荒誕，又屬實情。如果你沒有親歷過，怎麼會相信呢。

亡命北京

經過一夜煉獄般的煎熬，第二天清晨，火車終於喘著粗氣駛進了北京站。溫暖的陽光射進了車窗，人們都從夢魘中蘇醒，我們的臉上滿是汗水的污漬，頭髮髒亂的猶如鳥窠，破舊的衣服滿是褶皺，我們四個孩子都是第一次來北京，興奮之情難以言表。這裡是偉大的首都，是毛主席居住的地方，我們有機會向偉大領袖傾訴我們的悲慘經歷嗎？不得而知。反正我在包頭的日子裡不止一次地夢見過他老人家，在夢中向他老人家哭訴：「毛主席，我是被冤枉的呀！」

出站後，我們先在廁所裡用手捧著水洗了一把臉，用衣襟擦乾，然後就直奔長安街而去。文革氣氛如火如荼，長安街上一片紅色的海洋，那是通往共產主義彼岸的血海。高音喇叭放著震耳欲聾的革命頌歌，到處都是洋溢著革命激情的人們，穿軍服、戴軍帽、紮皮帶的紅衛兵隨處可見。

我們已有二十多個小時沒有進食，感到饑腸轆轆。幸好在東單路口看到了一個早餐店，但人很多，地面污水橫流。我們四個人買了四碗海帶絲做的湯和兩籠包子，狼吞虎嚥地吃了下去。不知那湯裡有什麼味，很悶人，但對於飢餓的我們來說一切都無所謂了。喝完湯，放下碗，一人手持一個包子便去打聽接待站的地址。

我們跌跌撞撞地找到了國務院辦公廳人民來訪接待站，那裡的工作人員告訴我們，由於北京突然湧來的上訪者太多，暫時沒有住處。頭一天，把我們四個打發在一個裝滿行李的賓館的庫房裡睡覺，也許是因為疲累，那晚睡得很香。我們把行李統統打開，身下鋪滿了厚厚的行李，身上也蓋上了厚厚的行李，雖然那間庫房很陰冷，但是半夜還是被熱醒。

第二天一早，我們就被人家趕了出來，一時沒有著落。起初我們在東郊的麥田裡睡過覺；在頤和園諧趣園的亭子裡睡過覺；在中山公園的長椅上睡過覺。頭幾天我們天天去西直門外的一家麵食館去吃麵片兒，八分錢一碗，味道好極了。那是我此生吃過的味道最好的麵片兒，地點就在一出西直門城樓五十米的路南。

我們在苦苦地等待著。吃麵片兒的錢很快就花完了，許多和我們類似的上訪者在餐館裡吃人家的殘湯剩飯，常常面臨著被餐館裡服務人員的呵斥與辱罵。我們則湊錢在餐館裡買幾碗湯，然後磨磨蹭蹭地喝，一邊喝，一邊目光機敏地掃視著鄰座剩下的飯菜，只要顧客一起身，服務員還沒來得及收拾，我們就趁機端了過來，這樣即便被服務員發現，也不會辱罵，只是催你吃完快走，不要一碗湯喝個沒完沒了。

一天，我們飢餓至極，在東郊的菜地裡偷拔過蘿蔔。本來四顧無人，才把蘿蔔拔起來，在褲子上擦了擦，正要入口，不知從那裡冒出來的社員，鋪天蓋地地湧過來了。我們四個被一群人扭送到生產隊的辦公室，社員們義憤填膺地辱罵我們，說要罰我們的款，沒錢還要毆打我們。我們每個人都被幾個小夥子扭胳膊，按腦袋地撕扯著，彷彿犯了彌天大罪。

後來生產隊長來了，詢問我們是哪裡人？我們如實交代。幸虧這位隊長城裡有親戚在內蒙古的錫盟插隊，態度馬上就客氣多了。他問清我們的來歷後，又詢問起錫盟的飲食起居，當我們說清楚事情的原委時，竟引來了許多老鄉的同情。臨走隊長還請我們吃了飯，那幾個蘿蔔，還要拿給我們，我們沒好意思要。回城的路十分漫長，大約走了三個小時，當晚，我們又在勞動人民文化宮的長椅上下榻。

那些天，我們沒事就去接待站閒坐。大約過了半個月，才把我們安排在了安定門外六鋪炕煤炭部第二招待所。那時，因為各地來京上訪的人員太多，國務院辦公廳的接待站不堪重負，只好把接待任務又分配給了各部委的招待所。接待費從那裡來，不得而知，反正我們都是身無分文的人。

我們四個人擠住在一間房裡，兩張床拼在一起，四個人只有兩床被。作為亡命的天涯淪落人，我們已經感到無限的滿足了。

更為感激的是人民來訪接待站還給我們每人發了一張免費的交通卡，上面印著：「北京市內各路汽車電車通行有效」。

吃飯也是免費的，餐券從接待站定期領取。主食是米飯和饅頭，菜是始終如一的燴菜：白菜、豆腐還有幾片肥肉。也許是因為飢餓，沒感覺有什麼不好，反正比工地食堂的窩窩頭強多了。

煤二所還住有十幾個上訪者。依稀記得有一位又幹又瘦的中年知識分子，是湖北的工程技術人員。他非常喜歡哲學，言必稱黑格爾、費爾巴哈。文革中他剪紙做五角星，不慎折錯，一剪刀下去，成了十二角，變成國民黨的國徽。因此而被戴上了「現行反革命分子」的帽子。

還有一位從陽泉來的小夥子，父親是礦工。一天在井下幹活，休息時，他父親和一個年輕人摔跤，使盡九牛二虎之力才把對方摔倒。但由於用力過猛，褲襠被撕破了，崩開一道十公分長的口子，誰也沒針線，他就麻利地用毛主席像章給別上了，勉強可以遮醜。後來班長發現他幹活不賣力，以為偷懶。仔細觀察才發現，主席像章緊貼他的陰囊，於是向上級告發。當晚上井後他就被打了個半死，後來被定以侮辱偉大領袖罪，因不服管教，被活活打死後扔進廢棄的礦井裡。

小夥子來北京想給父親伸冤。他喜歡看電影，並崇拜影星，每天吃完飯就去北影的大門口閑坐，期望能見到他心目中的影星，但是每每讓他失望不已。一天，他回來說，在北影看見了一群人正在批鬥謝芳，還說謝芳被打的滿臉是血，他為此消沉了好幾天。

印象最深的是一位胖乎乎的老知識分子，他長得很像書法家啟功，是南方一所大學的教授。新中國成立前，他的許多老師同學都坐飛機跑了，他熱愛新中國，憧憬革命，沒有走，一九五七年因諫言被打成了「右派」。文革中的一天晚上，同事們在外面看彗星，他在家裡聽到院子裡喧鬧，也出去看，後來被定為「階級鬥爭新動向」、「妄圖變天」。據他說，在被批鬥時，他的生殖器被紅衛兵用麻繩子拴住給揪斷了，沒有性生活，妻子要和他離婚，他這次來京就是申訴這件事情。他說，不是他沒有性要求，是因為陰莖從根部斷了，做不成那事。

一天他垂頭喪氣地回來，難過地半晌說不出話。我們再三追問，他才說，在北京飯店的門口，遇見了一位他的同學，人家才從美國回來，胳膊上還挎著一位金髮碧眼的洋太太。人家認出他來，要和他說話，他落荒而逃。我們一起罵他：為啥不認？起碼混一頓晚飯也好呀？人不夠，把咱們弟兄們也都叫過去呀！他說：「放屁，咱們都像叫花子一樣，不是給偉大祖國丟臉嗎？」嗨！啥人了，真他娘的，都到什麼地步了，還一口一個祖國呢？

這個老頭的書法水準非常高，即便在上訪期間，仍然每天練字。記得給我們每個人都寫了一副勵志的條幅，給我寫的是：「海內存知己，天涯若比鄰。」這幅字後來也不知道被我弄到哪裡去了。

我會寫幾個蒙文字母，在分別時，我用蒙文字母在他的筆記本上胡亂拼湊了一些字跡，謊稱是給他的臨別贈言，他很感動。景柏岩也幫我蒙他，不苟言笑地「翻譯」這些偽蒙文：「親愛的老×：人世滄桑，豈能沒有分別的痛苦時刻？為了光明的未來，我們讓離別的熱淚盡情飄灑。在這人生的十字路口，讓我們再一次握手，道一聲：朋友，珍重！」

杜鐵在一旁竊笑不已，我好生忍著，才沒有笑出聲來。眼下，估計那位老先生早已謝世了，我的偽蒙文贈言也不知流落在哪裡。

不知過了多久，國務院人民來訪接待站的兩位大姐風塵僕僕地來煤二所專門探視我們，噓寒問暖，我們心裡感到熱呼呼的。她們說：「迫害你們的是劉少奇的資產階級反動路線，毛主席他老人家並不知情，你們一定要把仇恨記在劉少奇的身上呀！」。

從此我們更加熱愛毛主席，更加仇恨劉少奇了。

目睹領袖的背影

毛澤東一共接見了八次紅衛兵，我與景柏岩、軒春生、杜鐵四個小「牛鬼蛇神」在北京上訪時，有幸在國務院辦公廳人民來訪接待站的組織下參加了最後一次——第八次的接見。

那時，北京各處為全國各地來京的紅衛兵設立了上萬個接待站，每批一般住十幾天二十幾天，等候毛主席接見。從八月十八日第一次，到十一月二十六日最後一次（與十一月二十五日的統稱第八次），共接待一千三百萬人次。以每批平均二十天計算，共吃了八萬萬頓飯菜，大約耗費二十萬噸糧食，其他肉、油、蛋、菜難以估計。每次接見完馬上慶祝，紅衛兵每人兩個白麵饅頭，一碗豬肉粉條燉豆角。負責接待的同志發表感想：「本來見到偉大領袖毛主席就夠激動了，一吃豬肉粉條就更激動了，在老家過年才能吃上吃肉呢！」

這樣不計工本的大招待，真是前無古人、後無來者的「大造反」節日盛宴。

等待接見的隊伍被安排在東西長安街兩側，用白粉在街邊劃出若干方塊區間，每個方塊都有一位解放軍聯絡員，負責對該方塊的紅衛兵進行紀律教育，要求大家不能往長安街上擁，要聽從指揮。並交出水果刀一類危險品。沿途每隔十米就出現一個已經接通自來水，用深藍色布圍起的臨時廁所，並按等距離安排好衛生站等一套程序。一隊隊解放軍戰士手挽手組成警戒線，工作人員乘摩托來回巡視。

我們四個人，十一月二十四日入夜就來到了天安門廣場，至午夜，那裡慢慢地聚集了一百五十萬人，黑壓壓地，鋪天蓋地。深夜的天安門廣場非常冷，凍得我們哆哆嗦嗦，腳一直在不停地在地上跺，也不管事。但是一想到明天就能見到偉大領袖了，心中就激動不已。

那天夜晚至第二天白天，我把帶的四個凍得像石頭一樣的饅頭全啃進了肚子，捨不得吃的香腸也在口裡含化了，因為沒有水喝，只感覺的舌乾唇燥，嘴角起泡，有點上火。

次日晨，陽光升起，我們才感到了一絲溫暖。我們一分一秒地在切盼著那個偉大時刻的到來。等啊，等啊，一上午又過去了。直到十三時四十分，人群中一陣騷動，大家都在狂喊：「毛主席來了！毛主席來了！」我也一時熱血沸騰。因為我的身材矮小，擠在人群裡，儘管急切地翹腳張望，他老人家的車已經一閃而過，我只看見了一個背影。第二輛軍用敞篷吉普車上站著的是林副主席，我看見的也是一個背影，再後面的周總理等人，我更是毫無印象……只有三分鐘左右，毛主席檢閱的全部車隊都消失在視野中。耳邊忽然掀起狂風般的紅衛兵的哭聲笑聲喊聲，可憐身後的許多紅衛兵，他們可能連毛主席的背影也沒看見……

聽景柏岩說，他也只看見他老人家帶著軍帽，軍大衣灰濛濛的，身體雕像似地轉動，擺幅約有九十度，看不清眼睛，表情模糊，沒有聽見他老人家一點聲音，只感覺他老人家的氣勢似乎無動於衷，「冷眼向洋」看世界？

那一次，幾乎全北京城的老百姓包括老人孩子全都出來了，各單位都有通知，只是不說具體時間，人們在馬路邊上耐心地等著。良久，車隊才來，最前面是幾輛摩托車開路，穿著軍大衣的毛主席站在敞篷吉普車上，繞城一周。大家都說，車開得快極了，根本看不清車上的人，只覺得像一陣風呼呼地過去了。

偉大領袖的車風馳電掣地開過去以後，天安門廣場上留下了許多鞋子，據說足夠一汽車。聽說踩爛的手錶每次都有好幾十塊，還有不少金條，估計都是紅衛兵造反搶奪後隨身攜帶的。

接見遺落的衣物堆成一座小山，集中在廣場附近中山公園裡。那衣物山裡，還有手錶、鋼筆、錢票等，足可以開個世界上最大型的遺失物品展覽會了。

最後一次接見的紅衛兵比較多，達二百五十多萬。為了讓毛主席更多地見到群眾，也可以解決群眾看不清毛主席的問題，組織者擬採用毛主席乘車環城接見的辦法。原來考慮過從通縣一直到建國門大街，路兩邊都站上人，讓毛主席從中間穿過。但馬上又有反對意見：車速慢了，出事怎麼辦？方案一時被否定。但為了接見更多的紅衛兵，最後還是決定採用這個環城方案，只是車速一定要快。

多年後，聽紅衛兵們回憶，十一月二十六日那天，毛主席檢閱的全部車隊從西郊機場消失後，全場曾經出奇地靜場了幾秒鐘，一忽兒不知誰叫了一聲：要上廁所了啦！……整個隊伍倏然一哄而散，迅即自覺形成許多圓圈，每個圓圈直徑約十五米左右，男的一圈，都刷刷站著拉尿……，女的一圈，站一圈，蹲一圈，站著的掩護蹲著的小解……；男圈和女圈相距不到二十公尺，兩圈都聽得到對方的尿水聲。整個西郊機場一時響徹百萬人的尿尿聲……如此場面竟沒有一個人想到發笑，沒有一個人認為這樣不文明。誰都知道，許多人是一整天沒有上廁所，人有三急，方便第一。

一個網友說：「毛主席第八次接見紅衛兵」，最鮮明的印象就是這一幕：北京西郊機場二百萬人圍圈「小解」——試想當時若有直升飛機在空中攝像，錄下這方圓幾平方公里的機場跑道上，二百萬男女各自圓圈「方便」的場景，今天一定仍是吉尼斯紀錄之最。這也許是「毛主席第八次接見紅衛兵」留下的最為珍貴的人類行為藝術創舉，不知可有人曾以照片立此存照？

唉！一九六六年十一月二十五日，那個難以忘懷的日子。

我見到了周總理

一九六六年秋天，我與景柏岩、軒春生、杜鐵四個小「牛鬼蛇神」來北京上訪，住在煤炭部第二招待所。十一月三十日國務院辦公廳人民來訪接待站通知我們當晚去東郊工人體育場聽報告，聽說周恩來、陶鑄、葉劍英、賀龍、徐向前、陳毅等人要與一萬多名來京串聯的工人見面，我們感到非常的興奮。

後來我們才知道了會議的起因：一九六六年十一月下旬，湧到北京串聯的工人急劇增多，為說服來京串聯的工人迅速返回本地抓革命促生產，周總理決定召開一次工人大會。海報貼出，入場券發盡，大會講稿卻被陳伯達、江青否定了。已佈置的工人大會無人講話，周臨時請「救兵」，找陳毅去給工人們講講國際形勢。時間是十一月三十日下午七時，地點在北京工人體育館。陳毅深知周恩來的苦衷，欣然前往。

那天傍晚，周恩來等首長走上主席臺與全場工人見面，總理對大家說：實在對不起大家，因為我還要接見外賓，只好提前退場了，下面由陳毅同志給大家講講國際形勢。

周總理乘坐敞篷車繞場一周和大家道別。我當時坐在第一排，前面就是不銹鋼欄杆，當周總理的車過來時，後面所有的人都站起來歡呼，聲浪排山倒海。我感到有萬鈞之力壓在背上，使我感到窒息，我死命地用雙手推住不銹鋼欄杆。一瞬間，總理的車過去了，我被解脫了，死裡逃生。

隨之陳毅以簡潔生動的語言，向聽眾們展示了一張世界形勢圖，一張中國逐步登上世界舞臺，逐漸在國際事務中起到舉足輕重作用的形勢圖。在全場工人振奮、自豪的歡笑聲中，陳毅話鋒一轉，講國民經濟是外交的基礎，號召工人們儘快回到原地狠狠地抓革命，狠狠地促生產。

次日，工人造反派們到外交部，要找陳毅當面責問。北京街頭貼滿了打倒陳毅的大字報，罪名是「以生產壓革命！」

元帥揮戈上陣了，但是對方的力量更大，在異常複雜的形勢下，鬥爭必須能伸能屈。

為了顧全大局，為了不影響一九六七年的工作，周恩來希望儘早結束國務院各部部長被圍困批鬥的局面，爭取各部部長早些檢查，早些過關，協助他抓好國計民生的大事。周恩來找來陳毅，講明自己的考慮，希望陳毅帶頭檢查。

陳毅雖然知道國務院公務繁忙，特別是外事工作不能中斷，但要他向造反派檢討，沒錯而承認有錯，他想不通，但看著周總理疲勞、憔悴的神情，陳毅終於答應了。

我永遠也忘不了周總理那疲憊的神態與炯炯有神的目光。

文革上訪路

文革期間，有很多外地人到北京上訪，他們在文革中受到了種種不公正的待遇，上訪高峰期僅在北京就有幾十萬人。國務院辦公廳有個人民來信來訪接待站，每天擠滿了人。我們因為來得早，有幸給安排了食宿的地方，後來人太多了，接待站無法應付，上訪者只好露宿街頭，在街頭的餐館裡撿剩飯吃。

眾所周知，北京是中國的首都，幾乎聚集了所有的最高權力機關，當越來越多的上訪者問題在當地得不到解決時，自然會把目光或者說唯一的希望轉向北京。越來越多的上訪者長期滯留在北京，給北京的社會、經濟、治安帶來了巨大的壓力，讓政府部門越來越頭疼。

超過百分之九十的上訪者，明知無望，但仍滯留北京。因為他們一旦開始上訪，就已有家而不可歸了，上訪起碼給他們一個生存的理由。

這些身穿破衣爛衫、胸前別著毛主席像章的上訪者，歷經歲月和制度的磨難，他們大多都臉頰深陷，眼睛突出，雙眸中閃爍著一種異樣的光芒。他們背著大大小小的包裹，裡面藏有被他們視為「第二生命」的申訴冤情的材料。

你如果能接近他們，就會就深深地知道，成千上萬的上訪者並不是刁民或暴民，也不是精神病人！每個上訪者背後都有許許多多令人心碎、令人憤怒的故事。

對於上訪，許多人不能夠正確認識。他們把上訪看作洪水猛獸，看作是影響社會不安定的因素。其實上訪乃是不得已之舉。如果沒有巨大的冤情，一般人是不會花那麼多的精力和財力去上訪的。

上訪也不是反政府、反權威、反對一切現有秩序。恰恰相反，上訪是對政府有信心，對權威認同，對現有秩序下的缺失，懷抱一種要撥亂反正的期望。假如中國人根本不信任政府以及任何現存權威，他們就用不著丟下自己的工作，中斷自己的正常生活，千辛萬苦地來到北京，天天纏著信訪辦的工作人員了。

自古以來，中國的普通百姓很難接觸到官員，官員也很難走到人民中間去。因而在歷史電視劇裡，我們常常見到最多的情節，就是受冤屈的女子或草民攔截巡撫或縣令的轎子鳴冤叫屈，「大人大人」地呼喚不停，我們也常常渴望巡撫或縣令大人的明察或公義！

事實上，當上訪者邁到請願路上時，就一點一點地把自己丟失了。最後，每個人都患上「尋求正義導致的神經疲勞症」，他們的每個感覺器官全部扭曲變形。

即使如此，人類司法史上也不會留下司法黑暗對他們的羞辱；他們也不會影響世界任何一個角落的歷史進程；地球也不會為他們沉沉地喊一聲冤。

在上訪者中流傳著這樣一句話：死在北京，自然結案。上訪者不是一敗塗地，就是死得很難看，北京是掩埋絕望了的上訪者的墳場。

我和景柏岩、軒春生、杜鐵四個人是幸運的，好運再次光顧了我們。當我們在北京逗留了三個月之後，我們的事情終於有了轉機：國務院辦公廳的兩位大姐跑來告訴我們，她們已經和包頭市委電話聯繫了，要求他們敦促原單位儘快給我們平反，正式的公函也已經由北京發出。

我們在一九六七年初的嚴冬季節，踏上了充滿希望的歸途。再見安定門外六鋪炕！再見煤炭部第二招待所！再見二十七路公車！再見西直門外的麵食館！

回到包頭後，包頭市委接待站安排我們在昆都侖區烏蘭道旅社暫住。那是一個非常簡陋的小客棧，沒有暖氣設備，全靠一個火爐子取暖。天氣雖然寒冷，但我們的內心卻是火熱的，充滿了希望。

烏蘭道旅社至今仍然存在，我後來雖然經常路過，但是再也沒有進去看過。

包頭市委給內蒙電建公司的領導打電話，通知他們來市委商談給我們平反的事宜，那位領導開始還很驕橫，說我們幾個的確存在問題，但是包頭市委接待站的同志正顏厲色地告訴他們是在傳達國務院辦公廳的意見時，口氣終於軟了下來。

後來不久，公司就下達了給我們平反的決定，但是我們始終懷疑，我們的黑材料仍然在檔案裡留存。

為什麼我們會如此幸運？我想：一是，毛澤東要利用我們這些人，向劉少奇的「資產階級反動路線」開火；二是，我們那時才十七歲，稚氣未脫，凡是有良心的人都會萌動惻隱之心。

回憶文革造反時

電建公司的文革運動也和其他任何單位一樣，也分成三類人：「造反派」、「保皇派」、「逍遙派」。其中造反派、保皇派是少數，多數是逍遙派。那時，參加造反派的人大多是出身不好，歷次運動受打擊的。比如「右派分子」、「地富子弟」、「個人、家庭有歷史問題的人」以及長期以來受冷落受排擠的人等等，有些人在文革一開始就受到了衝擊。

文革初起，劉少奇並不明白毛澤東的意圖，他是把文革當作第二次反右運動來搞的。其實在開始，劉也徵求過毛的意見，但毛顧左右而言他，並未面授任何機宜。

隨後，毛躲到韶山老家去了，靜觀其變。劉少奇於是按正統的馬克思主義階級劃分理念，通過宣揚「血統論」的方式，利用黨委把黨團員、學生會幹部、勞動模範、紅五類這些人都集中起來，用他們去抓「右派」、抓「反革命」、抓「黑五類」。這一抓，就抓出一批造反派來，這些被打擊的少數派——即成了後來造反派的主流。

也許我說的也有偏激，好多出身不好的人也不是不想參加保皇派，只不過人家不要他們；而造反派雖然有很多出身不好的人，但主要的領導者仍是出身好的人，「階級異己分子」還不敢公開和「走資派」叫板。

後來，毛澤東回到了北京，他出其不意的「我的一張大字報」，完全搞亂了劉少奇的陣腳，劉不知道自己錯在了哪裡？聲稱自己是「老革命遇到了新問題」。

在一九六六年八月初，十六條公開發佈之前，尚未造反的那些人一直處於被動受打擊狀態。在十六條之後，十月初中央發出「批判資產階級反動路線」的社論之後，中央放棄了對官僚精英群體的保護，而且公然指斥他們鎮壓群眾是「資反路線」，是跟毛主席的革命路線相對立的。在中央文革的鼓動下，各地造反派開始建立自己的組織，反擊當權派把矛頭對準群眾。毛的批判「資反路線」的政治號召迅速瓦解了多數派。原來擁護當權派的這一部分人，依據兩報一刊的指引迅速倒戈成為造反派。這個時候，當權派在造反派的攻勢面前，只有招架之功，沒有還手之力了。

那時，要想革命就要有一個戰鬥組織，當時成立一個群眾組織很簡單，只要你確定一個名字到公安局備案，拿著介紹信就可以去刻字社刻一枚大公章，再到印字社印一批袖標，扯一面紅色的旗幟印上名稱，這個戰鬥隊就是合法組織，比現在個體私營者辦一個營業執照都容易。這個組織可以幾個人，也可以幾十個人，幾百人，幾千人，上萬人……，甚至一個人也可以成立一個組織。電建公司有個工人自己就成立「單槍匹馬」戰鬥隊，顯示了與眾不同的風格，不幸的是，他最終寡不敵眾被對立派打死了。

一九六七年初，我也扯旗成立了一個「萌芽」戰鬥隊。「萌芽」戰鬥隊雖然規模很小，沒有幾個人，但我們也做了隊旗，印了袖章，刻了公章，租借了辦公室。那時，我們的主要任務是用大字報和保皇派進行論戰，大字報的主要擬稿和執筆人就是我，我那時還不滿十八歲，但是如投槍匕首般的雜文，已經寫的暢酣淋漓，入骨三分。記得每天在工地大食堂前觀看我文章的人圍得水洩不通。

記得我在為文抨擊土建工地的劉書記時說：「北京有個紅太陽，土建工地有個土太陽，劉書記就是我們的土太陽……」後來，劉書記被我搞的灰溜溜的，走路都躲著我。

一九六七年元月五日，公司召開文革受害者平反大會，大會上受害者提出要求派代表查看檔案裡是否還有遺存的黑材料，公司黨委書記崔潤田不同意，群眾讓崔寫保證書，崔也不答應，會議被群眾造了反。當天下午，土建工地「八・八敢闖戰鬥隊」打響了討伐「資反路線」的第一槍，查封了土建工地黨委和文革專案辦公室，支持革命行動的大字報貼滿了四〇六工地。「八・八敢闖戰鬥隊」又聯繫了好幾個戰鬥隊，成立了「工人革命造反總部」。第二天又查封了公司文革辦公室及公司黨委專案組。公司的現任領導們一時「惶惶如喪家之犬，急急如漏網之魚。」

一九六七年元月二十四日，電建公司的造反派積極回應上海工人階級的號召，及包頭市一・二二市委奪權的革命行動，聯合起來向公司的「走資派」奪權。公司新成立的「革命工人聯合委員會」，把公司原黨委的所有成員都集中在一個會議室，然後由馬勝利和張永泉在十七點三十分控制黨委辦公室，準備進行權力移交。十七點五十分，由「八・八敢闖戰鬥隊」控制公司廣播站，任何人不得出入。十八點整，蔡振岳和牛治國站在公司廣播站的麥克風前，通過電波發出嚴正聲明：「革命派的戰友們，鑒於公司黨委嚴重執行資產階級反動路線，對廣大革命群眾進行殘酷的打擊和迫害，繼續堅持走資本主義道路，決定從現在起剝奪他們的一切權利，所有黨委成員下放到各工地勞動改造，隨時接受革命群眾的批判，特此決定。」

凡看過《列寧在十月》這部電影的人，一定還能記起裡面的情節：當「阿芙樂爾」號巡洋艦震天撼地的巨響劃破了黑暗，用實彈向冬宮轟擊，巨大的宮殿頓時顫抖起來。頃刻間，冬宮內一片火海。霎時，起義的隊伍如潮水般從四面八方衝向冬宮。那天電建公司的黨委委員們的眼神和冬宮資產階級議員們張惶無措的眼神，何其相似。

戲劇性的是，這些黨委委員們都是在打倒了公司前任「走資派」後上臺的。第二天，這些上臺一年的公司黨委書記、副書記、經理、副經理們都被造反派關入了牛棚。其餘的黨委委員也都被攆到了工地勞動。不知道這些新老「走資派」在牛棚相會是如何的情景？

公司新政權——革委會籌備小組成立了，我也是籌備小組的委員，我被任命分管宣傳及政工口，新成立的宣傳組有六七個人，負責編輯出版刊物，報紙及大批判專欄的設計、繪製。

記得那時我們辦的刊物叫《過大江》，報紙叫《火線》。原公司黨委秘書劉安琪兄也在我們的編輯部廝混了一年，那時他的長子剛剛出世，誰能料到，四十年後，他的犬子竟然成了我的上級。

師兄馬勝利那時分管群眾專政辦公室，說來好笑，第一批「走資派」們，在第二批「走資派」的治下已經在牛棚裡被關了有半年，第一批「走資派」和我們這些造反者屬於患難之交。現在，他們這些冤家對頭雖然同屬「走資派」，但是，我們還是有遠近親疏。聽說第二批「走資派」在馬兄的治理下，被馴導的服服帖帖，見了馬兄兩腿猶如篩糠一般。

我隔三差五去給「走資派」邱萊送點吃喝，吩咐「群專」的人要對老漢法外開恩。打倒邱萊後上臺的崔潤田書記想和我套近乎，我橫眉立目，嚇得他後退三尺。

依稀記得，那時公司有好幾個科室歸我管理，科長的差旅費用都由我來審批，不過小鬼當家，怎麼拿捏也不太像，因為那年我才剛滿十八歲。

一九六七年的上半年，北京國務院人民來信來訪接待站給公司發來函件，說我們幾個人在北京欠了九十五元伙食費，請儘快歸還。公司辦公室主任來請示我怎麼辦好。我說，這還不好辦？你就回函說：查無此人！

好景不長，我們也就紅火了一年，造反派開始分家、武鬥。再下來實行革命大聯合；再下來在軍管會的主持下開展「一打三反」、「清理階級隊伍」，造反派中的「地富反壞右、階級異己分子」都遭到殘酷的清理與整肅；電建公司主導奪權的蔡振岳、牛治國被打成了「蔡牛反革命集團」，馬勝利被打成「階級異己分子」、「國民黨殘渣餘孽」，又全被關到牛棚裡去了。再後來落實政策，第二批「走資派」先被放了出來；林彪事件後，第一批「走資派」也被放了出來。我們這些掌過幾天權的嘍囉，最終不得好報，又被攆回工地勞動。猶如演了一出大戲，戲衣一脫，又恢復了本來的面目，「亂哄哄你方唱罷我又登場，到頭來都是為他人作嫁衣裳」。

「鳥盡弓藏，兔死狗烹」，造反派的歷史任務就已完成，自然面臨覆滅的命運。不過我還是要說，毛老爺子愧對這些造反派，造反派配合他打倒劉少奇沒少出力，到頭來不但沒功勞，反而被整的很慘。現在有許多人一提起造反派來就妖魔化，其實他們多數都是好人，從建國以來一直受罪，也就是文革跟上毛老人家紅火了幾天。

一九七五年我去土左旗支農，那裡的老鄉們說：「黃世仁、劉文彩、南霸天那都是南方的地主，我們這裡的地主都是好人，沒有見過那樣的人。」我也要說，也許別處的造反派都是青面獠牙，無惡不作，但是，電建公司的造反派大多數都是好人，不信你打聽去。

「戴鐐長街行」與楊玉蓮

我想從網上查找關於楊玉蓮的資訊，但一共只找到兩條，一條是「包頭工人革命造反司令部」《楊玉蓮專刊》一九六七〇九一三的出售資訊；另一條是楊玉蓮的包九中同學發在網上的一張非常特殊的老照片，是為了紀念與追思他們的老同學楊玉蓮。

照片的說明語是：「這是一張文革前，內蒙古包頭市九中，初三、二班和高三、二班的部分同學，同去包頭附近農村沙爾沁參加四清，結束時的合影。其中有文革中武鬥致死，一男一女兩位高三的高才生。本來毫無疑問會馬上踏進大學校園，大學夢破碎，還失掉青春年華的朝陽生命，誰之過，無須評論。」

「回看更悟之：我們現在無論如何，都是非常幸福幸運。戰友們！珍惜和盡享如今的快樂時光吧！」

楊玉蓮，我想，除了她的家人及同學還在懷念她，你即使遍問包頭市的中年人，還有幾人能記得起她呢？照片上的楊玉蓮是一個美麗的女孩，我曾經在包頭醫專看到過她的遺體，她被靜靜地泡在一個裝滿福馬林的玻璃池子裡，上身裹著一塊白毛巾，下身是白色的短褲，皮膚白皙，身材絕好。

那是一九六七年夏日的一天，包頭的造反派傾城而出給她送葬，送葬的大約有數萬人。白色的輓幛林立，都有十米高，輓幛上用毛筆書寫著淒婉的詞句，大約是「女中豪傑」、「巾幗英雄」之類的溢美之詞，還有「未有犧牲多壯志，敢叫日月換新天」之類的豪言，書法顯然是出自包頭的名家。她的遺體停放在禮堂裡，長長的人流有序地魚貫而入，大多數人都流下了淒婉哀痛的熱淚。

楊玉蓮是九中「八一八星火」造反派組織的頭頭，這個組織和醫專「東方紅」、鐵工校的「紅聯」緊密相連。

九中是包頭最有名的重點中學，能進入九中讀書，大部分都是高材生，九中的學生在文革前就很令人羨慕。如果不是文革，楊玉蓮一定會出類拔萃，一定會成為某個方面的專門家。

可惜她在那個暗夜裡，為了捍衛毛主席的革命路線，被另一夥捍衛毛主席革命路線的人活活打死，然後從樓上扔下。楊同志為革命而死，當時被定為烈士，家屬按烈屬待遇，現在呢？不得而知。

我的師兄馬勝利和她是一夥夥的，都屬於包頭工人革命造反第三司令部。馬同志是「工三司」的作戰部部長。革命熱忱尤甚。

楊玉蓮犧牲後，包頭市的造反派決定為她舉行聲勢浩大的葬禮。馬同志輾轉找到我，讓我作一首悼念的詩，說市裡要急用。我的詩有一百四十三行，我受人之托竭盡全力，邊寫邊流淚，後來竟至嚎啕大哭，記得寫完後身心俱廢，一天半沒有起床。

造反派用車拉著楊玉蓮的屍體，轉遍了包頭市的三個區，包頭市萬人空巷地送別她。上千輛汽車，數萬人為她送葬，恐怕在包頭的歷史上也屬空前絕後了。

我的那首詩用「戴鐐長街行，告別眾鄉親，殺了我一個，自有後來人」的曲子作為配樂。朗誦者是包頭人民廣播電臺的女播音員，催人淚下的配樂詩朗誦，那天全天都在包頭市的上空迴盪。

我曾經為我的這首詩感到自豪，那首樂曲配上我的這首詩，再加上播音員悲催且抑揚頓挫的聲音，不知讓多少人聽來讓人盪氣迴腸，淚灑長街。

楊玉蓮小妹妹，你的生命在十八歲時就永遠定格了，如果你要是不死，如今也是作為祖母的老太太了。你是為保衛毛主席的革命路線而死？你在那個世界裡見到他老人家了嗎？

馬勝利的《無悔人生》

師兄馬勝利最近自費出了一本書，書名叫《無悔人生》。此書四六〇頁，洋洋灑灑三十萬字，圖文並茂。書中用了大半的篇幅詳細描寫了他在文革中的革命造反經歷，讀來令人驚詫萬分。

馬兄文革中屬於造反派，一九六七年，保守派受到打擊，造反派受到偉大領袖的支持，一時風生水起，波瀾壯闊。但是，好景不長，共苦可以、同甘從來都不行，造反派很快又分成了勢不兩立的兩派，雖然都聲言誓死保衛毛主席，但又水火不容。

那時包頭的革命造反派也分成了兩派，一派叫包頭工人革命造反總司令部，另一派叫包頭工人革命造反第三司令部。「工總司」的主要力量是工人，「工三司」的主要力量是學生，馬兄是「工三司」作戰部部長。記得「工三司」的司令部設在包頭青山區機械工業學校的主樓內，那時全國各地的武鬥已經進行的白熱化，不過波及到包頭已經是強弩之末。

我是屬於「工三司」這一派的。他們司令部的那幢大樓我進去過，進那個大樓需要通行證。那幢大樓占地宏大，巍峨壯觀，為了武鬥的需要，所有的樓梯口都用磚封死，中間只留一個瘦人側身才能擠進去的小縫兒。小縫內的兩側分別有學生手持紅纓槍把守，如果沒有路條，妄圖侵入，紅纓槍的槍頭立即就會被插入體內，我是由此才理解了什麼叫「一夫當關、萬夫莫開」的。

不才已有文敘述，「工三司」的一個女頭目被「工總司」的人綁架，毆打致死後從包頭醫學專科學校的樓上扔下，「工三司」為了「鼓舞革命士氣」、「以血還血，以牙還牙」，沉痛悼念遇害的「革命烈士」楊玉蓮，欲在包頭市三區舉行聲勢浩大的葬禮。馬兄知道我是電建公司「四大文人」之一，因此拜託我寫一首朗誦詩在出殯時使用。那天，我把寫好的詩親自送到他的辦公室。他的辦公室就在機械工業學校的五樓，那是一間很闊大的房間，估計是前校長或黨委書記的辦公室，馬兄身穿軍裝，頭戴軍帽，軍帽上的紅五星熠熠發光。他坐在椅背上，下身是短褲，光腳蹬在扶手上，一臉威嚴的氣勢，猶如威虎廳裡的侯三爺。他的寫字臺的兩側分別站著兩個手持梭鏢的女紅衛兵。

我被帶進去時，他喝退了隨從，讓我坐下，然後逐字逐句地朗誦我寫的詩句。我的那首一百四十三行詩，他讀了有十幾分鐘，讀到過半，就淚如雨下，讀完後連聲說好。他要留我吃午飯，我說有事，告辭時，他緊緊地握住我的雙手，遂即派人護送我出樓。

那年夏天，包頭市的武鬥很熾烈，我也參加過一次。那天深夜，「工三司」總部緊急通知電建公司的基層組織，立即派人派車赴二道沙河，準備迎接戰鬥。那晚，四〇六工地一共開出了十輛大卡車，我們都頭戴安全帽，手持鍬把、鎬把、白臘杆，加工廠有的弟兄們還在腰間別上了三棱刮刀。我們趕到二道沙河時已是凌晨時分，前面抵達的人說，戰鬥已經順利結束，「工總司」的人都已落荒而逃。那天，「工總司」橫屍一人，被打傷打殘者若干。那個死者的名字叫王小元，是來自石拐煤礦的工人。後來不久，「工總司」為王小元舉行了規模浩大的葬禮，那次葬禮也聲震包頭市三區。

說來寒酸，包頭市兩派的武鬥就死了兩個人，如果和新疆、浙江、廣東、山西、雲南、四川相比，簡直是九牛一毛。人家那裡才是真槍真炮地對著幹，全國在單次武鬥中傷亡最大的是四川瀘州。一仗打死兩千餘人，另有八千多人殘廢。革命旗手江青說「四川武打全國出名了，重慶打得稀爛，陣線就比較清楚了。好得很！」包頭市的武鬥水準真讓網友們聽來見笑。

馬兄是火電公司的一個架子工，現在看來純屬苦力，但是在那個年代，混到「工三司」作戰部部長的高位，也算草莽英雄了。那時，他走到哪裡都前呼後擁，風光過好一陣子。

一九六八年，兩派革命大聯合，握手言和，馬兄被結合進了內蒙電建公司革命委員會，任常委。出入乘坐二戰期間生產的美國別克轎車、且有秘書隨行。後來造反派的地位每況愈下，在「一打三反」及「清理階級隊伍」的過程中，馬兄受到重創，被關進牛棚審查，罪名分別是「國民黨殘渣餘孽」及「階級異己分子」。審查期間被打致殘，傷好後又被攆回工地勞動，繼續當他的架子工，折騰了好幾年，竟然又回到了原地。

如今，許多人願意在夢境中生活，尤其有過一段輝煌經歷的人，馬兄的這段經歷竟成了他終生的精神寄託。馬兄不懂電腦，用手寫三十萬字，批閱三載，增刪五次，實屬不易。他把這段經歷寫成了類似《紅旗飄飄》中的革命回憶錄，使我看完難受了好一陣子。因為「鳥盡弓藏、兔死狗烹」，造反派註定就不會有好的結局，可憐馬兄披肝瀝膽好幾年做的都是無用功。

文革結束後，馬兄遲遲未有成家。有一次，人家給他介紹了一個女孩，相貌身段甚好，見面的第二次，他就抑制不住，給人家大講曾經的打打殺殺的輝煌經歷，女方回家向父母傳達，父母聽罷極力勸阻。他很晚才成家，與此不無關係。

馬兄的生父現在在臺灣，他的生父在歸綏讀完小學及初中後，南下南京上海求學，十九歲考入黃埔軍校。畢業後服務於國民黨軍政部，抗戰時期服務於二戰區、八戰區、十二戰區。抗戰勝利後，奉令從十二戰區調走，不知去向。一九四七年，其父匆匆從南京趕回呼市，想見妻兒一面不遇，原因是其母攜子與人私奔。於是揮淚告別故鄉，奔赴臺灣。老人在臺服務於聯勤總部，一九六四年退役。

一九八八年，馬父終於回到了魂牽夢縈的故鄉呼和浩特。馬兄在書中寫到：「當空姐最後陪我父親走進了呼和浩特白塔機場候機樓時，我們一眼就認出了那就是離散了幾十年的親人。父親身材保持著當年的魁梧，滿頭銀髮、步履緩慢，已老態龍鍾。面白而微紅，目光帶著渴望和慈祥罩定在我的身上，我頓時呼吸、血液，一切都在劇烈地運動著……」

令人不解的是，馬兄在書中對文革充滿了懷念，對偉大領袖充滿了熱愛。從頭至尾遍佈久違了的革命詞彙，許多語言，當今的《人民日報》都羞於使用。我看完更慌亂的不知如何是好。突然想起了宋美齡女士在回覆廖承志的信中所言：

「余認為仲愷先生始終是總理之忠實信徒，真如世侄所言，為人應『忠孝兩全』，倘謂仲愷先生乃喬裝為三民主義及總理之信徒，而實際上乃為潛伏國民黨內者，則豈非有虧忠貞？若仲愷先生矢心忠貞，則豈非世侄有虧孝道耶？若忠孝皆朒（注「朒」為不任事與不足之意），則廖氏父子二代對歷史豈非茫然自失，將如何作交代耶？」

「再者在所謂『文化大革命』鬥臭、鬥垮時期，聞世侄亦被列入鬥爭對象，虎口餘生，亦云不幸之大幸，世侄或正以此認為聊可自慰。」

自古忠孝不能兩全，由彼及此，如果排除馬兄的父親屬於我黨混入國民黨的奸細，他就絕非孝子！若系孝子，他必定是潛入造反派內部的國民黨分子。否則，他在文革後期虎口餘生，何以還能聊以自慰呢？

探親假

上世紀五六十年代時，內蒙電建公司的工人師傅們有一句口頭禪：「一輩子的夫妻兩年半」。那時工人們一年的探親假僅有九天，加上路途三天也不過十二天，一年十二天，三十年算起來也不過一年，少年夫妻老來伴，一個人就算二十歲結婚，細算起來還不夠兩年半呢。

那時，電建公司的工人師傅們都經年累月地在外地施工，生活十分艱苦，雖有家卻與出家人無異。聯想起胡適先生三十年代曾作詩戲謔一位在京獨居的朋友：「兩間無佛店，一個帶毛僧」，忍俊不禁之餘心中又有些沉重。

一年探親假只有短短的十二天，為了能與家人在春節期間多歡聚幾日，那些年，師傅們大多在臘月年二十八、九就啟程了，那時候長途汽運還不像現在這樣普及，火車是長途客運的主要交通工具。時值春運高峰，買車票容易上車難，眾多帶著大包小包的返鄉人群，冒著零下十幾度的嚴寒，在月臺上眼望欲穿地等候火車。車來了，能擠上去很不容易，擠上去更難熬，過量的超員只得人擠人、人挨人，想調整一下身姿都困難。雖然艱苦的旅程不堪回首，但心中還是充滿了熱望。

師傅們大多家在農村，由於長期不在家，家裡的重活兒累活兒全要靠妻子一個人來扛。白天要下地幹活，收工了還要洗衣做飯、縫補，一天到晚累勞不說，內心的寂寞也無人訴說。許多女人不僅拖兒帶女，還要侍奉公婆。按說正值盛年，應該有性的欲求，可是那個年代的女人，是把這種欲望深深埋沒在心底的。

我看過一個家在天津的師傅，妻子給他的來信，信裡充滿了幽怨之氣，說她的心情壞到了極點，說這種守活寡的日子不知何時是個頭。

她在信中哭訴說，一次孩子冬天發高燒，恰好遇上下大雪，滿天飄著雪花，路也不好走。她本來就比較弱小，用被子把孩子裹嚴了，深一腳淺一腳地去路邊打車送孩子去醫院。到了醫院，掛號、拿藥、檢驗都沒有幫手，她只得抱著燒得迷迷糊糊的孩子樓上樓下地跑，等到終於給孩子打上吊瓶了，她累得腿都軟了，一屁股坐下再也不想起來了。當時，看到別人家的妻子都抱著孩子坐著等，由丈夫忙前忙後地跑腿，她淚如雨下。

還有一次是她自己病了，半夜肚子疼，急需要有人把她送醫院，但那時也沒有電話，和誰也聯繫不上，疼得在床上翻滾。

一個家在山東的師傅由於長期的性壓抑致病，分居二十年後，終於調回了煙臺，但不久就離婚了，因為他的性功能已經徹底喪失了。

記得外國某哲人說過：男人與女人在很早以前本為一體，後來被一位惡神從中間惡狠狠地劈開了。因此，人的一生始終在不停地、執著地尋找自己的那另一半。

張賢亮的小說《男人的一半是女人》，就深刻地描述了長期無法接觸異性而使人性扭曲變形的一種心態。其實幸福和「性福」不無關係，許多師傅千里迢迢趕到家，適逢妻子經期，你說是否有些絕望？即便不在經期，那時的住房十分緊張，許多家庭上有老人，下有兒女。哪裡有你顛鸞倒鳳的機會？

即便一年僅有的十二天探親假，也不是鐵定的。一九六七年一月二十九日，國務院向全國發出了關於春節不放假的通知：「當前正處在無產階級革命派大聯合，以排山倒海之勢向黨內一小撮走資本主義道路的當權派展開全面奪權的關鍵時刻。根據廣大革命群眾的要求……決定一九六七年春節不放假，職工探親假在文化大革命期間暫停執行。」

多麼令人鬧心，一年一度的春節過不成了，苦苦盼了一年的探親假也被無情地剝奪了。我永遠無法忘記師傅們在接到這個通知時悲憤欲絕的神情。

那年，我正趕上能享受探親假，我去找革委會籌備組的蔡主任，想讓他給特批一下，因為我的反革命帽子剛被摘掉，也許能通融一下。那天，我一走進他辦公室，就看見他一臉「舊社會」的嚴肅。我有些後悔，基本上是說不出話來，於是用顫抖著的雙手遞上了事先寫好的請假報告。

窮漢乍富的蔡主任半低著頭，抬起眼皮，眼睛透過眼鏡鏡片上方的空間看過來，問：「為什麼要請假回家？」聲音雖然不重，卻帶著幾份威嚴。

「正月初四是我爸爸的五十歲生日，我想……」看著他射過來像刀一樣鋒利的目光，我把想好的冠冕堂皇的理由全忘了，說出了實際的想法。

「毛主席都不過生日，你爹還要過什麼生日！」沒有等我說完，他的聲音就提高了八度，在當時的我聽來，近似於聲嘶力竭，我的第一次探親假就這樣泡湯了。

我和老蔡同屬造反起家的戰友，他對我尚且如此，其他人可想而知了。

革命化春節一直持續到一九八〇年。取消過年，消滅了闔家歡的氣氛，也消滅了中國人對於傳統文化及人倫秩序的敬重之心。

那些年的革命化春節

一九六七年的春節漸漸臨近，和家人團聚的日子終於要到來了，師傅們喜上眉梢。有的把給老婆娃娃的禮物也買好了，不時拿出來擺在床上看看；有的天天在盤算幾號買票，幾號在北京中轉，幾號到家。

人倒楣喝涼水也塞牙，那年的一月二十五日，《解放日報》以「革命造反派來信」的形式發表了春節不回家的倡議。報社配發的評論宣佈：「春節算得了啥！我們無產階級革命造反派的最盛大的節日來到了！」

黨報說，十八歲的上海玻璃機器廠青年工人章仁興，正是發出「廣大革命群眾要求」的第一人。他投書《解放日報》，在全國最先發出倡議：「在兩條路線和奪權鬥爭進行得這樣尖銳激烈的時刻，我們怎能丟下革命和生產，回鄉去過春節呢？不能！不能！堅決不能！」

這封來信在廣播上一播送，師傅們心裡就一驚：別他媽的咱們也回不了家吧？有的師傅背後在罵：章仁興這個小圪泡，存心害人！

從這一天開始，全國各地的報紙紛紛刊登所謂「讀者來信」和「倡議書」，開足馬力大造輿論。《人民日報》也刊登了「五十七個革命造反派組織聯合發出的破除舊風俗，春節不休假，開展群眾性奪權鬥爭」的倡議書，裡面如此寫到：

「『不破不立、不塞不流、不止不行』，我們要大破大立，圍繞春節，大造幾千年來封建主義、資本主義的舊風俗、舊習慣的反！大立無產階級的新風俗、新習慣！大立大樹毛澤東思想的絕對權威！什麼敬神、拜年、請客、送禮、吃喝玩樂，都統統見鬼去吧！我們工人階級從來沒有這些骯髒的舊習慣！我們有的是改造舊世界的力量！我們有的是砸爛一切舊制度的革命造反精神！地主階級、資產階級遺留下來的糜爛貨色，我們要連根剷除，徹底焚燒！我們是舊世界的批判者！

我們是新世界的創造者！讓我們在全國無產階級革命造反派大聯合、展開奪權鬥爭的關鍵時刻，度過一個最最具有歷史意義的春節！」

僅僅四天之後，中央便「順應」「廣大革命群眾的要求」，發佈了春節不放假的通知。

師傅們一下子就像掉進了冰窖裡，心裡拔涼拔涼的，有的人甚至死的心都有。我的班長大老謝，父親有病，他自己都說，見一面少一面了。妻子每次來信都說，老人天天都在念叨他，就怕熬不到春節了。國務院的決定一公佈，謝師傅就暗自落淚，怨自己的命不好。還有那些結婚沒幾年仍慾火焚身的師哥們，痛苦的臉都變了形。

誰能理解分居之苦？那些年輕的夫妻們，不如牛郎和織女，牛郎和織女每年七夕還能鵲橋相會一次呢？

《人民日報》說，取消探親假是「根據廣大革命群眾的要求……」，究竟是哪些人要求的？違背人倫道德呀！

據說，就在中央便順應「廣大革命群眾的要求」，發佈了春節不放假的通知後。北京火車站，宣傳車開始反覆廣播該通知，許多準備回家探親的人，立刻到車站售票處退票。電建公司的一個幹部，從包頭回杭州，在北京轉車時聽到廣播，立刻換了返回包頭的車票。

那年春節前，為了穩定工人的情緒，電建公司革委會籌備組天天組織工人們討論過「革命化春節」的偉大意義，暢談向走資派奪權的豐碩成果。工地每次開會，總要佈置一些人進行典型發言，周麻子的豪言壯語全是從報紙上看來的：「移風易俗過春節，大年三十不歇腳。」、「幹到臘月二十九，吃完餃子初一早晨就動手幹活！」、「讓一切什麼敬神、拜年、請客、送禮都統統見鬼去吧！」

一天，周麻子晚上看電影回來，發現褥子就像水泡了，他氣急敗壞地罵，但就是沒人吭聲。

那年，包頭的街頭沒有喜慶祥和的過年氣氛，只有「中央文革小組來電」、「一月革命萬歲」、「砸爛某某人的狗頭」、「火燒、炮轟、揪出某某人」之類的標語和大字報。四〇六工地的一進大門的橫幅寫著「過革命化春節！」、「三十不停戰，初一堅持幹！」

革委會籌備組也宣佈了「五不准」：即「不准放鞭炮、不准燒香拜佛、不准滾龍舞獅、不准大吃大喝鋪張浪費、不准賭博！」持續了十餘年的「革命化春節」從此拉開了序幕。

為了讓大家牢記萬惡的舊社會的苦，那年除夕夜，食堂弄來野菜、樹葉、草根再加上麩皮、豆餅之類的東西煮成粥，讓全體職工品嚐。那天晚上廣播裡放的是革命芭蕾舞劇《白毛女》的插曲，「北風那個吹，雪花那個飄……」的歌聲，把人們一下子帶進了萬惡的舊社會。

那些年的春節，街上冷冷清清。沒有鞭炮、沒有團圓的年夜飯，沒有聯歡會，只有革命的紅旗滿天飄。收音機裡只有鋼琴伴唱《紅燈記》。不知道有多少個家庭是在妻離子散中度過的。孤獨和寂寞，是那個年代的特殊產物，缺少歡樂，沒有祥和，人們都在度日如年地渴望和家人團聚，心底深深地懷念那些曾經的愉快幸福的春節。

直到一九八〇年，中國才全面恢復了春節休假制度。

詭異的雞血

文革時期，轟轟烈烈的大批判運動，有如狂風般地席捲大地。其實，在老百姓的圈子裡，也刮起另一種狂風，那就是養生運動。回首那一陣陣稀奇古怪的養生熱潮，其洶湧程度，足以令人歎為觀止。

那時的雞血不僅是養生的聖藥，而且給瘋狂的種族注入了詭異的激素。革命的熱血奔湧在身上，而革命的烈火則燃燒在祖國的大地上。從一九六七到一九六八年，打雞血盛行的時間，維持了十個月之久，與文革最瘋狂的時刻完全暗合。它跟造反狂熱之間的神祕呼應，至今仍是一個難以索解的懸謎。

「雞血療法」是從哪裡來的？據說：建國初期某國民黨中將軍醫被我公安機關抓獲，判了死刑，行刑前獻出這個「秘方」以求自保。稱其療效可以強身健體，延年益壽，治癒百病。他吐露：「在臺灣的蔣介石就靠打雞血活著」。從此，雞血療法在某省上層官員中流行，還有一幫下屬紛紛效仿。文革中一位「走資派」被批鬥，在逼問下坦白了打雞血的事情。於是被當作可以卻病延年的秘方，印成傳單廣為流傳，造成了「打雞血」的大流行。

打雞血的具體操作方法是：用白色，無一點雜毛，叫聲高亢有力，體重在四公斤以上的大公雞，從翅膀下的血管內，抽取雞血數十到一百毫升，皮下注射，每週一次。據說，雞血注射在皮下肌肉裡，經過一定時間，液體蛋白進入人體所引起的免疫反應，對許多疾病產生療效；部分患者有進補後的感覺，渾身燥熱、臉色紅潤。

事隔四十多年，我對那時的壯觀景象，依然記憶猶新：在呼市的街頭不時能看見提著裝雞的籃子或網兜的人，行色匆匆地去打雞血；在社區醫院的門口，排著長蛇一般的隊伍，人們一邊等待護士小姐出手，一邊交流著打雞血的經驗與傳聞。到處都是骯髒的雞毛和雞屎，和雞的尖聲驚叫，它們的恐懼像瘟疫一樣傳染給了整個時代，使人至今難忘。

那時，在我們家附近的街道和機關大院裡，一時間間「洛陽雞貴」。不少人著魔似的，不管有病沒病，懷裡抱著活雞，天天跑衛生所，從公雞身上抽出殷紅的雞血，不加任何處理，就注射到體內。於是呼和浩特全城，晝夜雞聲相聞，此起彼落、如歌如訴。

經常看見有人提著一隻咯咯亂叫的小公雞走進醫務室，等他出來的時候小公雞已經蔫了，他卻滿面紅光邁著公雞般的步子，回家去燉那隻小公雞，進一步全面地吸收掉它。據稱，被抽過血的公雞瘦骨嶙峋，烹飪、食用時沒有香味。

我有一個同事特別熱衷於此道，他專門養了一隻大公雞，每天都要抽雞血，到單位附近的醫院請護士給自己注射。有一天，不知道是護士不小心，還是她分了心，總之針頭斷了，斷針留在了屁股的厚肉裡。趕緊送到手術臺上開刀，斷針雖然取了出來，但成為同事們茶餘飯後的談資。

還有一個師傅，堅持打了幾年雞血後，老是感到自己的力氣好像大得不得了似的，總有一拳頭打通牆壁那樣的猛勁；他的性情似乎也比以前急躁些，人們猜測，是否和雄雞的好鬥有關？這個師傅六十歲退休後的第三個月就死於癌症，不知是否和雞血有關。

原以為將雞血注射到人肌肉內，可以治病強身，許多人都像瘋了一樣去打雞血。但後來接連出現免疫反應，發熱、局部硬結，甚至壞死。隨之不斷有打雞血打死人的說法傳來，再加上不少人對打雞血的忌諱，不到一年的時間，打雞血風就嘎然而止了。

從目前科學觀點看，雞血中含有類激素性物質，也可能會刺激機體的興奮。但雞血是異種物質，對人而言它有抗原性，會引起人的免疫系統強烈地排異反應和過敏反應。

後來，雖然雞血療法的熱潮迅速平息，但它卻打開了民眾養生的強大慾望。各種新的療法蜂擁而至，成為對一個朝不保夕年代的奇妙詮釋。一方面是大規模的死亡，一方面卻是民眾強烈的養生和長壽慾望，這種嚴重的精神分裂，才是「文革」最真切的圖景。

因為無人統計，至今不知有多少人死於這種詭異、神祕、巫術式的治療過程中。只有在那個無產階級徹底佔領了上層建築的時期，科學家、知識分子、臭老九們噤若寒蟬，一切光怪陸離的事情才會紛紛湧現。

寫到此，我突然想起一句話：有人問上帝為什麼要造一個中央大國？上帝說，為的是在我寂寞時看看他們在玩兒什麼！

曾經風靡全國的養生熱潮

在我的記憶裡，文革時期曾經刮過一股養生狂風。回首那一陣陣稀奇古怪的養生熱潮，其洶湧程度，足以令人歎為觀止：

鹵城療法

比打雞血風潮稍晚一些興盛起來的，是一種更加詭秘的「六八一鹵城療法」。油印的傳單和小冊子上都宣稱，它在治療癌症方面具有神效。許多人捲入了這場新的醫學神話，就連許多高級醫院，都用這種據說是來自內蒙古某個水塘的鹵城治病。由於毒性太大，跟雞血療法一樣，鹵城療法的鬧劇後來也逐漸銷聲匿跡。

紅茶菌

紅茶菌是流行於七十年代中後期的民間養生療病飲品，當時那種熱度可以說是席捲了大江南北，長城內外。那個氣勢……反正能呼悠著全國人民都在暢飲這一種流行飲料。紅茶菌是一種模樣像海蜇水母一樣的柔軟物體。據說那種毛茸茸的東西可以延年益壽，這導致幾乎每個中國家庭都用玻璃器皿「供奉」著，看起來，怪怪的就像「動物標本」。那時從黨政高官到市井平民，家家戶戶都養紅茶菌，親戚朋友之間還寫信、打電話推薦。許多人從鄰居家討一小塊紅茶菌組織，在「副食品」配給供應的年代，用有限的白糖培養。每天，一家人數次喝下浸泡出的茶色液體，這應該算是那個年代的寫真了！據四處散佈的油印小冊說，這一秘方本源於我國渤海一帶，後流傳至外高加索，當地老人因長期飲用而健康長壽。但不知何故，後來這股紅茶菌熱不知不覺地就沒了溫度。

甩手療法

文革期間，人們感到無法主宰自己的政治命運，業務上也無能為力，卻喚起了對脆弱肉體生命的關愛。尤其人們面對生老病死無法抗拒的恐懼時，自然無不渴求練就超自然力以擺脫困境。在這種情況下趨眾心理使甩手療法大行其時，往往帶有自發性、狂熱性、非理性、暗示性的特點。當時晨練人群排陣如林，手臂甩動，煞是整齊，蔚為壯觀，真是擋不住的誘惑。雖不能治百病，但甩手畢竟是一種有益、有效的運動，所以後來一直有人沿用此法。

我記得甩手療法的方法是：身體站直、腳伸直、腿稍彎、肛門上提，腳趾用力抓住地下，兩腳距離與肩等寬，兩臂一同向前後搖甩，向後用力，向前不用力，隨力自行擺回。兩臂伸直不宜彎，兩眼平視，心無雜念。甩手次數無一定之規，視各人情況而定。

有人說甩手療法源自《易經筋》，我則認為有攀附虛構之嫌。如果說此法對關節炎、失眠、高血壓、中風、半身不遂有一定療效，多少合乎養生常識；至於說可治便血、便秘、哮喘、白內障、沙眼、色盲、近視、食道癌、頸部淋巴癌等，不免使人存疑。

據說古希臘時就有甩手療法。相傳蘇格拉底曾向弟子傳授甩手法，一年之後堅持每日三百次甩手的，只有日後終成大器的柏拉圖一人。蘇格拉底六十歲還娶妙齡少女為妻，柏拉圖活到八十三歲，據說都與堅持甩手療法有關。

那時候，在公園、街角、路口、門洞和樹陰裡，到處都有甩手者的身影，他們無處不在，表情呆鈍，像夢魘一樣彌漫在城市裡。甩手是一種集體主義的時間體操，詮釋著「一萬年太久」的激進主義時間表。

飲水療法

飲水療法也是其中最風靡的一種，它僅僅要求參加者每天起床後空腹喝掉三杯涼水，據說能治療各種消化道和尿路疾病，甚至有預防感冒、中風、減肥和長壽的功效。而飲水不僅成本為零，並且沒有任何風險。跟雞血、鹽鹵和紅茶菌相比，它喪失了生命探險的想像力和刺激性，但卻更符合大眾的口味。

爬龜療法

據一個南方的朋友講，七十年代末期他們那裡還流行稱為「爬烏龜」的民間偏方，不過流傳的範圍不廣。是那個年代可信度最低的治療方法，也被徑直稱作騙術。

方法是讓病人平躺在床上，將小烏龜放在病人的肚皮上任其自由爬行。烏龜爬著爬著不再向前走，那停留處就是生有腫瘤的地方。所以「神龜」可探查疾病。更神奇的是據說將烏龜放在生癌的體表部位，讓它趴著不動，病症就會「不治而愈」。

因為沒有科學根據，連一個正式的療法稱謂都沒有，醫生不會採信，即使病篤亂投醫的患者也覺得過於離奇、荒謬。現代藥物化療、放療都對付不了的病，就能這樣輕易克服？實在令人懷疑，因此很快就被棄絕了。

其他

隨著文革臨近尾聲，各種「神奇物質」逐漸退出了全民養生熱潮，而那些看似更加安全、簡便的療法，開始成為老百姓選擇的主流。它們是：醋蛋療法、飲水療法、綠豆療法等等。近年來還流行一種以背撞樹的健身方法，早晚可以常常在公園裡見到老年人背靠大樹做此運動。

令人難以理解的是，中國人不時能發現被視為養生的聖藥及延年益壽功法，而且在全國推廣開來。各種聖藥及功法更像一種詭異的激素，能使全中國人民變得無比亢奮起來。民主與科學是相符相成的，愚民政策不僅能使人民在政治上愚昧，而且在各個方面都可倒退至混沌未開的境地。燒書、毀滅文化、停辦大學，都是為了達到此目的的手段。

我認為，在這些瘋狂的民間療法中，也許還隱含著政治反諷的信念，它旨在消解人們對於迫害和死亡的恐懼。希望有社會學家對此作更詳盡的考據。

文革新醫療法

一

文革時，堂姐在醫院裡工作。記得她對我說，在她們醫院，新的醫療操作規程是，醫生邊念毛主席語錄邊做手術。病人呼吸困難，在場的黨支部書記立即採用毛主席的教導：「我們需要的是熱烈而鎮定的情緒，緊張而有秩序的工作」……是瘤子上的膜，還是腹膜分不清時，科主任用毛主席教導激勵他們：「下定決心，不怕犧牲，排除萬難，去爭取勝利！」千難萬難，有了毛澤東思想就不難。

二

那時，在堂姐她們醫院裡，針刺麻醉叫得山響，被列為常規麻醉方法。以至於搞到凡有手術，必先考慮針刺麻醉，只要有一點可能就上。但外科醫生卻怨聲載道，意見很大，特別是腹部手術，由於鎮痛不全，病人常因疼痛而叫喚。但是，沒有辦法，報紙上天天宣揚，醫院裡大轟大嗡，又事關「毛主席革命路線」、「文化大革命偉大成果」，誰敢不用？

據表姐說，每逢有外賓參觀時，麻醉科醫生，外科醫生都要和病人事先串通好，在醫院革委會的主導下，有組織有預謀地製造醫學假像。事先麻醉科醫生反覆向病人交代：你千萬不要喊痛，你給我使個眼色，我就給你打止痛針。麻醉科醫生在手術中給病人朗讀毛主席語錄，手術後敲鑼打鼓地去衛生廳報喜，聲稱這是「毛澤東思想的又一偉大勝利」。

一次，一位日本醫生來她們院觀摩針刺麻醉，手術是闌尾切除。因為手術比較簡單，病人又是個戰士、黨員，選病例時，那個戰士很配合。有好心者暗示他疼，戰士馬上嚴厲回擊：「革命戰士死都不怕，還怕疼？心中一輪紅太陽，刀山火海也敢上！」

為了不使這場演出砸鍋，術前用了杜冷丁，院長親自交代麻醉師事先插好一根硬膜外導管，實在不行時偷偷地從導管給麻藥，以保演出順利成功。

手術結束，撤掉手術單，戰士重見天日。睜眼、微笑、還喝了口水，與手術醫生說話，向日本人說「毛主席萬歲」。在場者喜笑顏開，手術大獲成功。

三

一次堂姐又說，她們醫院政治處有個幹部，是個耍筆桿子的。那年頭，那種人活得如魚得水，他不知從哪裡搞來材料，要在醫院裡推廣用樣板戲做針刺麻醉刺激，以增強麻醉效果。一些大夫聽了，簡直不知道說什麼好。但在這位老兄的遊說下，院黨委居然有人相信了，還同意試一試。於是，派人出差去採購設備。那個設備與一臺收音機連接，能夠把音訊信號轉換成電磁波，樣板戲唱起來字正腔圓，音色豐滿。刁德一詭計多端；鳩山老奸巨猾；座山雕愚蠢透頂，音調有高有低，轉換成電磁波，倒是很豐富。於是，在醫院開始試行。

第一次試驗採用的劇目是「紅燈記」，理由是，李玉和遭受日本鬼子嚴刑拷問，依然心紅志堅，用這一段唱段，針刺效果肯定好，總結材料也容易受到衛生廳的重視。結果可想而知，什麼效果也沒有，病人疼得山呼海叫，外科醫生不斷增加局部麻醉藥用量，才算把手術做完。

事後幾天，那位老兄對那位主刀的醫生說，你知道為什麼那次麻醉沒有成功嗎？主刀的醫生沒好氣地說，怎麼，你找到原因了？他神祕兮兮地說：「我查了，病人是富農出身，看樣子，意識形態問題是個嚴重的問題呢。」

四

從堂姐口中還得知，那時在她們醫院，還流行過如捅刀子的埋線療法。羊腸線是專用於縫合內臟、血管的醫用線，它可以被人體吸收，本來對人體是無害的。但不知道又是哪裡的革命醫務工作者，運用偉大的毛澤東思想，發明了一種穴位埋線療法。

此法就是根據不同的病情，找出一個對症的針灸穴位，在此處注射少量百分之一奴佛卡因，局部浸潤麻醉後，用手術刀作一切口，再用止血鉗分離開皮下組織，把一段羊腸線頭塞在肌肉層裡。在塞的過程中，還要用止血鉗反覆抽動著向內捅。據說這叫強刺激，刺激經絡、穴位，如此才有療效。在切開皮膚時，因有奴佛卡因表面麻醉，還不怎麼痛，當止血鉗穿過皮下組織到觸到肌肉時，那點麻醉就沒有作用了。你說那個痛法和用刀子捅有多大區別？

五

文革中還有一種新醫療法，就是雞血療法。某日，一位副院長，注射雞血後不但發高熱，而且昏迷、心音快而弱低，血壓也測不到了。他被抬到搶救室時，已呈瀕死狀態。醫生一個個都傻了眼，不知如何是好。幸好當時醫院裡還有個「反動技術權威」、前國民黨大校軍醫，五七年被打成右派，文革中再次打成反革命。他立即給病人注射腎上腺素、吸氧、補液、用升壓藥、靜滴氫考等。經過十幾個小時的搶救，才把他從鬼門關上拉了回來。

堂姐出身也不好，她和那位醫生彼此很信任。背地裡偷偷問他雞血療法的事，那個醫生悄悄告訴她：雞血是不同於人體的異類蛋白，把這雞血直接注入人體內，就會引起人體內強烈的排異反應。如果注射的量較小，多數人反應不很強烈，但也有個別人會呈現休克反應，甚至死亡。所以雞血療法純屬違背醫學常識的胡來。

赤腳醫生傳奇

赤腳醫生是中國衛生史上的一個特殊產物，即鄉村中沒有納入國家編制的非正式醫生。赤腳醫生通常來自兩個方面，一是醫學世家，二是初、高中畢業生中略懂醫術病理者，其中有一些是上山下鄉的知識青年。挑選出來後，到縣一級的衛生學校接受短期培訓，結業後即成為赤腳醫生。赤腳醫生沒有固定薪金，許多人還要赤著腳，荷鋤扶犁耕地種田，赤腳醫生的名稱即由此而來。

我的表哥就是一名赤腳醫生。他在大同念完高中後返鄉勞動，他的姥爺學過中醫，他因此把中藥的「十八反」、「十九畏」背得滾瓜爛熟，還有什麼「十全大補湯」、「四君子湯」等等湯頭歌訣也能隨口而來。由於社員們的一致推舉，表哥才當上了一名赤腳醫生。在那個年代能當上一名赤腳醫生應該是一件很榮幸的事。

一九六九年下半年，堡子灣公社推廣合作醫療制度，辦起了「毛澤東思想統帥新醫療法學習班」。由大同市衛生局組織的「六・二六醫療隊」的醫生做教員，培訓公社衛生院和準備做赤腳醫生的農民，大力推廣「一根針」、「一把草」治療各種疾病的先進經驗。

聽表哥說，在學習針灸的時候，老師一講完，他們就馬上操作，學員們自己扎，互相扎。一個酒精棉球，裹在針灸針上一抹，然後再在穴位處一搽，就算消毒了。那時候針灸針也缺，一根銀針，一個酒精棉球可以反覆用十幾個人，幾十個穴位，直到酒精棉球都成了黑色的了還在用。

他們常常是一邊學，一邊對外門診。很多學員純粹沒有醫學知識，對生理解剖一竅不通。常常有按摩至皮破的，也有扎針旋轉過度，以至於皮下纖維組織纏著銀針拔不出來的。

一天，一個老太婆因為眼疾來求醫，一個膽大的學員就給她扎睛明穴。扎下去一寸多，然後提插、旋轉，由於幅度過大，還沒有取針，病人的眼睛就腫起來了。老師看見了，讓他馬上取針，等到取出針來，病人的眼睛已經腫的睜不開了，那老太婆驚慌地問：醫生，我的眼睛要瞎嗎？老師回答：沒事，明天就好了。她回去後究竟怎麼樣，就不知道了。

得勝堡的合作醫療站設在一個長期沒人住的破廟裡。有一張二屜桌、一個腳踏的藥碾子、一把切中藥的刀、一桿秤。玻璃注射器二毫升、五毫升的有五六具；五十毫升的一具。注射針頭十多隻、體溫計兩隻、手術剪一把、出診箱一個、聽診器一個。中藥也就五六十種，每個品種就很少一點。西藥大概有三十來個品種：複方阿司匹林片、安乃近片、撲熱息痛片、四環素、土黴素、長效磺胺、阿托品片、黃連素片、甘草片、消炎粉、紗布、膠布若干。

據表哥說，他們醫療站好歹頭天晚上還要把注射器、針頭煮一遍；而其他醫療站，一般就拿開水涮一下，一具注射器，一個針頭，要用一天。有的醫療站一瓶一百毫升裝的蒸餾水，用了幾個月，裡面液體都生出一團團白色絮狀物了，醫生還在給病人注射時用。由於赤腳醫生注射青黴素不做皮試，死人的事也時有發生。

表哥說，那時農村缺醫少藥是不爭的事實，加上貧窮的原因，農民生病有三寶：就是一拖二扛三草藥，實在挨不過去了，才來找醫生，常常因此把病給耽誤了。

一天深夜，一個副隊長來找他，他聽說表哥手裡有青黴素，兒子今晚病得特別厲害，想請他去給兒子打一針。打一針青黴素大概要一元多錢，而他確實找不到錢，怕沒錢赤腳醫生不來，於是拉了個知青陪著，都知道知青每月固定有十元錢。表哥見有知青兜底，背著急救箱和他們一起出了門。表哥急如星火地來到他家，副隊長老婆端過煤油燈來照著，表哥撩開破舊髒得看不出原色的棉被，看了一眼就趕忙退出來，把副隊長拉到外面說：孩子都死了叫我來幹嗎？家人頓時號哭成一片。表哥說，這孩子是蛔蟲鑽膽，疼死的，責問副隊長為什麼不早送公社衛生所？表哥失望地走了，他一出門，老婆就和副隊長吵了起來，責怪他為什麼不早去請醫生，孩子已經在床上翻來滾去兩天了，為什麼不早點向知青借錢……

天快亮的時候，副隊長把兒子用席子裹著背了出去，埋在了小河邊的草灘裡。

還有一天晚上，就表哥一人守在醫療站，一個農民抱孩子來找他，孩子有十個月大，發燒咳嗽，呼吸困難，體溫三十九度多。表哥一邊翻看《赤腳醫生手冊》，一邊看藥瓶上的說明，給孩子配了點複方阿司匹林、四環素、甘草片。第二天傳來消息，那孩子回去當天晚上就死了，表哥聽了好難過。

由於醫療設備不完善，誤診的情況時有發生。一次，一個女人領孩子來看病，她的寶貝兒子有個耳朵發腫發痛，表哥用手摸摸，用電筒照照，以為是中耳炎，然後就往耳朵裡灌藥水，豈料這藥水一灌進去，孩子的耳朵更痛了，洗一次痛一次。直到孩子無法忍受時，表哥才不好意思地說：你還是領他去豐鎮看看吧！結果人家帶孩子到豐鎮縣衛生院五官科一看，醫生發現耳窩裡生豆芽啦，用夾子把耳窩裡的豆芽夾出來後，耳朵立馬就舒服了。原來，這孩子在豆垛裡玩，一顆黃豆跑了進去，表哥灌了藥水，豆芽就在裡面長大了。這也難怪表哥，因為沒有反光照明設備，他根本看不見耳朵裡的情況。

其實，在鄉村當赤腳醫生很辛苦，也不是一件容易的事。首先，赤腳醫生沒有固定的薪金，有的只是每月大隊給的一些補貼；有的則是以生產隊記工分代酬。不管深夜還是風雨交加的日子，只要有病人叫，他們就要赴診。自己治得了的，就一心一意盡力去治；自己治不了的，就建議送醫院，有時還要親自陪著去。赤腳醫生治病收費不高，只收個成本錢，如果碰上困難戶和五保戶，連成本錢也拿不出來，那就只好倒貼了。

有時候碰巧把病給人家治好了，老鄉們也會千恩萬謝。進門就說：「謝謝救命大恩」，放下幾把掛麵和十幾個雞蛋，作為謝禮，表哥再三推辭也不行。

表哥說，按農村習慣，農民們來看病，或者請出診，男人們都要向醫生敬煙。表哥不抽煙，人們也要強敬，那些很廉價的煙，桌子上扔的到處都是。一天，大隊書記告訴他：「堡奎，以後他們給你煙，你把它收好，給我。」從那以後，病人遞煙，表哥就隨手放在一個空藥盒子裡。大隊書記隔三差五來這裡翻看，乾淨的，貴一點的，就收走；髒的皺巴巴的他不要，自然會有不尊貴的人撿來抽。

得勝堡的大隊書記和十來個婦女相好，鬧得滿城風雨。一次，他老婆跟表哥說：我不是不許他在外面有相好的，但是太多了，傷身體呀。書記老婆是地主出身，一天因為書記在外面拈花惹草，老婆和他在街上打架，情急之下一把抓住老公的命根不撒手，正好那天公社書記來了，女的向公社書記訴苦，大隊書記一見到上級，立刻大叫：「X書記，她父母是地主！」一時傳為笑談。

表哥學過劁豬，因此計劃生育手術做的也很好。他說，其實就是開一個小口進去，閉著眼睛，全憑感覺，腦子裡解剖影像就出來了：腹壁，子宮、輸卵管，左右碰一碰，小鉤一鉤。不用縫針，小口上膠布一貼，就這麼痛快。

有一回，他配合大同來的大夫做計劃生育手術，醫療隊排成一排先唱歌。老鄉都不知道深淺：還跟著唱：「計劃生育好，一個也不少，兩個剛剛好。」唱完就開會，民兵把著現場。一家一家過，二十多個，一口氣都幹完了。

我好多年沒回老家了，聽村裡人說，當年的赤腳醫生全進城務工去了，表哥也去大同新榮區的中學教書了，後來升任了校長，表嫂一直在學校的食堂做飯。唉，農村還是缺醫少藥，老弱病殘有點頭疼腦熱，還是沒人管。你說該如何衡量赤腳醫生這個業績呢？我也不知道。

芒果

四十五年前，一九六八年八月七日的《人民日報》頭版頭條的通欄標題是這樣的：「最大關懷最大信任最大支持最大鼓舞，我們的偉大領袖毛主席永遠和群眾心連心，毛主席把外國朋友贈送的珍貴禮物轉送給首都工農兵毛澤東思想宣傳隊」。

雖然用了這麼多的「最」字，但是卻沒有點明很多老百姓最最關心的一個問題：到底誰吃了毛主席送給工人階級的芒果呢？

那是一個政治狂熱、物質匱乏、資訊閉塞的年代，大家都在傳誦「給毛主席送芒果」的故事。使我們無比激動無比幸福的是，聖果一樣的芒果本來吃了可以萬壽無疆。但毛主席竟然把它送給了我們工人階級。

一籃子芒果讓舉國上下沸騰的景象，比今天的嫦娥一號上天還熱鬧，還具有爆炸性。

這樣一種在我們北方極少見，又因種種原因而染上濃厚政治色彩的水果，曾使無數人意亂情迷：芒果是什麼水果？長什麼樣兒？對於當時連蘋果都少見的人們來說，誰也說不清，但是我與師傅們一致認定，外國人送給毛主席的水果，一定是世界上無與倫比、最好吃的水果，能夠吃到它一定是世界上最幸福的人。在我的想像中，那用車載著獻給毛主席的芒果，一定要比我們的冬瓜大很多，那芒果樹，一定是一棵參天的神樹了。

我看過《西遊記》，裡面第二十四回記載：在萬壽山五莊觀，有棵靈根，喚名草還丹，又名人參果。該樹三千年一開花，三千年一結果。再三千年才得以成熟。人若有緣，聞一聞能活三百六十歲，吃一個能活四萬七千年。我想，芒果的效力一定不比人參果差。

據說北京新華印刷廠收到偉大領袖送來的芒果後，擺在會議室裡讓全廠的工人階級來參觀。那年夏天熱，眼看放不住了，廠黨委決定讓全廠工人排隊，每個人用舌頭舔一下。後來考慮到衛生的問題，又改變了主意：把芒果切成丁，用一大鍋水來熬湯，給每個工人喝一小勺。喝湯那天，全廠的工人同志們都感動得哇哇地哭。

很快，我們接到了一個令人難以置信的特大喜訊，偉大領袖毛主席贈送給首都工人毛澤東思想宣傳隊的芒果要分送給我們包頭工人階級了。

迎接芒果的具體時間是哪一天，已記不清了。只記得那天包頭市萬人空巷，從召潭車站到阿爾丁廣場的大街早已打掃的乾乾淨淨，經過反覆打掃的街道又被灑上水，機動車繞道行走。市區主要街道被分為若干區塊，每個單位都有自己的位置。人們穿著乾淨、整潔的衣服，手拿紅寶書，一大早就列隊站在大街兩側敲鑼打鼓地等候從北京方向來的芒果。人們不斷地伸長脖子向車站的方向眺望，高音喇叭反覆播送著「大海航行靠舵手」等革命歌曲。為了防止階級敵人破壞，市革委會提前幾天就下達了通知，警告一小撮叛徒、特務、死不悔改的走資派和沒有改造好的地、富、反、壞、右分子們不許出門，不許亂說亂動。

不知過了多久，人群中突然有人喊道：芒果來了！霎時間，人們的情緒沸騰了，大家都爭先恐後，迫不及待地向前湧去。只見敞篷的北京吉普車緩緩地開過來了，車上站著一個軍人，那個軍人胸前抱著一個魚缸一樣大小的玻璃罩子，罩子裡是兩顆土豆大小的東西。擠到前面的人屏住呼吸仔細端詳著玻璃罩子裡的東西，看過後，都有些失望：怎麼芒果和土豆差不多呀？生吃還是煮熟了吃呢？這點兒東西夠誰吃呀？人們心裡都這麼想，但是誰也沒敢說出來，更不敢笑出來。

人們都在聖果前頂禮膜拜，有的還飽含幸福的熱淚，跳著忠字舞，向毛主席他老人家表決心，獻忠心。

那兩顆芒果一時弄得整個包頭驚天動地，後來才知道，我們敲鑼打鼓等了一天，迎來的竟然是兩個蠟做的模型。

按中科院科學家的計算，本來偉大領袖是要活一百五十歲的，但後來沒有活夠，我猜此事一定和芒果有關。好東西就得一個人吃，大家一分化，營養就微小了，結果誰也沒起作用。

說起芒果，我這裡還有一個使人忍俊不禁的小故事：一九六八年的夏天，包頭四〇六工地因為派性鬥爭的白熱化，徹底停工了。兩派的武鬥難解難分，逍遙派們則跑回家躲了起來。我們幾個哥們也跑回了呼和浩特，每天騎車在街上閒逛。

一天我和老景、老苗轉悠到了東郊苗圃，在裡面休閒觀景。突然老景發現一株很奇特的植物，是灌木，結著一種帶刺的果實，個頭不大，嚐嚐略有苦味。於是我們偷摘了幾顆藏在兜裡，轉身又去了同學王廣亮家。

王廣亮老實厚道，他那時在包頭機械工業學校讀書。因為武鬥，學校被造反派佔領了，主樓成了工三司的司令部，他讀不成書也逃回家來。

一進王廣亮家的院子，狡黠的苗森就高喊王廣亮的小名：「元元在家嗎？」

「你們來了，快進家。」王廣亮憨態可掬地迎了出來。

一進屋，老苗就把那幾個不知名的果實掏了出了，擺在了桌子上：「元元，你猜猜這是啥？」

「這是啥呀？不知道！」

「這就是芒果！」

元元的眼睛都發亮了，他拿起來驚奇地觀察著，然後飛快地拿給他的媽媽和妹妹看：「媽！你們快看，這就是芒果呀！」

王廣亮的媽媽和妹妹也都喜悅地拿在手裡仔細地端詳著，並無任何懷疑。我和老景、老苗都快意地笑著。

此事已經過去四十多年了，眼下回憶起來，內心有點歉疚，我們不該欺騙同學和家長。不過那時我們剛步入社會，涉世不深，也沒人好好教我們如何做人，能不參加打打殺殺就很不錯了。

半夜裡的「最高指示」

文革時期，半夜裡經常有「最高指示」發表，甚至一周幾次。一旦高音喇叭聽到最新指示發表，全城的大人小孩全要爬起來，以最快速度趕往單位和學校。沒單位的家庭婦女趕往街道革委會，然後人們敲鑼打鼓上街遊行慶祝。

那個高高在上的太陽，經常發出一些「最高指示」。不知為什麼，這些「最高指示」總是要等到深更半夜才傳達到我們這裡來。於是，人們不得不從睡夢中被叫醒，迷迷糊糊地敲起鑼、打起鼓，有時還要燃放鞭炮，在舉著寫有「最高指示」大紅紙的造反派頭頭帶領下遊行，以表達工人階級對偉大領袖的「無限崇拜、無限熱愛、無限忠誠、無限景仰」，並顯示革命群眾的偉大力量。

後來我們才知道，毛主席是白天睡覺，晚上辦公的。他老人家晚上辦公時做出的重要批示或說出的重要話都是「最高指示」，「最高指示」是不能過夜的，必須要及時通告全中國的人民。

於是，不管你是晚上快睡覺了，還是已經睡著覺了，突然北京來了「最高指示」，大家紛紛從被窩裡爬起來，到單位聽傳達，然後還要上街遊行。如果天亮再傳達，雖然看起來僅僅晚了好幾個小時，卻會被說成是關係到「忠於毛澤東思想，忠於毛主席革命路線」的政治問題了。既然如此，誰敢怠慢？

有一天夜裡，我們電建公司的職工幹部們走遍了整個青山區。穿過了所有的大街小巷，沒留一個死角。走一路，喊一路，真是做到了「家喻戶曉，人人皆知」。當我們喊完口號再回去睡覺時已是凌晨時分了。已經勞動了一天的工人們，在這黑燈瞎火的深更半夜裡，人人無精打采，個個踉踉蹌蹌。折騰到半夜才回家，正在熟睡的老人小孩也都被攪醒了。

其實，中央文革小組想要的就是這個效果，不然的話，江青的權威從哪裡體現？

記得一次我們單位的革委會主任，事先安排了工會幹部領著大家喊口號。這人嗓門大，喊聲響亮。他整出兩條口號，每條口號都分四次喊完，每次喊四個字。其中一條口號按其順序他是這麼喊出來的：「熱烈慶祝」、「人民日報」、「解放軍報」、「紅旗雜誌」、「發表社論」。當然，他領喊「人民日報」，大家就跟著喊「人民日報」；他領喊「解放軍報」，大家就跟著喊「解放軍報」。若是這條口號改成「熱烈慶祝兩報一刊社論發表」，並一次喊完，也就不會鬧出笑話了。

記憶深刻的還有一次是在一九六八年冬天，半夜，很冷。我們土建工地的年輕人，男男女女地來到了革委會門前，排好隊，工宣隊長領著，一邊走一邊喊，工宣隊長舉起胳膊喊一句，我們也舉起胳膊喊一句，嘴裡喊的話和腳下的步伐要基本一致才和諧。工宣隊長喊：「一個人有動脈！」我們也喊：「一個人有動脈！」，工宣隊長又喊：「靜脈！」，我們再喊：「靜脈！」工宣隊長突然喊了個長句：「通過心臟進行血液循環！」，我們土建工地的人大都沒多少文化，哪聽過這樣科學的句子，沒喊齊，腳步也亂了。工宣隊長喊：「重來！『通過心臟進行血液循環！』」我們也喊：「重來！『通過心臟進行血液循環！』」工宣隊長著急了：「媽拉個B，停下來，停下來。『重來』，不是毛主席的指示，是我說的。」

我們圍著工地轉了一圈，喊得雞飛狗叫的，我的鞋都被踩掉好幾回。互相有點意思的男女青年特別喜歡這種活動，黑燈瞎火的，你摸我一把，我拉你一下，玩得挺熱鬧，特別感謝毛主席。

那天晚上傳達的毛老人家的最新指示是，「一個人有動脈，靜脈，通過心臟進行血液循環，還要通過肺部進行呼吸，呼出二氧化碳，吸進新鮮氧氣，這就是吐故納新。一個無產階級的黨也要吐故納新，才能朝氣蓬勃。不清除廢料，不吸收新鮮血液，黨就沒有朝氣。」

晚上遊行時，我們手舉著紙糊的燈籠，上面寫著「萬壽無疆」、「日月同輝」等字樣。胸前掛個玻璃盤子大的主席像，衣服上戴若干像章，胳膊上戴袖章，肩上斜跨一個用紅布做得寶書袋。這樣披掛整齊，就可以敲鑼打鼓，湧上街頭，跳忠字舞遊行了。

有許多動作很快的單位，還沒等我們披掛整齊，人家那邊已經鑼鼓喧天了。

那是個革命熱情空前高漲的年代，做什麼事，我們都不願意落在別人的後面，尤其是在政治活動方面更是如此。為了爭取第一個趕到市革命委員會門前去報喜，許多單位都提前做好了準備，專門組織一批人，事先在單位裡等著，只要等到

「最高指示」一發表，就立刻行動，然後以最快的速度趕去報喜。

然而，並不是每天晚上都有「最高指示」發表，你總不能每天晚上都在那裡守候吧。往往就在你終於懈怠的時候，「最高指示」突然就來了，真讓人受不了。後來人們就改為重點守候，即只在「聽說」當晚可能有「最高指示」發表的夜晚守候。再後來，人們實在經受不起這種折騰，終於不再在半夜裡報喜了。

我們有個同事被搞得煩了，就發牢騷：「毛主席怎麼老半夜三更發指示，他老人家不睡覺啊？」結果立馬被揪出來鬥了個半死。

到了七十年代初期還有一次，半夜起來傳達一個「人貴有自知之明」的「最高指示」。雖然這句沒頭沒腦的「最高指示」讓人聽著感覺到莫名其妙，但也管不了這麼多了。反正只要是毛澤東說的話，理解的要慶祝，不理解的也要慶祝，在慶祝中加深理解。等到文革結束後，一些描寫文革內幕的文章出來，大夥兒才知道，這句最高指示竟然是毛澤東那天晚上罵自己老婆江青的。秘書覺得這句話對全國其他人的老婆也有警示意義，就給傳出來了。唉，當中國的領袖就是爽，連兩口子吵架，天下草民都要貫徹學習、深入領會。

最後一次半夜遊行是因為聽說「據北京三〇一醫院的醫學專家，最新研究成果表明，毛主席他老人家完全可以活到一百五十歲，甚至更長。」這個特大喜訊。當時半夜起來先是在工地折騰了一陣子，後來又覺得這個喜訊實在是太重要了，領導湊到一起一合計，我們又半夜周遊青山區進行了慶祝。

結果那次慶祝的人並不多。街上一片漆黑，靜悄悄地一個人也沒有。聽到鑼鼓聲聲，只有一個人從一間商店裡探出腦袋來往外看了看，旋即把門關了。見此情景，大家只好悻悻然地回去了。後來，這次慶祝活動的主角毛主席，也並沒有像喜訊上說的那樣活到一百五十歲。

現在想起來都覺得可笑，那時全國人民都像精神分裂了一樣。

曠世奇觀——忠字舞

在史無前例的無產階級文化大革命中，「忠」字系列產品極多，農民交糧叫忠字糧，積肥叫忠字肥，各種各樣的工藝品叫忠字品。聽說武川的農村還發明了忠字豬，即在豬的額頭上修剪出一個忠字來。工人們在汽車、火車、輪船、機器上也掛上了大大的忠字，中國人的智慧在獻忠心這一領域裡被發揮到了極致。

「忠」字系列中最風光的還是忠字舞。忠字舞動作很簡單，稍稍培訓一下，男女老少都會跳。這可能是中國五千年歷史上唯一全民皆舞的時刻，也是歷史上最為激動人心的時刻。放眼望去，如同長蛇陣一般的隊列浩浩蕩蕩地湧滿了長街，人們一邊五音不全地高唱頌歌，一邊笨拙地手舞足蹈向前行進，街道常常被堵得水泄不通。在呼和浩特，忠字舞更是場面恢宏無比，動輒上萬人同時載歌載舞前進，可以從呼鋼一直跳到東門外，足足五公里路，整個過程需要幾個小時才能完成，其規模之龐大，氣勢之磅礴，連當代美國好來塢那些巨片也不能望其項背。

忠字舞，顧名思義就是表忠心的舞，準確地講，就是個人向偉大領袖表忠心的舞蹈。因為此舞男女老少都要跳，所以忠字舞的動作簡單、重複、易學，適合任何年齡段的人士來跳。一個人跳忠字舞的活動範圍，可以控制在一平方米之內，因此非常適合集體一齊跳。跳忠字舞最興盛時，學校的課間操也用忠字舞來代替，一時間，忠字舞成為舉世無雙的國舞。

據說忠字舞其舞蹈語彙是從大型舞蹈史詩《東方紅》裡衍生出來的，也有人認為舞蹈源於內蒙古一帶的「安代」舞，為了通俗易行又給予簡化。舞蹈動作粗放、誇張，大多採取象形表意、圖解化的表現手法。近似於廣播體操，但又非常粗糙、僵硬、稚拙、單調、機械，用現在的話來說就是缺乏一種美感。

忠字舞較為典型的是以《敬祝毛主席萬壽無疆》、《大海航行靠舵手》、《敬愛的毛主席》、《在北京的金山上》、《滿懷豪情迎九大》、毛澤東語錄歌等為伴唱、伴奏。

跳忠字舞最常用的歌曲是《敬祝毛主席萬壽無疆》，因為這首歌的唱詞與動作容易協調：「敬愛的毛主席……我們有多少知心的話兒要對您講」，舞者雙手按著自己胸部；「我們有多少熱情的歌兒要對您唱」，舞者兩手放到腮幫，仰頭望，手指呈放射狀地一閃一閃；「千萬顆紅心」，兩手的拇指和食指合併，畫成一個心的形狀比在胸前；「要獻給您」，舞者單腿的腳尖跳躍著，另一條腿不斷後踢，雙手把那一個心形向右上方一下、一下地送上去。當唱至「我們有多少貼心的話兒要對您講，我們有多少熱情的歌兒要對您唱」時，一面扭腰、抬腿，腳步前後左右地邁動，一面上下左右地揮舞紅寶書，作抒情狀。歌曲結尾時，跳舞者右手高舉紅寶書，自上而下，一頓一頓，作叩首狀，口中反覆高唱「萬壽無疆」。

跳這段舞曲時，我總有個奇異的想法：「千言萬語匯成一句話：祝您萬壽無疆！萬壽無疆！萬壽無疆！」要同時抬起左腳和右手劃個圈，又迅速大轉身換作右腳和左手劃圈。像輪番跳著夠葡萄架上的葡萄，那摘葡萄的人個子又太矮，只得能跳多高就多高，能夠到一串是一串。我跳到最後，實在夠不著那串葡萄，索性就說那葡萄不好吃，於是站住看其他人是怎麼跳著夠的。唉！跳不好時往往熱鬧至極，簡直像群魔亂舞。

記得電建公司剛開始跳忠字舞時，不知是大家從小都未接觸過集體舞，還是政治覺悟不夠高的原因，一開始都有一些羞澀，舉手投足之間畏畏縮縮。一些調皮的男孩子更會做些誇張動作，其滑稽相逗得大家不時因笑廢舞。後來經政治指導員再三提醒：「忠字舞是向偉大領袖表忠心的舞蹈，是一件非常嚴肅的政治活動，每一個動作都代表自己對領袖的態度，跳得好就是真忠，大跳大忠，小跳小忠，不跳不忠。」

在那個特定的環境下，一經上綱上線，誰也不敢在政治上開玩笑，所以在指導員的咋呼下，大家很快都學會了忠字舞。每天上班前「早請示」、下班前「晚彙報」的時間都要跳，成為我們一種固定的表忠程序。

記得那年，呼市地方病研究所的家屬大院也開始普及忠字舞，不知道是誰說我會跳忠字舞，於是大家推舉我來當教員。一天晚飯後，家家戶戶的人都來到大院裡。王大娘用土旗話為頌歌起了個頭：敬愛的毛主席，一——二，大家就唱了起來。那天，我教的很吃力。第一個動作是雙手向右上方一下下往上舉，腳下也要配合手的動作。手的動作教了半個小時，基本齊了。但多數人腳下跟不上拍節。第二個動作是雙手在胸前比量一下然後雙手舉向天空，仍然要配合腳的動作。難為了院子裡的幾位老奶奶，我喊停時，她們的小腳兒還在運動著，身子扭來扭去，臉上汗漬漬的，有些力不從心。

當時的忠字舞，幾乎達到了人人必跳的程度。在所謂「跳好跳壞是水準問題，跳不跳是對偉大領袖的感情問題」的思想指導下，每天早晨，隨處可見跳忠字舞的人群。

有些人對跳忠字舞到了如醉如癡的地步。有的機關幹部每天早晨從家出來就跳忠字舞，一直堅持跳到機關門口。在跳忠字舞最熱的那段時間裡，紅衛兵還在各個路口設崗，攔截過往行人，讓他們跳一段忠字舞，方可通行。對於不會跳的，則讓他們就地學習，學會了才能放行。聽說，呼和浩特火車站還發生過，不會跳忠字舞就不讓上車的事情。

那時，商場和學校是跳忠字舞最熱鬧的地方。早上，商店的人跳忠字舞問題不大，可是焙子鋪的人跳忠字舞就麻煩了，那些買早點的人，大多數都是趕著上班的，等這些烙焙子的師傅不緊不慢地跳完忠字舞，那麻煩大了。後來，他們考慮實際情況，就用比較簡單的「早請示」方法，排好隊，手握紅寶書揮三下，喊三聲毛萬歲，幾十秒就搞定了。

前幾年，我與一幫師兄弟在錫盟相聚，一陣痛飲之後，都飄然若仙，這時不知是哪位仁兄想起了當年的忠字舞，就乘著酒興跳了起來。這一下點燃了我們深藏的記憶，年過半百的十多個男女，竟瘋瘋癲癲地高唱起「敬愛的毛主席，我們心中的紅太陽……」全部跳起了忠字舞，一直鬧了一個多鐘頭，把酒店裡的年輕人搞得莫名其妙，笑出了眼淚。

去年，我回山西老家，發現村裡人都信奉耶穌基督，去的第二天恰逢禮拜天，一早跟表弟去鄰村的教會。沒想到現在農村的兄弟姐妹都大變樣，連六七十歲的老婆婆都自告奮勇地上臺唱讚美詩：敬愛的耶和華，我們心中的紅太陽……我們有多少知心的話兒要對你講，我們有多少熱情的歌兒要對你唱。哎——這個讚美詩的旋律、調門和我們以前的文革歌曲一模一樣，只是換了三個字，我想笑又不敢笑，農民真是實用的拿來主義。

我在田埂上東遊西逛了兩個小時。遠遠回望，村莊沐浴在夕陽中，平靜、祥和。從忠字舞到讚美詩，四十年過去了。我暗自祈禱上帝永遠保護這片土地，眷顧這群臣民。讓他們年年豐衣足食，讓他們時時平安喜樂，也讓他們的讚美詩唱得更加動聽響亮。

後記：

「忠字舞」古已有之，《通禮義纂》雲：「古者臣於其君有拜謝稽首之禮，自後魏以來，臣受恩皆以手舞足蹈以為歡喜之極也。」本來是稽首拜謝的禮節，還嫌不夠「忠」，於是演變為誇張的藝術化動作，手舞足蹈起來。李商隱《韓碑》詩寫唐憲宗讓韓愈撰《平淮西碑》時，「愈拜稽首蹈且舞」，還說「金石刻畫臣能為」。從新舊《唐書》中可以看到，臣下向皇上謝恩時，是要舞蹈一番的。

荒誕的「早請示，晚彙報」

在政治侵入日常生活一切方面的文革中，每天早晨上班前要向偉大領袖毛主席「請示」這一天的工作、學習方法；一天工作結束後要向偉大領袖毛主席「彙報」這一天的工作、學習情況。「晚彙報」最開始稱為「晚請罪」，因為一天下來，工作、學習中肯定會有錯誤，耽誤了革命工作，對不起偉大領袖，所以要「請罪」。但後來「上面」說「晚請罪」一詞不太合適，帶有宗教色彩，於是改稱為「晚彙報」。

「早請示、晚彙報」大致流行於一九六六年至一九七一年間，林彪事件後，個人崇拜思潮開始低落，「早請示，晚彙報」這種形式主義的政治儀式終於隱退。

一九六七年，我在包頭四〇六工地施工時，車間裡有一個寶書臺和一面紅牆。寶書臺是一個一米多高的檯子，檯子中間是一尊巨大的偉大領袖毛主席白色石膏全身雕像，檯面四周整齊地排列著紅寶書。紅牆是寶書臺的背景，在一面牆上畫著蔚藍色的大海，一輪紅日噴薄欲出，光芒四射，一艘巨輪乘風破浪揚帆遠航。紅牆兩側是「千萬不要忘記階級鬥爭」和「階級鬥爭一抓就靈」的巨幅紅色標語。（有的工地則用紅綢布織成一個紅色的大海洋，用蓄電池製作閃爍的背景燈光，似旭日東昇，浩浩蕩蕩，蔚然壯觀。）

那時，我們每天早晨上班前，人人右臂上佩戴鮮豔奪目的造反組織的紅袖章，個個胸前別一枚金光閃閃的毛主席像章，煞是一道靚麗的風景線。記得施禮的程序是：全體肅立，向偉大領袖毛主席三鞠躬；高舉右手振臂高呼「三忠於，四無限」；學習毛主席最新指示或「老三篇」；跳忠字舞，齊唱「大海航行靠舵手」。最後，由車間主任對本車間的革命大批判和工作進行具體分工，這被稱之「早請示」。下午下班前又集合全體員工，整齊地站在寶書臺前進行鬥私批修。每個員工必須針對自己學習毛主席著作的親身體會，聯繫自己的活思想，進行鬥私批修。如果自己鬥私批修不徹底、不深入，別人還要大張旗鼓地進行檢舉揭發，聲色俱厲地對你進行「幫助，教育」，這被稱之「晚彙報」。雖然這些程序枯燥無味、讓人厭倦，但沒有人敢於消極應對。

「牛鬼蛇神」一類「壞人」是不能「早請示，晚彙報」的，他們只能「早請罪，晚請罪」。在毛澤東像前低頭彎腰站著，保持著請罪的姿勢，用別人給自己定的罪名大聲地詛咒自己。

那個時期，「早請示，晚彙報」屬於雷打不動的程序，任何人不得以任何藉口干擾。

一九六七年冬，我的師傅得了急性闌尾炎，在醫院裡，已經被推上手術臺，醫生和護士卻都不見了。師傅疼得不行，不得不大聲呼叫，但無人理睬。因為所有的人都「早請示」去了。沒有辦法，他只能忍痛等候。就在他奄奄一息的時刻，醫生們的「早請示」總算結束了。

師傅開刀後的第二天早上，他說明情況後被免去了「早請示」。但負責此事的工宣隊認為闌尾炎不是大手術，「早請示，晚彙報」是關係到對毛主席忠不忠的態度問題，所以當晚還是被迫到忠字室去作「晚彙報」。每次在「敬祝毛主席萬壽無疆，敬祝林副主席身體永遠健康」後還要讀大段毛主席語錄、唱多首頌歌，差不多要二十多分鐘，師傅為此感到苦不堪言。

還有一個師傅，一九六七年，他的兒子新婚無房，和他住在一起。那天晚飯後，鬧洞房的親友們剛剛散去，兒子和兒媳就上床歇息了。他倆正在嘿咻之時，師娘突然發現兒子和兒媳沒有「晚彙報」就睡覺了，氣不打一處來，使勁地用手掌猛拍兒子的房門，呼叫他們起來補做「晚彙報」。兒子戀戰，不想起，在室內慵懶地回答：「明天再說吧！」出身於苦大仇深貧下中農家庭的師娘，對毛主席充滿熱愛之情，在門外責罵不停，抱怨兒子忘記了偉大領袖的恩情，是個不忠不孝，不恩不義之徒。兒子不得已起床補做「晚彙報」，但因驚嚇從此落下了病根，那活兒再也硬不起來。

一九六八年夏天，我們到包頭郊區參加抗旱，在炎炎烈日下幹了一上午，大家餓腸轆轆，好不容易盼來午飯。沒想到眾人在田頭狼吞虎嚥剛吃了幾口，有一個同事失聲喊道：「哎呀，咱們還沒請示彙報呢！」。飯場頓時靜了下來，大家都看著隨隊的政治指導員，只見指導員狠狠地盯了那位同事一眼，說：「那就等請示彙報完再吃吧！」於是把一枚毛主席像章放在一個小樹杈上，大家重新列隊對著主席像請示、彙報後才吃飯。

那個時期，許多家庭裡也在貫徹這樣的禮儀。早飯、晚飯前都要這樣做，類似基督教的飯前禱告。雖然開飯時孩子們餓狼般地湧過來了，但家長還是要說：大家先學習一段毛主席語錄吧，於是孩子們嚥下口水，齊聲念道：「偉大領袖毛主席教導我們，忙時吃乾，閒時吃稀，不忙不閒時半乾半稀，並加以番薯、地瓜、菜葉等等，要節約鬧革命。」

「早請示，晚彙報「除簡單的情感表達方式外，其功能，承擔著建立統一的文化制度、語言模式、思維定勢等等更基本、更廣泛的社會功能。它以不變的、統一的、單調的儀式消蝕著人們的全部活動力、判斷力和識別力，並攫走人的情感和個人的責任感。通過這樣的儀式，崇拜和臣服不再僅僅是一種外在的政治組織形式，而且被內化為一種惰性生活方式、一種奴化精神的類型。

有學者認為，「早請示，晚彙報」的儀式起源於殷商先人的祭日儀式：「殷人於日之出入均有祭，……殷人於日，蓋朝夕禮拜之。」把毛澤東尊為神靈，實行祭日儀式毫不不足奇。

迄今，那場怵目驚心的「紅色政治風暴」雖然已經過去四十年了，但從那個激情燃燒的歲月中走過來的人，對「早請示，晚彙報」仍然記憶猶新，刻骨銘心……

啼笑皆非的語錄操

一九六六年夏天，我在包頭四〇六工地上班。那時，每天上工之前都要大唱語錄歌、大跳忠字舞、大作語錄操。教我們做這套語錄操的是包四中的幾個紅衛兵小將，是包頭市紅衛兵總部派來的。記得剛開始學時，許多老師傅很不情願，他們說，我們這些受苦人，每天從早到晚爬高上低，受的灰溜溜的，筋骨累的都快斷了，做這些勞什子操幹啥？但工地劉書記說：這是一項政治任務，哪一個不參加、不會做的就是對毛主席的不忠，嚴重的要以「反革命」論處。發牢騷的幾個師傅因為出身好，只受到了嚴重警告，別人見狀也不敢再說啥了。

語錄操其實是跟著語錄歌的旋律、節奏，進行跳躍、表演的一種體操。並不是什麼廣播體操，只是動作極像廣播體操，彷彿啞語，是觀念圖解和模式化動作的混合雜糅。教我們做操的紅衛兵雖然一再強調這套操簡單易學，但是許多大字不識的老師傅們，卻感到比登天還要難。

語錄操由五部分十四節組成，雖然年代久遠，仍記憶猶新。有專家說，伴有行動的記憶是最深刻的：

「領導我們事業的核心力量是中國共產黨，指導我們思想的理論基礎是馬克思列寧主義」，動作其實就是上肢運動，雙臂上舉、挺胸、抬頭，表現對中國共產黨、馬列主義的無限信仰和崇敬；

「我們應當相信群眾，我們應當相信黨……」，動作就是擴胸運動，表示我們心胸開闊；

「抓革命、促生產、備戰備荒為人民」，動作就是全身運動，其中有打錘、割麥的勞動動作；

「凡是敵人反對的我們就要擁護……」，動作就是體轉運動，表示和敵人的立場相反；

「造反有理」，動作就是踢腿運動，表示對敵人的憤恨。

其他常見的動作還有「表忠心」、「高瞻遠矚」、「放眼世界」等等，糅進了部分軍事動作和中國拳術，動作幅度大而伸展、誇張、雄壯，這些動作自然也能起到治理「中焦」，活動腰腿的作用。

還有一些動作的語彙是固定不變的：

「世界上」：兩臂經前舉向兩側直臂擴胸後振一次，兩手握拳，拳眼向上；

「一切革命」：兩臂向上向內繞環四百五十度至上舉，兩手握拳、拳眼向後；

「鬥爭」：「鬥」時兩臂迅速有力的做臂肩側屈的動作；「爭」時兩臂再迅速地上舉；

「都是為著」：兩臂向下成握槍動作；

「奪取」：向左斜前方做「突刺」動作；

「政權」：收回左腳成直立的握槍動作；

「鞏固」：向右斜前方模仿做筆桿子下戳的動作，眼睛怒視右前下方；

「政權」：收回右腳成直立的握槍動作。

語錄操的動作連貫是為了圖解毛主席語錄，動作怪異，有些類似於腦筋急轉彎的猜謎。就拿「貪污和浪費是極大的犯罪」這條語錄來說吧：雙手先向外翻掌推出，然後向胸前收攏作撈公物狀，這是「貪污」；將收攏的手向後平伸，依波浪式弧線上下抖動作撒東西狀，這是「浪費」；最後彎腰九十度並將一一雙手向後撇起呈「噴氣式」，表示該人在挨鬥，這是「極大的犯罪」。

有關語錄操的軼事很多，想起來不禁啞然失笑。記得有一次，土建工地召開革命大批判會，兩百來號工人在三合院前的草灘上集合，照例先跳一陣語錄操，集體朗讀幾段「最高指示」，再就喊「萬壽無疆」和「永遠健康」。之後，劉書記作報告。大概是為了增強他作報告的感染力和生動性，劉書記一上來就先朗誦了兩句毛主席的詩：「春風楊柳萬千條，六億神州盡『順搖』」。他邊念還邊情不自禁地作楊柳隨風飄搖的動作，左右搖擺著自己的身子，並大聲喊：「大家跟我一起搖！」滿場的師傅全搖起來了，少數幾個有點舞蹈天賦的師弟，還高高地舉起雙手，更具形象化了。一位剛「解放」出來的工程師，跟著舞，可能是動作力度太大，把眼鏡舞掉地上破碎了，我強忍著沒敢笑出聲。

會後，一位技術員出於對領導的愛護和尊敬，走到劉書記的跟前，輕聲地對他說：「詩裡的『舜堯』，是指古代的兩名聖明君主，非『順著搖的意思』。」他的話音剛落，劉書記就瞪了他一眼，那雙爆眼珠，像兩顆即將噴射的子彈，厲聲地反問他：「我錯了？前一句是『春風楊柳萬千條』，那後面當然是說楊柳順著春風搖呀搖，有錯嗎？」那個技術員張著嘴但發不出聲。意猶未盡的劉書記轉而嗓門提高八度地教訓他說：「別以為你們這些臭知識分子，多讀幾本書就什麼都懂。對偉大領袖的著作，只有我們革命群眾才最有感情，才最能讀懂！」……

記得電建公司機關裡還有人跳《沁園春・雪》。起先跳得怪就不說了，到了「更喜岷山千里雪」時，大把大把地從口袋裡掏出碎紙屑（難為他剪得那麼細碎），朝辦公室裡四處扔，滿屋子紙屑，讓「壞分子」們好一陣子打掃。

曾經有人說，拋開政治背景不論，單從健身活動的意義來講，有些忠字舞的動作設計甚至比語錄操更有益於四肢鍛鍊，比如《青稞酒》裡的躐步，半下蹲；《翻身農奴把歌唱》裡的騰躍，都比語錄操裡的動作豐富，節奏變化多，移動範圍大。加上忠字舞的音樂伴奏，據說還帶有深厚的無產階級感情，至少不像語錄操伴奏那麼單調、平淡，活血化淤的效果肯定要更好些。

按一般常識來說，舞蹈是利用身體變換動作，來表達人的思想感情或象徵、比擬一種事物，用體操動作表達毛主席語錄的含義的確有些牽強附會，但在那個特殊的年代一切都被扭曲了。體操設計者把向毛澤東表示崇敬、禮拜的內心意向形式化、身體化。很類似宗教的禮神。

可惜我的那些五大三粗的師傅們，大多是農民出身，對此種行為藝術懵懵懂懂、冥頑不化。不但動作僵硬、節律不齊，舞弄起來也各行其是，有的像打太極拳；有的像跳芭蕾舞；有的像道士畫符；有的像跳大仙的神靈附體。雖然派來的紅衛兵小將再三責罵，喊得舌乾唇燥，嗓子眼冒煙，也終難奏效，最後不到一個星期便草草收場了。

粗鄙的文革

我剛參加工作的時候，是在內蒙電建公司，那是個施工單位，工人們大多來自農村，領導也很少沒受過什麼正規教育，說話辦事都像《亮劍》裡的李雲龍那樣粗野。

建築施工本來就不是個細緻活，招收的徒工多數只有初中文化程度，對這些人的管理，一般都採取訓政的辦法。所謂訓政，其實就是罵，工人們被罵慣了，一天不罵反而覺得不適應，在底下會議論：怎麼×老大今天沒罵人？（那時我們都把工地主任稱為×老大，有點黑社會的意思吧？）有時候，工地的頭頭及班長還會打那些淘氣的工人，用拳頭在身上鑿幾下，用腳在屁股上踢幾下也都是常事。因為習慣了，師傅們對領導的粗野似乎並不計較，好像原本就應該如此。

對於女工，頭頭們也不會法外開恩，如果幹的活不合格，或沒有及時完成任務而影響了下一道工序時，他們也會破口大罵：「你們這些挨操貨，球也變不成！」

有一次，公司要組織我們去火車站搬運大型設備，按規定，女工來例假的，可以不去。那天，也許是頭頭覺得來例假的人有點多了，說著說著就來了氣，然後氣急敗壞地開罵：「你們這些臭逼們，正要用你們一下，你們都給爺作怪，周麻子！你一個一個地伸進手去摸摸，如果真的有血，可以不去，否則一個也不能落下！」結果真的來例假的女工也都怨聲載道地跟著去了。

文革來了，破四舊、砸爛舊世界的狂潮在全國風起雲湧，造反成為革命潮流，溫文爾雅與革命格格不入，粗魯也成了革命的標誌。造反派們以反傳統的語言表示他們對傳統道德的藐視，「他媽的」、「炮轟」、「砸爛狗頭」、「油炸」成了文化革命的流行語言。

那時，輿論把工人階級的地位提的非常高，鼓吹工人階級領導一切，粗野一時成了許多人的優勢。大大小小的領導們更是以大老粗自居，彷彿越粗越光榮。開會一講話就是：「我是個大老粗，要多粗有多粗，斗大的字不識一筐！」那些平時文質彬彬的人。也一個個「他媽的」不離口，以顯示自己的離經叛道。這種語言的沉淪，造成了了整整一個時代語言的粗鄙化。那些過去根本上不了檯面的粗話，諸如「混蛋」、「王八蛋」、「王八羔子」、「滾蛋」、「見鬼去」、「見你媽的鬼」、「該死」等等，都成了常用語彙。

那時，漢語中一些誇張和感情色彩強烈的詞彙也頻頻出現於各種大字報和報刊雜誌。這些詞語借助形容詞或副詞增強聲勢，如「混帳透頂」、「猖狂反撲」、「猖狂進攻」、「大肆鼓吹」、「狗膽包天」；還有「大黑傘」、「大黑手」、「一小撮」、「妄圖」、「膽敢」、「可以休矣」、「居心何在」、「何其毒也」、「是可忍孰不可忍」等等，構成了整個文化革命時期特有的那種氣勢洶洶和虛張聲勢的政治用語風格。此外還有新組合的「砸爛狗頭」、「砸個稀巴爛」等等不一而足。

那時，純淨規範的語言已不合時宜，禮貌委婉用語更被視作「資產階級和封建階級的臭禮節」，彷彿越粗鄙便越接近工農兵，越沒有教養便顯得越革命。這種變化，推動文化大革命的大眾審美更加趨向粗鄙化。

土建工地的主任焦老大一張口就罵人，記得有一回早晨開站班會，我們幾個徒工在地下畫道道給他做統計，那天焦老大一共罵了一百多個「他媽的！」八十多個「混蛋！」和五十多個「小圪泡們！」

因為土建工地的工作又髒又累，大多數走資派、反動技術權威都被下放到了土建工地勞動改造。造反派們對他們從來沒有好話，不是罵「老圪泡」就是「老雜毛」，「混蛋」、「王八蛋」不絕於耳。

那些「走資派」、「反動技術權威」一天到晚戰戰兢兢，看著管教他們的人的臉色行事。因為如果惹惱了那些人，翻毛皮鞋踢上去會皮開肉裂。

那時，要求工程技術人員改造思想，接受工人階級再教育，脫胎換骨。脫胎換骨的結果是，他們也學的滿嘴髒話，不說髒話不開口，斯文徹底掃地了。

智者說，貴族要三代才能教養出來。而地主、資本家的子弟經過新中國不斷地在經濟上的剝奪，到了文革，他們比工人農民所多的，也只是一點文化優勢，或曰所謂的「文化教養」。其實，從一九四九年起，我們的官方文件、報紙廣播和教科書裡，就不再有「教養」二字，和教養有關的只剩下「勞動教養」了。

前些天，看到一篇子女教育的短文，有兩段話很有味道：「孩子，如果世界上僅剩兩碗水，一碗用來喝，一碗要用來洗乾淨你的臉和內衣褲。」、「笑容、優雅、自信，是最大的精神財富，擁有了它們，你就擁有了全部。」就一個人的素養而言，這種「派」對我頓生偌大的魅力。

路易十六的王后上絞刑臺的時候，踩到了劊子手的腳，她下意識地說一聲：對不起，我覺得這才是貴族。貴族首先有很好的教養，他也應該是一個文明的人。

文革結束後，政府推行「五講」、「四美」、「三熱愛」運動。在成人中開展學習幼稚園用語：「您好」、「請」、「對不起」、「謝謝」、「再見」，企圖拯救中國即將跨掉的一代。

遺憾的是，文革種下的道德惡果，現在已經開始收穫。時隔多年，粗野、鄙俗仍是當今社會的主流價值。不信你看看各地的城管，並不比「座山雕」的部下更文雅些；人民公僕更猶如色中惡鬼。

晚清時，面對危局，主張改良變革的龔自珍曾說：「士皆知有恥，則國家永無恥矣；士不知恥，為國之大恥……農工之人肩荷背負之子無恥，則辱其身而已；富而無恥者，辱其家而已；士無恥，則名之曰辱國；卿大夫無恥，名之曰辱社稷。」

不才也認為：沒有比讀書人和公卿大夫的失範無恥，對國家社稷傷害更大的了，一正一反間，他們的無恥行為，動搖國本，擾亂社會，引發了社會沉淪。龔自珍之語，可謂一語中的，點中了傳統社會粗鄙沉淪的要穴。

文革謬事拾遺

有人問上帝為什麼要造一個中央大國，上帝說：「為的是在我寂寞時看看他們在玩兒什麼。」

一九六六年夏天，許多歐洲國家的報紙都載文說：誰能去喚醒長城後面的中國人，他們都已經瘋了！

一、有人祖上在清朝道光年間做過一任縣令，他不經意向同事說出，後被組織上定性為「隱瞞家庭重大歷史問題」。

二、文革時期，特別強調奪權，林彪說：「槍桿子、筆桿子，幹革命全靠這兩桿子」傳到下面，不少人就說：「幹革命原來全靠二桿子呀?!」

三、文革期間大興忠字舞，無論婦孺皆手持紅寶書，口唱忠字歌，如瘋顛狀集體作舞，一老嫗每舞必大唱：「——毛主席就在咱身（心）上」，渾然不覺此大逆之罪，被軍代表痛批曰爾不要老臉也罷猶不要老命耶？幸此嫗乃世代貧下中農其子女皆革命左派，後以大舌為由掩飾了事。

四、有個網上廣為流傳的文革笑話：幾位知青各挑著一擔大糞匆匆地走著，忽然走在前頭的人不慎滑倒，糞便潑灑一地。幾個同伴趕緊放下擔子，上前去正要扶他起來。跌倒者奮力掙開同夥的攙扶，手指著正滿地流淌的糞便，慷慨激昂、鏗鏘有力地說道：「不要管我，搶救公社的大糞要緊！」

五、文革初期，某公社的一個革命幹部高喊：「敬祝毛主席萬壽無疆，敬祝林副統帥身體健康！」一貧農老大爺聽後不以為然，調笑說：「活人都是見骨頭、見肉，林副統帥都見了糠了，還有啥活頭？」此言一出，公社幹部大怒，將其打成現行反革命。結果，沒過半年林彪叛逃中飛機失事，粉身碎骨。此老大爺也被平反釋放。但仍不改風趣本色，逢人便講：「我說林彪見了糠就要完蛋吧？怎麼樣？這下好，都見了灰了」。

六、文革期間，一個農民進城買了兩個毛老頭的石膏像，一個給兒子，一個自己擺。因為不好拿，他用細麻繩拴住腦袋一前一後搭在肩上，結果被別人看見，說他是反革命分子，居然敢把偉人綁起來上吊，在大馬路上被紅衛兵打到吐血。

七、雲南某個農場有一位五十歲上下的傣族老太太，漢語不好，話說急了的時候常傣漢兩種語言合用，有一天場長感到這位傣族老太太發言太少，非讓她多說說對毛的愛戴，就說：「老米陶（大媽的傣語稱呼）你對毛主席好呢，要多發言表示傣家人對主席的熱愛呢」，「今後多發言要向領袖表忠心呀」。老米陶表示：「我就用傣家話喊毛主席萬歲，萬歲，萬萬歲吧」，大家聽後熱烈鼓掌。隨後老米陶高喊毛主席猛逼！猛逼！！猛猛逼！！！

突然人們一臉驚愕室內鴉雀無聲，隨後隊長拍案而起大吼到：「你敢大罵偉大領袖毛主席媽逼，媽逼，媽媽逼?!來人先給我綁起來押往場部！」隨後這位可憐的老米陶被五花大綁的綁起來，只聽到老米陶連哭帶叫的說：「不是媽逼呢，是猛逼呢！」

第二天老米陶被拉到場部廣場舞臺被批鬥，隨後遊街。人們高喊：「打倒反革命分子某某，打倒污辱偉大領袖的某某！」她最後被判了三年有期徒刑。

八、一位老師在語文課上講解毛澤東詩詞時說：毛主席詩中的「我欲因之夢寥廓」，是套用了李白的詩「我欲因之夢吳越」。紅衛兵認為，這是反黨、反社會主義、反毛澤東思想的反革命言論：「我們最敬愛的林副統帥說過：世界幾百年，中國幾千年才出現了一個毛澤東這樣的天才。李白是什麼東西，怎麼能和我們心中的紅太陽相提並論！」

老師開始還想進行辯解，說他沒有攻擊偉大領袖的意思，他是稱讚毛主席學習李白詩詞學的好。結果遭到紅衛兵更嚴厲的批鬥。老師實在經受不起肉體的折磨，只好認罪：「我有罪。我階級覺悟不高，我侮辱了偉大領袖、偉大導師、偉大統帥、偉大舵手，我們心中最紅最紅的紅太陽。我更正：李白是詩是抄襲毛主席的。我向毛主席請罪。」

九、大約是一九七一年，××縣新提拔的縣委書記在全縣三級幹部會上做報告，講話稿事先已由秘書寫就在縣委專用稿紙上。這種稿紙照例有「××縣委專用稿紙」幾個紅字印在每頁頂端，書記也就一字不拉照念，所以每隔幾分鐘就有「××縣委專用稿紙」幾個字莫名其妙地插進來。

聽眾開始摸不著頭腦，後來就知道是怎麼回事了。大家都憋住氣，靜靜的等待那幾個字從書記嘴裡冒出來，接下去是一陣哄笑，然後平靜下來，等待下一個高潮的來臨。

書記全然不覺，直到秘書走上前去小聲告知那些紅字是不需要念的。書記坦然一笑說：「我還思謀著紅字兒是最要緊的呢，再說念一下也沒啥關係麼。」

十、在一九七六年「反擊右傾翻案」那時，四川有個工廠開會逼著工人「批鄧」；不批不准回家。車間一百多人坐在那兒沒人發言，正在作難呢。

忽然間，有個老工人一拍大腿，痛心疾首地大呼：「鄧小平！喊他主持中央工作，他搞些啥子名堂吆！他不抓綱，不抓線，不抓階級鬥爭，光提倡養豬。嘿，鄧小平喊大家養豬，還要餵大肥豬！那個大肥豬嘛，膘厚，脂肉多吆，蒸出來的扣肉、甜燒白、米粉肉、油汪汪的。人吃多了嘛，膽固醇就要高呃！膽固醇一高嘛，冠心病、高血壓、心臟病、腦血栓，跟著就要來了吆！好惱火吆！你說他毒不毒，硬是毒的很啊！」

他發言完畢，沉默了足足一分鐘，然後爆發出一陣經久不息的大笑，批判會就這麼散場了。

拍圈子

呼和浩特的「拍圈子」，北京叫「拍婆子」；天津叫「吊小女」；廣州叫「溝女」；重慶叫「繞妹兒」。是指文革時男孩通過與素不相識的女孩搭話來交朋友。它既是帶有准黑話性質的俚語，也是一種產生於特定的歷史條件下，有中國特色的社會生活時尚。

拍圈子盛行于「文革」中前期，後來隨著「上山下鄉，全國山河一片紅」而退潮。

拍圈子或許和早戀搭點界。再現「老三屆」那代人在動亂年代生活的電視劇《血色浪漫》、《與青春有關的日子》中也反映了當時青年男女之間交友、戀愛的所謂拍圈子現象，更是勾起了不少從那個時代過來的人的回憶。

一九六六年夏，紅衛兵運動風起雲湧。僅僅半年多，被利用的紅衛兵即遭拋棄，由鬥志昂揚轉為頹廢消極。在複課鬧革命中，屬於「老三屆」的青年被排除于學校之外。曾經馳騁於歷史舞臺上的老紅衛兵（簡稱「老兵」）既無革命可幹，又無學可上。他們精力旺盛，慾望充沛，無聊煩悶，無所事事，四處閒逛。許多人又因父母受到衝擊，頓失依託，開始抽煙、喝酒、拍圈子，逐漸形成一種玩世不恭的風氣。北京因幹部子弟雲集而成為拍圈子的首善之地。

當時在校的中學生是上而不學。師道尊嚴已被批倒批臭，課堂如茶館酒店，來去自便。上課時，學生以學革命為主，兼學別樣，包括看小說（含手抄本的黃書）、說髒話、打架、夢周公、照鏡子。懵懂之中，在校生意識到自己未來的命運也逃不出上山下鄉。一些人受「老兵」的影響，也加入了拍圈子的行列。

鑒於當時依然革命的氣氛和傳統意識，男女私事多少帶有幾分離經叛道。對青年人來說，革命加戀愛具有強大的吸引力，誘發出巨大的激情。然而，首先拍圈子並不具有革命的含義；其次，許多拍圈子的男生並非尋求實質意義上的男女關係；最後，因為在「拍」的過程中多有第三者在場，具有團夥的行為意識，而非絕對意義上的男女私人行為。

拍圈子的社會時尚含有青年人逐漸蘇醒的自我意識：「老兵」因失勢而更加固執地張揚自己的存在；幹部子弟與權勢脫不了干係的生活方式；女孩子本能地尋求團夥的保護，以及混渾噩噩地追隨流行時尚。

圈子的臉盤一定要靚，因為姿色是充分條件，風騷是必要條件，這兩個條件決定了被拍的頻率。能稱之為圈子的女孩都比較臭美，臭美就會導致打扮與眾不同，而打扮與眾不同才會引人注目。圈子候選人的年齡一般在十五至十七歲不等，早熟者可小到十四歲，而漂亮的也可高達十八歲。

圈子的特徵是，頭髮梳兩把小刷子，小刷子梳得很低，不像如今的馬尾巴辮那麼地高高在上。有些女孩後面梳著小刷子，還把幾縷頭髮亂七八糟地揪下來，披在前面。浪勁兒通過衣著姿態表露，一般圈子都穿藍色衣褲，白邊黑懶漢鞋，鞋子黑白分明。

每天一身藍，鞋邊白得晃眼；經常以左腿為重心站著，略微前伸的右腿抖動著；很少笑，非笑即酷。看人時揚起下巴頦，從細長的眼角那麼一瞟，帶著股浪氣。有些圈子雖然並不算漂亮，因為有氣質，也經常被拍。

拍圈子的場合有幾種：

公共汽車式：在公共汽車站偶然相遇，尾隨，找機會搭話。因為女孩的膽怯，這種方式的成功率比較低。

騎車式：在學校或常來往的街道上看準目標，可以慢騎相跟不斷糾纏，伺機和女孩搭話，這個方式較公共汽車式的成功率要高。

泳池式：那時在呼市體育場旁邊有個露天泳池，每到夏天這裡人滿為患，身材頎長、皮膚白皙的女孩往往為人注目。男孩不斷地湊近、肢體摩擦，對於泳技不佳者主動予以指導，此種方式常常成功者半。

冰場式：呼市人民公園的冰場，也是很好的場合。滑冰時看中，快速滑到跟前，立即煞住。此時冰刀呲地一聲帶起冰屑，在冰面上劃出一條漂亮的弧線，顯示一番。趁女孩驚魂未定，開始沒話找話，這種方式有相當高的成功率。

排隊買票式：那時電影宮常常放映朝鮮及阿爾巴尼亞影片，女孩買票時，男孩常常尾隨其後，可以買到與女孩相鄰的座位，在電影開映後的黑暗中，主動給女孩介紹劇情，這種方式成功率極高。

拍圈子流行到呼市已經是強弩之末了。但五十多歲的呼市男人都會記得那時的一句俚語：「一中的車子，二中的表，三中的圈子滿街跑。」

一九六九年夏天，包頭四〇六工地因為武鬥而全面停工，我們幾位哥們都溜回了呼市，每天無事在街上閒逛，有時在公園的茶館裡喝茶。那時，我們經常能看到裝束酷似圈子的女孩從眼前走過，非常吸引眼球。我生性怯懦，不敢多言多語，唯有苗森膽大，常常敢直接上去搭訕。呼市的女孩比較和善，苗森也因為長得帥氣，從未遭到過搶白，多數都能拍上。拍上後，苗森就用自行車直接帶走，去看電影或去郊外玩耍。我們其餘幾個看的眼熱，但無勇氣效法。

帶著圈子夜不歸家，在外鬼混的極少。所謂鬼混，其實並不像時下人想像的肢體接觸；男女獨處，一般多是摟個肩膀，或黑燈瞎火時偷偷接個吻。大多數男孩甚至從未真正佔有過圈子的身體。他們在一起，不過是唱唱黃歌兒、抽煙、聊天兒、消磨日子。男女交往如保爾冬妮婭般地純情，若誰真要是有了肉體關係，反而被人瞧不起。

拍圈子需要一定需的裝備和能力。自行車應該是最基本的裝置，最好是錳鋼轉鈴、大鏈盒，永久十三型自行車最棒，但是價格不菲；衣著是穿軍裝，戴軍帽。在某種意義上，自行車和服裝的品質代表狂、帥、征服力和份兒。

那時，一個女孩一旦被拍成了圈子，就常常見到她坐在自行車後座上，雙手環著男孩的腰，呼嘯著穿街而過。那氣勢和以後的摩托車後座帶個女孩兒不相上下，風頭絕勝於如今開寶馬車。

苗森後來結識的溫小英，不知是否屬於圈子。那個女孩長得非常漂亮，革命樣板戲唱的非常好，唱到高八度時，可以撕雲裂日。後來苗森遭受迫害而被收監，等他出來時，溫小英已在家人逼迫下嫁人。再後來，她看到苗森已經平反，毅然離婚，但苗森的姐姐卻拼死阻攔，不讓苗森娶「二鍋頭」，苗森只好作罷，成為心中永久的缺憾。

聽房

文革期間的電建公司，業餘生活特別枯燥無味，晚上也沒有什麼娛樂活動，人們百無聊賴，年輕人無事就要生非。記得有個師兄叫楊忠，長得很帥，相貌和陳冠希好有一比。楊忠別無他好，唯一喜歡的就是聽房，只要工地上有家屬來探親，不管老少，他能一連幾晚，一站半夜，樂此不疲。完了，還要把一些精彩的篇章，即《金瓶梅》、《廢都》裡注明此處刪去多少字的地方，全部公佈於眾，並繪聲繪色地表述出來。此時，大家覺得旁聽要比身臨其境還要有趣。這些資訊對於當時四〇六工地的光棍們來說，成了文化生活的一個重要組成部分。那時的人們沒有法制觀念，不認為這屬於低俗，也不知道世界上還有什麼叫「隱私權」的玩意兒。我也認為聽房無論在人性、真實、生動、有趣等方面比起那些傷天害理的蠱惑和煽動要好百倍。

其實，聽房是個很辛苦的營生，僅等待過程就非常難受，不敢大聲出氣、更不敢咳嗽，尤其冬天凍得流鼻涕、腿打哆嗦，儘管有時一宿也一無所獲，仍要堅持。有的師傅警惕性太差，點亮燈搞活動，被聽房者逮個正著，屋裡的情景盡收眼底，那可是聽房者天大的運氣。有的聽房者看著看著憋不住了，笑出聲來了，弄得人家屋裡熄燈寧人，他們也就半途而廢、逃之夭夭了。

聽房者不但要耐心等候，而且還要爬高上低選擇有利地形，據說有一次，那個傢伙住的房子後窗戶很高，楊忠他們幾個夥伴搭起了人梯。楊忠站在一個夥伴的肩膀頭上，用手指擦亮玻璃，藉著暗淡的燈光，看見人家兩口子正在親嘴。底下的夥伴被踩得直叫：不能光你看，該輪到我了。楊忠說：我再瞄一眼就下來。誰知，話音剛落，人家就把燈給關了，屋裡頓時黑咕隆咚，西洋景看不到了。

後來他倆換了位子，下面的人上去了，但什麼也沒看到，楊忠有點幸災樂禍。這時，裡邊傳來悉條聲響，隱隱約約聽到：你別急，慢點……不行嗎？」聽到這兒，肩膀頭上的小師弟撲哧地笑了起來，從上邊掉了下來，摔了個大屁墩……

第二天，他們把這段經歷傳遍了整個現場，工地的書記也知道了，後來書記在早晨的站班會上先把大家臭罵了一頓，然後含蓄地提醒說：「隔牆有耳，晚上睡覺，你們探親的人折騰時動靜小點行不？」

一年冬天，一對新人喜結良緣，洞房是在公司大樓四樓的宿舍。有三個人去聽房，偵查了半天，越偵查越苦惱——在門外偷聽，離臥室太遠，臥室是個套間，根本聽不見動靜。

三個人急得滿頭大汗，想放棄又心有不甘，急中生智想起了猴子撈月亮的經典故事。於是乎他們上了四樓的樓頂，以猴為師，一個人爬下去探頭從窗戶往裡看，剩下的幾個人，死死地拽住他的腳脖子，那個哥們的身體呈倒掛狀態透過窗戶間隙向裡窺視。那情形既驚險又叫人忍俊不禁！

三人堅持了幾分鐘，就已經體力透支挺不住了，一個人「哎喲」了一聲，驚動了房中的新人。新郎開燈拉開窗戶，探頭笑問他們累不累，三人答曰「太累了！」新郎應道：「那就繼續累吧，我們可要睡了！」

一次，新婚燕爾的工地技術員老何的妻子前來探親。楊忠他們立即開會制定「聽房計畫」，他們派了一個剛參加工作的小師弟去做「臥底」，那個小男孩聰明機靈，記憶力強，而且吃苦耐勞。他開始說啥也不敢去，但在楊忠的威脅利誘下，最終還是去了。那天，這個小師弟在晚飯之前就「埋伏」在了床下，開始了漫長而痛苦的煎熬。一分鐘，兩分鐘。一小時，兩小時……不知過了多長時間，他又累又困，實在支撐不住了，一不小心進入了夢鄉。

後來聽老何說，那天他們伉儷正要上床睡覺，忽然聽到床底下傳出打鼾的聲音，而且聲音很響，撩起床單一看，才知道下面有個人。老何和新娘把他從床底下揪了出來，再三追問他怎麼跑床底下睡著了？小師弟吞吞吐吐，欲言又止，裝作很迷糊困倦的樣子直搖頭，老何也沒再繼續追問，於是便把他送回了宿舍。

還有一次，一家人房內亮著燈，可窗戶裡面吊著窗簾，只聽得裡面「咯吱咯吱」的床響和新媳婦時高時低的呻吟聲，就是看不到床上的精彩情景，急得馬忠等人抓耳撓腮，望「窗」欲穿。後來他忽然發現窗簾中心對接的地方有個褶縫，用一隻眼瞄準「褶縫兒」，正好看到床上的「風景」。楊忠像哥倫布發現新大陸一樣欣喜若狂，只顧自個兒大飽眼福，可急壞了其他幾個哥們，有人用手拽了拽楊忠的衣襟，示意他讓出位置，叫別人也看看。可楊忠看到床上正高潮迭起，極盡其趣，不肯相讓！眾哥們乾著急沒辦法，都恨楊忠不是個「玩意兒」。不知是誰從後面朝老楊的屁股上狠狠地踹了一腳，老楊高喊「哎呀！」眾哥們聽聲不好，拔腿就跑，新郎新娘被驚得高潮嘎然而止。說時遲那時快，新郎光著身子，抄著木棍從門裡衝出來，大吼一聲：「誰啊！幹啥？」、「我，我……」，老楊正翹著屁股動彈著，新郎過去就往老楊的屁股上掄了一棍。「別打了，別打了，我的頭拔不出來了……」，老楊大聲求饒。新郎走進一看，禁不住哈哈大笑，原來老楊將頭塞進了窗護欄內，卡著脖子，頭抽不回來了……

常在河邊走，哪能不濕鞋？狼狽的事情時有發生：一次，政治處老李的新婚妻子來工地探親，楊忠幾個人儘管在窗戶外低聲說話，還是被室內的老李聽見了。老李對著窗外說：「我說外面的幾個小兄弟，真難為你們了，這麼冷的天，還給我站崗放哨。這樣吧，我給你們送點喜糖吃，你們就回去睡吧！……你們向後站一站，我好給你們撒。」窗簾拉開了，窗戶打開了，大家急忙向後站，仰著臉，拉好架勢，準備搶喜糖。「嘩——」大家慌忙上前去搶，沒想不是喜糖，而是一盆涼水！幾個人頭上、身上如落了雨一般，狼狽不堪，氣得直跺腳，憋了一肚子的火，卻又無處發作。再想報復小倆口時，窗戶早已緊緊地關上了，窗簾拉得死死的，什麼也看不清了。「咱們抽時間好好治治這個坨泡！」大夥憤憤不平，瑟縮著回宿舍換衣服，睡覺去了。

後來，楊忠終因聽房被打成了「壞分子」，掛上牌子四處遊鬥。其實楊忠被打成「壞分子」，聽房還不是主要原因，原因是他有一次約書記的女兒去看電影。楊忠很帥，書記的女兒也很靚麗，說來到也般配。那天書記的女兒一出家門，楊忠就把她抱住雙口做了個呂字，書記出來倒水，看見後覺得傷了自尊，氣不打一處來，於是才有了後來的事情。我曾經問過書記的女兒，她說，其實我們啥也沒做，就是他抱住我親了幾口。

唉，世事滄桑，都怪年輕人無聊不懂事，楊忠不知道為此受了多大的磨難。直到打倒「四人幫」後才獲平反。好多年不見了，也不知道他現在在哪裡。

那些年的情色記憶

一

一九六八年，我在包頭工作的時候，唯一的消遣就是去逛青山區百貨大樓。青百一共有三層，商品比較齊全，我們師兄弟們閒暇時常常結伴而行，從一樓逛到三樓，每個櫃檯前都要逗留一下。大師兄是個活寶，有一次他去買短褲，不說短褲，而是問人家售貨員小姑娘：有半截袖的小褲衩嗎？售貨員忍俊不禁，臉頰緋紅，不知道該如何回答是好。

一天，師弟小馬回來告訴我們說，一樓的鋼筆櫃檯有個靚妹，上衣穿的非常寬鬆，裡面也不戴乳罩，低頭取貨時，兩個乳房看的清清楚楚。我們都說不信，他說：誰要是日哄你，誰是個圪泡！不信你們現在就去看。後來真的有人去看了，看完回來，向我們繪聲繪色地描摹，說是就連兩個粉紅色的乳頭也瞄的清清楚楚。

後來我也去看過一次，果然令人心旌蕩漾。那個女孩長得非常漂亮，美中不足的是右側臉蛋上有一小片胎記。如果你僅從左側看上去眉清目秀，完美無缺。那天，我一走近櫃檯，她便對我嫣然一笑，我裝作要買鋼筆，隔著櫃檯的玻璃，指指劃劃，她不停地往外拿，給我展示各款鋼筆的性能。每逢她彎腰低頭取貨時，我就目不轉睛地盯著她的領口向裡面探望，兩個咪咪動如兢兢玉兔，靜如慵慵白鴿。高顛顛、肉顫顫、粉嫩嫩、水靈靈，真個是奪人魂魄。

也許是連日來去買鋼筆的人太多，引起了她的警覺，也許是有人提醒了她，後來，那件寬鬆的上衣她就再也不穿了，她的話題，我們也就此打住了。

二

「風煙滾滾唱英雄，四面青山側耳聽……為什麼戰旗美如畫，英雄的鮮血染紅了它。為什麼大地春常在，英雄的生命開鮮花……」電影《英雄兒女》中王芳的形象和歌聲，不知激動了多少人的心。文革時，包頭昆區的鋼鐵大街上有一家「東方紅」照相館，裡面的攝影師長得和電影《英雄兒女》裡的王芳酷似，就連神色舉止、一顰一笑都一模一樣。

那時，我們幾個哥們為了去看「王芳」，沒少在「東方紅」照相。一天，我們五六個弟兄在那裡合完影后，照相館的業務員問我們是否要在照片上洗印上幾個字作為紀念？田林轉過頭來問我，我靈機一動說：「你就印上『她在叢中笑』五個字吧！」業務員不知道是哪幾個字，我隨手在紙袋子上信筆寫下了這五個字。過了一個星期，我們幾個哥們出去吃飯，又一起相跟著來到這家照相館取像片。相片拿到手，我們要的字果然很瀟灑地印在相片的上端。但是我突然發現，在裝相片的紙袋子上有一行鋼筆字：「一群流氓，你們去死吧！」

我們幾個一時氣急敗壞，當即就找到他們經理理論了起來，經理也很生氣地說：「你們所謂的『她在叢中笑』是什麼意思？這不是在耍笑我們的攝影師嗎！」我們幾個大聲地質疑說：「你知不知道偉大領袖的詩詞《詠梅》？這是《詠梅》裡的一句呀，這和她有屁的關係？」

經理恍然大悟，嚇得臉上都沒有了血色，馬上向我們賠禮道歉，並把照相的錢如數退給了我們，還彎腰撇腚地送我們出門。我們幾個遂趾高氣揚地揚長而去。

三

那年，田林在郊區農機廠工作，他十八歲，他的師姐二十二歲。師姐是個非常漂亮的女孩，豐腴白皙，五官長得精巧細緻。即便擱在眼下，仍然屬於美女。師姐非常喜歡田林，因為當年田林也是個美男子。田林的車工技術高超，是全憑師姐手把手地教會的，師姐的父親好像是個領導幹部，家境比較寬裕，她從家裡帶來的好菜好飯都要和田林分享，田林飯盒裡的窩窩頭，師姐也照樣吃的津津有味。一次，田林住院，師姐去給他陪了好幾天床，田林換下的內褲，師姐也都給洗了。

那年的中秋節，單位給每個職工分了十個月餅，那天田林有事沒去，師姐下班路過田林家，把月餅給送進家來。那天，師姐騎車，一路頂風，進門時臉紅撲撲的，腦門上有一層細汗。放下月餅，就要出門，田林喊住師姐，師姐問他還有啥事，田林一把把師姐攬入懷中，嘴唇緊貼師姐的紅唇做了一個呂字。師姐沒有心理準備，頓時傻了，又彷彿受了天大的委屈，熱淚奪眶而出，然後揚長而去。

師姐後來好長時間不理田林，又過了半年，給田林寫來了一封信，抱怨他不像話，她一直把田林當做親弟弟看待，沒想到他會作出如此冒失的舉動，她說，如果田林不向她賠禮道歉，她就不會再理睬他。後來田林向師姐認真地賠禮道歉，師姐才又和他重歸於好。

惡作劇

文革的時候，我在內蒙電建公司工作，那時辦公室都搬到工地現場去了，我們都住在包頭青山區的辦公大樓裡。

記得有一年十一月份的一個星期天，暖氣還沒來，我們幾個小弟兄在宿舍裡凍得瑟瑟發抖。

從四樓的窗戶向下望去，不遠處的汽車庫門口架著一個火爐子，還有兩節煙筒靠牆矗立著，群眾專政小組長、汽車班班長老辛正在爐邊炒菜。

突然我們靈機一動，決定去偷這個傢伙的火爐取暖，火爐倒是不大，但是看來爐火正旺，如何能下的去手呢？

我們三個哥們慌忙找出三副厚厚的再生布手套，說好了分工，飛速下樓。

汽車庫在公司大樓的後院，離公司大樓的後門也就二十米遠，我們一出後門就竄向汽車庫的一個牆角，藏在那裡靜靜地等待時機，待那個班長炒好菜端鍋一進屋，我們像兔子一樣飛快地直奔火爐，一個人搬著火爐突出的沿子，兩外兩個人一人拿一節爐筒子，以迅雷不及掩耳之勢跑回了樓上。

我們放下爐子，一起氣喘吁吁地爬在窗臺上向下觀看，只見那位班長正提著一個水壺，一頭霧水地四下張望，估計打死他也搞不明白：前後也就一兩分鐘的時間，烈焰騰騰的爐子怎麼會不翼而飛？真是活見鬼了！

我們幾個笑得喘不過氣來。

二

我在包頭電力修造廠的時候，鍛工班有一個自私偏狹，老愛向領導打小報告的人，大家都很討厭他。鍛工班有兩位師傅喜歡捉弄人，一天上班無事，他們私下串通，決定要笑一下那個人。

那是一個細雨濛濛的天氣，一個師傅出去找了個地方，拿腔拿調地給他打電話，自稱是火車站的列車員，說他的一個親戚從河北坐火車來看他了，帶了許多東西，拿不了，讓他趕緊借輛排子車去車站接他。

他興沖沖地冒雨拉著排子車來到了車站，找遍了各個角落也未見親戚的蹤影，去問詢處詢問，人家也說不知。他的衣服被雨水打濕，頭髮也濕的一縷一縷，忿忿不平地回到了車間。

別人問他幹什麼去了，他也不肯說，只是不明不白地罵娘，師傅們雖然內心發笑，但也覺得此事做的有點過了。

尷尬的房事

這幾天看了一部電視劇，叫《金婚》，這部戲以男女主人公的五十年婚姻生活史，抒寫和紀錄了當代中國歷史變遷。其中有這樣一個細節：在七十年代的一天，主人公佟志的母親來了，家裡房子很緊張，怎麼辦，佟志只好在自己的臥室里加了一張床，中間拉了一道布簾。可過了幾天，麻煩事來了，佟志兩口子晚上要過夫妻生活就不那麼方便了，兩張床之間就隔了道布簾，弄出聲響來咋整呢。兩口子非常鬱悶。憋了好些天，佟志想了個辦法，把廠裡的幾個哥兒們找來，在兩張床之間壘了一堵牆。完工以後，他把幫工的哥兒們送走，趕緊叫來夫人文麗，想檢驗一下隔音效果。由他在床上模擬，文麗在外面聽。誰知這時廚房水開了，文麗忙著做飯走了，而佟志的母親卻走了進來，見佟志的房門關著，裡面好像又有聲音，就去推門。裡面的佟志正趴在床上一邊折騰一邊叫：怎麼樣？聽得到嗎？母親見狀一臉苦澀，佟志也尷尬萬分。看到這裡我捧腹大笑，由衷地佩服編劇，這個細節處理得太傳神了，它真實地紀錄了一個時代的尷尬，我們許許多多的國人就是那樣走過來的。

我在電建公司的時候，有一批工人是從黃河工程局合併過來的。有個師傅姓喬，他給我講過他們在巴盟三盛公施工時發生的故事：一個河南籍師傅的妻子從老家來探親，兩人簡單地吃了點晚飯，洗洗上床，親熱了一番便睡了。到晚上兩點多鐘，村女感到肚子不好，於是爬起來上廁所。男單身公寓在炎熱的夏天，晚上睡覺時很少關門。加上陰天走廊裡很黑，村女回來時，走錯了房間，進了另一個房間，村女哪裡知道，就推了推床上的男人，睡下了。床上的男人感覺有些奇怪，就伸手摸了摸村女，發現是個女的，再伸手摸一摸，村女卻抓住男人的手摟在懷裡。床上的男人哪裡抗的住這種誘惑和刺激，於是就大膽地和村女嘿咻一番……村女感覺床上的男人不像自己的丈夫，好像胖了許多，又不敢出聲，完事後，村女隨手拿起衣物跑了出去，琢磨了半天才回到了自己的房間。

還是在火電公司的時候，我住的是集體宿舍，我們那間宿舍裡住了四個人。一有哥們的老婆來探望，其餘三個人就的到處打游擊。他們也每天早上不到七點就得起床收拾屋子，因為宿舍裡的人要回來取洗漱用品、穿工作服。有一次，同事給他們出了個主意：包頭北面山多，星期天你兩口子上山去浪漫不就解決問題了嗎？活人還能給尿憋死？

後來真的有人去了好多次，的確能解決問題，但僅限於夏天。曾經有哥們和女友去外面的山上搞野炊，也正是那次野炊導致了悲劇的發生。野炊的炊煙被一放牛的農民看到，他立即趕回隊裡報告，說山上有階級敵人放火燒山。那幾年，階級鬥爭一抓就靈。隊長馬上集合民兵上山。到了山上一看，炊煙來自正煮著幾個新鮮玉米的小鋁鍋。鋁鍋旁邊的草叢裡，一男一女正赤身裸體地施放激情。隊長大喝一聲：「捆起來，真是膽大包天，偷盜玉米不說，竟在大天白日下亂搞男女關係。」我那同事趕緊聲明他們是夫妻，有結婚證，但問題是又拿不出來，哪個上山去玩還把結婚證帶在身上呢？農民兄弟們不由分說將兩人捆了起來。那個年月出了這種事是最丟人的，不久，我這位同事辭職回到了南方，後來聽說他打了幾年小工，小平南巡後，又去了深圳。

記得還有一次，同事劉常州的妻子從呼市坐火車來包頭看他，工地宿舍沒有地方住，老劉和妻子出站後，便走進了火車站附近的一家小旅店。由於老劉很長時間沒有回家，所以一進旅館就和妻子嘿咻起來……。

完事之後，老劉給妻子拿了五元錢。他對妻子說：「芳，等會兒你到門口的那個藥店裡，去買盒套套……晚上咱們好用。」話音剛落，房門突然被踹開，幾個穿著制服的人蜂擁而入，將老劉和他妻子按倒在地，還有人興奮地大喊「給錢了，給錢了……！」

老劉剛要掙扎，就被人搧一記大耳光。「耍橫？你他媽嫖娼，人贓俱獲……你橫，老子今天叫你橫個夠……！」

老劉大怒：「你才嫖娼呢？這是我自己的老婆，我這可是正而八經明媒正娶的呢。」

治安甲一聽就樂了：「少給我裝瘋，你和你老婆上床還用給錢？」治安乙：「告訴你吧，給錢就是證據，給錢就是嫖娼的依據，管你嫖的是誰。我們都從門縫裡看見了，未必你還想抵賴？再說，你說她是你老婆就是了？把結婚證拿出來給我看看！」

老劉哭喪著臉說：「碰到鬼啦，誰出門還把結婚證帶到身上……」

後來費盡唇舌，直到公司保衛科長帶人來領他，此事才算作罷。

六十年代的禁慾生活

六十年代是一個什麼樣的年代？毫無疑問，那是格瓦拉最風光的年代，在美國是性解放和反越戰，在歐洲是學生運動。還有披頭士、嬉皮士、迷幻搖滾和賈桂琳‧甘迺迪的法國風情。但在我們的國家卻是一個禁慾的時代。

六十年代中期，我在內蒙電建公司工作，師傅們大多是外地人，一年的探親假九天，加上路途才十二天。這對於慾望被壓抑了整整一年，勢同乾柴烈火的青年男女夫婦來說，當然遠遠不夠。如果不幸撞到女性天生的每月一次的「大姨媽」來訪問，又要減去六七天的魚水之歡。

我常常想：在毛時代，若存在現在這麼大民工流的情況，採取禁慾式的統治，不知道會槍斃多少流氓犯呢?!

有一個河北籍的瓦工師傅，燕爾新婚，妻子在工地上住了一個多月才回去，這個師傅在妻子走後耐不住寂寞，給妻子寫情書，深情回想他們交歡的經過。情書裡有一句是：「每當回想起我們在一個被窩裡翻滾的時候，我總感到無限的甜蜜。」他寫情書的中間去院子裡小便，情書不幸被工友們看到，並誦讀。這句話被作為名言傳遍了整個工地。在土建工地的聯合批判會上，書記幾次宣讀「被窩裡翻滾」的原話，大罵這個師傅「不要臉」。他好一頓被批，差點被當做流氓處理。其實類似的句子，馬克思也給燕妮寫過，原話好像是：「我想吻遍你的全身」。這封情書被收錄在《馬克思恩格斯全集》裡，但馬克思畢竟是我們的老祖宗，因此沒人敢對他老人家非議。

我的一個師弟，因看手抄本小說《少女之心》，多次接受批判也過不了關。因為組織上認為，既然有這樣反動下流的思想，肯定還有其他言行，動員他徹底交代，徹底清理。無奈這個師弟實在沒有其他流氓行為。經過政策攻心的思想工作，他終於交代他去年在施工高峰期間曾經有過手淫。後來經過幾次檢查批評，終於結案。組織部門填寫他的檔案時，又加了另外一條：「一九七一年某月，不顧緊張的革命工作，在青山區北部野攤上的草叢裡玩弄過生殖器一次。」

我的一個師兄，向某女青年求婚成功，在訂婚的當晚與女方住在同一間房裡。組織上認定他們發生了男女關係。他辯解說：「我們既然已經訂婚，結婚是遲早的事，提前幾天睡一覺，有何不可？」書記「義正詞言」地駁斥道；「一天沒有領結婚證，就是非法同居、就是非法的肉體關係！」他因此給予了降級的處分。

一九六八年，土建工地組織了一次使我特別長見識的批判會。挨批者是一對正在熱戀的小青年。他們乾柴烈火，因半夜在工棚裡樓樓抱抱動手動腳被抓了個正著。

批判會是由團支部組織的，所有的青年必須參加。會場上高呼的口號是：×××、×××必須交代流氓罪行！必須懸崖勒馬斷絕關係！必須批判資本主義的腐朽思想！批判會上，被批判者不得不正式表態劃清界限再不來往。

後來，他們終於結婚了，那個後生也調到了我們班。他說，我們其實什麼也沒幹，就是接了接吻。這就是人人自危的毛澤東時代，說不定什麼時候就會挨批遭鬥。

更使我始終無法釋懷是，電建公司加工廠有個帥小夥，長得溫文爾雅，目光靈動而睿智。但他戴著「壞分子」的帽子，每月只有十幾元生活費。據說他原先是電力部良鄉調試所的技術人員，在給所長（三八年參軍的老幹部）當秘書期間，和所長的少妻有過性行為。人們說，那個所長有陽痿的毛病，小他二十歲的妻子耐不住寂寞，於是紅杏出牆。這個小夥子在東窗事發後被嚴肅處理，發配到內蒙古包頭這個最艱苦的地方來勞動改造。他每天靜靜地勞動，和誰也不說話，工作不忙時，呆呆地坐在車間的角落裡沉思。

那逝去的歲月，文化荒蕪，萬物蕭瑟。不少師弟為了看一段芭蕾舞，就去買《列寧在一九一八》的電影票，看《天鵝湖》中的「四小天鵝舞」，看完就走，一次，又一次（估計俄羅斯紅軍戰士看《天鵝湖》時也是興味盎然的）。

芭蕾舞起源於義大利和法國，在俄羅斯得到發揚光大，真正的藝術是沒有國界的。上世紀芭蕾舞《紅色娘子軍》，《白毛女》紅遍大江南北，但同樣是芭蕾舞，露大腿的《天鵝湖》顯然比我們橫眉立目的《白毛女》和《娘子軍》有魅力得多。

《天鵝湖》中的「四小天鵝舞」，在今天看來，那些女演員的著裝和今天一些女星袒胸爆乳的裝扮來比太稀鬆平常了，而且是在黑白電影中呈現的，模模糊糊，並不像今天的高清畫面連毛孔都看得那麼清晰。但在當時，那樣的打扮已經足夠驚世駭俗，尤其是對青春意識萌動的少年而言，其衝擊力不亞於第一次看成人片，令人血脈賁張。

曲波的《林海雪原》，是上個世紀六七十年代最吸引人的長篇小說之一，不僅因為小說的故事情節驚險曲折，塑造了楊子榮這樣的傳奇英雄人物；還因為這部小說有專門的章節描寫少劍波與衛生員白茹的愛情，寫得很浪漫。但七十年代初，上海京劇團演出的《智取威虎山》拍成了彩色電影，那個女衛生員只是個跑龍套的，在劇中基本上沒臺詞，好像連名子也沒有。

在上世紀六十至七十年代，愛情通常會發生在下鄉知識青年與村姑之間。接吻的描寫可能在小說的第二〇〇頁才會出現，通常的描寫為：回城前的夜晚，狗兒知趣地不叫了，只有好奇的蛤蟆在不停地聒噪著，他和她走在田間的土畔上，慢慢地，倆人停下了腳步，藉著月光，他……。但現在的長篇小說，才翻到第二頁，女主人公就已經懷孕了。

寫這篇博文的時候，我試圖背一下那首曾經能背下來的《萬馬軍中一小丫》，想了半天，只想起了第一句：「萬馬軍中一小丫」。其餘統忘卻了，畢竟離開青春年華太遠了。

文革期間，性從所有的傳媒中一掃而空，公開的性資訊等於零。惟一接近於文化生活的是八個樣板戲，然而即便在八個樣板戲中，人們都找不到絲毫性的影子：江水英丈夫是烈士，阿慶嫂丈夫去跑單幫，《紅燈記》三代人都是戰友託孤……與此同時，生活作風問題的性質被空前嚴重化，可以用來打擊一切男女。

一九五五年版的《性的知識》，是建國後第一本有關性知識的書籍。最早的一版內容十分詳實，比如，有男女生殖器官交合狀態時的剖面圖，還介紹避孕套的戴法。隨著政治運動的不斷擴大，到文革再版時早已面目全非。好奇的孩子們只能從《農村醫生手冊》這樣的大眾醫書裡獲得一點基本常識。

一個從河北農村來包頭當保姆的女孩，經人介紹嫁給了電建公司的一個電工。新婚之夜，她跑到介紹人家哭訴，說那個男人是個流氓，要脫她的衣服，現在聽起來猶如天方夜譚呀，有誰會信呢？

偷唱「黃歌」的年代

在那個文化枯竭、生活乏味的歲月裡，像細細泉水一樣滋潤我們青春荒蕪心田的，還有那些優美的外國歌曲。師哥有一本《外國民歌二百首》，不知他從哪裡搞到的，裡面的歌詞深深地吸引了我們。大家競相傳看、傳抄、傳唱、傳吹（口琴）。許多師兄弟都爭著與他交往，跟他套近乎拉關係，為的是把書借走抄一夜。

那本書是一九五八年五月由音樂出版社出版的，六十四開的袖珍本，一九六〇年還出版了《外國民歌二百首續編》。在一九六六年滅絕文化的文化大革命中，幾乎全被銷毀，二〇〇一年才得以再版。這是建國以來唯一出版的一本，系統介紹外國音樂的音樂普及讀物，在那自我封閉和自我膨脹的年代裡彌顯珍貴。三〇後、四〇後、五〇後，直到六〇後的樂迷，大都由它引進音樂殿堂的大門，足足影響了四個年代的年輕人。

直到如今，師哥還保存著那本早已發黃了的《外國民歌二百首》，他說，如今每每翻閱，還不免會回憶起那些「陽光燦爛的日子」，生出許多感慨。

《外國民歌二百首》裡有不少俄羅斯歌曲，其中有幾首是我非常喜歡的經典歌曲。朋友之間傳唱，不用費勁就把它們都學會了。這些都是我們只要聽一遍，就永生難忘的歌曲，它們是：《喀秋莎》、《小路》、《莫斯科郊外的晚上》、《紅莓花兒開》、《山楂樹》等。

這些在歷史長河中永不磨滅的歌曲，歌詞、曲調、旋律都堪稱完美，它們是偉大的俄羅斯民族深厚文化的精華。多年來，這些優美的蘇聯歌曲常常在我心中回蕩，很多歌詞都爛熟於心：

「正當梨花開遍了天涯，河上飄著柔曼的輕紗，卡秋莎站在峻峭的岸上，歌聲好像明媚的春光。姑娘唱著美妙的歌曲，她在歌唱草原的雄鷹，她在歌唱心愛的人兒，她還藏著愛人的書信……」這是《喀秋莎》的歌詞。

「一條小路曲曲彎彎細又長，一直通向迷霧的遠方，我要沿著這條細長的小路，跟著我的愛人上戰場……」這是《小路》的歌詞。

好聽的歌曲還有《鴿子》、《紅河谷》、《深深的海洋》等。我當年第一次在同學家聽唱片時，大白天拉上窗簾，門窗緊閉，還不敢開大聲，聽的就是《鴿子》和《深深的海洋》。

還有一首《可愛的家》，我最喜歡的幾句歌詞是：「當我漫步在荒野上，月亮皎潔明亮，好像看見我的母親把愛兒思念。她仰望天上的明月，站在茅屋門前，那裡花兒芬芳的香氣，我再也聞不見……」

包頭青山區夏日的月亮總是又大又圓又皎潔，我常常對著這樣的月亮，藉著這樣的歌詞抒發對母親和家的思念之情。不過，我那時候還不懂得「苦難」的含義，和哥兒們一樣，高興時常常唱「喀秋莎」，不順心或倒楣時大唱「三套車」。

有時我往工地上拉車送料，快到晚餐時又餓又累，就會喊一嗓子：「你看吧這匹可憐的老馬，它跟我走遍天涯，可恨那老財就要把它賣了去，今後的苦難在等待著它……」

有時拉車拉不動了，就會垂頭喪氣地唱起：「茫茫大草原，路途多遙遠，有位馬車夫，將死在草原……」

我特別喜歡一首叫《山楂樹》的俄羅斯歌曲：「歌聲輕輕蕩漾在黃昏的水面上，暮色中的工廠在遠處閃著光……」，歌詞大意是說兩個青年同時愛上了一個姑娘，這個姑娘也覺得他們倆都很好，不知道該選擇誰，於是去問山楂樹。

這些歌的曲調和旋律都是那麼激情洋溢、優美動聽。無論是激昂的、憂傷的、熱情的還是悲哀的，都有一種動人心魄的音樂魅力，能讓人的心一下子就融入其中。

後來就因為唱這首《山楂樹》，我被扣上了「大唱黃色歌曲」的大帽子。支部書記說：「一個女孩怎麼能同時愛上兩個小夥子？純粹是女流氓！」

在那個年代，在很大程度上，黃色就是愛情，愛情就是黃色。在那時，除去極少數手抄本以外，黃色小說就是裡面有愛情描寫的小說，這聽上去很誇張，但不幸是事實。

一九六九年，我還在包頭二電廠擴建工地上受苦。時值大革文化命，狠批「封資修」的風聲正緊。一天晚上我和景柏岩騎車去包鋼苗森的宿舍。老苗面帶神祕地悄悄對我倆說：「給你們聽幾張唱片」，然後，他把窗戶用被子擋上，把燈關掉，點上幾乎像螢火一樣的蠟燭。於是，在昏暗中，我們聽到了印度電影《流浪者》裡的插曲《拉茲之歌》和《麗達之歌》。音樂聲深沉地悠悠升起，神聖而恢宏，充滿整個房間，繞樑不絕，使人感到盪氣迴腸。我們三個人都倒臥在床上，閉著眼靜靜地欣賞，我當時的感覺就像喝醉了酒一樣徹底地被懾服了。

後來才知道，苗森喜歡音樂在單位裡是掛上號的。因此，那晚他請我們欣賞唱片，是冒著很大風險的。

老苗還吹得一手好口琴，尤其是《拉茲之歌》，難度極大，那時，我對他佩服的五體投地。

當時，在「四人幫」嚴密控制下，人們連說話都很謹慎，哪敢隨心亂唱那些老歌呢，我們也只能躲在密室裡偷聽、偷唱這些禁歌，因為一旦東窗事發，立馬就會被扣上沉迷於「靡靡之音」、「不良青年」的大帽子。

當然我們年輕人有時候發起瘋來也會不顧一切的，有一天晚上我們喝了點酒後，十幾個年輕人聚在一個大房間裡亂吼一通，那時老景有一把小提琴，不知誰還有一支黑管，突然老景拉起了《地道戰》裡鬼子進村的配樂，吹黑管的哥們配合，一群年輕人突然瘋了起來，一邊唱，一邊整齊劃一地跺地板，直跺的地動山搖，幸虧那天領導不在，否則又會被罵個狗血噴頭。

不知何故，那時大家誰也不喜歡唱紅歌。為什麼唱紅歌非得鼓勵、教誨？唱「黃歌」就能無師自通？即便眼下唱紅歌，也得精神鼓勵加物質刺激，比如統一制裝、唱完管飯，否則還是不能吸引住人。值得心理學家、哲學家們好好探究一番。

歷史總是這樣地充滿諷刺，歷史其實也極不負責任，顛倒黑白，出爾反爾，此一時彼一時。今天的美好，明天可能就是醜惡；人性的惡魔，有時被關住，有時又被放出來；荷爾蒙製造了種種美好，也製造著種種惡端。所以人才會感傷，會有那麼多的蒼涼和哀愁。

在鄧麗君的歌曲中，所有的美好和情愛，都籠罩在一片「白霧茫茫」之中：「綠草蒼蒼，白霧茫茫，有位佳人，在水一方；綠草萋萋，白霧迷離，有位佳人，靠水而居。我願逆流而上，依偎在她身旁，無奈前有險灘，道路又遠又長——」我雖然老了，聽起來就想哭，儘管沒有眼淚。

世界各個民族都有自己的民歌，它不但可以經受時代和歷史的篩選而長存，更能夠跨越國家和民族的疆域而遠播。茫茫世界，縱然遠隔千山萬水，作為人，人性是相通的；人心是互相回應的。各民族、國家、地區的優秀民歌，都蘊含著人民的願望和心聲。外國民歌也是如此。

聽這些歌曲的時候，只是覺得非常好聽，到底為什麼好聽，說不清楚。後來我明白了，因為這些歌詞裡有景有情，就是我們現在說的人性化的東西。另外，這些歌的旋律都很抒情、優雅，很多都帶有一種淡淡的憂傷和浪漫，這也是讓我們那個年齡段的人非常心動的東西。尤其在那箭拔弩張，到處都充斥著硬梆梆的革命口號，整天都緊繃著階級鬥爭弦的那個非常壓抑的年代，我們苦澀的青春歲月是多麼需要這些感情豐富、優雅浪漫的歌曲來澆灌我們乾枯的心田啊。

文革時的外國革命歌曲

文革期間，外國革命歌曲主要來源於電影。那時美國以及西歐一些國家的電影被排斥在國門之外，國人能看到的只有前蘇聯、波蘭、阿爾巴尼亞、羅馬尼亞、南斯拉夫、朝鮮、越南等國的電影。歐美的優秀電影，一般的人民群眾根本是沒有資格去觀看的，只有首長級別的人物才有資格看。

那時，可供人們唱的歌曲除了「語錄歌」就是紅歌，枯燥無味。因此只要一有社會主義國家的電影放映，其中的歌曲必然會很快流傳，就連歌詞也被會人們倒背如流。

每個人的一生，都能記住幾首老歌。不是因為優美的旋律，或是動人的歌詞。而是因為那首歌，曾經陪伴你的人生，當你不肯遺忘，老歌就會雋永。一切在靜默的黑夜裡逝去，唯有音樂在我們最後的一次呼吸裡記存。

一

印象最深的還是南斯拉夫的電影《橋》和《瓦爾特保衛塞拉耶佛》。《橋》裡面的主題歌「啊朋友再見」一時間響徹整個中國大陸：

……

啊 如果我在戰鬥中犧牲
啊 朋友再見吧再見吧再見吧
如果我在戰鬥中犧牲你一定把我來埋葬

啊每當人們從這裡走過
啊朋友再見吧再見吧再見吧
每當人們從這裡走過都說多麼美麗的花

阿爾巴尼亞電影《寧死不屈》的主題歌，也至今使我難以忘懷：

趕快上山吧勇士們
我們在春天裡參加游擊隊
敵人的末日就要來臨
我們祖國將要迎來自由解放
不管風吹雨打烏雲滿天
我們歌唱，我們戰鬥
戰鬥！戰鬥！新的戰鬥
我們的戰鬥生活像詩篇

當年，就這幾句簡單的歌詞，簡單的幾個音符，就讓我們有一種熱血沸騰的感覺，那種感覺，至今讓人記憶猶新，給了枯燥的我們多少新的立意和感動！那種亢奮，直至現在，我也說不清；沒有那樣經歷的人，是想像不出來的。當年的我們已經小荷露出尖尖角，早已衝上山了，我們不是去做游擊隊，而是去烏拉山建設電廠！但我曾經夢見自己親自將五星紅旗插上了白宮的屋頂，在白宮門前吊打及活埋美國的資本家。那時我們還羨慕雲南的知青，他們能夠越境去參加游擊隊，解放緬甸人民。

二

我會唱柬埔寨前首相西哈努克親王作詞譜曲的一支歌！歌名是：《啊！中國》，歌詞是：

啊……
敬愛的中國啊
我的心沒有變
她永遠把您懷念
啊……
親愛的朋友
我的高棉人啊
有了您的支持
就把憂愁驅散
您是一個大國
豪無自私傲慢
待人謙遜有禮
又能大小平等相待
……

胖乎乎的西哈努克親王在中國流亡猶如度假，一九七三年，親王轉悠到了上海，上海城隍廟的廚師，曾精心設計了一份十四道點心的菜單。這十四道美點中就有一道雞鴨血湯，廚師們三下南翔，尋找最最正宗的上海本地草雞，然後殺了一百零八隻雞才找到所需的雞卵。當這道湯上桌時，親王一吃，讚不絕口，感動萬分，於是才有此作的誕生。

感激歸感激，後來赤棉在中國人的強勁支持下，一路凱歌：一九七五年四月十七日，赤棉攻入金邊。與此同時，世界上最殘酷最血腥的所謂「社會主義革命」在一個溫和的佛教國家開始了。屠夫波爾布特屠殺了二百萬平民，在這期間，西哈努克自己有四個兒女和十幾個孫輩死於非命，至於受迫害的親戚就不計其數了。不知這位老親王曾經作何感想。

在當今的世界上，我們見慣了太多強悍的政治家，當我們遇到西哈努克的時候，我們知道，他的存在是對政治的一個嘲弄。但不幸的是，他的一生也被政治嘲弄了，他的身後是整整一個民族，整整一代人。

三

我還會唱越南歌曲《越南中國》，歌詞是：

越南
中國
山連山
水連水
共臨南海
我們友誼像朝陽
共飲一江水
早相見
晚相挽
早晨的雄雞齊齊高唱

啊……啊……
我們歡呼萬歲
胡志明
毛澤東

一九七九年二月十七日中國發動對越自衛反擊戰，中國當時發動對越自衛反擊戰的主要原因就是因為越南入侵柬埔寨。三十年後，面對那場戰爭，柬埔寨人向鄰國越南表達了誠摯謝意，在首都金邊建立了柬越友誼紀念碑，感謝越南當年軍事介入柬埔寨。而對中國隻字不提！經過火與血的洗禮，這首歌再也沒有人唱了。

四

對朝鮮歌曲，小時候的我並不熟悉。上世紀五十年代上小學時，老師教過一首兒歌《小白船》，很溫馨很單純，透著童稚的無限遐想朗朗上口。原本以為是中國民歌，若干年後我才知道，那是一首朝鮮兒童歌曲。

後來對朝鮮的印象，是通過銀幕上抗美援朝電影的灌輸，才知道了我們有個親密鄰居叫朝鮮，是和我們同信一個祖宗的社會主義國家，是「用鮮血凝成的」唇齒相依的兄弟；知道朝鮮也有一個和我們一樣的「大救星」。

大約也是那個時期，我又接觸了朝鮮民歌《桔梗謠》即《道拉基》。《道拉基》是個圓舞曲，伴隨長鼓、伽倻琴等民族器樂的伴奏很有節奏韻味。我一直不知道歌詞，那時聽到的就是「倒垃圾、倒垃圾」，也不知是啥意思，以為是環保歌曲，於是天天跟著「倒垃圾、倒垃圾」地嘻嘻哈哈亂唱。

如今回憶起來，朝鮮電影之所以「又哭又笑」給人印象最深，不外乎兩個原因：通過強烈對比反差來展現對「慈父」的無限崇拜和無比感恩，以及動輒來幾段悲悲戚戚的「憶苦思甜」的朝鮮風格歌曲，襯托「舊社會哭，新社會笑」的無限幸福感和對敵人的刻骨仇恨。應該說，這種音樂為階級鬥爭服務還真的起到了鼓動作用。

我看過的第一部朝鮮電影是《賣花姑娘》，那是一九七〇年初，我還在包頭四〇六工地的時候。頭遭接觸大型彩色寬銀幕電影《賣花姑娘》，感到非常震撼。我很喜歡那個電影，源於我對《賣花姑娘》的主題歌有點似曾相識的感覺，花妮沿街賣花唱的《賣花歌》曲調原本我就會，很像是我小時候聽過的一首外國不知名的兒歌：

賣花來呦，賣花來呦
朵朵紅花多鮮豔
花兒多香，花兒多鮮
美麗的花兒紅豔豔
賣了花兒，來呦來呦

但我更喜歡的是裡面的那首輕快的《金達萊花》：

千朵花
萬朵花
千萬朵金達萊花
我愛媽媽的誠心
今天開出最美的花
啊
千朵花
萬朵花
不如我心裡最美的一朵花

我還看過《南江村的婦女》、《血海》、《鮮花盛開的村莊》、《看不見的戰線》、《摘蘋果的時候》等電影，那時那些主題曲許多人都會唱，對一些類似今天「網路語」的「臺詞」也常常用於現實生活中。如用《看不見的戰線》中的「老狐狸」來形容人老奸巨猾；用《鮮花盛開的村莊》的「六百工分」來形容女人肥胖或醜陋笨拙……

如今對我來說，電影的故事情節大都不記得了，但其中許多電影的主題曲，至今卻記憶猶新，偶或還能突然從口中蹦出幾句來哼哼。《南江村婦女》插曲「故鄉的驕傲」就是其中的一首：

在祖國溫暖的懷抱裡
奔流的南江啊
在戰火彌漫的年代裡
英雄的戰士
帽著槍林彈雨
日夜守衛著你
你永遠放光芒
你的功績無比輝煌
啊　南江故鄉的江啊
啊　南江故鄉的江啊……
……

五

那時有阿爾巴尼亞文工團來華表演，一首阿語民謠《修正主義的陰謀破產了》，中國老百姓模仿的惟妙惟肖：

扭巴菜嗚曼故做家萊
西巴里阿杜狗做啊來
阿爸麗麗無期才
阿嘎污泥踩……

還是在包頭的時候，有一次，我和一大群師兄弟們唱了一上午外國革命歌曲，直唱的天昏地暗、地動山搖。那天是星期天，我們待在宿舍裡窮極無聊，不知道是誰開的頭，進行革命歌曲大聯唱，唱著唱著就亂了，各種歌曲攪在了一起，東一句西一句，如果不是樓下有人上來罵，不知道要吼道什麼時辰：

「敬愛的中國啊，我的心沒有變，她永遠把您懷念，美麗的哈瓦那，哪裡有我的家，正當梨花開遍了天涯，河上飄著柔曼的輕紗，一條大河波浪寬，冰雪覆蓋著伏爾加河，越南中國，山連山，水連水，啊朋友再見吧，再見吧再見吧，如果我在戰鬥中犧牲，你一定把我來埋葬，趕快上山吧勇士們，我們在春天裡參加游擊隊，美麗的姑娘見過萬萬千……」

唉，不說了，再說就走題了。

文革時的外國電影

一個在文革中成長的人說：「我是在阿爾巴尼亞電影中長大的」。確實，對於在文革中成長的人來說，文革記憶，是少不了阿爾巴尼亞電影的，不過，文革中的外國電影並不是阿爾巴尼亞電影一支獨秀。當時在中國還有朝鮮、越南、羅馬尼亞電影，以及在內部放映的日本電影。文革中有一個段子概括了這些國家電影的特點：「蘇聯電影老是一套，阿爾巴尼亞電影莫名其妙，越南電影飛機大炮，朝鮮電影又哭又笑，羅馬尼亞電影又摟又抱。」

「蘇聯電影老是一套」，是說當時經常放映的蘇聯電影只有《列寧在十月》、《列寧在一九一八》這兩部。在五十年代，中國曾放映了大批蘇聯電影。但在一九六〇年以後，隨著中蘇衝突的激化，經過左篩右選，蘇聯電影可放映的只乘下《列寧在十月》、《列寧在一九一八》兩部。這兩部電影應當說是相當的好看，演員好，對話好，情節吸引人，配音也有特點。但是不知何故，這兩部電影，在蘇聯解體之後，中國不再放映了。

「阿爾巴尼亞電影莫名其妙」不是很準確，阿爾巴尼亞電影不都是莫名其妙，《寧死不屈》就深受大家歡迎。《寧死不屈》是描寫阿爾巴尼亞人民抵抗義大利、德國法西斯佔領的故事片，講述一個女中學生從同情、理解抵抗鬥爭到參加抵抗鬥爭直到英勇犧牲的故事，其中有她和男游擊隊員的愛情，和另一個女游擊隊員的友誼。這個姑娘好像叫米拉，不是特別漂亮，但很吸引人，曾經使許多中國青年傾倒，那時我也暗戀她。

《寧死不屈》裡有一首歌，優美而堅毅：「趕快上山吧勇士們，我們在春天加入游擊隊，敵人的末日即將來臨，我們的祖國就要獲得自由解放。」有許多經典臺詞曾廣為傳誦，比如在《海岸風雷》裡，游擊隊員見面時都要對暗語，一個說：「消滅法西斯！」另一個說：「自由屬於人民！」那時，我們師兄弟們幾乎能把好幾部電影的臺詞完整複述下來，晚飯後在宿舍裡演繹時，嘴裡還有音樂伴奏。

還有一部片子也不錯，叫《廣闊的地平線》，反映的是阿爾巴尼亞社會主義建設中一個碼頭的故事。其中還有一個支援阿爾巴尼亞的中國貨輪的鏡頭。的確有幾部電影因故事情節交代的不清楚，中國觀眾看不明白。一個是《創傷》，一個是《腳印》，還有一個是《第八個是銅像》。《創傷》雖然我看過幾遍，但情節已經忘記了；《腳印》是講一個醫生的故事，那個醫生醫術高明，外國勢力（南斯拉夫或者美國）想拉攏他，但他不為所動；《第八個是銅像》講了七個游擊隊員的故事。從名字上看，它應當講八個人的故事，但電影裡沒有第八個，第八個是誰呢？第八個是銅像。電影是想用銅像代表千千萬萬個沒有在電影裡出現的游擊隊勇士。

文革中放映的越南電影不多。有一個《森林之火》不錯；還有一個《琛姑娘的森林》，是描寫支前的，也可以。「越南電影飛機大炮」其實是指越南的戰爭記錄片。有一部長記錄片《銅牆鐵壁的永寧》，說的是永寧這個地方長期遭受美軍的狂轟濫炸，但始終沒有垮下，人們在地道裡生活，堅持戰鬥。完全是實錄，拍攝時許多攝影師殉職。

說「朝鮮電影又哭又笑」，還是比較準確的。我最早看過的朝鮮電影有《摘蘋果的時候》、《鮮花盛開的村莊》，都是描寫朝鮮新農村的生活，屬於輕喜劇，裡面有年輕人的愛情故事。《鮮花盛開的村莊》裡有一個經典情節：母親為孩子找對象，拿了一張姑娘的照片對小夥子說：這個姑娘非常能幹，一年能掙六百個工分。這時電影給照片來了個特寫，只見是一個很胖的女孩。當電影放到這個鏡頭時，全場的觀眾不禁哄堂大笑，有不少人都笑疼了肚子，笑出了眼淚。在很長一段時間裡，中國人都把體胖的年輕女子戲稱為「六百工分」。

朝鮮還有悲劇，那就是不知讓多少中國人流淚的《賣花姑娘》。朝鮮電影的音樂和歌曲都很優美動聽，《賣花姑娘》達到了極致。故事也的確催人淚下，以至於許多人都要多帶幾條手絹來看這部電影。

朝鮮還有一部驚險反特影片《看不見的戰線》，更受青少年喜歡。裡面的特務叫老狐狸，隱藏的很深，幾乎到電影最後，觀眾才知道他是特務。大家很希望還能看到這樣的電影，就瞎傳《看不見的戰線》還有續集，叫《聽不見的槍聲》，有人真的相信了。

《南江村的婦女》是描述朝鮮解放戰爭時期，南江村的成年男人積極上前線，後方婦女們組織起來生產自救，肩負起支援前線的重任。特別感人的是朝鮮人民軍渡江作戰時，南江村婦女們拿出婚姻布匹做攬繩，拖住渡船，使人民軍順利過江贏得戰鬥的勝利……電影的具體情節我都忘記了，唯有那首主題歌卻始終銘記在心。

記得還有一部《金姬和銀姬的命運》，電影敘述的是一對雙胞胎姐妹各自在北朝鮮和南韓的命運。生活在北朝鮮是如何的幸福，而生活在南韓是如何的悲慘。這部電影不知賺取了多少中國人的熱淚。

不過，朝鮮電影看多了也讓人生厭。電影裡的人太容易激動，忽哭忽笑，特別是在聽說慈父領袖在關心他們的時候更是激動的不得了。這時必定來一大段音樂或者歌曲，銀幕驟現高山、大海、藍天，極端的個人崇拜讓人感到肉麻。

「羅馬尼亞電影又摟又抱」，實際上是針對一部羅馬尼亞電影來說的，即《多瑙河之波》。即使現在看，這部電影裡的擁抱、接吻鏡頭也不少。但這絕對是一個精品電影，人物刻畫、情節構思、演員表演、還有音樂，均屬上乘。而且，它把一個愛情故事自然地與反法西斯的鬥爭故事交織在一起。

我最喜歡的羅馬尼亞電影是《爆炸》，是反應水上消防人員搶險的，故事情節很緊張，看的人驚心動魄。《爆炸》好像是在粉碎「四人幫」之後放映的，我記不清了。

記得那時，我還在呼市的省府禮堂看過《山本五十六》、《虎，虎，虎》、《啊，海軍》、《沖繩之戰》等電影，那些電影多數是日本和美國合拍的，有些稱之為美國電影可能更為合適。當時中國對日本的軍國主義復活給予嚴厲的批判，認為這些電影美化日本戰犯，宣揚武士道。為了批判，就在有關單位內部放映。那時內部片的電影票很搶手，我就聽說過少女以上床換取電影票的事情。有一次，我從晚上一直看到天亮，看的昏昏欲睡、頭痛欲裂。

南斯拉夫電影《瓦爾特保衛塞拉耶佛》、《橋》雖然都在中國產生過很大的影響，但因為中國與南斯拉夫之間的政治關係問題，他們進入中國觀眾的視野時已經是七十年代末了，比以上電影在本國的熱映已經晚了近十年。但這兩部影片仍舊以扣人心弦的故事情節和演員的精彩表演，以及不同於以往那些電影的新鮮感而贏得了無數中國影迷的青睞。從此以後「瓦爾特」與高倉健一起成為了文革後中國無數青少年崇拜和仿效的男子漢形象，「瓦爾特拳」一時間也成為了都市流行的新詞彙。

其實，在文革後期，已有不少西方國家影片在內部放映。理由不外乎就是為了參考或者批判。江青就曾為《鴿子號》裡相愛的男女在水中擁抱的場面所感動，說如果是她，她也會跳進水裡撲向自己的愛人。這件事情是作為江青的一條罪狀在後來公佈的。

上面那個關於文革期間各國電影特點的段子，當然並不完全。還有一句是關於當時的國產電影的：「中國電影新聞簡報」。但是，文革中的國產電影是另外一個話題，我這裡就不說了。

樣板戲的回憶

胡適曾經說：「一時代有一時代之文學」。樣板戲作為中國特殊歷史階段的特殊產物，經歷了風雨沉浮後依然頑強存在，已經成為一種精神，一種象徵。人這一生，總會有些東西，在生命的過程中，沉澱在心裡，想抹抹不去，想忘也忘不了，樣板戲即是如此。

我那時並不喜歡樣板戲。咿咿呀呀的唱詞，假模假式的對打，拖拖拉拉的情節，明明敵人在身後猛追已離得很近了，主人公偏偏在那裡不緊不慢地唱，急的人心裡冒火，緊張的手心冒汗，恨不得上去拖他走。

但那個年代就是那樣，無論你喜歡不喜歡，樣板戲仍然無孔不入：家中的牆壁上貼的是樣板戲的宣傳畫；大喇叭裡廣播的是樣板戲；人們走路哼的還是樣板戲。儘管自始至終，我從沒認真看完過一部樣板戲，但大段的唱詞仍耳熟能詳。

我最喜歡看李玉和就義那場戲：脖子上掛著一段粗繩權當鎖鏈，兩隻手端著，一步一步沉重地走向前方，然後高呼：打倒日本帝國主義！應槍聲悲壯地倒下。每逢收音機裡播放到此，我就說：「唉！老李又被槍崩了！」父親總要瞪我一眼。

那時，全中國的各行各業幾乎都成立了樣板戲的宣傳隊，有條件演全場就演全場，不能演全場就演片段，連片段也演不了就清唱，所有的舞臺都是樣板戲的天下。

內蒙電建公司也成立了樣板劇團。師姐閆麻子也想參加，人家不要，她氣得哭鼻子。

那時，我在包頭青山區的四〇六工地上，有許多師兄弟很調皮，經常說些風涼話：「怎麼李玉和沒老婆呀？」、「鐵梅怎麼不嫁人呀？」、「老李被抓了，密電碼應該立即作廢呀！密電碼作廢了，交給敵人也沒用了！」

有的話更難聽：「『沒有大事不登門？』在中國只有婚姻才算大事呀？」

有幾句李鐵梅的唱詞，他們更是胡唱一氣：「他們的和爹爹的都一樣，都有那麼一顆……」流氓至極。

有時，我也和他們專門學劇中反面人物，鳩山唱：「只要你忠心為帝國賣力氣，飛黃騰達有時機……」座山雕唱：「聯絡圖，我為你朝思暮想……」胡傳魁唱：「老子的隊伍才開張，總共才十幾個人七八條槍……」幾可亂真。

一天下午，我們閒來無事，師兄弟們齊聲吼唱：「老子的隊伍才開張……」把師傅們笑得眼淚都流出來了。卻見工地主任突然出現了，連聲喝令：「停下來！停下來！」問：「是誰起的調？誰？這是嚴重的政治問題！」大家面面相覷：這不是「樣板戲」嗎？

那時還有許多關於樣板戲的流傳甚廣的笑話。如說某劇團演《智取威虎山》時，第六場「打進匪窟」，扮演楊子榮的演員可能由於太緊張，這段對話的臺詞變成了——座山雕：「臉紅什麼？」

楊子榮：「防冷塗的蠟。」

座山雕一時沒反應過來，照問不誤：「怎麼又黃啦？」

扮演楊子榮的演員一聽，第一句說錯了，又不能收回，遂改口現編詞兒：「又塗了一層蠟！」

下面這個也是樣板戲學演的經典笑話：楊子榮打虎上山，在威虎廳和座山雕比試槍法：打吊燈。座山雕一槍打滅一盞油燈，眾匪徒叫道，好！楊子榮振臂一甩，一槍打滅兩盞燈，眾匪徒又叫道，好，一槍打倆！話說有一回，某地區文工團演出這一場，座山雕一槍出去，道具一不小心關了兩盞燈，眾匪徒叫道：好哇，一槍打倆！道具一聽著急了，英雄人物可不能輸給個座山雕，這可是個原則問題，再等到楊子榮振臂一甩時，把個總電閘給關了。結果眾匪徒也不含糊，齊嚷道：好哇，一槍把保險絲都打斷了！

那時，許多鄉鎮的民間劇團學演「樣板戲」，但無法達到標準配置。一九七五年我去土左旗下鄉支農時，看了一場由村級劇團學演的《沙家浜》，在演胡傳奎結婚那場戲時，竟增加了一個打扮妖冶的女子舞著綢子滿臺跳舞；胡傳奎和刁德一則不知穿的是什麼部隊的服裝，兩個人還都戴著眼鏡，對白是滿口的土旗話；演《紅燈記》時，所有演員都穿著農民日常穿的衣裳，包括日本憲兵隊也是穿著農村男式對襟小棉襖，留著寸頭，不戴帽子，脖子上圍著白毛巾，左腋下還夾著一個六十年代辦公用的硬紙板做成的資料夾。

一天，在演《智取威虎山》楊子榮「深山問苦」一場戲時，獵戶女兒常寶詠歎：「八年前，風雪夜，大禍從天降……」唱到最後「飛向那山崗——」始終唱不上去，臺下哈哈大笑。那個演員很生氣，突然衝到臺前，嬌滴滴罵一句：「笑你媽的逼呢！」，觀眾反而笑的更厲害了。

還有一天演《紅燈記》時，扮演劊子手的演員，那天正好演出前喝多了酒有點醉，就上場了。

鳩山問：「李玉和招了沒有？」

劊子手回答：「報告太君，李玉和招了。」

鳩山被弄懵了，一著急隨口就說：「這不可能啊！你再去落實一下吧！」

「嗨！」

下面笑成一團，場面徹底亂了。

我在呼市郊區還看過一個草臺班子演出的「沙家浜」，郭指導員有句臺詞：「葉排長，把沙奶奶的稻穀，藏在屋後地下的缸裡，堅壁起來」。那草檯子郭建光一沒留神念成了：「葉排長，把沙奶奶藏在屋後地下的缸裡，堅壁起來」。話一出口，大夥兒全呆了：為什麼要堅壁沙奶奶？那郭建光也不含糊，到底是新四軍，心眼兒多，眼珠一轉，接著說道：「那些日本鬼子，什麼壞事幹不出來?!」

這一句話，既深刻揭露了日本侵略者的邪惡本質，又把場子圓了。再看那沙奶奶，兩頰緋紅，小母雞似跟著葉排長，擰搭擰搭地退場了。

也許你們會說我吹牛。文革期間的八個樣板戲，所有角色我都會唱。一次去美國，參加一個聚會，我唱了一段奇襲白虎團嚴偉才的「趁夜晚出奇兵，通過防線，猛傳插，巧迂迴……絕不讓美李匪幫，一人逃竄……」好多美國佬鼓掌叫好！他們當然不曉得我是在「消滅」他們！

直到如今，我有時躺在床上，一時興起，仍要放聲吟唱幾句樣板戲，也算快活。我不但能夠唱很長的選段，還能哼出伴奏音樂，可見對樣板戲的熟悉程度了。但也有人極端反感樣板戲，革命作家金近邁就是一例，他曾經對他的家人說：「如果電視上播放樣板戲，兩分鐘之內如果你們不換臺，我就立即把電視砸爛！」也許老金嚴重受了樣板戲的刺激了，不得而知。

唉，真是說不清、道不明、扯不斷、理還亂的樣板戲呀！

文革中的童謠

一

我有兩個妹妹。文革時都念小學。那時，她們的書包裡，除了毛主席語錄和作業本外，還有一根由無數根橡皮筋結成的長長的皮筋，那是她們的至愛。她們每天一下課就在教室外面和同學們跳；下學回家就在院子裡和鄰居的女孩子們跳，樂此不疲，廢寢忘食。

跳皮筋這種遊戲還不受場地的限制，找一個相對空曠的地方，不會磕著碰著就行。取材也簡單，幾十根紮頭髮的皮筋，或破舊汽車內胎、自行車內胎等都行，這些現在都能隨便找到，所以可以讓現在的孩子們傳承下去。

跳皮筋有許多花樣，一套一套的，具體細則我也搞不清。但我知道跳皮筋時一定要唱童謠，比如：

「小皮球，用腳踢，馬蓮開花二十一，二五六、二五七，二八二九三十一；三五六、三五七，三八三九四十一；四五六、四五七，四八四九五十一；五五六、五五七，五八五九六十一……」

「馬蘭花，馬蘭花，風吹雨打都不怕，勤勞的人兒在說話，請你馬上就開花。」

女孩子們三五成群地蹦著跳著，在一根充滿韌性和彈性的皮筋上變換著無窮的花樣。

這種遊戲的運動量較大，跳、蹦的動作很多，雙臂也要順勢擺動，還要保持身體的平衡。跳皮筋的女孩多半都是靈秀的，因為經常這樣運動，所以那時的女孩身材都不錯，很少有現在的小胖妞。

二

文革來了，破舊立新，童謠也與時俱進了，毛澤東時代的童謠有個特點，學校教的是要多正經有多正經：

「天上星，亮晶晶，數呀數呀數不清，最亮一顆在哪裡，最亮一顆在北京，北京北京天安門，毛主席是我們大救星。」

「我是一個小畫家，畫了一朵大紅花，大紅花獻給毛主席，毛主席見了笑哈哈。」

「小汽車，滴滴滴，裡面坐著毛主席。毛主席掛紅旗，氣得美帝乾著急。」

那時的孩子們，從小到大，一直被政治包圍著。文革伊始，有些工農兵還編了一些新童謠，雖然鏗鏘有力，但不免粗俗：

「一二三四五，上山打老虎，老虎不吃人，專吃杜魯門。杜魯門他媽，是個大傻瓜，床上吃床上拉。」

杜魯門是什麼人，孩子們並不十分清楚，只知道他是侵略朝鮮的美國總統。聽這名，「肚魯門」，大腹便便的能不是個大壞蛋？美帝都是大壞蛋！

詛咒美帝國主義及其走狗的童謠還有：

「甘迺迪，啃地皮，不甘迺迪啃地皮。」

「大蘋果紅又紅，我是中國的好兒童；坐飛機、扔炸彈，炸死美國王八蛋。」

「李承晚，不要臉，買塊胰子買塊堿，先洗屁股後洗臉。」

「報告司令官，你的老婆在臺灣，沒有褲子穿，偷了兩分錢，剪了半尺布，蓋住了小B露出了大屁股。」

後來劉少奇成了黨內最大的走資派，學校的老師又緊跟照辦地編輯了「新時代新童謠」，讓孩子們在遊戲時唱，孩子們覺得不好聽，但是老師說不唱就是壞孩子，不唱不行：

「打的打的打，打倒劉少奇，打的打的打，打倒王光美」。

「劉少奇，會挑水，一挑挑了個王光美；王光美，會彈琴，一彈彈了個鄧小平；鄧小平，會掏沙，一掏掏了個廖沫沙。」

「香蕉蘋果大鴨梨，好吃不給劉少奇。」

類似不知出處的革命童謠還有：

「我是李向陽，堅決不投降，敵人來抓我，我就跳圍牆，敵人拿炮打，我就鑽地道，地道裡有張紙，我就拉泡屎，敵人進地道，踩了一腳屎。」

「小地雷，鐵西瓜，叔叔懷裡抱著它，鬼子夢裡也害怕。早也怕，晚也怕，關住窗子睡著了，地雷就在他床底下。線一拉，就開花，炸的鬼子回老家，哇哩哇啦直叫媽。」

「一朵紅花紅又紅，劉胡蘭姐姐是英雄，從小生在舊社會，長大成為女英雄……（中間不記得了，大家補充）毛主席提詞八個字，『生的偉大，死的光榮』。」

「輕輕輕，輕輕輕，我在家裡跳牛皮筋，來了三個鬼子兵，搶走了我的牛皮筋，他媽的，他媽的。我要剝他的皮，抽他的筋。」

「從前有個周扒皮，半夜起來去偷雞，我們正在做遊戲，一把抓住周扒皮，周扒皮！」

「董存瑞，十八歲，參加革命游擊隊；炸碉堡，犧牲了，全國人民流眼淚。」

三

那時的男孩子們雖然不跳皮筋，但也有自己信口編的童謠，雖然鄙陋，登不了大雅之堂，但也朗朗上口：

「半夜三更，我去茅坑，茅坑上面，沒有電燈，撲通一聲，掉進茅坑，我和蠅蛆展開鬥爭，鬥爭鬥爭，階級鬥爭，直到最後光榮犧牲，我的英名留在人民心中！」

「高級餅乾，高級糖，高級小姐上茅房，一摸口袋沒有紙，一摸屁股一把屎。」

「我來到了天津衛，嘛也沒學會，學會了開汽車，壓死二百多；我上坡下坡，又壓死二百多；我換了一輛車，我又壓死兩百多。員警來抓我，我逃進了女廁所，廁所沒有燈。我掉進了粑粑坑，我跟粑粑作鬥爭，差點沒犧牲。」

還有更不堪入耳的：

「小河流水嘩啦啦，我和老師偷西瓜，老師偷倆我偷仨。老師逃跑我被抓。老師在家吃西瓜，我在家裡寫檢查。我罵老師大王八。」

毛澤東時代搞階級鬥爭、無產階級專政，儘管吃不飽穿不暖饑寒交迫，但人人膽小，誰也不敢對社會不滿。一次，院裡有個小孩子打著竹板指著來拾荒的說了句：「檢破爛的多受罪，那是萬惡的舊社會。」正好被摘帽右派王爺爺聽見，他馬上讓我把他的爸爸找來，悄悄地對他說：可要把孩子的嘴管好，我們這些右派當年不都是因為嘴上缺了個把門兒的嗎？

還有一首，好像在影射咱們三面紅旗怪事頻出，你看像不：

「鴨子咪咪叫，老牛蹦又跳。大馬吃白菜，熊貓跑步快。白兔圓耳朵，老虎叫呱呱。老鼠比豬胖，公雞會下蛋。」

有一回，妹妹也念叨不知道從哪裡聽來的童謠：

「低標準瓜菜代，孩子老婆去挖菜，挖一筐往家拽，……無力挎，只好拽。」

爸爸狠狠地罵了她一頓，她從此再也不敢亂說了。

四

那時《學雷鋒》的童謠也很多。其中有一首傳之甚廣：

「牆上掛著雷鋒像，頭上紅星閃閃亮。爺爺經常對我講，學習雷鋒好榜樣。」

鄰居有個男孩每天唱：

「學習雷鋒，不玩彈弓；學習董存瑞，不跟妹子睡；學習三糊塗，不端酒葫蘆……」

也不知道是誰教給他的，呵呵。

那時的孩子們，從小到大，被道德玩暈了。為了完成老師交給的學雷鋒的任務，奇招迭出。一天，在上學的路上，大妹妹非得讓小妹妹把橡皮扔在自己的腳底下，然後她撿起來，興沖沖地往學校跑，交給老師，然後老師在好人好事記錄本上記下：「×月×日，星期一，韓麗萍拾到橡皮一塊，交公。」然後大妹妹上老師辦公室，報告她東西丟了，再把橡皮領回來。煩死人了。

更煩人的是，第二天，妹妹要禮尚往來，叫姐姐背她一段兒，姐姐力氣大，只好答應她。到校後，妹妹就去找老師彙報，說姐姐幫老大娘背土豆來著。弄得姐姐不知該叫她大娘還是叫她土豆才好。

有時候，為了完成「學雷鋒，做好事」的任務，她們非要攙扶本來不想過馬路的老大爺過馬路，幾個孩子生拉硬拽地把老大爺攙扶過去，到了街那邊就不管了，老大爺喘著氣用拐杖指著她們罵：「小兔崽子們，我剛剛過了街就被你們弄到這邊來，好不容易返回來又被你們弄過來了，今兒都第四回了，還讓不讓我回家了?!」

挺搞笑的吧?!

數學中的德育教育

一

日前的《中小學德育大綱》規定：「學科教學是德育的主載體，也是對學生進行思想政治工作的主管道。寓德育於各科教學內容和教學過程之中，是每一個教師的職責。」有人認為進行德育教育是指語文、歷史、政治等學科的，數學是自然科學，沒必要進行德育教育，實際上這是一種錯誤的認識。經過多年的數學教學經驗，許多專家認為：「數學課中的德育教育必不可少，它是潛移默化學生的心靈、喚起學生無產階級革命信仰的良藥。教師要善於挖掘教材中的德育素材。教師要精于創設利於德育滲透的情境。」

其實在數學中貫徹德育教育，在文革中尤甚。那時我的兩個妹妹都上小學，我常常給她們輔導數學，記得那時有關德育的數學題有以下幾種類型：

一、毛主席的書是革命的寶，是革命人民的命根子。新華書店一個門市部在八天內一共發行《毛澤東選集》七千兩百六十四套，平均每天發行多少套？

二、一位非洲青年借到了一本紅色寶書《毛主席語錄》，為了能夠天天讀到毛主席的書，他用三天時間抄完了三百二十一頁外文版的《毛主席語錄》，他平均每天要抄多少頁？

三、勝利人民公社，七個大隊在一年內，召開批判大叛徒劉少奇「三自一包」、「四大自由」滔天罪行的大會共一百四十次。平均每個大隊開批判會有多少次？

四、大叛徒、大內奸、大工賊劉少奇貪污了用黨費購置的金鞋拔子，假如這個金鞋拔子有一百五十克，按每克十二元計算，他共貪污了多少錢？

五、在清理階級隊伍的過程中，某大型國企挖出特務十五名；階級異己分子十八名；現行反革命二十三名；漏網右派二十八名；反動技術權威八名；壞分子十六名。該企業共有革命職工一千二百名，壞人一共占總人數的百分之多少？

六、解放前，地主階級利用權勢，霸佔田地、收租放債、敲詐勒索，致使貧下中農「債務叢生，如牛負重。」有一個地主以百分之八十四的年利率貸給貧農陳大叔二十四元，一年後貧農陳大叔無力按時償還，地主硬要按利上加利計算，問六年後貧農陳大叔欠債是多少？

七、天寒地凍，貧農王小二在零下二十度的氣溫下給地主劉大門耕田。而地主劉大門坐在客廳裡烤火，氣溫高達二十度，請問，氣溫相差多少度？

八、紅旗電訊儀錶廠無產階級革命派奪權前，由於黨內一小撮走資本主義道路當權派的破壞，一月中旬只完成全月計畫的百分之二十八；奪權後，無產階級革命派堅決響應毛主席提出「抓革命、促生產」的偉大號召，下旬完成了全月計畫的百分之八十一點六，至月底一共完成全月計畫的多少？

九、上海工業戰線上的無產階級革命造反派，高舉毛澤東思想偉大紅旗，「抓革命，促生產」，工業生產呈現一片大好形勢。今年一至五月份的工業總產值為五百萬元，比去年同期增長百分之四，去年同期工業總產值是多少？

十、吳涇化工廠無產階級革命派實現了革命大聯合，五月份主要產品合成氨的產量，比四月份增長了百分之十三，四月份產量為八百噸，五月份的產量是多少？

後來，我的兩個妹妹，數學學得很一般，但對「地富反壞右」及「劉少奇一類政治騙子」倒是恨之入骨了。莫非這就是數學的魅力？

二

記得我上五年級時，講整體一。剛巧校長來聽課，老師講完教材後還有十來分鐘，編了一道題讓學生上黑板作，這題是：某國營農場前年小麥畝產四百斤，去年比前年增收了百分之十，去年的畝產是多少斤。老師叫我上去作，我作對了。但我又加問了一句：「如果是減少了百分之十呢？要怎麼算？」老師說：「下堂課我給你們講吧！」但就因為我的一句話，給老師添了麻煩。

據說，課後校長嚴厲地批評老師犯了政治錯誤，造成了很壞的影響，原因就是這減少二字。社會主義制度下產量還能一年比一年減少嗎？即使個別地方有，對學生講合適嗎？儘管老師解釋：「我答應下節課講，是不想拖堂。其實我還沒講呢！」但還是被迫作了檢查。

我也後悔連累了老師，要說減產的只能提美帝蘇修，但是當時沒想到啊！記得一九七九年的高考題就出的好：從一九三八到一九七八的四十年間美國的物價上漲了一倍……考了學生，又上了政治課。

一九六九年，小學一年級的數學課本裡有一道題，使人感到雲苫霧罩。我記得那道題是：問，一頭公豬加一頭母豬是幾頭豬？答案是：那要看誰來養了，如果貧下中農養，最低三頭，如果是地主分子養，也許死的一頭也不剩呢。

還記得在文革中，電建公司請統計局的老劉來講統計圖表。課堂上老劉在講我公司的產值及利潤率的統計圖表時，有上升也有下降。課後支部書記跟老劉說：「對職工可不能說下降，為這事公司革委會主任上次還訓過我。」老劉說他：「放屁！毛主席都說五六年到五八年國民經濟成馬鞍形發展呢！」

唉，我也不知誰說的更有道理！

文革閱讀經歷

從小學開始，我就喜歡看課外書，圖書館、書店是我常去的地方。記得在中山西路小學讀書時，下午下課早時，我常常去新華書店，站在櫃檯前靜靜地閱讀。有時竟然忘了回家吃飯，直到母親來尋我，把我拉回家。那時我尤其喜歡去同學和親戚家搜羅舊書，但是好像適合我讀的書並不多，只能遇上到什麼看什麼，不可能有計劃有系統地閱讀。姥姥也非常反對我看課外書，她把課外書一概說成是「閒書」，姥姥生於晚清，其實這是科舉時代的傳統觀念。

到了文革，家家戶戶都開始燒書，記得在文革狂潮即將到來時，父親每天晚上做飯不燒煤，都用舊書來燒火，一摞一摞的書籍堆在灶旁，父親一邊拉風箱，母親一邊把精裝書的硬殼撕下來，便於父親能從灶口塞進去。記得他們都很驚恐，甚至有些張惶失措，恨不得立即就能毀滅「罪證」。其中有一些日文雜誌《大阪每日》，我想撿起來看，被父親嚴厲喝止。

一邊是大量地燒書，一邊是我沒有書讀。有書的人家也不敢借給別人，只是很私密地隱藏起來。迫於無奈，毛選四卷和魯迅的一些雜文我都通讀了幾遍，《彷徨》、《吶喊》倒背如流，尤其《傷逝》中的一些句子，至今都能背誦下來：

「如果我能夠，我要寫下我的悔恨和悲哀，為子君，為自己……」

「會館裡的被遺忘在偏僻裡的破屋是這樣地寂靜和空虛。時光過得真快，我愛子君，仗著她逃出這寂靜和空虛，已經滿一年了。」

「然而現在呢，只有寂靜和空虛依舊，子君卻決不再來了，而且永遠，永遠地！」

就連《中國小說史略》這樣的教科書，也讓我糊塗地看了許久。

那時我的求知慾非常強，家裡文史類書籍燒完了，龐雜的醫學書籍依然孤獨地躺在書架裡，閒來無事，我只能翻閱那些枯燥的醫學典籍。那幾年，我把《內科學》、《外科學》、《病理學》、《藥理學》、《藥物學》、《人體解剖學》、

《組織胚胎學》、《婦產科學》、《流行病學》、《寄生蟲病學》、《傳染病學》都熟讀過好幾遍了。可惜家裡沒有中醫典籍，比如《本草綱目》、《金匱要略》或《傷寒論》，否則，現在退休賦閒在家的我，只要掌握一點岐黃之術，就不愁出去矇騙一點兒錢財。

一天，我在馬路上閒逛，撿到一本中國人民解放軍總後勤部編寫的《中麯飼料養豬法》，一時如獲至寶，拿回家好一陣研究，雖然當時曾細心研讀，但是畢竟年代久遠，細節不再記得了。但西醫典籍因為讀的韋編三絕，至今爛熟於心。上世紀八十年代我去內蒙醫院看病，曾經很嚴謹地質疑過一位主任醫師的診斷，引起他的警覺：「你究竟是幹什麼的？」

文革初、中期，中國幾乎沒有出版一部新小說，文革前包括解放前的小說及其他文藝作品幾乎全被打成大毒草，歸屬於「封資修」，一律被禁止和銷毀。全國沒有文藝期刊和其他人文類雜誌，僅剩《紅旗》一本黨刊和八個樣板戲。到了文革中後期才開始出現少量的革命文藝作品，

記得在百無聊賴之時，我還讀過《豔陽天》、《金光大道》、《西沙兒女》、《閃閃的紅星》、《向陽院的故事》、《紅雨》，《紅雨》是內蒙古作家楊嘯的大作，楊嘯為此一時名噪全國。

我看過的最奇特的一部長篇小說叫做《牛田洋》，是一本由「工農兵寫作組集體創作」的小說。現在想來，頗覺可笑。這部長篇小說的五分之一篇幅是毛主席語錄，另五分之一是革命口號。不像小說，倒像一部政治教科書。裡面所有的人物都是乾巴巴、高大全、不食人間煙火的英雄。看完以後不但沒有受到絲毫的感動，反而覺得莫名奇妙。

那年我過生日，非纏著讓父親贈送我一本書，父親不得已去了新華書店，買到了這本剛剛出版的小說。並在扉頁上寫下了勉勵我的字跡，做革命接班人云云。

一九六二年的中國，狂熱而飢餓，原本一片汪洋的汕頭西郊開始被改變，在「與海爭地海讓路，向山要糧山聽遣」的鼓舞下，數萬名士兵、學生前往圍海造田。歷時四年，牛田洋築堤攔海工程全面完成，十多平方公里的大海真的為人類讓路了，變成一個大型軍墾農場，滄海變桑田不再是人們想像中的長久和艱難。

但是，僅僅三年之後，桑田就又變回了滄海。一九六九年七月二十八日，一場十二級颱風突襲汕頭。數層樓高的海浪湧入海堤，市區平均進水一兩米，一艘外輪甚至被從汕頭港拋到了山上。

小說在描寫「一號人物」，師政委趙志海指揮圍剿牛田洋的一系列情節發展中，煞費苦心地從三方面對他作了「著力刻劃」：一是他如何「認真學習毛主席著作」；二是他如何「注重實踐」、「反對天才論」；三是他如何同「修正主義路線和階級敵人」作堅決的鬥爭，表現了革命者「人定勝天」的大無畏勇氣。

毛澤東的「五七指示」就源於「牛田洋」。一九六六年五月七日，毛澤東看了總後勤部的一份報告，於是便欣然命筆，寫下了光輝的五．七指示。從此，追溯這個烏托邦之夢的起源，就有著別樣的意義了。

有誰不知道「五．七指示」？它覆蓋了整整一個時代，極大地改變了社會生態和文化的走向，在那喧囂與騷動的漫長歲月裡，每個輩分與身分各異的中國人都曾感受到它沉重的壓力，它給歷史留下了太多的血淚與白骨，還有迄今寫之不盡的沉重詩篇、小說、影視作品，它是大陸人民的共同記憶。

然而，將它那荒誕而淒厲的實踐剝離，光從理想層面上看，「五．七指示」又是多麼瑰麗，五彩的光環令人迷幻不已。一個單薄乏味的人，得以進入社會的各個層面，亦工亦農、亦文亦武，從而擁有了豐富的人生。任何宗教及理想，不都是在這一點上殊途同歸的嗎？

後來，我終於知道了牛田洋的真實背景，被披露的資料驚愕的說不出話來：一九六九年七月二十八日，汕頭地區革命委員會辦公室接到了一個非同尋常的電話：「喂！我是周恩來！告訴你們，第三號颱風，正以每小時二十公里的速度前進，……希望各有關部門注意，要積極做好防風抗災的準備工作！」十一點以後，颱風中心登陸。這一天恰是農曆六月十五，正午的潮水是漲得最高的，大風、大潮、大雨，三合一，組成了一股無堅不摧的力量。汕頭部隊明知在如此強颱風（十二級以上）面前，人是無能為力的，卻提出了「人在大堤在」的口號，命令全體官兵和全體接受「再教育」的大學生去與大堤共存亡。他們高呼「千準備萬準備，用毛澤東思想武裝頭腦是第一準備！」，「天災當前，是我們鬥私批修的好課堂！」

颱風過後，水裡到處漂浮著屍體。大多數屍體上只著背心和褲衩，那是搶險突擊隊的隊員們。屍體中有的三個五個手挽著手，扳都扳不開。最多的有八個戰士手挽著手，怎麼也扳不開。最後收屍的時候，只好動用了鉗子。

那次颱風，有五百五十三名部隊官兵和大學生「光榮犧牲」，其中官兵四百七十名，大學生八十三名。偉大神奇的土地上又湧現出五百五十三名可歌可泣的英雄。也許因為英雄一時出現的太多，黨怕人民接受不了，五百五十三位英雄的名字就這樣被悄悄地隱遁了。

一場颶風，大海奪回了本就屬於它的土地，奪回的速度比數萬狂熱的軍民建設的速度快了幾千倍。牛田洋汪洋一片，又回歸到圍墾之前的蒼茫原貌。「五・七指示」的發祥地就此消失，這是一種命定的象徵，它原是從無中生有而來，終歸陷於滅頂，為瑰麗的烏托邦理想完成了充滿悲情的葬禮……

如今，還有誰會記得《牛田洋》這本小說嗎？我不得而知；人一定能勝天嗎？我也一直倍感困惑。

文革讀書全靠偷

文革時，我在內蒙電建公司上班，住在包頭市青山區富得木林大街南端的公司辦公大樓裡。那時機關各科室都搬到四〇六工地現場辦公，我們領導一切的工人階級就乘虛佔據了這座大樓。

電建公司的辦公大樓是日式的，很氣派，有點三星級賓館的樣子。後院是職工食堂，我們每天的晚餐就在這裡吃。

那時，我的初中同學王廣亮，在包頭機械工業學校讀書。學校離我住的地方也就一箭之地，他不忙時，常過來看我，只要趕上開飯，我就留下他來吃。學校伙食不行，學生們總是饑腸轆轆，和我們工人階級相比要差一大截。

機械工業學校是所四年制的中等專業學校，專為包頭一、二機廠培養工程技術人員。學校的教學樓規模宏大而氣派，校園裡還有一所很大的圖書館，藏書有好幾萬冊。

文革伊始，破四舊。先是黨委書記和校長們被批鬥、毒打；後來又波及到出身不好的教師們，他們也彎腰撅腚、掛牌子、剃陰陽頭、臉上用紅藍墨水塗抹的就像竇爾敦。

圖書館長是個漏網右派，文革中被整的很厲害。破四舊時，學生們要焚燒有毒的「封資修」書籍，他執意阻攔，後來被學生們用銅頭皮帶打得皮開肉綻，衣服也被打的絲絲縷縷，結果也沒有阻擋住學生們的革命行動。一九六六年的紅八月，圖書館的古籍善本、文學名著，歷史、哲學、美學書籍都被堆在學校大操場上點燃，一時間火光沖天。王廣亮知道我嗜書如命，趁混亂之際，藏掖了不少典籍，隱匿於床下，每來我處，總要攜帶幾本，成為我那個時代的主要精神食糧。

那時，我特別喜歡西方的文學作品，有許多文學名著都是從王廣亮手上獲得的。記得有但丁的《神曲・煉獄篇》、屠格涅夫的《春潮》、《獵人筆記》、陀思妥耶夫斯基的《罪與罰》、果戈理的《死魂靈》、列夫托爾斯泰的《戰爭與和平》、《安娜・卡列尼娜》、司湯達的《紅與黑》、巴爾扎克的《高老頭》、莎士比亞的《仲夏夜之夢》、《威尼斯商人》、《哈姆雷特》、《羅密歐與茱麗葉》等等。我最喜歡的西方作家是狄更斯，他的《匹克威克外傳》和《大衛科波菲爾》讓我讀的如癡如醉。還有一本印象非常深刻的的書是夏洛蒂·勃朗特的《簡愛》，好像是李霽野翻譯的，是豎排版，該版雖經多次印刷，總數也只有八千冊。

那些書現在一本也沒有留下，住在集體宿舍，根本無隱私可言，每本書都被傳閱的不知所蹤。有幾本，雖然鎖在木箱子裡，也被人撬開拿走。拿回呼市的數十本，也被鄰居的男孩子們悉數「借」走。那時，我的兩個妹妹都很小，大的才念三年級，都還懵懵懂懂。不知道那些孩子們是如何知道我家有書的，紛紛來借，結果都是有去無還，直至所有書籍被洗劫一空。

後來，手頭無書可看時，王廣亮還和同學去給我偷過書，據他說有過兩次：一次從圖書館門上的氣窗爬進去不久，有人來了，只好從另一側門頭上的氣窗逃走；還有一次是去學校黨委的二樓，那時二樓前面的房間已經被紅衛兵紅旗縱隊佔據作了隊部，靠院子那邊有一間宣傳部的資料室，可能是有一定的機密性質吧，還是鎖著的，但裡面也有不少書。他們從院子裡的樹上爬進窗戶去，打開暗鎖，其他幾位就從門口進去了。那次，他們偷了不少書。

因為偷書，王廣亮還被學校保衛科叫去審問過。其實，那段時間，偷過書的學生還有很多，法不責眾；再者，那時人們對書也不看重，此事也就不了了之。機械工業學校有不少圖書就是這樣流散到了社會上，直到此後相當一段時間裡，一些書籍還在包頭青山區的市民中間流傳，因而也使許多人獲益匪淺。

一九六九年，包頭機械工業學校有個學生因為縱火被槍斃了。最近我才聽王廣亮說，其實那個同學也是去偷書的，那天晚上，他潛入圖書館裡，沒有手電筒，用蠟燭照明，慌亂之中，打翻蠟燭引燃書籍，於是倉皇逃竄，造成重大火災。正趕上那年全國「一打三反」，他很快就因同學告發而落網，被包頭公安局軍管會定為「反革命縱火犯」，沒幾天就被驗明正身、綁縛刑場，執行槍決。王廣亮說，那個同學姓胡，也很喜歡讀書。不過早死早轉生，按佛教的輪迴說，二十年又一條好漢。此事雖然已經過去兩個二十年了，說來仍然令人唏噓！

回憶文革深挖洞

一九六九年八月二十八日，《華盛頓明星報》在醒目位置刊登了一則消息，題目是「蘇聯欲對中國做外科手術式核打擊」。文中說：「據可靠消息，蘇聯欲動用中程彈道導彈，攜帶幾百萬噸當量的核彈頭，對中國的重要軍事基地——酒泉、西昌導彈發射基地、羅布泊核子試驗基地，以及北京、長春、鞍山等重要工業城市進行外科手術式的核打擊。」

那時，剛發生過中蘇珍寶島事件，蘇聯在中蘇邊境陳兵百萬，對我虎視眈眈，不斷侵擾我國邊境。內蒙古處於北部邊疆，人人誠惶誠恐。包頭市青山區三天兩頭測試防空警報器，淒厲的聲音讓人聽得撕心裂肺、驚魂動魄。危在旦夕，戰爭一觸即發。毛澤東發出了「深挖洞、廣積糧、不稱霸」、「備戰備荒為人民」的號召，林彪副統帥也發佈了一號命令：「準備打仗！」

上面一聲令下，全國各地無論是城市還是鄉村，都開始作反侵略戰爭的準備，迅速掀起了一場挖防空洞，搞備戰的運動。從機關、工廠到學校、街道，幾乎各行各業，家家戶戶，人人都參與挖「防空洞」，形成了一場以「深挖洞」為形式的波瀾壯闊的人民戰爭。

那時，許多人下班後放棄休息，拿上自家的工具，參加單位，社區組織的防空洞挖掘。當時條件下的挖掘工具僅有鐵鍬、洋鎬。男女老少齊上陣，夜以繼日三班倒，大家拼命地去挖去掏，磨破了手，累損了腰全然不顧。大車、小車、筐筐簍簍、盆盆罐罐，推的推、拉的拉、挑的挑、抬的抬，車水馬龍、熱火朝天，場面非常壯觀。

記得市里給我們電建公司劃分的地段在東河區西腦包的圪蛋上。那個圪蛋裡頭全是礫石，十分堅韌，一鎬頭下去，只留下一個道道。我們將鎬頭的半邊割去，一人掌住鎬頭，另一人用大錘擊打，一點一點艱難地掘進。有的地方工作面非常小，人只能彎著腰，錘頭也掄不開，挖得十分辛苦。開始的時候累得骨架都要散了，手上打滿了血泡。後來，過了半個多月才慢慢地適應了，再往後就覺的沒那麼苦了，反而覺得很好玩。

我們的工作程序是，先在地上垂直向下挖一個二十米左右的豎井，再在井底向兩面開挖。挖出的土用栓在鋼絲繩上的半截油桶由捲揚機吊上井口倒掉，挖洞的人也坐在桶內上下。一次，鋼絲繩斷裂，我連人帶桶掉入井底，幸虧只是崴了腳，休息了幾天就好了。

「備戰備荒」天天講，我們日日打洞不止。因為洞裡漆黑一團，沒有礦燈，單位僅給了兩盞煤油燈來照明。燈光小了看不清，燈光大了直冒煙，把我們鼻孔薰得黑黑的。洞裡的空氣潮濕憋悶，散滿了嗆人的油煙味。進度越來越慢，大夥兒請求領導改善照明條件。但當時只有煤油燈，再無別的辦法，只好作罷。

那是一個政治氣氛濃厚的時代，老百姓特別聽話，上面叫怎麼幹就怎麼幹。我們在緊張、繁重的勞動之餘，還要不時地手舉紅寶書，開誓師大會、批鬥大會和學習會，即便在萬分疲憊時也不例外。

從大會戰開始，我們每個人都在拼命地幹活。手上起泡了，輕傷不下火線，讓衛生員用膠布包一包，繼續揮鎬刨土。那畢竟是重體力活，每個人的胃口都非常大，一頓吃一斤乾糧不在話下。可那時每個月的定量只有三十斤，根本不夠吃，單位就號召其他人勒緊褲帶，支援挖洞大軍。

記得挖到二里半（地名）時，那裡的地下都是流沙，十分鬆散，極易垮塌。一天，防空洞的井壁突然坍塌，我們有幾個人被埋了進去，經過全力搶救，才將幾個堵在橫洞裡的人救了出來。只有一個人，雖揀回了一條命，還是殘廢了，加入了鄧朴方的隊伍。

每逢休息時，我們總是用疑惑的口氣談論道：如果真打起仗來，就靠咱這地道能抗得住飛機大炮嗎？有位當過礦工的老兄說：除非是鋼筋水泥灌成的地道，這黃泥沙打成的土洞洞，很難頂得住啊！大夥兒附和著說：「人隨時代草隨風，上面的政策咋講，咱就咋幹唄。反正每天給開工資，幹啥不一樣！」

和我們一起挖洞的人當中有個技術員，很有文化，天天在挖累了休息時就講故事、笑話，現在想起來有些笑話還很黃，有的時候，青年男女免不了打情罵俏，開一些無傷大雅的玩笑，當時我還十分青澀，只有躲在一邊偷笑。

這些防空洞和曲曲折折的地道一般都比較粗糙，沒有很好的防水和防潮設施，挖好不久就基本上報廢了。後來蘇聯並沒有打進來，原子彈也沒有扔過來，到上世紀八十年代，先後都被填埋了。

青山區包頭二電廠四〇六工地上的防空工程很浩大，記得有一個地下大禮堂，是用鋼筋混凝土預製構件搭建的，裡面能藏好幾百人，猶如秦陵的地宮。剛建成不久，我和幾個師兄弟下去過。那裡深邃、幽暗，一股陰冷潮濕的氣息撲面而來，彷彿進入到地獄的深處。我們幾個哥們手持電筒壯膽前行，想一探究竟。突然，暗處衝出一人，大喝一聲，把我們嚇得魂飛魄散。原來，是一個瓦工班的徒工在搞惡作劇。自那以後，我再也沒有進過防空洞。

還聽說，那個防空工程建好後，一直沒有人管理，洞口的門也沒上鎖，大白天會有一些膽大的男孩子三五成群地跑進洞裡玩，在洞裡大喊大叫，聽洞裡的回聲。後來，這個洞裡還發生過一件桃色新聞，一個工地的支部書記與女工大白天鑽到裡面幹事去了……。

聽說呼和浩特也有條「地下主巷道」，在不借助機械的情況下，於一九七九年建成。這個巨大的防空洞，距地面二十米，最深處可達三十米。通道高五米，寬六米，可以並排通過兩輛大卡車。全長十餘公里，可容納十餘萬人。

成都的「紅旗地下商城」就是利用「地下主巷道」改建的，聽說裡面有數十家黑燈舞廳，有豔麗的「砂輪妹」數百人，是男人們的天堂。等我們聞訊去看時，已被查封。呼市的「地下主巷道」是否也應該利用起來，哪怕做蔬菜、水果的保鮮庫，或種植蘑菇也行。但內蒙人太懶，沒人動這個腦筋。

地下的世界是一個悖謬的空間，既是一個安全的處所，又是一個危機四伏的世界。時光流逝，那種不安定的生活早已煙消雲散，回憶起那些挖防空洞的歷歷往事，有時會覺得十分可笑。挖防空洞是為了打起仗來能避險，可是有些防空洞連幾場雨都經不起，怎麼能抗擊現代化戰爭炮火？其實，只有和平，才是人類最好的掩體。

北樓的女孩子們

文革期間，內蒙古地方病研究所、內蒙古布魯氏桿菌病研究所、內蒙古鼠疫防治所及內蒙古衛生防疫站合併成了一個單位，簡稱三所一站。一部分人集中在原「地病所」的大樓裡辦公，稱之為北樓；一部分人集中在原防疫站的大樓裡辦公，簡稱南樓。那時我們家住在北樓的家屬院裡，那個院子很大，一共有十幾棟平房，在那裡演繹出許多使人感慨令人唏噓的故事：

穎華

穎華比我要小幾歲，她的父親生前在土默特中學當校長，是個老幹部，籍貫好像是東部區人。那是個和靄的蒙古族老頭，穿衣戴帽非常整潔。

一九六九年，內蒙古轟轟烈烈地開展「挖烏蘭夫死黨，肅烏蘭夫流毒」運動，簡稱「挖肅」。「挖肅」一開始，人家就懷疑她的父親是「新內人黨」骨幹分子，施以酷刑讓他交代，他說不出，人家就不停地打他，採用「車輪戰術」晝夜不停地折磨他；把皮襖蒙在他的頭上，按在火爐旁烤，他汗如雨下，幾近虛脫，終因心力衰竭而亡。

穎華的母親是漢族，非常美貌，比她的父親要小很多，是她父親進城後娶的妻子。那時，穎華和她的母親相跟出去，人們都認為是姐妹，沒人敢認是母女。

穎華的大弟弟叫愛民，二弟弟叫愛中，名字都是他們的父親給起的，由此可見他們的父親對共產黨沒有二心。

愛民後來讀了天津大學，畢業後留校任教，沒幾年便移居加拿大；愛中淘氣，不喜歡學習，初中畢業後當了工人，再後來做什麼我也無法知道；穎華大學畢業後在內蒙古統計局工作。自她的父親故去，她的性格變得內向與自閉，少言寡語，終生未嫁，陪伴母親。每次看到她，我的心裡總會感到隱痛。

海娜

海娜是個很機靈的小姑娘，我從來也沒見過她的爸爸，我曾問起她的爸爸，她總是閉口不言，聽人說她的爸爸是個右派分子，起初被勞教，後來因為不服管教又被判刑，一直在被關在監獄裡。海娜的媽媽名叫烏蘭，身材相貌都很好。那時機關裡有個叫李鐵的人和她的媽媽相處的很好，因經常去她們家閒坐，因此引出許多閒話。海娜因為小，對此很懵懂，李叔叔每次來家，總要給她帶點好吃的，然後打發海娜去院裡玩。海娜非常高興，常常把好吃的東西分給院子裡的孩子們，孩子們為此都很喜歡她。

一九七〇年，海娜的爸爸突然回來了，李叔叔也就不再來了。海娜的爸爸是個蒙古族漢子，身體強壯，臉黑黑的，臉型有點像圖畫上的成吉思汗。他不喜歡說話，我去他家時，他總是坐在椅子上呆呆地吸煙。

不到一年時分，突然傳出說，海娜的爸爸得了肝癌，而且屬於晚期，內蒙古醫院不給進行手術，採取保守療法，沒有幾天便去世了。聽到他去世的消息，我鬱悶了好一陣子。

海蓮

海蓮的父親叫富景玉，也是個蒙古族漢子，在地病的宣傳科工作。富景玉喜歡繪畫，常常有畫作在雜誌上發表，有時還給報紙、雜誌配插圖。那時海蓮很小，估計也就四五歲，不知何故，我從來也沒見過她的媽媽。富叔叔喜歡孩子，我常常去他家看他作畫，富叔叔家很整潔，書架上擺滿了書籍，牆上掛滿了他的畫作。

突然有一天，富叔叔被公安局帶走了，明晃晃的手銬子卡在他的手腕子上。富叔叔神態安詳，我們這些圍觀的人反倒非常驚恐。

後來才聽說，有人檢舉，富叔叔為雜誌作的插圖裡有蔣介石的影子，但是需要對著陽光從背面翻過來看。

在富叔叔被關押期間，海蓮一直由食堂炊事員王大爺的老伴王奶奶看護。院裡人也常常接濟她，海蓮哭鬧了好幾天，後來也就不哭了。

大約被關了半年後，富叔叔才被放出來，也沒給什麼結論，只是把監牢裡的伙食費給免了，但他從此再也不作畫了。

再次見到海娜已經是新世紀了，她在呼市醫院工作。妹妹帶我去體檢，我見到了海娜，她已是四十出頭的中年婦女了，臃腫而肥碩。說起往事，她似乎毫無印象。

莎莉與莎蓉

莎莉與莎蓉是姐妹倆，長得都很俊俏，那時莎莉大約十五歲，莎蓉也就十二歲。莎莉、莎蓉的媽媽是青島人，名字叫王怡。王怡說話青島味道很濃，她常常來我們家和父親探討革命形勢。依稀記得，文革中的每一個環節，她都首當其衝：貼大字報、聯絡人造反、奪權、抄家、批鬥走資派，她總能及時發現階級鬥爭的新動向。

那時，王怡經常來我們家，從進我們家開始就喋喋不休地高談闊論，父親對她有些反感，只是默默地聽著並不接話，如果接話，那麼就會更加激發她的話癮，她就會廢寢忘食地說個沒完，家裡的事就啥也做不成了。

一九六八年的夏天，我的五舅從山西來探親，隨身帶了幾個包袱。進門沒一會兒，機關群眾專政辦公室就派人來查，說舅舅是富農，從山西來是轉移變天賬來了，他們聲色俱厲地質問父親那幾個包袱藏在哪裡？父親把包袱一一打開給他們看，他們翻了翻，看見只是幾張爛羊皮和一點乾菜，面有慍色地走了。那天舅舅從院門進來，除了王怡別人誰也沒見到，父親說，除了她舉報，還會有誰呢？

莎莉莎蓉的父親姓劉，在市教育局工作，是個和藹可親的人，但身體單薄羸弱，說話輕聲細語。劉叔叔是個摘帽右派，從那以後事事處處驚恐不安。王怡因為是共產黨員，和劉叔叔的界限劃得很清，劉叔叔在家裡的一舉一動她都負責監督，配合組織對劉叔叔進行改造。

禍不單行，劉叔叔後來罹患肺癌，左肺及左半邊肋條被全部切除，說話常常氣短。一天他撩起衣服給我看他的傷口，他的前胸因為一半沒有肋條，胸前的皮膚剪去一大片，上身經重新縫合成為筒狀。

因為家裡有個病人，王怡又整天在外面搞革命，所有的家務事都落在了莎莉和莎蓉的身上。她們善於觀察別人家如何做飯，回家後按部就班地照做，每每非常成功。洗洗涮涮、縫縫補補的事情，她們也全部自己來幹。有一年春節，姐妹倆自己刷家，登高爬低，雖然滿身白泥，但是看著潔白的牆壁，她們很有成就感，也受到鄰居們的盛讚。

聽說後來莎莉去了兵團化纖廠，莎蓉就不知道下落了。

引弟

引弟姐姓郝，比我大兩歲，她家和我家是鄰居。他的父親郝師傅，是山西忻州人，在地病食堂當炊事員。郝大爺沒文化，但家常飯做的非常好，一樣的材料，他炒出的菜就非常香，人們都喜歡吃他做的飯。山西忻州人喜歡吃涼粉和油炸糕，每逢年節，引弟姐總要給我們家送涼粉和油炸糕，我和妹妹們吃的很高興。

引弟兄弟姐妹一共四個，她下面還有一個妹妹兩個弟弟。引弟的媽媽因風濕病，走不了路，出院上廁所時，只能架一副雙拐緩緩地行走。家裡六口人全靠郝大爺每月的四十幾元錢過日子，因為人均不夠八元，單位年年給予困難補助。

引弟的媽媽在沒有發病時，常去雲母廠剝雲母，有時還掃大街。後來突然發病時，引弟姐正讀小學四年級，媽媽沒人照顧，她只好退學，那時文革尚未開始。

直到我去包頭電建公司參加工作，引弟姐還在家裡伺候媽媽。我臨走，她還送了我一方手帕，因為這方手帕，使我對她暗戀了好久。

後來不久，引弟姐就去呼市第二毛紡廠當了擋車工。因為家裡貧窮，她幹工作非常努力，第二年就入了黨，每年都是二毛的先進工作者。

因為媽媽有病，引弟姐即便下了夜班也不得休息，還要做飯、洗衣服，人過度疲勞免疫機能就會降低，疾病也會乘虛而入。就在參加工作的第三年，她就經常感到肝區疼痛，但是仍然堅持工作，沒有休息。直到突然有一天突然滿身虛汗，不能起床，送到醫院時大夫確診已是肝癌晚期，吩咐家人料理後事。

引弟姐沒有什麼遺言，只是在臨終時，請求家人給她做個大棉襖。那時女孩子們的衣服非常單調，一九七一年，呼市的女孩流行藏藍色大棉襖，引弟姐很喜歡，但因家裡經濟困難做不起。在最後的時刻，她鼓足勇氣向家人透露了這個想法。

引弟姐的媽媽對她不夠疼愛，聽人說，這個媽媽實際是她的姨姨，她的親媽因為難產去世了。

高娃

高娃一家屬於東部蒙族，媽媽在內蒙古醫院當護士，姐姐叫娜仁。高娃那時也就十一二歲，長得非常漂亮，皮膚白皙細膩，誰見了都想多看一眼。她的父親潮魯，一個北京醫科大學的高材生，在一九六九年的一個暗夜被人活活打死了，屍體又被人從四樓上扔下。潮魯的罪名是「新內人黨分子」，我有一次憋不住，問高娃：你想爸爸嗎？高娃頓時嚎啕大哭起來，勸都勸不住，我自知失言，非常懊悔。

淑華

淑華是動物室飼養員高大爺的長女，大我兩歲，我叫她姐姐。她還有個妹妹叫淑豔，比她要小好幾歲，淑豔男孩子性格，比男孩子還要淘氣。那時院子裡有棵榆樹，每到春天樹面結滿了榆錢錢，淑豔總能爬到最高處去摘，氣的高大娘嗚哇亂叫。

高大爺老兩口都是東北人，他們大躍進時就從東北農村跑出來了。高大爺的日常工作就是飼養試驗用的小動物，小動物主要是小白鼠和荷蘭豬。小白鼠大家都知道，荷蘭豬是一種類似寵物狗大小，相貌酷像豬崽子，毛色黃中帶白。餵動物的工作很繁瑣，每天早起晚歸。添加飼料、清除糞便、打掃衛生，此外還要蒸窩頭、切胡蘿蔔。我沒事時常常去動物室玩，飢餓時還可以偷那裡的東西吃。

高大娘是個典型的東北娘們，說話辦事風風火火，在家說話，院子裡都能聽見；在院子裡說話，房前院後都能聽見。她幾乎每天不停地在大聲地數落高大爺，高大爺說不過她，總是不滿意地嘟嘟囔囔，或者摔門一走了之。

我至今喜歡吃蘸醬菜都是向高大爺學的，記得高大爺家幾乎無菜不可蘸著吃，就連小茄子都要切成條條蘸醬吃。

淑華姐後來上了衛校。高大爺退休後，老兩口回東北定居，淑華姐也隨父母走了，走的時後她才十八歲。

後來有人去東北，回來後說淑華姐已經嫁人了；再後來又有人去東北，回來後說淑華姐死於難產大出血。起因是：那天，醫院的人參與社會上的武鬥，淑華姐因難產大出血被家人送到醫院，醫院裡空無一人，眼睜睜地就死了。聽到這個消息，我難過了好一陣子。我至今都在想，如果高大爺不回東北老家，一直在呼市定居，她也許就不會死。不過，這只是猜想罷了，因為那時呼和浩特也搞派性，不是一派的人，送到醫院一樣沒人理。

那個大院裡因文革造成的孤兒及寡婦還有不少，因為不熟識或細節單調，不便入文，有時間打聽清楚了，再和大家說吧。

小玲的姥姥

上世紀六十年代，我們家住在錫林南路內蒙古醫學院中醫系的後院。小玲的爸爸、媽媽和我的父親是同事，小玲和我的妹妹是同學。

小玲是個非常秀氣的女孩，學習也很好，個子比我的妹妹要高，模樣也俊俏。小玲的姥姥也是山西大同北郊人，和我們是老鄉，母親經常去小玲家看望小玲的姥姥，噓寒問暖。

小玲有三個弟弟妹妹，四個孩子全靠小玲的姥姥照看，萬分地辛勞。那時沒有液化氣，做飯全靠柴炭，買來的煤全是面子，沒法燒。家家戶戶都拉來黃土，和煤面兒摻在一起做煤餅子。小玲的姥姥是個小腳，走起路來東晃西搖，也要自己去端黃土，和泥做煤餅子。一次，我親眼看見她用一個比洗臉盆還要大的銅盆從一公里外端黃土回來，白髮散亂、氣喘吁吁，滿臉都是熱汗，每走幾步就要放下來歇一歇。前額流下來的汗水，漬的眼睛都睜不開。

小玲的姥姥不僅要照看孩子，一家七口人的飯也全靠她老人家做，做完飯了還要燒開水。那時沒有電動鼓風機，燒火全靠風箱，拉風箱是個苦力活，年輕人都受不了，別說一個七十多歲的老人了。煤不好，一壺水，怎麼拉都燒不開，苦不堪言。

家裡大人小孩的衣服也是由老人家來洗，偶能看到老人家顫巍巍地端一盆衣服去井臺邊漂洗，經常因濕滑而摔倒。外面的採買也全靠老人，買糧、買菜、買副食。那時不管買什麼都要排隊，姥姥一站一上午，纏過腳的人站久了就會鑽心地疼，不知道現在誰還能想到老人的辛勞？

聽父親說，小玲的姥姥家抗戰前也是大同縣的大地主，國共內戰時家人出逃至歸綏，僅有的幾十畝土地被丟棄，成了無主財產。按說後來土改劃成分，是根據解放前三年的情況，那時小平姥姥家已經破產，應該屬於城市貧民。

一九六八年，全國展開了轟轟烈烈的「清理階級隊伍」運動，呼和浩特也不例外。在「清理階級隊伍」運動中，對以各種名義、各種方式揪出來的「地、富、反、壞、右、叛徒、特務、走資派、漏網右派、國民黨殘渣餘孽」，以及造反派的「壞頭頭」等都要進行徹底大清查。

按說，像小玲姥姥這樣依傍著女兒生活的家庭婦女，礙不著任何人的事，也沒有招惹過是非，應該不會有人對她感興趣。但是，軍宣隊不放過任何蛛絲馬跡，他們從小玲媽媽的自傳及「向黨交心」的材料裡找到了階級鬥爭的新動向：在三所一站的家屬大院裡竟然還有地主婆在安逸地生活著。

據說，在小玲媽媽的親筆書寫的材料裡，一筆一畫、工工整整、老老實實地交代了她所知道的家庭歷史，她把自己的父母親都盡可能地貶低、醜化，詳細地敘述了自己家庭曾經擁有過的財產，連房產的間數、土地的面積都交代的清清楚楚。其實以上的事情，組織上早已掌握了，如果沒有新的情況也許就不加追究了，但是，時值一九六八年，小玲的媽媽正在申請入黨，她向組織披露了一個聳人聽聞的情況：在她家的一個老舊的梳頭匣子裡有幾張地契，有光緒年間的，也有民國的，都是她媽從老家出逃時帶出來的。

地契就是變天賬，保存地契就是想向共產黨「反攻倒算」，圖謀「反革命復辟」。小玲的姥姥一時被街道的群眾專政小組鬥得死去活來。

一次，我回呼探親，親眼目睹了批鬥小玲姥姥的全過程。那天，內蒙古醫學院中醫系的大食堂裡臨時成了批鬥現場，小玲的姥姥站在大食堂的中央，胸前掛著一個大牌子，上面寫著「地主婆×××」，她的周圍轉圈坐滿了老頭兒老太太和一些家庭婦女。批鬥會的主持人是街道「群專」組織的負責人。

我進去時，幾個小學生正在給挨鬥的小玲的姥姥上「政治課」，念毛主席語錄。這些老頭老太太和家庭婦女們，多是來看熱鬧的，也不知曉小玲的姥姥到底犯了啥罪。院子裡的老人們平常都十分慣熟，對已經是「階級敵人」的小平的姥姥恨不起來，結果鬧得嘻嘻哈哈，很不嚴肅。主持人帶頭呼喊口號，應者也是稀稀拉拉，只有坐在前面的炊事員老張頭非常激憤，走上前去，照著小玲姥姥的臉搧了兩個耳光，咬牙切齒地說：「你們這些老地主，過去吃香的，喝辣的，對老百姓吹鬍子瞪眼的，把楊白勞都給逼死了，你這個地主婆，到底認不認罪？」人群裡一片哄笑，有人說，那是電影吧？老張頭瞪了那個人一眼，繼續發威風。小玲的姥姥低著頭，支支吾吾地念叨：「我，沒犯啥罪呀！」老張頭狠狠地按著她的頭，說：「媽拉個巴子，你隱藏變天賬不是犯罪，是什麼？你還不是做夢都想回到舊社會繼續騎在我們窮人頭上作威作福嗎？」

小玲的姥姥小腳站不穩，身子搖搖晃晃，汗如雨下，腦袋低的快要挨住褲襠，連聲地說：「我認罪，我認罪！」最後大家振臂高呼：「打倒地主婆！打倒地主婆！」那天，小玲也哭得非常悽惶，很是可憐，但無人勸說、安慰她，批鬥大會取得了圓滿的成功。

後來「群專」把小玲的姥姥定為「漏網地主分子」，小玲的媽媽也成了地主子女，小玲的媽媽追悔莫及。「群專」的最後處理意見是把小玲的姥姥攆回山西老家。就是說，儘管老太太盡力配合，誠惶誠恐，還是被掃地出門。革命者在一個老太太身上，實現了「清理階級隊伍」的目標，儘管只是在呼和浩特的一個普通的家屬大院裡。

當時，小平的姥姥在大同縣已經一無所有了，有幾家親戚也都出了五服；雖然還一個女兒在北京部隊裡，也不敢投靠，作為一個年逾七十，沒有收入、沒有工作能力的老人，被推上了絕路！

最終，小玲的姥姥還是被趕回了大同縣的鄉下，交給貧下中農監督改造。臨走時老人淚流滿面，哭的撕心裂肺，她清楚這是她與孩子們的永訣。那天，小平的媽媽沒敢露面，她無顏面對自己的母親。

農村的生活是困苦的，何況那裡又是山區，她屬於階級敵人，又不是五保戶；農村裡沒有好的茶飯，如果病了也沒有藥吃，只能等死，這個結局，大家都能料得到。許多人開始暗地裡仇恨小玲的媽媽，甚至有人半夜往小玲家的院子裡扔磚頭。

饑寒交迫，缺醫少藥，估計小玲的姥姥不會活多久。我能想到的是，她對幾個外孫強烈的思念，至死也會縈繞在心頭。

最近聽說，小玲的媽媽也癱瘓了，屎尿都在床上，小玲的精神也有點不太正常，小玲雖然和她住在一個院子裡，卻很少去看她。

誰說世界上沒有報應呢？

牆縫裡的祕密

一

一九六六年，文革的颶風來了。到處是一片紅海洋，街上的高音喇叭震耳欲聾地放著紅歌，革命、造反、破四舊、打砸搶，風起雲湧。「走資派」、「牛鬼蛇陣」、「黑五類」天天被戴著高帽子遊鬥，全國上下一片紅色恐怖。那時，呼和浩特的紅衛兵天天忙於抄家，抄出來的東西可真不少，也真讓人開眼：現洋、金條、古董、字畫、珠寶、玉器、首飾應有盡有，還有滿族人家的舊衣服、繡花鞋、紅木家具、名貴瓷器等等。有些東西被紅衛兵小將堆積在一起燒了，一時火光沖天；有些被砸碎了，殘渣滿地；有些小玩藝兒乾脆就塞在自己的口袋裡，不時拿出來把玩。有時走在馬路上，還能看到紅衛兵遺失的手鐲、項鍊、戒指。

父親解放前就屬於國民政府的公務員，結婚時給母親購置了一些首飾。文革來了，父母親怕的要命，藏在哪裡都不放心，後來，母親把戒指及耳環用油紙包起來，偷偷地塞進了涼房的牆縫裡。

一九七二年，我家的舊房已經破敗的不能再住了，後牆開裂直接能看到後馬路，冬季家裡的爐子燒得再旺，室內也就零上六度。那年，地方病研究所又蓋了兩排新房，經過群眾評議、領導批准，本著「重成分不唯成分論」的精神，父親單位的革委會「皇恩浩蕩」，終於同意我們也可以搬家。

那時家裡沒有幾件財物，不到一天就搬完了。最麻煩的是院子裡有間自己蓋的小涼房要拆除，異地重建，還有柴炭也需要轉移。我和父親從鍋爐房借了一輛排子車，螞蟻搬家似的，慢慢地往過倒騰。

那天，妹妹告訴母親，有母子倆正在我們已經拆除的涼房廢墟上仔細地尋覓什麼東西。那位中年女人一邊用木頭棍在碎磚間撥拉，一邊在追問孩子：「你究竟是在哪裡撿到的？」孩子用手指著涼房廢墟的某一處說：「就是在這裡呀！」

妹妹說完，母親開始還沒有在意，後來，母親似乎恍然大悟，突然「啊呀！」地叫了一聲，慌忙問父親說：「他爸，塞在涼房牆縫縫裡的那幾個金鎦子你取出來了嗎？」父親說：「我沒取呀，你取了嗎？」母親回答：「我早把這件事情忘的一乾二淨了，唉，看來是被那個孩子撿走了吧！」

父親與母親立刻陷入悲愴之中，那天，他倆連午飯也沒有吃。母親趕回舊院，那對母子早已離去，她癡癡地望著那堆廢墟，淚如雨下。母親心知肚明，但是又無法啟口去詢問人家，為此，她病了一場，有半年功夫才緩過來。

二

我的大學同學老李，是個北京人，他在文革中也有過類似的經歷。一次，我倆晚上睡不著，他對我說：「文革初的一天，我和弟弟去護城河游泳，我們像往常一樣把脫下的衣服往護坡上一扔就下水了。游完了上來穿衣服時弟弟眼尖，看見城磚的縫兒裡有東西亮亮的，我找來一根樹枝順著磚縫往外挑，一會兒功夫就挖出來十多顆亮晶晶的鑽石，個頭像小指甲蓋似的，我倆高興極了，玩了一會兒該回家了，又發愁了，這東西一定是抄家時別人藏在這兒的，拿回家去怕招事啊。爸爸一問是游泳時撿的，那頓打也跑不了啊。再說這些日子這河邊不是上吊就是跳河的，這些東西還是扔了吧。我和弟弟就一顆一顆地把這些鑽石都扔到了護城河裡。」

我聽完他的訴說，感到大失所望。直到現在，我還在想，好幾套北京二環內的房子讓他們給扔了。

我所見過的「降落傘」

《滬上法治夢》是上海司法界老人何濟翔先生的一部人生實錄。何老先生在《滬上法治夢》中記錄了上世紀五十年代上海三、五反中的跳樓自殺見聞：所謂反對偷稅漏稅是從光緒年間上海開阜算起，誰也無力還債，於是紛紛跳樓自殺。當時上海市長陳毅每天晚上聽完彙報後悠閒地問：「今天又有多少降落傘部隊？」即是指跳樓商人。

一九七〇年夏天，我在包頭第二熱電廠的擴建工地上也見過「降落傘」，那是一個細雨濛濛的清晨，二電廠的一個中年工人從五十幾米高的汽機房房頂跳下，摔死在建築工地上，工人們都去圍觀，我也聞訊趕到。他死的很慘，小腿骨都摔斷了，白色的斷骨穿出皮膚，鮮血流的遍地都是。那一幕慘劇我終身難忘。

聽同事說，那個師傅姓趙，南方人，出生于地主家庭。一九七〇年年初，母親病危時，他回老家探望，母親在彌留之際給了他十幾塊銀元留作紀念。這十幾塊銀元是土改時唯一沒有被收走的財物，他小心翼翼地把這十幾塊銀元帶回了包頭。但是回來後不久，「一打三反」運動就拉開了序幕，他為這些銀元的安危驚恐萬狀，藏在哪裡都感到不安全，天天和妻子嘀嘀咕咕地商討此事。一天他終於決定走「破財免災」的道路，把這些銀元和垃圾混在一起倒進垃圾箱。他想：收垃圾的人一定不會說，即便說了，誰也不會知道是何人倒出來的東西。那天晚上，正當他要端著簸箕往外走時，老婆突然變卦，她認為，不如先倒進灶火裡燒煉一下，然後再倒出去，這樣更安全一些，起碼上面的袁大頭不見了，銀子畢竟比袁世凱的罪過要小些。

兩口子說幹就幹，爐火燒得通紅時，他把銀元倒入灶中，然後拼命地拉風箱，往灶裡鼓風。大約燒了十幾分鐘，他端起鍋用爐鉤子扒拉時，發現銀元並沒有徹底融化，只是燒結在一起，成了一坨，再也無法分開。

他很無奈，只好把銀元坨子鏟出，等到溫度恢復正常，放在簸箕裡，用爐灰遮蓋後，慌慌張張地出門直奔垃圾箱。智者千慮必有一失，那時包頭二電廠的家屬院裡都是平房，人們都是早晨才倒垃圾，就像上海人都是在早上倒馬桶一回事。其時夜色朦朧，他又慌張詭異，在那個階級鬥爭天天講的年月裡，出身不好的人一舉一動都要受到人們的監督。就在他前腳進門，街道的積極分子就從垃圾箱裡找到了他的贓物，第二天他就被單位拘禁，逼迫他交出家裡剩餘的財物。經過幾天的「車輪戰」術與酷刑，他不得已交代，在孩子的紅「主腰子」裡還縫有幾十元錢。他本以為他徹底交代了就算沒事了，沒有想到，人家還是不放過他，打的更凶了，還繼續逼迫他交出祖上剝削來的財物。

他遍體鱗傷，身心俱痛，再也無心活下去了，於是謊稱在二電廠汽機車間房頂的石棉瓦下還藏有好千元。專案組相信了他的話，第二天一早，就派人陪他爬上了汽機房頂。在五六十米的汽機房的房頂，他最後一次看了看藍天，然後趁人不備，張開四肢，從天而降。終於走上了「自絕於黨和人民」的道路。

一九六三年的春天，內蒙古地方病研究所也有一個大夫從天而降，不過他不是因為政治問題，而是因為婚外戀。他是有妻子的，但是他與妻子感情不和，後來又和一個女同事相好了，東窗事發，受到組織的嚴厲的批判，他以死來對抗組織的批評。

那天他爬上了機關鍋爐房的大煙囪，站在上面猶豫，領導、同事都紛紛勸說他下來，他不肯，前後僵持了幾個小時，後來，在領導的責難與群眾的辱罵下他毅然地鑽入了煙囪，估計死相很慘的。

那個大夫是北京醫科大學畢業的高材生，相貌很富態，和電影《小兵張嘎》裡的胖翻譯官有點相似，現在推算，他那時也就三十多歲。不理解他為何為非要自殺，如果感情不和，正常的起訴、離婚不行嗎？估計那時離婚很難，組織上也絕對不能容忍這種事情的發生。

上世紀五十年代以來，因為政治生活已取代了日常生活，特別是人為地製造階級對立，使整個社會普遍缺少人道主義精神，人在這樣的社會中充滿了對未來的恐懼，人人都自顧不暇。即便在一個人自殺以後，他所在的單位也不會放棄對他的批判，多數是在「畏罪自殺」的名義下，而被罪加一等的。巴金曾說過：「當時大家都像發了瘋一樣，看見一個熟人從高樓跳下，毫無同情，反而開會批判，高呼口號，用惡毒的言詞攻擊死者。」高層對自殺現象缺少起碼的人道關懷，也是促使自殺現象激增的原因。

跳樓自殺的過程痛苦嗎？有人認為比較痛苦，因為失重的時候根據個人的健康狀況會引起不同的反應，尤其是在落地的一瞬間。但本人認為，跳樓自殺成功率高的方法是：十樓以上，頭朝下，硬地面……鑒於跳樓比較痛苦，活著是為了等死，而不是尋死，因此強烈建議，還是慢慢活著吧，因為我們會死很久……

我在文革中有許多難友，他們被摧殘的奄奄一息仍然不選擇自殺。我曾經就此問過「走資派」邱萊，他說：有些動物主要是皮值錢，譬如狐狸；有些動物主要是肉值錢，譬如牛；有些動物主要是骨頭值錢，譬如人。但是我卻認為，人的骨頭不一定都值錢！有軟骨頭與硬骨頭之分，只有挺起骨頭，才能頂著風雨前行。

層出不窮的「特務」

一

一九七五年學校組織我們去土左旗進行社會主義教育運動，我們的房東老漢一九六〇年去外蒙古種過菜，屬於國家組織的勞務輸出。他沒文化，在那裡待了好幾年，後來回來趕上了文革，就被打成了「蒙古特務」。他感到好冤枉，他不但不懂蒙語，在那裡和蒙古人也很少接觸，只是經年累月地埋倒頭種菜，不知何故，竟然也給他戴上了特務的帽子。

那個老漢姓羅，是個漢族，說是老漢，其實當年他也就四十來歲，只因經年在地裡勞作，面相顯老。據說，他去外蒙務農好幾年攢下幾個錢，回村就蓋起三間大正房，青磚漫地、紅瓦覆頂，炕圍子油畫的非常豔麗。那時，大隊書記也想蓋房，錢有點不湊手，找他來借，只因他蓋房已把錢花得精光，拿不出手，從此與大隊書記結下樑子。文革來了，風聲鶴唳草木皆兵，「地富反壞右」都被揪了出來批鬥，他也被順勢揪出來整肅。

那個老漢是個鰥夫，老婆因為此事驚嚇而亡。那天派飯到他家，飯後，他端坐在炕頭不停地抽旱煙，和我們說起此事長吁短歎。他和兒子兒媳在一起生活，孩子們對他還算孝順。

二

我有個朋友，精通俄語，文革前，前蘇聯有人來內蒙古訪問，因為缺少翻譯，拉他去臨時救場，就因為這一次翻譯，他被打成了「蘇修特務」，文革中受盡摧殘。

活該那天他話多，他五十年代曾在莫斯科動力學院讀書，會議之餘，他向蘇聯的同志打聽起該校的情況，並拜託他們回去向老師們問好。他後來非常後悔自己一時興起多嘴，忘記了言多必失的古訓。

三

文革時，內蒙古地方病研究所，有個「日本特務」，姓什麼我記不清楚了，只聽說他是東京帝國大學醫學院畢業的高材生，抗戰後回國。他的妻子是日本人，不知什麼原因沒有一同回來。因為沒有離異，他在國內一直獨身，中日沒有建交，他也無法去日本探親，過著無望、淒苦的日子。建國後，就因為他有個日本妻子，一直說他裡通外國，歷次運動也說不清楚。文革來了，他又被打成了「日本特務」，天天被批鬥，日日被毒打。

一九七二年九月二十九日，中日兩國政府發表聯合聲明，結束兩國之間的不正常狀態，建立了外交關係。但是他在一九七一年就被折磨死了。終於沒有等到這一天。

一九七三年，他的兒子和女兒來中國領取他的骨灰，我永遠無法忘記那兩個青年懷抱父親的骨灰盒離去時悲戚的目光。

四

我在包頭青山區四〇六工地時，土建工地木工班也有一個「英國特務」，他原是從香港來大陸讀書的青年，畢業後沒有回去，自願留在大陸進行社會主義建設。一九五七年因為給黨提意見被打成了右派分子，從水電部下放到了內蒙古，又從機關下放到了工地做苦工，文革「清理階級隊伍」又給他定性為「英國特務」。

他很悲哀，每天無話可說，非常沉悶。他所有的親友都在香港，他在大陸是獨身，因為沒有女人敢嫁他。三年「自然災害」時，他好像餓得不算厲害，因為他的母親不時給他從香港寄些食品過來。聽他說，衣物在那邊只要穿過幾次，也可以按舊衣物寄過來，因為新的是要打稅的。

他很善良，每逢休息時，他總是靜靜地蹲在角落裡吸煙，一副孤單無助的樣子。師傅們有時候拿他取笑，說是要給他介紹個對象，他只是苦笑一下，也不說什麼，不知他心裡是如何想的。

四十年過去了，不知道他還是否還活著？我只有暗自為他祝福。

五

說起特務來，還真的有一個，不知道嚴格說起來算不算。內蒙古衛生防疫站五十年代有個蒙古族大夫叫扎木蘇，是北京醫科大學畢業的高材生，一九六〇年，中國醫療代表團訪問蒙古時，他有幸成為團員。就在代表團到達烏蘭巴托的當晚酒會後，他就離開賓館，不知去向，後來才知道他叛逃了。我方向蒙古國進行嚴正交涉，蒙古國曾讓他和我外交部的人員見了最後一面，見面的地點在一個很大的會議室裡，中間還隔著一堵玻璃幕牆。外交部的人員勸說他立即隨團回國，但他執意不肯，他說，他的主要直系親屬都在外蒙古定居，他在國內隻身一人，實在餓得嗆不住了，不想回去了，謝謝黨多年來對他的培養，他絕不會做對不起祖國的事情。我方再三勸說無效，無功而返。

戲劇性的是，後來這個大夫官運亨通，一直升任到蒙古國衛生部部長，一九六三年，他還率團來華考察，最後一站蒞臨他的原工作單位——內蒙古衛生防疫站。原先土眉混眼的他，那天西裝革履，打扮得人五人六，說話也拿拿捏捏。有一個和他當年很要好的同事，在會議之餘，竟悄悄和他打趣說：「圪泡，你還認得爺不啦？」他尷尬萬分，父親聽到後掩口而笑，蒙方人員則一頭霧水。

無處不在的「敵情」

文革時期，階級敵人越抓越多，階級敵對的情緒越來越嚴重。偉大領袖說：「階級鬥爭要年年講、月月講、天天講，一刻也不能放鬆。」因為「階級敵人，人還在，心不死，時時刻刻想變天。」於是，人們階級鬥爭的這根弦繃得越來越緊，都快要繃斷了。風聲鶴唳，草木皆兵，一些人天天在尋找階級鬥爭的新動向，用放大鏡到處搜尋階級鬥爭的蛛絲馬跡，用鼻子在到處嗅聞階級鬥爭的血腥；沒有敵情，人為地也要生造、妄想出來，於是，光怪陸離的事情層出不窮，使得人們驚恐萬狀：

一、西元一九六七年的夏天，呼和浩特市的街頭巷尾流傳著一種謠言：貳元票子的圖案裡隱藏著一個反動人物的頭像。

這還了得！於是，滿城的人都緊張起來，紛紛打開錢包，尋出貳元的票子，在陽光下照來照去，人人都是一副神經兮兮的詭秘樣子。有人說：「啊呀！好像哦！」也有人說：「我怎麼就看不出來呢？」於是人們在反覆查看那張貳元票子時，總是充滿了一種發現的亢奮以及莫名的恐懼。

一天我也拿了一張貳元的票子回家讓母親和妹妹看，母親說不像，妹妹說很像。於是我也被弄得更加玄妙。我想，如果貳元的人民幣果真在圖案中隱匿了一個反動內容，那張票子豈不成了一張反動鈔票嗎？然而這麼大的一件事，居然全國上下都沒有發覺，唯獨讓呼和浩特的革命群眾率先發現了，可見內蒙古革命群眾的政治覺悟與警惕性之高。

但是，關於貳元紙幣圖案之事終究只是一樁糊塗案，就像天上的雲，你說像什麼便像什麼，大家把那張票子照過來照過去，終究沒有結局。

二、貳元票子的事過去不久，又有人開始謠傳：大青山牌的香煙盒圖案中藏了一個「反」字。於是，全市又開始為一張煙盒紙而緊張興奮起來。大家馬上動手搜羅「大青山」煙盒，把它拆開來，鋪在桌子上反覆地看，左看右看，有人越看越興奮：啊呀！真是像呢！已經自認為看出門道來的人身上冷一陣熱一陣。性狀難以言表。

那些天，到處都能看見人們拿著煙盒，對著天空仔細地研究，我也在家中偷偷拿出放大鏡，細細地對著煙盒看，可忙乎了半天，依然什麼都沒有看到。這件事一時間弄得全城沸沸揚揚，嚇得副食店都不敢再賣大青山牌香煙了。

過了不久，聽舅舅說山西生產的一種普通香煙也被發現了問題，它的問題也是由於煙盒上的圖案，據說，在那煙盒的圖案上的某個部位藏著一條反動標語，上面寫的是「地主萬歲」。這樣的反動口號在當時是很恐怖的。

三、煙盒的風波總算是過去了，不久又聽說《毛主席去安源》的畫中也隱匿了一個反動內容，那內容大家不敢說，只說那內容就在畫右下方的色彩線條的明暗之中，約略可見。於是大家又忙亂了一陣，紛紛找了那畫翻過來覆過去地看，越看越癡迷，眼睛都看花了。有不少人都說看見了，但我卻始終沒有看明白，也許是由於我對色彩的敏感度不高吧。

四、不久，又聽說呼和浩特街頭有工人糾察隊抓了不少「現行反革命」和「牛鬼蛇神」，這些糾察隊員辨認「牛鬼蛇神」和「反革命」的方法相當簡單，他們攔下行人，讓他們脫下鞋，仔細查看其鞋底的紋路，有些人的鞋底紋路上會有類似於「工」、「共」這樣的字形或者某些讓人聯想到政治標誌的紋路，這些人就倒楣了，被抓去遊街。這讓所有的人都感到恐慌，一雙鞋經家裡所有的人共同確定沒有問題才敢穿。那些天，幾乎家家戶戶晚飯後都在電燈底下查看鞋底子。父親單位的人上班時間也都把自己的鞋脫下來，相互仔細檢查，生怕會帶來厄運。

那時，聽從北京出差回來的人說，在北京，好端端一雙塑膠涼鞋，有人能從鞋底讀出「介石過海」的字樣，使人聽得咂舌。但不久，呼市塑膠廠生產的塑膠涼鞋，也被人發現鞋底的紋路是個「毛」字，「呼市塑膠廠」簡直成了對偉大領袖充滿仇視的反革命集團。於是呼市塑膠廠停產，組織工人加班加點用刀剷除鞋底上的紋路，肅清反革命流毒，剩餘涼鞋才得以售出。

五、文革時，一家工廠生產一種東方紅牌鞋油，一天，人們突然聯想到「東方紅」裝的卻是黑鞋油，這不是打著紅旗反紅旗嘛。於是根據這樣的邏輯，浙江省又抓出了三款反革命香煙，向毛主席發動的文化大革命獻禮。

報告中指名道姓地將三種牌號的香煙定性為影射暗攻的反革命。其中有青島煙廠生產的「玉葉牌」香煙，說菸片像臺灣地圖；寧波煙廠生產的「海輪牌」香煙，說白色海輪從臺灣開來，白色象徵美國，是來進攻大陸的，煙囪上的煙象徵西風；青島煙廠生產的「駱駝牌」香煙，說駱駝頸上有一個五角星，顏色暗紅，象徵退色變質，駱駝背上的背袋象徵日本太陽旗。

從此以後，人們幾乎對所有的印刷品都過敏起來，對到手的任何一件印刷品都不放過。閱讀、審視、細究印刷品已成為一種下意識的動作。不管是宣傳畫、郵票，只要一拿到手，便要對著陽光左照右照。

據說那時全國各地的「革命群眾」都從香煙盒、包裝紙、報紙雜誌的裝飾花紋、鞋網底……中發現過「反標」。

「反革命流氓犯」董輝經

董輝經和我同年同月參加工作，我那年十六歲，他十九歲；我初中畢業，他是呼市二中高中畢業的高材生。一九六五年底內蒙電建公司那批從呼和浩特招收的徒工，只有個別人去了機械站，其他絕大多數被分到了土建工地，令人蹊蹺的是，董輝經不知被誰看中，竟然留在了機關，而且是在勞資科，搞勞動調配。我們那時把勞資科稱為「老子科」，可見勞資科在我們心中的神聖地位了。

董輝經長得很帥氣，和電影裡的西門慶好像是孿生兄弟，眼睛是雙丹鳳眼，總是色迷迷的。夏天的傍晚，我們坐在公司大樓門口的臺階上乘涼，每過去一位靚妹或少婦，他總要用眼睛死死地尾隨。尤其有穿裙子露腿的少女經過，他更是看得出神入化，我們和他說話，他都聽不見。

記得那時，董輝經就懂得搞對象了，有的是包頭棉紡廠的女工，有的是青山區四醫院的護士，有的是青山區百貨大樓的售貨員。按說那些女孩都不錯，給我哪個都行，但老董就是沒長性，玩幾天不新鮮了就分手。我們背後都叫他「董流氓」，有時當面叫他「董流」，他也不氣惱，反而笑嘻嘻的。

我們這些土建工地的徒工們，每天在工地上混的土眉混眼、球眉杏眼。常常被人挖苦：「遠看像要飯的，近看像撿炭的，仔細一看是『電建』的。」找個有工作、帶糧票的對象，想都不敢想，期望能把西菜園的村姑領回家就算燒高香了。但人家老董是白領，相貌又恰似潘安宋玉，好處都讓他占盡了，我們眼紅的眼珠子都快掉出來了。

也活該老董倒楣，玩女人不分輕重緩急，有一天終於在陰溝裡翻了船。話說電建公司有一位副經理，南方人，曾經是建國後第一任北京市公安局局長，這位副經理也是因為男女關係的事情，被貶職到北京電力建設總局任副局長，後來又管不住雞巴，再次被貶到電建公司當副經理，直至電建公司被下放到了內蒙古。

凡事都有因果關係，這位副經理的作惡終於報應到了自己女兒身上。他那時住在公司大樓後面的小樓裡，女兒那時在包四中讀高中，每天上下學都要路過公司大樓的門口。俗話說：「不怕賊偷，就怕賊謀」，俗話又說：「慢藏誨盜，妍容誨淫」。副經理的女兒長得花容月貌、國色天香，老董每次見到那個女孩，猶如西門慶見到了潘金蓮，兩眼直冒火，嗓子眼兒直咽唾沫。那些天老董食無味，寢不安。蒼天不負有心人，「由你奸似鬼，也喝洗腳水」，他的女兒終於墜入了老董的情網。

那年夏天的晚上，我也曾尾隨跟蹤過老董，發現老董和副經理的愛女在公司大樓的後面的樹叢裡「立圪落落（音讀lao）」，那是我第一次看到男女苟合之事。使我驚異的是，原來男女站立著也可以行事。我繞出牆外，遠遠地向裡面扔進一塊土坷垃，把這一對狗男女給驚散了。後來有哥們說，他們站立過的那個地方確實有衛生紙和安全套。

不知道那位副經理是如何發現老董和他女兒的姦情的，他感到奇恥大辱，「嫂可忍，叔不可忍」，於是向包頭市公安局軍事管制委員會告發老董強姦他的女兒，據說包頭市軍管會的長官是他早年的戰友，包頭市軍管會立即派人把老董收押在案。包頭軍管會還叫去他的女兒詢問強姦細節，此女以為次數越多，老董的罪過就越重，聲稱一共強姦過好幾十回，於是人家把她打發回家，再不說啥。

一九六九年，在包頭的「一打三反」運動中，老董被判處十八年有期徒刑，那天的公判大會我也參加了，老董掛著「反革命流氓犯董輝經」的大牌子，彎腰撅腚地站在主席臺下，一左一右兩個威嚴的解放軍戰士扭著他的臂膀，按著他的腦袋。老董臉色灰白、汗如雨下。

據知情人講，電建公司副總工程師老趙的女兒，也曾經是老董的獵物。趙總是日本帝國大學的畢業生，文革中他被打成「反動技術權威」在土建工地勞動，那時他每天的工作就是做鋼筋籠的墊塊，趙總天天在烈日下勞作，並無怨言。趙總的月工資近二百元，但他要養活包括父親母親、岳父岳母在內的八口人。他有兩個女兒，好笑的是，大女兒叫趙英，二女兒叫趙瑩，不知她倆是如何區分「英」和「瑩」的發音？

趙英長得端莊秀麗、豐腴白皙、面若滿月、臉似桃花。她那時在土建工地的實驗室工作，我幾乎每天都能遇見她，我也曾經暗戀過她，誰能想到這朵鮮花後來竟然也被老董這泡牛糞覆蓋！奇怪的是，老董被判刑後，趙英還曾去探視，表示要為他守節，等他回來。

後來不到一年，由趙總做主，趙英嫁給了土建工地小型機械班的劉行山。劉行山，浙江大學的高材生，右派分子，一直在小型機械班戴罪勞動改造。那是個溫文爾雅的南方人，時年三十八歲了，沒有婚配。

劉行山與趙英結婚後，休了好幾天婚假，上班時，師傅們拿他開心說：「玩好了吧？有意思吧？」劉行山臉紅著說：「唉，沒啥意思！」我們都罵他：「他媽的，娶媳婦沒意思，還有啥事比娶媳婦更有意思？」

劉行山大趙英十幾歲，我們那時都為老劉遺憾，因為趙英已被老董嚐了鮮。其實現在來看，失身又有啥呢？現在除了幼稚園，哪裡還能找到處女呢？

趙總已過世十幾年了，其他的人都不知道活在哪裡？包括那個「反革命流氓犯」董輝經。

令人膽寒的事故

五六十年代，電力建設的施工質量是天大的事情，只要出了重大事故，立刻就會有人被警車拉走，當事人就是「現行反革命破壞分子」。「天不怕地不怕，就怕警車哇哇哇」。那些年的電力建設工地，不時有工程技術人員被戴上銬子拉走。一拉走就是好幾年，等到放回來已經沒有人形了。

我在包頭二電廠二期工程工地上受苦的時候，常常徹夜進行主廠房框架的混凝土澆築。自早至晚，工程技術人員始終守候在現場，他們也土眉混眼地和工人們摸爬滾打在一起。他們最怕出事，一出事就回不了家了，尤其家庭出身不好的人，更是戰戰兢兢，連個盹也不敢丟。

記得一九六七年的夏天，鍋爐房磨煤機基礎一拆模板，就發現了混凝土跑漿，水泥露出了蜂窩麻面。這事要擱在現在無所謂，外表抹上一層灰就看不出來了，可在階級鬥爭天天講的年月裡，這是天大的事情，不但技術人員被拘捕了，當班的班長也被隔離審查。第二天，全工地停工「弔唁」，幾千人排著長隊，去向這尊基礎的遺體告別。人們魚貫進入主廠房，在這尊基礎前鞠躬默哀，還要顯示出無比悲痛的心情。隨之一些工人便用電動風鎬清除這尊基礎，在震耳欲聾的噪音中，艱難地清除堅硬的混凝土，塵土飛揚、蓬頭垢面、汗流浹背。

一九六〇年，包頭二電廠一期工程竣工。啟動試運時，內蒙古電建公司調試室的工程師曾三民因為一時疏忽，沒有同期並車（專業術語，指發電機的頻率與電網頻率一致時才能聯網）。其實那天的事不怪怨他，因為他的指令還沒有發出，那個傢伙就冒冒失失地合閘了，幸虧相位差別不大，只燒毀了一臺繼電器。最嚴重的情況，趕上相位相差一百八十度時，比三相金屬性短路還嚴重，可導致發電機劇烈震動並發出轟鳴，引線、出口開關、母線天崩地裂。摧毀發電機和主變壓器是小事，發電機組與系統發生功率的震盪，甚至會造成整個電網的崩潰。

那天，事發不到半個鐘頭，公安局就給他戴上明晃晃的手銬，把他拉走了。臨上車時，他頭髮散亂，臉色煞白。他因此被判了十年有期徒刑，待到減刑提前出獄回到電建公司時，已經是一九六八年。那時，他自己獨居一間小房，臉色陰沉，見了誰也不說話，無論是去食堂打飯還是去打開水，總是低著頭走路，默默無語。我見過他後來找的對象，那個女人很文靜、秀氣，天天和他一同進出，如影隨形，但也如啞巴一樣一言不發。放出來那年，曾三民不足四十，但已鬢髮兼白，牙齒東倒西歪，眼球沒有光澤，如同遮蓋了一層薄翳。

內蒙古電力中心實驗所的熱處理專家陳文孝，在大學讀書時就被打成了「極右分子」，後來畢業發配至內蒙古。那時，因為內蒙古電管局剛剛成立，正好缺乏金屬材料及熱處理方面的人才，便把他留在了電力中心試驗所監督改造，讓他戴罪立功。

福不雙至，禍不單行。文革中，包頭一電廠四號機汽缸螺栓的熱處理工藝是陳文孝編制的，熱處理委託包鋼進行。在汽輪機試運時，部分汽缸螺栓產生裂紋，幸虧發現及時、緊急停車，否則一旦汽缸螺栓發生斷裂，後果不堪設想：輕者高壓蒸汽外露，廠房內的運行人全部斃命；重者汽輪機爆炸，主廠房房頂上天，全部工程毀於一旦。

陳文孝被冠以「反革命破壞犯」罪，立即被包頭市公安局拘捕。一審結果為死刑，剝奪政治權利終生。據陳總後來講，二審時，他中間上廁所，看見蹲坑前面扔著一個丸藥盒，他無意中撿起來一看，裡面有一張小字條，上面寫著：「陳總，包鋼的熱處理過程有問題。熱處理車間電爐裡的溫度不均衡，未嚴格按你編制的工藝要求進行，你應該要求他們重做！」

一句話提醒了陳總，他回到庭審現場，立即大聲含冤，要求包鋼必須按照他編制的工藝過程重新進行一遍，他要在場監督。如果結果仍然如此，死而無憾！

由於他的執著，法庭休庭，法院軍管會斟酌再三，終於同意了他的要求。試驗重做的那天，陳文孝戴著手銬及腳鐐，吃力地來到了現場，整個熱處理過程十幾個鐘頭，包括加溫、淬火、回火各個工序，他始終在一旁守候，次日又進行了衝擊、彎曲、拉伸等試驗，質量竟然完全合格，陳文孝被宣佈無罪釋放。

看官，你知道錯訛到底出在了哪裡了嗎？原來，陳總制定的熱處理溫度是電熱處理爐爐膛中心的溫度，但包鋼熱處理車間的工人是將工件隨意扔在熱處理爐的底板上，因此溫度達不到陳總設計的溫度，此舉險些讓陳總喪命。

那個丸藥盒子是誰扔的？裡面的紙條是誰寫的，至死在陳總心中也是個謎，他只能在心中默默地感激這位朋友的救命之恩了。

打倒四人幫後，陳總被任命為內蒙古電管局的總工程師，後來又升任副局長，二〇一一年，陳總在北京去世，享年七十二歲，說來不算大，但作為一個一直活得如履薄冰，戰戰兢兢的人來說，也算高壽了。

陳總的兒女，後來都移居歐美了，人們都嘆服陳總的精明。陳總為官兩袖清風，但他的孩子大多就業于與內蒙古電管局有業務關係的合資廠家，至於人家願意花高額獎學金把自己的員工送到境外名牌大學深造，誰又能說得出什麼呢？

我常常想，在那樣的高壓政治的年代裡，許多知識分子天天生活在驚恐中，思想越不集中就越容易出事故，一但發生事故，就被打成反革命。文革對科學精神的破壞程度，是很難計算出來的，那真是一個如夢魘一樣的年代。

悲催的小提琴

一九七一年，革命樣板戲方興未艾。那年夏天，中央文化部的樣板團來呼和浩特巡迴演出，說是演出，其實是來內蒙古避暑。那些天，呼和浩特高手雲集，新城賓館住滿了這些天之驕子：錢浩亮、劉長瑜、童祥苓、袁世海、沈金波、李麗芳都在其中。每天都有人靜候在新城賓館的大門外，希圖一睹這些演員的風采。

一天下午，樣板團在烏蘭恰特進行熱身演出。那天的演出並不對外售票，內部票發給呼市黨政機關的頭頭腦腦及文化部門的要員。那天，我的三個哥們在街上閒逛，路過烏蘭恰特時，看到門口人頭攢動，一打聽才知道，樣板團要進行彙報演出。我的這幾個哥們都才智過人，見到這種機會豈肯甘休？他們張羅了半天也沒有搞到一張票，靈機一動，轉到後門，看到一些人正在搬運道具，於是一起上手給人家幫忙，有抬道具箱的，有搬衣箱的，有扛架子鼓的，隨著這些工人混進了後臺。他們一放下東西就跳下舞臺，混入了觀眾的隊伍，並坐在了第一排上。第一排是給有頭臉的人預備的，沒人敢去那裡驗票。第一排常常又坐不滿，他們幾個黑五類子弟終於如願以償。

那天的演出整整進行了兩個多小時，主要節目是交響樂伴奏的革命樣板戲片段，拉大幕的竟然是內蒙古京劇團的名角李小春。我這幾個哥們都是小提琴愛好者，或稱業餘演奏家，他們都已拉琴多年，就是苦於買不到一把好琴，也無錢去買好琴，他們人生之夢就是能擁有一把好琴。那天，樂師們的小提琴伴奏讓他們終生難忘，餘音繞樑，三日不絕。他們爬到樂池的邊上，想看看究竟是什麼琴能發出這樣優美的聲音，但立刻被文化局的一位官員給呼喝走了。

演出結束後，觀眾退席，演員、音樂家都朝後臺湧去。唯有我的這幾位哥們念念不忘人家的那幾把小提琴，他們爬在樂池邊，向下面張望，眼睛直勾勾地看著靠在譜架旁那幾把小提琴，眼睛都快冒出火來。為何樂團的人離場不拿樂器？原來，他們是去吃晚飯，晚飯後還要繼續演出。

田林是個膽大包天的人，不知道哪裡來的那麼大的勇氣，說時遲那時快，他一個魚躍就翻身跳進樂池，撿起兩把提琴朝上遞給了老嚴及小蒙，隨之，他又一個鷂子翻身，蹦出了樂池。三個人，兩個人夾琴，一個人掩護，隨著人流湧出了烏蘭恰特的大門。

那天的陽光格外燦爛，他們喜悅的心情也難以言表，他們一出門便直奔田林家而去。一進田林家，他們就關門閉戶，窗簾遮掩得密密實實，在琴碼上夾上消音器後就開始演奏。田林拉的「梁祝」前幾分鐘還是自己的聲音，沒有片刻，指尖便湧流出盛中國的聲音。樂聲淒婉動人，催人淚下。老嚴那天的狀態也非常好，配合的天衣無縫。

那兩把琴的發音都敏感均衡，高音亮麗透明、剛勁有力，運弓稍加用力就會發出震撼力的聲響；低音部分渾厚圓潤，寬宏而深沉，琴弓離開琴弦還有迴響。而他們自己的那幾把琴，聲音尖噪、乾癟，常常發出小提琴演奏家們所謂的「狼音」。

烏蘭恰特當晚的演出中止，因為丟琴，樣板團一片悲催的氣氛。內蒙古公安局急電公安部，樣板團也急電革命旗手江青。據說那天江青同志氣急敗壞，責令公安部必須在十天之內破案。江青認為，這起盜竊案件不是一般的刑事案件，是有預謀有組織地破壞革命樣板戲。樣板團來內蒙古是非常保密的，只有極少數人知道，此事肯定和北京的走資派子弟有關，背後有黑手，是可忍孰不可忍。

話說我的這三個哥們和一個姓尤的同學過從甚密，那個姓尤的哥們也喜歡拉小提琴，也苦於無好琴可拉。只是那位姓尤的哥們心胸狹小，嫉妒心極強。他們三位無事時常去老尤家閒坐，一天不知道何故，竟然走嘴，說破此事。

又過了兩年，老尤搞了一個對象，對人家窮追不捨。但是好景不長，那個女孩發現老尤為人鄙吝，於是有意識地開始疏遠。那時，田林也漸漸地喜歡上了那個女孩，那個女孩也傾心於田林。一天田林把她約到人民公園裡小坐，事不湊巧，那天老尤也去公園散心，看到那個女孩正倒在田林的懷中，氣得火冒三丈，從此與田林反目為仇、勢不兩立。

一天，老尤和在聯防隊當協警的吳大腦袋說起此事，非常激憤。吳大腦袋說，殺父之仇、奪妻之恨不報不行，於是吳大腦袋問清事情的原委後，立即向呼和浩特公安局報案。次日，我的三位哥們便鋃鐺入獄。

據老嚴講，他們一被收押，即按政治犯處置，腳鐐子、手銬子同時被戴上。頭兩個月戴的還是背銬，因為銬子緊，手腕子上摩擦的都是血。他們每天都要被刑訊逼供，追問他們的幕後主使人是誰？他們說不出，就被毒打。審了好幾個月，老嚴仍然說不出幕後主使人，就連妄圖破壞革命樣板戲都不承認；田林比他活套些，承認自己由於出身不好，出於階級本性，仇恨革命樣板戲，仇恨革命旗手江青同志。

由於田林的態度好，他被善待一些，甚至可以參與給犯人發窩頭。田林說，窩頭放在很大的笸籮裡，沒有準確數量。每次發到老嚴的監舍時，他就使勁地從洞口往裡面塞，比平常要多出一倍。每個監舍裡都有獄霸，每逢有人亂搶時，獄霸就會正顏厲色地警告那些混混：你們他媽的懂事不？這是人家田林照顧老嚴的，先讓人家老嚴吃飽咱們再說！

後來，田林因系破壞革命樣板戲主犯被判處十年有期徒刑；老嚴系從犯，被判處八年有期徒刑。小蒙那時因為正要結婚，無法接受突然來的變故，天天在獄中哭泣。田林與老嚴串通，共同為他攬事，小蒙才得以無罪釋放。

據說，中央樣板團在拿回那兩把小提琴時，發現沒有絲毫的損壞，反而音色更佳，這是因為我的幾位哥們兩年來晝夜練琴所致。中央樣板團發函建議對這幾個年輕人從輕處理，理由是，他們偷琴得目的完全是出於愛好，因為同時放置在一起的錢包與手錶並未拿。但由於有公安部及江青的指示，內蒙古不敢輕判。

判刑後，他們就去流連溝煤礦下井挖煤，其中的慘狀自不待言。田林對我說過一件精心動魄的事情：一次，上百個犯人利用兩個月的時間，在廢棄的井下佈置了六十噸的炸藥。那天田林在山上負責起爆，把閘合上時竟然毫無動靜。他慌忙下井去查看線路，發現有一處導線被石頭砸斷，趕緊用手把斷頭處擰在一起，然後又轉身跑回山上。到山上才發現，閘仍然合著，嚇出一身冷汗。拉閘後又跑回井下，再次沿線查尋，才發現還有一處導線被砸斷，於是再次接好後出洞。管教幹部知道山上的閘盒並無人看守時，把他罵了個狗血噴頭。田林說，那天，如果僅一處斷開，他也就粉身碎骨，不在人世了。

一九七四年的一天，監獄的看守長來找他們，說因要事給他們轉移地方。他們兩個直以為要被處決，和獄友揮淚告別，獄友們都說：「地下見！」

他們後來才知道，內蒙古監獄管理局要組織勞教系統宣傳隊，類似現在的文工團。有關人員從他們的案情記錄裡發現了他們的特長，隨之便用汽車把他們集中到老窩鋪勞改就業基地排練。老窩鋪風景秀麗，屬於世外桃源，從薩拉齊走要向北翻過七座山。那裡非常封閉，沒有居民，全部是刑滿釋放人員。據說大多數是國民黨的高官，級別最低也是團長。這些人刑滿後，不許回到社會，住在公家統一發放的帳篷裡自生自滅。他們每月有三十幾元的工資，可以自由從事種植、養殖。即便天天閒坐，政府也不過問，只是不能離開此地。

那次從各監獄抽來的一共有十幾個人，被捕前大多是文藝團體的成員。其中有巴盟歌舞團、伊盟歌舞團、烏盟歌舞團、包頭歌舞團的專業演員。內蒙古電視文工團的劉國民、還有後來成為電影大師的老雲及當代作家老康那時也混跡其中。

聽老嚴說，劉國民係北京知青，在內蒙古電視文工團拉手風琴。那是個聰明絕頂的人，因為惡毒攻擊革命樣板戲而入獄。老劉曾對同事說，我怎麼越看那個阿慶嫂，越像個偷人貨；他還說，沙奶奶又不是地主？咋能養活得起那麼多傷病員？又說，李玉和才三十多歲，怎麼不娶老婆？

小雲是因為偷車開，慌亂之中撞在了樹上，腦袋在方向盤上留下了血跡。他不該去內蒙古醫院療傷，應該找個小診所看看，結果自投落網。

老康的罪過，其實完全是由於淘氣，一天他在宿舍裡用油畫顏料給自己畫了一張委任狀，簽署委任狀的是蔣先生，委任他為華北地區反共救國軍總司令。同學們看的好奇，傳來傳去傳到了老師的手裡，於是真的按反革命分子處理了。

在宣傳隊裡，田林吹梆笛、老嚴拉小提琴、老康拉手風琴、老雲吹小號、老劉是音樂通才，樣樣全行。他們改編的朝鮮電影《賣花姑娘》的插曲，效果非常好，在各地監獄巡迴演出時，所有的在押犯人都聽得熱淚盈眶。

一天，內蒙古監獄管理局的領導們來觀摩他們的演出，一位領導對此節目提出質疑：這麼悲悲戚戚的音樂，是否有對抗改造的意思？勞改農場的任教導員趕忙出面解釋：這是為了表達他們深刻的懺悔之意。此節目才得以放行。

當然，他們的大多數節目在當時都是「積極向上」的，比如《牧民新歌》。田林原先並不會吹梆笛，但他聰慧過人，經過短時間的苦練，難度非常大的《牧民新歌》，他竟然能一氣呵成。小雲對小號也很陌生，除了田林指點，和自己的苦練不無關係。田林在演奏中對小雲非常關照，給他留足換氣及倒口水的機會。小雲直至成為全國的著名導演後，仍然念念不忘田林當年的情誼。

林彪事件給了中央反思的機會，後來也就兩三年時間，我的這幾個哥們就被釋放了，並且都回原單位上班。政治犯的帽子也被摘掉了。

田林被釋放後回動力機廠上班，後來他又經人介紹調到內蒙古科委工作。臨走的那天，廠長對他說：「你的檔案裡怎麼會有那麼多東西？足有一尺厚，如果這樣，你到了新單位如何能抬頭？他媽的，我都拿出來給你燒了。現在你的檔案只有薄薄的幾頁了。從此你的歷史就像一張白紙，去那好好幹吧！」田林感動得熱淚盈眶，後來他才知道，這位廠長也挨了一輩子的整，在文革中九死一生。

提琴是世人最喜愛的樂器之一，被譽為「樂器之皇后」。一把優質提琴不僅是演奏家們夢寐以求的樂器，也是投資者、古董商和收藏家四處收購的對象，它具有使用價值、鑒賞價值和較高的藝術品投資價值。而世界上那些曠世名琴，都是以美妙絕倫的音質打動世界，有多少演奏家在尋求音質美妙的優質提琴；有多少製作家在為提琴的音質冥思苦想。

給田林他們帶來噩運的那兩把小提琴，一把是國產「鸚鵡」牌的，好像當時就值八百元；另一把是義大利斯特拉第瓦利琴，很古老、也很陳舊了，指板上都是坑，估計價值也不菲。

煉獄

一九六八年的內蒙古，冤獄遍地。挖「內人黨」運動開始後，各行各業各單位在內蒙古黨委的領導下自辦監獄。無論是城鎮、農村還是工廠、學校、機關團體，都在利用辦公室、教室、車庫、庫房、廟宇大辦監獄。一百一十八萬平方公里的土地上監獄林立，如果你夜晚睡不著，總會有淒厲的叫聲傳入你的耳中。

前後有三十四萬人被收監，被施以酷刑逼供，一萬六千二百二十二人被活活打死，致傷致殘者不可勝數。真是前無古人，後無來者。在這冷冰冰的數字裡面隱藏著真正的血雨腥風，他們都是真正地經歷了地獄般的酷刑而倒在地上的，其中又有幾人是肌膚不傷而亡的？這不計其數的致傷者又是經歷了怎樣的十八層地獄的煎熬！

一九六九年我在一次申訴發言中講：「內蒙古一千二百九十九萬人民熱愛毛主席！」，有智者問：「內蒙古不是一千三百萬人嗎？你怎麼少算一萬呢？」，我悲憤地告訴他：「那一萬已經在挖內人黨中被活活打死了」。

一九六九年三月三日下午，我正在包頭青山區四〇六工地的車間裡幹活，突然公司第二專案組的幾位成員一起來找我。由專案組長出面宣佈了對我進行隔離審查，馬上從外面又進來幾個手提棍棒的打手，押送我回公司大樓。他們推搡著，專案組長及幾位成員緊跟其後。

我被押到青山區富得木林大街內蒙電建公司的四樓，被關進了一間真正的黑屋：所有的窗戶全用木板釘死，又用大字報紙糊得嚴嚴實實，頂棚上吊的是一隻可能是十五瓦的燈泡，室內昏暗、陰冷、黴味。

當天晚飯後，工、軍宣隊的幾個頭頭和專案組組長來了。他們是來給我做「思想工作」的，動員我自己主動承認、交代問題。這時我還是很有信心地向他們解釋：我不是「內人黨」，抓我是一場誤會。然而，他們是眾口一詞地辱罵我，每個人一張嘴不是毛主席語錄就是無產階級專政的理論。

從三月三日入夜起，我就開始了「噴氣式」，就是上身和下身要彎成九十度角，兩隻手臂從後向上高高舉起。是他們七手八腳強行「幫助」我做好的這個姿勢。並交代說，只要我不交代就一直這樣站下去。難熬的半天過去了，我還寄希望午夜會讓我休息，十點過了，十二點也過了。這時我才被告知：這就叫「車輪戰」，什麼時候交代清楚了，什麼時候才可以休息。

我的頸椎和腰椎好像斷了一樣，臉上的汗不住地滴在地上，面前的地上濕了一片。我的身子不由地在搖晃，每次搖晃都會招致痛打。

記的有一次，專案組組長餓虎撲食般地將我揪住，左右開弓打耳光……此後幾天的事情我一點記憶也沒有。到底打了我多少耳光，我也記不得了。但當時有人見過我去廁所，見過的人後來說：絕不敢認那就是我：頭腫得很大，形狀和顏色更像一個大番瓜，目光呆滯，由兩個人架著，趔趄地移動著腳步……。

審訊人員是三班制，輪流值班的除了專案組的成員外，還有從工地上抽來的打手。到了第七個晝夜，這時的我頭腦反而清醒和冷靜了許多，我已經清楚地意識到了我已陷在一個冤案之中，而且我是其中的重要人物，不然不會說我是「內人黨骨幹分子」。我面對的是無產階級專政的鐵拳，我能做到的只是不和他們爭論、解釋。因為我沒有任何問題可以承認和交代，也決不會編假話騙人再亂咬亂供，我的良心和人格都不容許。

我無法回答他們的問題，我精疲力竭。這七晝夜我幾乎沒有吃東西，只是在第四天被軍管的一個連長灌了一茶缸子稀粥。

第八天晚上我被叫到專案組。他們把我的一個師傅叫來做我的思想工作，一看見他，我委屈的淚水怎麼也遏制不住了。抽噎中我只說了一句話：「我不是內人黨」。他的眼睛紅了，我也由抽泣變成了號啕大哭，無奈，他們只好將我師傅拉走了。

我又被押回了審訊室，依然還是那個「噴氣式」。為了能得到幾分鐘的喘息，我頻頻要求去廁所。押送我去廁所的是和我一個工地的工人，他悄悄地對我說：「你不行就先承認了吧，外面已經開始死人了。」我聽得清清楚楚，我也清清楚楚地告訴他：「我不能，若承認自己是骨幹分子，我交代誰去？」

萬幸的是，內蒙古電力建設公司是由北京遷來的單位，當地人不多，開展挖內人黨運動最晚，我單位開始清查時，社會上已近尾聲。我被殘酷刑訊逼供了一周後，毆打及「車輪戰術」暫停。雖然每天照舊提審，但已屬於平和的說教、勸供，我終於可以坐在凳子上說話了。

後來才知道，當時周恩來已經從姪女周秉建的口中獲知了內蒙古的這場荒唐的鬧劇。周出面制止了這場鬧劇的繼續進行。但是單位捨不得放我，我還被繼續關押著，按時吃三頓飯。

我的同事、又是初中同學的景柏岩、軒春生也一同被隔離審查，軒因為不堪忍受，從四樓逃跑時摔斷雙腿，血流遍地。聽人講，發現時無人救助，看守仍用皮鞋踩住腦袋辱罵，老軒因此落下終身殘疾。

直至一九六九年四月十八日，這個難忘的日子，我才被釋放。我被整整關了四十五天，為了記住日子，我每天在牆上畫一道，到開釋時，牆上的痕跡整整四十五道。

那時，騎馬去北京上訪的牧民絡繹不絕，許多牧民把毛主席紀念章別在胸膛的肉上。來呼和浩特上訪的寡婦達四萬人，可見官方統計的死亡一萬六千二百二十二人是不準確的。

在海外的一些來自內蒙古地區的持不同政見者，則認為實際死亡人數和致殘人數要遠遠多出官方的統計資料。現流亡海外的，原北京大學法律系教師袁紅冰，著有小說《自由在落日中》。

在「內人黨」案中，一個叫郭建奇的騎兵五師漢族戰士，為了證明自己無罪，說道：「如果我心是紅的，就證明我不是內人黨。」言畢，他上廁所割肚剖腹，用手掏出還有些微搏的心……——摘自鮑爾吉・原野《掌心化雪》

過後我才知道，我是被一個初中的同學咬上的，他叫王廣亮，他非常喜歡武術，初中一年級時，他和幾個一起習武的同學開玩笑說，咱們成立個「紅槍會」吧！就這一句戲言，被一個積極要求進步的同學報告給了班主任老師張雲嶺，張老師又報告給了學校，也不知為何？這句戲言竟然被記入王廣亮的檔案裡。

內蒙古的挖肅運動開始了，內蒙古黨委給各級下了死命令：「設下天羅地網，不能讓一個內人黨分子漏網！」

當時王廣亮正在包頭機械工業學校就讀，這個學校在歷來的運動中都是急先鋒，挖肅運動自然也不甘落後。他們像警犬一樣在學生中尋找蛛絲馬跡，他們認定「紅槍會」是「內人黨」的週邊組織，王廣亮終於「落網」。

戲劇性的是，呼和浩特第五中學的張雲嶺老師，以及當年那位向他提供情報的同學，都在王廣亮的「招供」範圍。據說張老師差點被活活打死，那位追求進步的同學至今還有精神障礙，真是報應呀！

遺憾的是，罪魁禍首，時任內蒙古黨委書記的滕海清竟然沒有被治罪，即便在封建社會裡，這樣殘害子民的封疆大吏，也是要腦袋搬家的。

名詞別解

噴氣式

噴氣式飛機所使用的噴氣發動機，靠燃料燃燒時產生的氣體，向後高速噴射的反衝作用力使飛機向前飛行，它可使飛機獲得更大的推力，飛得更快。特別在一萬至二萬米空氣比較稀薄的高空，噴氣發動機更有著螺旋槳活塞發動機所無法比擬的優越性。

我這裡說的噴氣式亦稱「坐土飛機」。是文革期間盛行的對黑幫、黑五類、走資派的批鬥方式。

在批鬥會上，強制性地按扭住被批鬥者的頭、頸、背部，使其上肢和下肢呈九十度，乃至更甚；把被批鬥者的兩隻胳膊向後上方或向兩側伸直，如同噴氣式飛機翹起的兩個翅膀似的，頭部向地，臀部高撅，同時在胸前還給掛上黑牌。時間長了，脖頸勒出血痕，腰酸背痛、血脈不暢、四肢僵直。

這是一種羞辱人、剝奪人基本尊嚴的體罰方式。從姿勢上看有點像鞠躬，但這當然不是主動向人表示敬意的彎腰禮，而是將通常強迫犯人低頭認罪以示懲戒的示威手段，施之於被批鬥者。對被批鬥的無罪者和看重面子的傳統人格型中國人來說，是體罰和精神摧殘的雙重折磨。精神摧殘的摧毀力更甚於體罰，身心俱疲，常常容易讓人在恍惚中把肉體的苦難與精神的罪惡聯繫起來，強使被批鬥者將罪感內化。

燜山藥

馬鈴薯又名山藥，吃法很多，當菜或作為主食均可。其中有一種就是——燜山藥。

燜山藥時，大鍋中放少量水，倒入大半鍋土豆，蓋上鍋蓋、點火，經過一個多小時的蒸煮，最大的土豆也會變得酥爛，拾在盆中，熱氣騰騰地端上炕桌，再配一盤鹹菜，一家人的晚飯就具備了。

文化大革命清理階級隊伍時，為了讓黑幫如實交代問題辦法多多，其中有一種就是——燜山藥。方法是用白茬子的羊皮襖將黑幫嚴密包裹捆成團狀如馬鈴薯般，再扔在火爐旁，在皮襖外澆一壺開水開始了蒸煮。

黑幫在高溫下憋悶難受，開始不停地掙扎蠕動，高聲呼喊求救，但傳到外面的聲音卻很低沉，而且是越來越低最後達到了靜止狀態。此時打手去其繩索並皮襖等，大多數人質恰似「馬鈴薯」般酥爛如泥了。

烤全羊

烤全羊之所以如此馳名，除了它選料考究外，就是它別具特色的製法。技術高超的廚師選用上好的兩歲阿勒泰羯羊，宰殺剝皮，去頭、蹄、內臟，用一頭穿有大鐵釘的木棍，將羊從頭至尾穿上，羊脖子卡在鐵釘上。再用蛋黃、鹽水、薑黃、孜然粉、胡椒粉、上好麵粉等調成糊。全羊抹上調好的糊汁，頭部朝下放入熾熱的饢坑中。蓋嚴坑口，用濕布密封，燜烤一小時左右，揭蓋觀察，木棍靠肉處呈白色，全羊成金黃色，取出即成。

我要說的「烤全羊」是指把黑幫或走資派按在火爐旁長時間地烤。面色赤紅、汗如雨下、眉毛、鬍鬚也都烤焦。使被烤者求生不能，求死不得，不堪忍受，慟哭、哀嚎不已。

搖煤球

搖煤球本是北方城市中的一個老行當，上世紀六十年代以後漸絕跡。搖煤球時把煤末黃土和水後，當下沒法搖，要把稀煤泥攤平在地下一大片，用長條鐵刀「嚓嚓嚓嚓」切成整齊均勻的小方塊，晾一兩個鐘頭，然後鏟到一個很大的篩子裡，篩子下墊一個大花盆接煤末，幹這活多是二三十歲的壯漢，脫去外衣，只穿粗布小坎肩，屈腿平端篩子，赤裸的雙肩暴突著肌肉和上身一起均勻抖動著，篩子裡搖來搖去搖出煤球來了。

我這裡說的「搖煤球」則是文革中整人的一種手段。那時單位裡讓被整的人站在中間，大夥外邊圍一圈，七嘴八舌地教訓你，覺著你不老實了，這邊的人上手搡你一把，另一邊的接著了再推出去。也有照臉搧下腳踢的，邊訓斥邊來回推，人就像被搖的煤球在人圈子裡搖來晃去。

從質問到訓斥，到來回推搡以致群毆。難以想像站在圈裡的被教育者此時靈魂上受到的震懾，在強大的代表人民力量的重圍中，會越來越老實、越來越懵，抖摟出的問題也越來越多，周圍參與者也越來越興奮。

「搖煤球」是在文革初起時的整人手段，後來紅衛兵興起，要鬥誰直接掛牌戴高帽子遊街，或沖後腿彎踹一腳，讓他跪在地下進行噴氣式批鬥，鬥爭形式無所不用其極，確實比「搖煤球」簡潔痛快多了。

其他

還有一些名詞這裡不再贅述：悶豆芽（用棉被把人包起來悶）、吃豬蹄（將人的手腕用力向內扳，直至將腕關節折傷）、鴨子浮水（把方凳翻過來，把人綁起來長時間懸放到凳腿上）、「凍冰棒」（就是在數九寒天，逼人光著腳板站在戶外雪地裡凍）等。

人命如同螻蟻，尊嚴賤同泥土！我書寫到此，心中就不停地震顫，不知地獄有此酷刑否？

回憶當年學馬列

一九七二年夏天，我還在呼市西郊發電廠的擴建工地上受苦，那時我們單位——內蒙電建公司二處在組織上隸屬於呼和浩特機械工業局分管。

從林彪事件後，報紙上每天都有「認真看書學習，弄懂馬克思主義」的通欄大字標題。呼市機械工業局遵照毛主席「思想上政治上的路線正確與否是決定一切的」指示，要在基層單位培養一批學馬列的輔導員，在職的幹部雖然那麼多，但無人喜歡這種枯燥無聊的學習，竟然把我一個工人派出來充數，我不知是應該感到榮幸還是其他。

學習地點在原內蒙古工業學校院內。走讀，好像管一頓中飯，時間大約有月餘。

記得我學過的馬列著作有：《共產黨宣言》、《哥達綱領批判》、《法蘭西內戰》、《反杜林論》、《唯物主義和經驗主義》、《國家與革命》。

馬列著作，尤以《共產黨宣言》為首，其中一些名句我至今記憶猶新。共產主義老祖宗開天闢地第一句話，就令人盪氣迴腸：「一個幽靈，共產主義的幽靈，在歐洲遊蕩。」其他點睛之句還有，「無產階級沒有祖國！」、「全世界無產者，聯合起來！」、「無產階級失去的只能是鎖鏈，而他們得到的將是整個世界！」這些名句我現在還能記住，並且說出來，讓人不敢不信我是讀過馬列的。其實，說學馬列武裝自己，還真是句實話。那時，人人口稱馬列，說來說去，某種程度上都是為了唬別人。你若不能謅出幾句經典來，怎麼能讓人對你肅然起敬呢？

馬克思的《哥達綱領批判》寫於十九世紀七十年代。文中第一次提出了共產主義發展過程中兩個階段的原理，闡明了社會主義社會的分配原則，以及社會主義階段實行按勞分配原則的必然性和局限性，是研究馬克思主義經濟思想的重要篇章。打倒四人幫後提出的，社會主義初級階段理論，完善社會主義市場經濟體制，推動我國社會主義現代化建設，都和此書不無關係。

「哥達綱領」中寫道：「勞動是一切財富的源泉。」馬克思明確地反對：「勞動不是一切財富的源泉。」並強調了「不是」一詞。那麼為什麼不是呢？難道我們不勞動就可以得到財富嗎？馬克思不是這個意思。馬克思的意思是：勞動不是一切財富的唯一源泉。就是說，財富的源泉不僅是勞動。那麼，還有什麼可以成為財富的源泉呢？自然界！

譬如說糧食可以吃，棉花可以織布，鋼鐵可以做機器，煤可以燒。這些都是自然界的功勞。人們的勞動只是將這些物質，加工製作成人們所需要的東西。懂得了這一點，也就明白了馬克思的話：「自然界和勞動一樣，也是使用價值的源泉。」而前面又講到物質財富是由使用價值構成的。所以我們就可以得出結論：自然界和勞動一樣，也是財富的源泉。由此可以導出：地主資本家的財富不是勞動得來的，是通過資產佔有得來的！那麼，拉薩爾在綱領裡把這個前提抽掉就是反動的，是搞階級調和的。

我那時想：這個拉薩爾也真是的，老胡攪，惹得馬克思他老人家生氣。

說真的，對一個僅有初中學歷的人來說，讀這些書並不是一件輕鬆愉快的事情，太勉為其難了。閱讀的過程中，我更多的是被熱烈的革命情緒所感染，朦朦朧朧中體會著一種崇高的情感。

再莊重嚴肅的書裡，也能尋出一些有色彩的篇章來，這就是革命導師們的愛情生活，如馬克思與燕妮的婚戀，恩格斯與普通女工的情感，等等。

讀過的那些書現在不知哪裡去了，整本書被我用油筆勾畫的密密麻麻，如果再保存幾年也許可以作為文物了。

記得學員裡也有些大字不識的老工人，給他們講馬列原著猶如天書，因此這期間笑話百出。比如有人愣是把哥達說成是一個人，把黑格爾念成了墨格爾（真夠黑的）。他們哪裡能搞得懂像《路易・波拿巴的霧月十八》這本恐怕連名字都沒聽過的書！

記得呼市供電局的一位抄表員老漢在討論學習心得時說：「列寧為什麼說要對資產階級專政？這個問題他沒搞清楚叫毛主席搞清楚，毛主席又叫我們搞清楚，哎，難啦！列寧沒搞清楚，我們這些老百姓怎麼搞得清楚呢？」全場一時鴉雀無聲。

許多人邊學「馬恩」，邊反思：《哥達綱領批判》裡不是說，共產主義的前提條件之一，是「社會物質財富的源泉充分地湧流」嗎？那現在是離共產主義近了，還是遠了？「文革」搞得轟轟烈烈，卻突然發現，細糧革沒了，油革沒了，肉也革沒了。「這是革命的目的嗎？就憑我們這樣，還能去解放世界上三分之二沒有被解放的人民嗎？」

又比如《哥達綱領批判》說：到了共產主義，「勞動不再是謀生手段，而是人的第一需要」，我就有些難以理解；到了共產主義會「各取所需」，我更難理解。比如幾個小夥子同時愛上一個姑娘，這個姑娘該跟誰走呢？那時都想去開飛機，不想清理下水道，清理下水道的工作誰幹呢？

此時輔導老師也一臉茫然，無可奉告。

每天上午上課，下午分組討論，討論不了幾句正話，就轉入雲苫霧罩的閒聊了。此時我就可以拿出閒書靜靜地閱讀，現在仍能想起《獵人筆記》曾給予我的欣悅：風景，特別是以無以倫比的文字描述的風景，對於不幸生活在那個無論現實或圖像統統貧瘠得幾乎無物可看的年代中我的影響，在整個七十年代具有一種難以替代的支配性。那些日子裡，列維坦的俄羅斯風景始終在眼前縈繞，以屠格涅夫的文字吟唱為背景，夢囈般遙遠，安謐，遼闊，聖潔……一如雖相信其存在，又明知不可能抵達的烏有之鄉。

讀《鋼鐵是怎樣煉成的》時，我又陷入保爾和冬妮婭的愛情故事中。

最近從《炎黃春秋》二〇〇八年第二期上讀到一篇文章，文中提到蘇聯作家尼古拉・奧斯特洛夫斯基在臨終前曾發出「警語」：「我們所建成的，與我們為之奮鬥的完全兩樣！」使我驚愕萬分。

學員裡還有位女士叫王烈，是呼市電子元件二廠的技術員。人長得非常漂亮，豐腴白皙，我有些暗戀她，我以她作為對象寫了許多愛情詩。別人談山海經時，我在筆記本上勾畫我的虛無飄渺的愛情。

那時我剛剛失戀，那是一個呼和浩特造紙廠的女孩，也長得嬌羞嫵媚。我給她的所有信件都被組織上審查過，我給她的電話組織上也曾截聽，因為我思想的消極，她最終聽取了組織上的勸告，和我分手了，造成了我心中永久的傷痛。

相親

一九七二年，我整整相了一年的親，沒有結果。不是人家看不上我，就是我看不上人家。因為家庭出身不好，每每被歧視，因此每次相親都很尷尬，既拘謹又不安。

我的舅舅家在雁北農村，那裡的地富子弟成家全靠換親，要不是這一招，地富子弟早就絕根了。城裡出身不好的人家，婚姻全靠碰運氣，反正眉目清秀的女孩不會嫁給出身不好的男人。

一、我見的第一個女孩是西菜園的菜農，長得倒是很秀氣，屬小家碧玉，他爹是生產隊的隊長。那天，我坐在她家的炕沿上，大氣不敢出，人家問一句，我回答一句。先問我父母的單位及收入情況，再問弟兄幾個，然後又問到了家庭出身，我不敢說是地主，謊稱是「小土地出租」。他爹說：小土地出租不就是小地主嗎？還是屬於剝削階級，我們家可是八代貧農呢！介紹人知道沒戲，就拉上我匆匆告辭了。後來我常常想：這家人的遺傳基因實在不咋地，一般人家窮不過三代，他家怎麼八代挨餓呢？如果是真的，應該從他曾祖父起就娶不起老婆了，怎麼能延續後代至今？

二、還有一家，頭一次見面，雙方印象還湊乎。我第二次登門時，母親讓我給人家帶了些禮物，那時點心很貴，母親就從家裡給拿了點自己壓的粉條和炸的油糕。女方的父親是個搞物資供應的科長，看不起我拿的這點東西，臨走時他冷冷地說：現在吃喝這麼緊張，你還是拿回去吧。我家不缺！我不接，人家硬塞給我了。

三、那時，我還見過一個在舊城麥香村當服務員的女孩，她原先在烏達煤礦當充電工，後來，她哥把她調來了呼市。她哥是市委的一個政工幹部，那天去她家時，我只見到了她和她的父母，話說的也還投機。她爹問我在哪個單位工作，我不好意思說是電建的施工單位，只說在包頭的四〇六工地，單位保密。第二天，她哥就給我的單位打來了電話，在電話裡責問我，說我為人不誠實，包頭只有二〇二、三〇三才是保密單位、哪有什麼四〇六？說我騙人也不看看對象，我無地自容，恨不得在地上找個縫縫立馬鑽進去。

四、還有一次，廠裡一位熱心的女同事，介紹我和她的表妹在人民公園見面，她又把她的師妹也領來了。公園的門票一角錢一張，大家一路走，一路說說笑笑，中午又一起在市毛附近的二食堂吃的飯，人均消費三四角錢。下午從公園出來後，又在小攤子上吃飩餛，一兩糧票，一角三分錢一碗，我工資不高，委實有點心疼。最令我印象深刻的是，每當我付錢時，竟然沒有人肯謙讓一句。

同事的表妹長得很醜，師妹倒是很漂亮，我看上了她的師妹，但我估計人家絕不會看上我的。因為我不但出身不好，而且營養不良、瘦小枯乾，內人黨問題又剛剛平反不久，自己十分謙卑，沒有一點自信力。

五、一次，表哥從武川來給我們送蓧麵，他說他的姨姨有個閨女在聯營商店當售貨員，可以領我去她家見見。有前車之鑒，我害怕尷尬，就讓表哥把她的身材、相貌、樓層告訴我，我好自己抽空先去看看。一天下午，我和班長請了半天假，謊稱去醫院看病，徑直去了聯營商店。一上二樓，就聽到鞋帽組有人在吵架，我走到跟前，看見一個漂亮的女售貨員和顧客吵得正兇，一個知識分子模樣的顧客金剛怒目地質問售貨員：「你這是什麼態度？」女售貨員杏眼圓睜說：「咋啦？姑奶奶態度咋啦？」顧客說：「你這就叫為人民服務？」售貨員說：「為人民服務又不是為你服務！看你那個球樣！你能屬於人民？」

我仔細觀察，那個售貨員個頭與臉盤與表哥介紹的那個一摸一樣。別的售貨員也勸她說：「算了吧小李！別和這種人一般見識！」連姓氏也確定無疑，於是生性怯懦的我落荒而逃。

六、一九七二年的下半年，我的二大爺從東北回來了，看我的婚姻還沒著落，就說：我有個老同事叫滕平，過去是水利廳的副總工程師，聽說他有個女兒是東落鳳街小學的老師，要不咱們去他家看看？於是我和二大爺騎車去東門外的滕平叔叔家探視。其實滕平我也認識，後來水電合併的時候，他也下放到了內蒙電建公司二處。他是個老知識分子，聰慧過人。因為出身不好，解放前又加入過國民黨，成為歷次運動的運動員。

那天，只有滕叔叔的老伴在家，滕叔叔和他的女兒都不在，他家只有一間房，炕上拉一道布簾，一邊女兒睡，一邊老兩口睡。滕叔叔的女兒是東落鳳街小學的圖畫老師，牆上貼滿了她的畫作，非常精美；其中還有她的自畫像，十分端莊秀麗。至今不能忘懷。

後來沒幾天，二大爺就走了，滕叔叔這邊再也沒有任何消息。我曾經想，滕叔叔的女兒不會看得上一個電建公司土建工地的工人。作為出身不好人家的閨女，她一定既心高氣傲，又十分自閉，不會輕易嫁人。可惜我和她沒有接觸的機會，如果有言語交流的機會，她一定會對我刮目相看，說不定我們真的會喜結連理呢！

走後門

「走後門」一詞，最早見於南宋吉水羅大經所撰的《鶴林玉露》一書，書中提到「留後門」，文曰：「今若直前，萬一蹉跌，退將安托？要須留後門，則庶幾進取有據。」這裡所說的「留後門」，是指辦事要「留退路」。

還有人考證，此典出自北宋年間。相傳宋哲宗死後，宋徽宗繼位，以蔡京為相。蔡京拼命貶謫和排斥舊吏，並規定其子女不得出仕和入京，甚至連其詩文也不准流傳，因此引起了人們強烈的不滿。一次朝廷設宴，藝人們在宴間演出了這樣一幕：一個大官據案中坐，傳判各事。有個和尚要求離京出遊，因其戒牒是哲宗年間的，即被令還俗；一個道士遺失度牒要求補發，因是哲宗年間出家的，立即被剝下道袍，復為百姓。這時，一個屬官上前低聲說：「今國庫發下的俸錢一千貫，皆為舊時錢文，如何處置？」這個大官略作沉思，悄悄地說：「那就走後門，從後門搬進來吧」這便是走後門的由來。

走後門是一種社會歷史現象。毛時代，幹什麼事情都要託關係，走後門，沒有後門和關係，絕大多數平名百姓就永無出頭之日。本人已是耳順之年，親眼見證了走後門的起因。上世紀六十年代初。由於當時的大饑荒，糧食布匹等最基本生活物資極少，當時有些人，特別是一些幹部們通過「關係」侵佔其他人的基本生活物資，來吃飽自己的肚子，由於不是通過正當途徑，所以稱為走後門。

由於十年「文革」的經濟破壞，生活物資供應緊張，有段時間連肥皂、牙膏、火柴、香煙等基本物資也缺乏。走後門買東西就成了家常便飯。在這種環境下有權比有錢管用；售貨員比銀行行長頂用；司機更是炙手可熱，軲轆一轉給個縣長也不換。小老百姓也挖空心思，動用一切手段來設法改善自己的生活：

記得一九七六年春節，我父親為了買上定量的二斤豆腐，從早上八點排隊一直到下午才買到，把豆腐放回家，又排隊買肉……買回的都是瘦肉，受到母親的責怪。有人肯定會驚奇地問：賣給你瘦肉還不好嗎？我就喜歡吃瘦肉啊！現在的年輕人有所不知，跟今天的情形恰好相反，那時的人們既缺肉、又缺油，都喜歡買肥肉解饞或者煉油。那些賣肉、賣豆腐的，簡直成了上帝，不管你是大學教授還是工程師，人人都得向他們陪笑臉以巴望能弄點肥肉解饞，因此肥肉都被走後門的人買回去了。父親回憶起這段歷史，吃驚地說：「人的適應性可真強，當時那麼苦的日子，真不知道是怎麼挺過來的？現在想想都後怕，就為了吃上一口肉，不知哪裡來的那麼大勁頭排十幾個小時的隊。」

一九七五年我找到單位的食堂管理員老李，十分難為情地說：老人生日沒買到肉，看在師兄弟的面上給幫幫忙吧。他說：「我從機關食堂給你勻一點吧。」於是他悄悄地給我包了一點肉，並再三囑咐：千萬別叫人看見。為了兩塊錢的肉，我們像做賊似的。

八十代初，老李已經是處長了。一天，他突然找到我說：聽說你父親在內蒙防疫站工作，能給我搞幾支「胎盤球蛋白」嗎？我立即寫了個條子給他，讓他去馬路的對面的單位去找我的父親。也怪我沒說清楚，父親也不知就裡，竟然向人家收了錢，我因此得罪了李處長，李處長不止一次在背後說：媽的，他忘了當年求我給他弄肉了的事了！

我的兒子八十年代初進呼市第一幼稚園，是電管局生產處的老徐給幫得忙，那時老徐的老婆在一幼當保育員。他家養了許多雞，為了報答他，我的愛人多次從包頭東河區糧庫給他弄砂糧來。因為我的內弟在糧庫工作，給老徐弄得砂糧，裡面土很少，如果有辛苦把麥子簸出來，人吃一點問題也沒有。

那時，我的堂姐在市醫院工作，經常有人托她給開病假條。我的一個同事妻子血壓低，想買點紅棗補血，但是必須要有醫院的診斷書才行。我為此去求堂姐，堂姐又找到相好的大夫，才把此事辦成。同事的妻子是個列車員，病好後，從北京給我堂姐和那位大夫多次捎大米來。

鄰居劉叔叔是個很靈活的人，有一次他對我說，他的母親從老家來了，肉票剛好用完，他只好去副食商店碰碰運氣，看看有無處理的下腳料。那天適逢人不太多，他向別的櫃檯打聽到賣肉女孩的名字，然後徑直走向肉食櫃檯，熱情地向那個女孩打招呼：「小李，今天是你的班呀？你父親的身體好嗎？你家還在那裡住嗎？我好久沒去看你的父親了，你代我向他問好呀！」

那個女孩一頭霧水，臉色羞紅地地連連點頭。此時劉叔叔低聲說：「我母親來了，我走的著急忘記帶肉票了，請給通融一下好嗎？」

於是她給他割了一大塊肥肉，劉叔叔樂哈哈地拎著回家了。

由於經濟形勢的好轉，到了文革前，走後門的現象已有緩解。但到了一九六八年底後，由於知青上山下鄉，那些知青的家長們想方設法也要把自己的子女弄進城來找個工作，走後門又重新抬頭。而有知青的農村公社和生產隊的幹部們，也想乘招知青進城之機將自己的子女塞進城，所以城市農村都出現了走後門進城現象。以後又發展到上大學、參軍走後門。從此走後門就愈演愈烈了。

介紹信

我們經常看見香港、好萊塢警匪片中的經典鏡頭：員警如臨大敵，握槍大吼：請出示你的身分證！

幾十年前的中國人還不知道身分證是什麼東西，只曉得國民黨時期有住民證，日偽時期有良民證。現在，每個人都知道，出門必須帶好身分證，以證明自己身分。

中國俗語：私憑文書官憑印。改革開放前中國人出門，都必須要開一張介紹信。介紹信是官方出具的具有個人身分的證明原件，自新中國成立至改革開放前期，它一直是個人出差旅行、單位外調、購買特殊物品等等的唯一合法憑證。

那時，農民進城買化肥要介紹信；領結婚證要介紹信，結婚購買家具、熱水瓶要介紹信……，除了大小便和挨批鬥不要介紹信，就連購買新華書店內部發行的書籍也要介紹信。

在上世紀七十年代，燙髮也得憑介紹信。一九七八年、一九七九年，燙髮是要單位開介紹信的，只有歌舞演員和工會組織文藝演出時才會特批。介紹信上得寫明「該同志因工作需要燙髮」，普通人是不能隨便燙的。我一個同學的父親是個理髮師，就因為給朋友私自燙髮，被單位處以警告處分。

介紹信曾經在中國大地上漫天飛。沒有一張介紹信，你將寸步難行。

介紹信是一張比十六開還小的紙，存根在左面，約占五分之一；右面占五分之四的地方是介紹信的正文，內中列有姓名、日期、事項、介紹信號碼。存根與正文的內容一樣，但「空間」壓縮，特別在「事項」一欄上。公章分兩處蓋，一處蓋在存根與正文之間的虛線上，叫騎縫章；另一處蓋在正文的下方。

介紹信是無產階級管理中國的手段，是防止反革命分子及地主、資產階級流竄作案的必要手段。是跟蘇聯老大哥學來的，我們曾經使用了數十年。其實，這東西在中國也有點年頭了，看過革命傳統影視節目，對兒童團員在村頭手持梭標，檢查行人路條的情景應該不陌生。早期叫路條，以後才是介紹信。

毛時代禁止百姓自由謀生、更不許百姓自由流動！解放區的天是明朗的天，解放區的地卻是嚴禁隨意走動的。文革武鬥期間，有的城市，路上也有紅衛兵攔路檢查。四川就曾經發生過有人走親戚串門，遇到紅衛兵半路檢查，因丟失介紹信而撒腿就跑，被紅衛兵持槍擊斃的事。

那些年，你到公社辦事，得有村裡的介紹信；你到縣裡辦事，得有公社的介紹信；你到省裡辦事，得有縣裡的介紹信；你到北京辦事，得有省裡的介紹信。就連外出要飯，都要去生產隊開介紹信。但絕大部分農民是拿不到要飯介紹信的，所以只好就地餓死。一九六〇年，我曾經看過一個乞丐的介紹信，上面寫著：「茲有本村王老漢到你處討飯，多給乾的，少給稀的。此致革命的敬禮！」網上說，當時蘭考縣農民一到討飯季節，都要去生產隊開出門要飯的介紹信。

一九八四年，我去舅舅家，看過他收藏的一張一九六八年來呼市看望我母親的介紹信。這張由他所在的生產大隊開具的介紹信上，寫有舅舅的姓名、性別、年齡、所屬生產隊、出身、政治面貌，出行目的地，出行原因，出行時間等。那時的中國農民，只有懷揣一紙這樣的證明，才能離開自己的家門。

據史料記載：明末關中大旱，饑民外逃，先為流民，後為流寇，最終局面不可收拾。中國多少朝代毀於流民之手：李自成、張獻忠、洪秀全……。限制農民到處亂竄是治國的根本。介紹信是偉大領袖是吸收了歷史經驗教訓，採取的英明措施。

那時，各城市每個居委會都有治保主任，他們充滿「革命警惕性」，牢牢緊繃階級鬥爭這根弦，盯緊每一個可疑分子。如果哪家哪戶有親戚來住，如果這家成分再不好些，街道戴著紅袖章的治保主任會立刻聞風而來，闖進門就要檢查介紹信。最典型的是知青回家探親也要有大隊開的探親介紹信，出身不好的人，治保主任就會親自上門查看，看你是不是逃回來的。

我心中一直有個疑團：雷鋒冒雨送的那位老大娘不知帶沒帶介紹信？也不知道雷鋒有沒有盤問她，如果是逃亡地主婆怎麼辦？

一九七六年冬，我調到包頭電力修造廠工作，暫住在包頭東河賓館。一天妻子來探視我，她剛進屋坐下，賓館服務員就擅自開門進來了，問我們什麼關係，我說是兩口子，她就要我們出示結婚證。我說，她只是來看看，不一定會住，那個服務員冷冷地說：沒有結婚證，絕不容許同居！然後臉色難看地走了。那時，許多旅館的客房門上都有小窗，服務員或公安人員隨時可以窺視旅客，怕你在房裡「搞事」。

一九八〇年我到北京出差，在前門附近找了個普通酒店。登記時，遞上介紹信。就聽前臺問道：是黨員否？我一愣，以為聽錯了。再問，沒錯。我如實答，但非常驚愕。

我的同事老王有一次出差丟了介紹信，按說他是個很謹慎的人，每次開好介紹信，都用塑膠布包好，然後和錢一起放在貼身衣服的口袋裡，時不時用手摸一摸，看看還在不在。那次出差，他不知道怎麼把介紹信弄丟了，結果，前去接洽的單位不接待，旅館不讓住，也沒法買火車票回家。無奈之下，他只好給單位打長途電話，讓單位再開一張介紹信寄來。而無處可去的他當晚只得在地下通道裡安身。

直到上世紀八十年代中期，中國有了第一代居民身分證，介紹信才算「壽終正寢」。憶起那段日子，真令人唏噓不已。

「再生」與主旋律

一

文革時期，紡織行業的革命派在偉大的毛思想的鼓舞下，開始大規模生產再生布。所謂再生布就是把破舊的不能再穿的衣服收回去，經機器打成纖維後，再次紡紗織布。舊衣服品種繁多、花色各異，且破舊程度不一，有許多完全屬於垃圾。那時，人們沒有衛生觀念，收回來的舊衣服不經過清洗與消毒就進行粉碎，因此異味很重。這種纖維紡出的紗很粗，織出的布也很粗，甚至比老粗布還要粗。

再生布只能染成藏藍色，因為棉線是五顏六色的，染別的顏色遮不住。那時的染料也不行，夏天如果光肚皮穿再生布衣服，由於汗水的淹漬，用不了多久，肩膀、肚皮都是藍的。

我在內蒙電建公司上班的時候，每年都要發工作服，那時的工作服都是勞動布做的，有點像現在的牛仔服。自從革命派們發明了再生布，電建公司本著「節約鬧革命」的精神，就改發再生布工作服了。再生布的工作服不好看、也不經穿。因為纖維短，經不起拉扯，穿脫都要小心翼翼；又因為纖維粗，織出的布厚，夏天熱的穿不住，只能在秋冬季穿。再說，天熱，再生布的異味很重，嗆得人喘不過氣來。

這種衣服穿在身上直往下墜，穿不多久便「漏洞百出」，甚至連鈕扣都全部掉光。於是，我們乾脆用一根草繩攔腰一紮，襤褸骯髒，活脫脫一群流民。

一九七三年，我在內蒙古農大讀書，因為要在校辦工廠實習，學校也給我們同學及帶隊老師發再生布工作服。那時，老師們都很窮，有不少老師也一年到頭穿一身再生布工作服，教我們金屬材料及熱處理的胡老師就是如此。我在校期間，沒見他穿過別的衣服。

胡老師是湖南人，家徒四壁，有個雙人床還是從總務科借的。但胡老師的業務能力非常強，他沒有傲氣但有傲骨，瞧不起那些不無正業的人。可惜實習時沒有留下照片，如果有的話，我們師生活脫脫一群丐幫。

二

文革時，我們常用紙張大多是再生紙。好像現在也有再生紙，但是因為加工工藝與材料來源的不同，與那時的不可同日而語。

那時的所謂再生紙，其原料完全是收回去的廢紙。這種廢紙當然不是書籍或報刊，而是街上、垃圾箱、土堆、廁所裡撿拾的廢紙，其中不乏婦女用過的草紙及男人們揩過腚的手紙。拾荒的人搜羅了回去，賣給了廢品收購站，收購站又集中賣到了造紙廠。造紙廠經過粉碎，浸泡，然後重新造出紙來。

這種紙品質很不好，因為原料的管道太廣泛，又不添加任何增白劑、螢光劑等化學品，所以紙張發灰發暗。又由於經過多次的粉碎，纖維已經很短，紙張沒有韌性，如果用它來擦屁股，勁兒多少用的大些，手指就會捅破紙張而直接和肛門接觸。這種紙非常粗澀，有時候在紙面上還能看到原先紙張上的字跡。

父親在文革中給我的信件就是用這種紙來書寫的，讀起來不很流暢，辨認時很費力，有的字需要再三琢磨。

在內蒙農大讀書時，學校的講義也都是用再生紙印刷的，閱讀時很吃力。我常常想，糧食不夠吃，可以理解，為什麼紙張都變得如此粗劣？

三

改革開放前，人們的衛生意識不是很強，再說市面上也沒有什麼專門用於肛門的衛生紙。可以說再生紙成了那個時代拉屎擦屁股的三大主旋律用紙。另外兩個主旋律用紙，也都是大公無私，一是舊報紙，單位一堆、家裡也很普及。因此，《內蒙古日報》成了呼市地區擦屁股的首屈一「紙」。到了文革，人們怕被打成反革命，擦屁股之前先要看看報紙上有沒有偉大領袖毛主席的尊容。

還有一個主旋律用紙，那就是單位的信紙、稿紙了，久而久之，人們便用諧音稱為「便賤」。當時連人都是公家的，加拿大，大家拿，拉屎擦屁股也毫不例外要大公無私。

拿第二類主旋律用紙擦屁股一定要小心！呼市發電廠有個職工用報紙擦屁股，結果被孔家營子的農民發現，那張報紙上有幅紅太陽照片，告到廠裡，廠長非讓他用嘴將糞便舔乾淨。

包頭四〇六工地也曾發生過一樁大案——工地旱廁的糞池裡發現了被污染的「紅太陽」，結果逐一排查，涉案人員達二十多個，批鬥坦白，一直未能結案。常說：「禍從口出」，有時也不一定哪！

家具的故事

後「文革」時代，我們都過著苦難的生活。在那些苦難的日子裡，儘管每個家庭的生活都比較拮据。但是，大家渴望美好生活的欲望卻是非常強烈的，於是，在力所能及的條件下，都想打幾件家具來為日常的生活平添幾分快慰。特別是孩子長大成人，到了談婚論嫁的時候，更渴望能有幾件嶄新的家具為新婚的家庭增添一點色彩。

但在當時來說，打家具屬於奢望，因為想搞到一些木料及三合板就是令人頭疼的事情。我的一位大學老師獲悉我在內蒙古電管局工作，親自給我打電話來，想買一些電桿上用的橫擔來打家具。他過高地估計了我的能力，當時電管局的一位分管物資的副局長私下買了一方木料，結果被內蒙古黨委組織部約談，他還為此痛哭流涕地做了檢查。

一九七二年春天，呼市機械工業局和另外幾個單位在一幢大樓內合署辦公。門口懸掛著的所有單位的大牌子，一晚上被悉數摘跑，報告公安局，公安局說：我們的牌子昨晚也一塊不剩了！牌子哪裡去了？自然又和打家具有關。

改革開放以前，全國各地的企事業單位的大門外都懸掛著幾塊長條形的牌匾，上面用仿宋體書寫該單位的名稱。內蒙古因為要書寫蒙漢兩種文字，牌匾更要寬些。做牌匾選用的都是最好的木料，而且乾燥到了，不會變形，拿回家用鋸破開，是打家具的絕好材料，不是絕頂聰明的人誰能想到這個妙招？

我猜疑，牌匾一定是被下夜班的年輕人摘掉，夾在自行車後衣架上一溜煙騎回家了。那時的牌匾都掛在單位的大門外，入夜，傳達室的老頭都已關門睡覺，偷盜的風險係數為零。不過，能作出此等大事的，一定是急於結婚而苦於沒有木料打家具的年輕人。

那時在呼和浩特，娶媳婦或娉閨女，有門路的人都要請來木工師傅在院子裡打家具。那些師傅都是從很遠的地方來，背著鋪蓋卷和工具袋，在院子裡搭一個簡單的小窩棚，就是他們這幾天的家，飯也由主家來管。支上木案子，擺上鑿、斧、鋸、刨已成一景，從此以後每天從早到晚就是手工鋸、刨的聲音了。

看木匠打家具的過程挺好玩，木料破好還要刨料、開榫、鑿眼、組合、打磨。做一件家具是萬分辛勞的事情。

好木匠的手藝往往令人羨慕，他們能夠將主人準備好的木頭經過一番精心處理，沒幾日便形成了諸如沙發、立櫃、茶几、書桌、高低櫃等家具。有的主人還在家具的櫃門上安置帶有山水畫的玻璃，後來又時興在家具表面用電烙鐵燙畫。那個時候，誰家有件新穎的家具不僅給整個家庭帶來喜悅，更會讓周圍許多的鄰居前來欣賞和仿造。

當今是一個充滿時尚和多元素的時代，各種風格款式的家具應有盡有。而回憶起改革開放初期，組合家具曾經風靡全國，那時，對於並不富有的普通百姓而言，能夠擁有一套物美價廉的組合家具，猶如夢想一般。中國人的創造能力非凡，那時還有許多人竟然自己動手打家具，從挑選木料、準備工具到大刀闊斧地幹起來，成型後的細細打磨，再到刷漆晾乾，通過自己的雙手親自打造出作品，這中間的快樂是現在的人無法體會到的。

在收視率非常高的電視劇《渴望》中，宋大成就自己動手打了一套家具，準備迎娶劉慧芳，誰料人家嫁給了王滬生，他絕望之中砸了家具。很可惜，那時老百姓自製的形形色色的家具幾乎沒有保留下來的，如果還有留存，也應該算是文物了。

我也喜歡做木工活，我結婚的家具就是自己打的。我多次用盧梭的一句，關於木匠的勞動，體驗著人與自然的融入，並說木工勞動是最有意義的，有益於「人」的健全發展的話，來驕傲地解釋自己（這句話應該在《懺悔錄》裡）。

雖然明熹宗朱由校是個著名的昏君，但據記載他心靈手巧，最喜愛木工活。如果他不是皇帝，一定是個好木匠。

據說，美國前總統雷根閒暇之餘，也酷愛自己打家具玩，因為打家具可以使人充滿成就感。

隨著改革開放大潮的風起雲湧，人民生活已有極大地改善，如今，幾十年前少有人問津的硬木家具被人看好，它彷彿成了身分與財富的象徵。京作、蘇作的紅木家具交相呼應，還出現了硬木為型、柴木為體，價格上能為一般人接受的「山寨」式硬木家具，您可以各取所需。北京的老字型大小「龍順成」硬木家具申「非遺」成功，更挺起了珍貴紅木的腰桿。

放下手中的筆，稍一合眼，自己揮汗如雨地打家具的情景彷彿就在昨天。睜眼一望，天那麼高，雲那麼淡，昨天彷彿已很遙遠，因為那個苦難的時代已經一去不復返了。

半導體收音機

一九五八年，我在呼和浩特舊城北門清真大寺的附近參觀過一個展覽，裡面就有國外的半導體收音機照片，大小像一個肥皂盒，我感到非常震驚。講解員說，在不久的將來，我們偉大的祖國也將能造出這種半導體收音機，中國將因此屹立于世界優秀民族之林，我那時激動的心情，不亞於今天聽到美國的太空船將在火星降落。

一九六四年春，我真的在呼和浩特新城百貨大樓見到了國產的半導體收音機，大小就像一包香煙，售貨員把音量擰到最大，整個三樓都能聽到那種「刺啦刺啦」的尖銳聲音。記得那個半導體收音機要賣一百零三元，在我來看猶如天文數字，我非常羡慕，爬在櫃檯前久久不肯離去。

一九六五年堂兄因為家庭出身不好，輟學在家，他無事可做，在家自己組裝半導體收音機。他買回一堆二級管、三極管、電容、電阻之類的東西，然後照著電路圖進行裝配，就連收音機的外殼也是用三合板自己做成的。一天傍晚，我去他家，他剛剛組裝完畢，正在調試，突然那個小喇叭裡發出了悅耳的聲音：「中央人民廣播電臺，現在是各地人民廣播電臺新聞聯播時間！」

「成功了，成功了！」堂兄高興地蹦了起來，我也興奮的滿臉通紅，堂兄立即把收音機裝在口袋裡，去同學家報喜去了，把我孤單地扔在了家裡。

那時，伯父剛剛去世，我想，伯父要是再晚去世幾個月該有多好，他就能看到這臺半導體收音機了，也能為他的愛子慶幸一番。

堂兄酷愛無線電，後來就業於呼和浩特無線電元件二廠，估計和他在這方面的愛好不無關係。

一九六六年，我在包頭四〇六工地上班的時候，有一位家在北京的同事，有一臺半導體收音機，為了不讓別人聽到，晚上他蒙在被窩裡偷偷地聽，白天就鎖在抽屜裡。可見半導體收音機，在當時物質匱乏的年代，是多麼地受寵。

又過了一年，隨著自己製作半導體收音機熱潮的興起，呼市一些經營半導體零件的商店也相繼開業，其火熱程度不亞於現在中山東路周邊大大小小的手機商店。那時，呼市好幾條街都有賣半導體零件的，現在雖然已改賣機電產品了，但顯然是那時留下的傳統。

父親的同事劉大夫，是個廣州人，雖然是北京醫科大學的高材生，但業餘時間喜歡鼓搗無線電，從一九六七年開始，他就開始為同事們組裝半導體收音機，元件錢自己花，組裝免費。父親按劉大夫拉的單子，興奮地、滿街跑著去採購元件。那時半導體的外殼很少有賣的，劉大夫除了自己用三合板釘，就是用代用品，比如用皂盒、飯盒之類的東西來替代。

劉大夫一共給我家組裝過兩臺半導體收音機，我和父親各一臺，令我非常欣喜的是，他組裝的收音機竟然還能收到短波，可見他的技術是多麼高超。我還找了一塊帆布，給自己的收音機縫了個套子，珍愛異常。

當年文化娛樂管道很少，聽收音機也上癮。我在家裡沒事就聽收音機解悶，天天聆聽「最高指示」、報紙社論、革命歌曲、現代京劇，著實把自己武裝了一番。對於我們這些經歷了「瓜菜代」、「文化大革命」的一代人來說，當年通過「紅色電波」強行受到的一些教育，至今仍然根深蒂固。別的不講，就說京劇吧，不論是哪個「樣板戲」，都能跟著哼上兩聲。

時間到了一九七二年，我經過一年的節衣縮食，到年底買了一臺九管全波段紅燈牌半導體收音機，當時在國內算是高檔的了。

在屬於沉睡的深夜，打開收音機是一種寂寞到無可奈何的舉動。我天天晚上把收音機放在枕邊，用手慢慢地旋動旋鈕，聽著頻率一點一點上升而發生的小峰鳴聲。空氣裡遙遠的聲波像捉摸不定的海水鼓蕩著風聲緩緩地來到我的耳邊。後半夜的收音機裡，中波依然忙碌，調頻在立體聲的背景中閃著空洞的安靜噪音，只有短波在一喘一息之中閃爍著來自那不明確位置的消息。

那一切不確切的聲音和音樂，聽不懂的語言和模糊的言語。異國的男女歌手甜美的歌喉和女播音員嬌媚的聲音，使我青春期的心靈感到了悸動。

她們有時在熱鬧地調笑，有時在沉穩地吟誦基督的讚美詩，有時在啞啞地談論著環保主題，有時還聽到一種天氣預報式的數字排列……

世界還像是一種約會，該來的就來，不受時間的束縛，因為空間總是連貫的。但一片音波的海洋在翻滾、襲來、遠去、訴說，卻又不讓我聽清。

我不停地旋來旋去，聽著夜半收音機裡亂亂的聲音，有時什麼都聽不見也聽不懂，除了空間的存在。因失眠而形成的對時間的不安，在這音波密集的空間裡得到了釋懷。

沒有書籍、沒有電視、沒有電腦，那時許多無奈的夜晚就是這樣度過的。

我偷聽過敵臺

小時候家裡有架老式的電子管收音機，好像是父親從舊貨店裡買來的，解放前留下來的進口「七燈」收音機。別看那玩意老的掉牙，品質可真高，而且從來也沒壞過，每天早間新聞前能聽到《東方紅》，晚間新聞結束後能聽到《國際歌》。尤其在一九六三年中蘇兩黨之間展開的「關於國際共產主義運動總路線」的「大論戰」中，中共一方天天在收音機裡滾動播放那九篇評論文章。文章播完後放送的《國際歌》非常悲壯，至今想起來仍令人盪氣迴腸。

電子管收音機的缺點是體積龐大，睡覺時聽起來不方便，尤其是冬天的晚上，誰也不願意從熱被窩裡爬出來關機。後來我花錢裝了一臺礦石收音機，安在炕頭，就方便多了。礦石收音機制作方法簡單之極：到商店裡買個「礦石檢波器」，用根細銅絲作成檢波器，再作個蛛網式天線立在屋頂上，串連上礦石檢波器和耳機，再接通地線，最簡單的礦石收音機就作成了。因為沒有放大系統，那玩意只能收到中波廣播，也就是中央臺和地方臺，音量很小，只能一個人聽。

上世紀七十年代初許多人開始自己組裝半導體收音機，父親的同事劉大夫給我家組裝了兩臺半導體收音機，劉大夫的無線電技術非常高超，他組裝的收音機能夠收聽到短波。

一天我竟然收聽到了前蘇聯的對華廣播，在一陣優美雄壯的《祖國進行曲》後，一個乾淨俐落的男聲和一個溫馨輕柔的女聲交替出現：「莫斯科廣播電臺，莫斯科廣播電臺，現在開始對中國聽眾廣播……」，聽得我既興奮又緊張。

後來有一天晚上我睡不著，把小收音機當枕頭墊在耳朵下聽著玩兒，當然是很小聲的，不然耳朵吃不消。當我的小手指頭隨意地轉動著波段旋紐，在嗤嗤啦啦的強大電子干擾中，突然，出現一個異常清晰的聲音：「自由中國之聲，現在報告新聞……」聲音顯然來自一個遙遠的地方，因為講話的聲調明顯與我們每天聽的廣播不同。好奇心驅使我聽下去。天啊，這是臺灣的「敵臺」啊！接著又出現一個嗲聲嗲氣的女聲：「共軍弟兄們……嗤啦嗤啦……飛機……賞黃金N兩……磁啦磁啦……」

你可以想像我當時的震驚程度！後來聽多了，才知道是國民黨反動派在拿黃金N兩蠱惑咱人民空軍駕機叛逃臺灣呢。我最初的反應是：臭國民黨，想拿金錢來引誘咱英勇的人民解放軍，一千個不答應！一萬個不答應！！不答應歸不答應，但那臺灣女播音的聲調還是很愛聽，跟電影《南征北戰》國軍電臺女播音一個味兒，比咱中央人民廣播電臺的女聲嬌媚得多了，讓我對那個播音的女人有點兒想入非非。

我知道在那些被判刑的人中，很多人都有一個共同的罪狀：「偷聽敵臺」。而我現在竟然也在偷聽。我的手在顫抖。可好奇心又實在難以抗拒。於是就蒙頭躲在被子裡聽……這回是不折不扣地「偷聽」了。敵臺畢竟是敵臺，連我們的偉大領袖都敢戲弄。記得當時有個節目叫「三家村夜話」，三個人用古裡古怪的聲音扮毛澤東、江青和周恩來，對他們進行醜化。「自由中國之聲」自然每天都要宣傳臺灣如何如何自由，而大陸則「吃飯要糧票，走路要路條」。我一想，可不是嗎，沒有糧票我們還不得餓死？出門哪個敢不帶介紹信？

一天，我突然發現呼市的街頭有偵查電波的汽車在馬路上繞來繞去，我猜想我偷聽敵臺的事一定被政府發現了，只是公安部門掌握了大概方位，沒掌握具體的地點罷了，那一晚我嚇得翻來覆去睡不著，想像著「偷聽敵臺」這個可怕罪名所可能帶來的各種後果，我甚至做好了被拘捕後，進到監獄如何向公安人員供述的準備。雖然後來我沒遇到任何麻煩，但還是好長時間不敢再偷聽敵臺了。

「敵臺」是文革時期的一個流行語，泛指中國以外的華語或者英語等廣播電臺，主要特指當時的「敵對」國家和地區的廣播電臺，如「美國之音」、「ＢＢＣ」、「自由中國之聲」等。當時收聽這些電臺只能通過短波收聽，並在夜裡進行。如果缺乏耳機這樣的設備，人們往往需要把音量調到最小，所以叫「偷聽敵臺」。一旦這種行為被發現，輕則收繳收音機，被停職、隔離審查、批鬥、勒令檢討，戴上「壞分子」的帽子，重則被判刑，甚至被槍斃。

記得那時廣播裡天天在宣傳：「當前，國內外形勢一片大好，不是小好，而且越來越好。但是，在這一片大好形勢下，國內外階級敵人不甘心他們的失敗，妄想奪回他們失去的天堂……」。廣播裡還老說我們的朋友遍天下，但屈指數數，除了亞非拉一些丐幫弟兄，眉眼像樣子些的朋友大概只有南邊的越南、老撾、柬埔寨，北邊金太陽的朝鮮，還有就是歐洲那唯一的一盞社會主義小明燈了，羅馬尼亞則屬於靠不大住的兩面派。而國際上的敵人一眼望去倒是遍地都是，應該說我們的敵人遍天下才對頭。這敵人一多，聽廣播不小心就會收到某國或某地區的聲音，不好，這就叫聽敵臺了，我就是這樣誤入歧途，走上了偷聽敵臺的反動道路的。

偷聽敵臺就像毒品，一旦沾上就很難戒掉。我後來越聽越多，除了美國之音、莫斯科廣播電臺、英國ＢＢＣ，後來又收到澳洲廣播電臺的中文廣播。在所有的「敵臺」中，我最喜歡澳廣，記得當初我接觸鄧麗君的歌就是通過澳廣。

國際廣播很多是冷戰時期的產物，這場沒有硝煙的戰爭打了半個多世紀。隨著冷戰時代的終結，一些擔負宣傳任務的國際廣播開始尋求轉型，回歸到相對客觀、追逐新聞的媒體本質。而在互聯網日益普及、資訊逐步開放的時代進步中，電臺短波已經不再是人們獲取外部資訊的主要來源，「敵臺」在中國的影響力每況愈下，「偷聽敵臺」的現象也漸漸銷聲匿跡，我就再也沒有興趣去「偷聽敵臺」了。

我的作家夢

一九七三年，大學要進行試點性的恢復招生，那時我在內蒙電建公司工作，正在呼和浩特西郊發電廠的工地上受苦。那時，電建公司呼市工區在組織上由呼市機械工業局代管，那年入夏，機械局給了電建公司呼市工地一個上大學的指標，然後工地要求青年人報名。不知何故，報名者甚少，和我競爭的僅有一名北京知青，我在文革中九死一生，聲名顯赫，同情我的大有人在，那個北京知青還沒露頭，就被一巴掌拍了回去。

那時，張鐵生還沒有出現，因為要進行入學考試，我請假一個月在家複習。複習的昏天黑地，頭疼欲裂時，服上止痛片後還要看書、演題。蒼天不負有心人，考試完畢後沒幾天，工區幹部科的一位科員就悄悄地告訴我，他聽機械局的人說，我考的很好。

話說，安裝工地有一位技術員叫陳少峰，河南人。是我文革中的患難之交，聽說我要上大學走，他非常高興，問我準備報考哪所學校？哪個專業？我也說不上來，因為我對此一無所知。他說：你這麼喜歡文學，為何不報考中文系？他還說，他有一個同學在內蒙古大學中文系任教，如果願意去內大讀中文系，他可以陪我去找找這位老師，瞭解一下情況。我酷愛文學，他的話正中我的下懷，當天晚上，我倆一人借了一輛自行車，徑直往內大而去。

我倆黑燈瞎火地找到了那位老師的家，人家老同學相見自然非常熱情，陳技術員把我介紹給那位老師，然後又打聽內大中文系的招生情況。那位老師聽說我喜歡文學，並在文革中為此受盡磨難，想來中文系讀書時，對我非常同情，他說：「孩子，打消你的作家夢吧，中文系不是培養作家的地方！」他還說：「我每次在新生入學的第一課上，第一句話總是直言相告，中文系是培養教師、編輯、記者、文秘、出版家、學者的地方，和文學創作不搭界。」、「不僅內蒙古大學的老師如此提醒學生，原北大中文系主任楊晦、西南聯大時期的中文系主任羅常培等都曾經響亮提出：『中文系不培養作家』。從來沒聽說過誰通過自學成為核子物理學家的，但沒接受過大學文科系統教育、自學成才的作家卻大有人在！」那位老師兜頭給我澆了一瓢涼水，使我很失望。

那天臨出門時他還告誡我說：「學文科是最沒有出路的，既然能報考工科，何以不呢？出身不好的，解放前畢業的學工科的人，新中國還在使用，但學文科的，現在大多在拉排子車，燒鍋爐。」後來，我聽從了他的勸告，學了機械製造。

但是，就像「生命在於運動」的說法一樣，也有專家說「生命在於靜止」，理由是，你看那些烏龜，心臟一分鐘才跳一下，但是能活上千年。最近我的一個博友，某大學的中文系教授就對我說：「有些話似乎真理，比如大學中文系不培養作家，想當作家不要進大學，等等。我問：中文系不培養作家，不將寫作實踐作為最高目標要求，你能培養什麼？寫作是基礎，是文字表達。作家的文學寫作，應該成為最高要求。我說：今後的大學漢語專業，唯一要求就是——培養作家。培養不成，從事其他。」

他還說：「寫作需要訓練。做夢都想中國有一所專門教習文學寫作的學校或訓練班，全國各大學漢語系也要有文學寫作訓練。我們不培養作家，至少也能讓學員結業後可以寫一手好情書，騙騙姑娘，逗逗小夥子。」

他很看不起現在所謂的體制內作家，他說：「文學是個事。寫作是個事。唯獨作家，根本就不是個事。我爹今年九十了，五十年代在中國作協工作，常見一些作家戴個阿貓阿狗狐狸皮的帽子，甚至女作家的大衣也不好好穿，披著，好不威風。我說，那都是一群傻逼。我爹無聲大笑。」

他還說：「一個寫作者，女的忌諱不冷戴個帽子，男的忌諱室內圍個圍脖。須知，雅皮也是『土』。總之，寫作者的穿著很重要，不必刻意，不能如同『做鞋』開大會，女的普遍穿成個雞，男的普遍弄成個鴨。」、「中國文學現狀：專業作家，業餘水準。業餘作家，專業樣子。」

我從事了一輩子的技術工作，文學之心不死。到了晚年又回到了文學的路上，在文學上我只是個票友。但文學創作需要「票友」，因為「票友」的鑒賞水準很高，他們是最為忠實的讀者。但是，文學創作又最忌諱「票友」，雖然「票友」偶有尚佳之作，可他們令人討厭的「作家」姿態往往大於他們的寫作貢獻。我和他們有所不同，因為我雖然不以寫作為生，但現在寫作已經成了我日常生活的一項首要活動。

在中國，有許多作家連篇累牘地寫了一輩子，有的甚至著作等身，他們創作的純文學作品，耗盡了他們終身的精力。但是如果他們的作品再版，有誰還會看呢？

我曾經問一個哥們：「你怎麼不讀書啊？」他回答說：「這個世界上沒有值得我讀的書。」我完全傻掉了，吶吶著無言以對。須臾，我鎮定地對他說：「我要親自寫一本值得你讀的書，書店裡買不到的書。」

不才五年寫了一百七十萬字的紀實性文字，我的博客有五百多萬人次的訪問量。是時代眷顧了我，科學眷顧了我，因此我是幸運的。文學沒有遺棄我，我跟在文學的車輛後面跑，竟然追上來了，這是只有在中國才能發生的事情。

也許我沒有很高深的學養，也許我對世相的點評還很粗糙，但是在我身上有最可珍貴的人性的直覺，這種直覺會讓許多混跡文壇老謀深算的「作家」們黯然失色。

我現在也是作家，網路作家。誰敢說網路作家的層次就一定低呢？他娘的！

朱老師和周老師

朱老師和周老師都是我的恩師，我在內蒙古農業大學讀書的時候，他們都給我帶過課。朱老師一九五八年畢業於北京大學物理系；周老師大約也是同期，畢業於南開大學數學系。朱老師是湖南人，周老師是湖北人。他倆都有南方人的特質：治學嚴謹、細膩、聰慧。他們都大我一輪，我入學時二十四歲，他們大約在三十六歲左右。現在回顧，他們那時也很年輕。

首先我們幾位家在城市的知青都和他倆走的很近，成為忘年交。為何我們會成為朋友，我認為：我們幾位同學的家庭出身也不好；二來都有過艱苦困頓的生活經歷；三是對世事滄桑，看法都驚人地一致。說是良師，更似益友。

朱老師和周老師的家庭成分都不好，在那個年代屬於「臭老九」。「臭老九」是文化大革命中對知識分子的謔稱，有極左思想的人把知識分子排在地主、富農、反革命、壞分子、右派分子、叛徒、特務、走資派的後面，名列第九，故稱「臭老九」。

也有人考證，此說來源於元朝。那時，知識分子的等級排序在第九位，還不如妓女：一官、二吏、三僧、四道、五醫、六工、七匠、八娼、九儒、十丐。

這頂「桂冠」，中國知識分子戴了近二十年之久。嚴格說起來，知識分子其實連乞丐也比不上，因為乞丐的人身安全是有保障的，知識分子則隨時有生命危險，政府一不高興就拿他們的腦袋開玩笑……

朱老師和周老師月薪都是五十六元，我記得，那時在內蒙電建公司，二級工的工資是四十三點五九元，三級工的工資是五十一點三六元。堂堂大學教師的收入僅比三級工高四元多，其實也未必高，因為工人還有現場津貼、施工補助。

其實即便現在，號稱尊師重教，尊重知識尊重人才的年代，教授的工資也不如月嫂，如果和民國時期的知識階層相比，眼下知識者的經濟地位更是相形見拙。

在毛澤東時代，出身不好的知識分子很難找到對象。不好的出身猶如瘟疫，使女人們望而怯步，甚至有些躲閃不及。那些年最受女青年追捧的是軍人，再下來是工人。在大學裡，就連廚師的地位也比教授高。我就見過系裡的政治指導員隨意對教授們進行責罵，教授們還要像小雞啄米似地連連點頭。

因為出身不好，朱老師年近三十才結婚，妻子是一位校辦工廠的車工，東北人，初小文化程度。這位豐乳肥臀的女人婚後給他生了一男一女，我入學時他的女孩已經上了一年級，男孩還在幼紅班，兩個孩子煞是可愛。

周老師就沒有這麼幸運了，他也是三十出頭才找了一位北京知青。這位知青小他十歲，豐腴白皙，但容貌一般。不幸的是，這位知青嫁他的目的，只是為了拿他做跳板從錫盟抽回來，一旦達到目的就立刻和他拜拜了，給周老師造成了無盡的傷痛。說來也不全怪那位女孩，因為周老師身體孱弱，性功能低下，做不好那種顛鸞倒鳳的事情。

周老師視力奇差。他戴的眼鏡比啤酒瓶底子還厚。據說他的眼疾是由於下鄉搞「四清運動」時煤氣中毒所致的，南方人不會燒炕，臨睡時灶火裡的煤加得過多，燃燒不好就會產生一氧化碳。第二天上午他九點還在昏睡，因為要開會，領導派人去叫他，喊破嗓子他也不答應，來人破門而入，發現後把他抬到室外。經過搶救，命保住了，但視力大受影響。

周老師的高超在於不用備課，可以憑記憶在黑板上解析微分方程。即便是偏微分方程、偏導數的演算也能憑記憶在黑板上揮灑自如。

那時，我經常去朱老師和周老師家。朱老師住在筒子樓裡，兩個房間，門對門。一間住人，一間做飯和堆放雜物。那時大家都是一貧如洗，除了鋪蓋和洗換衣服，別無長物，就連床和桌椅也都是公家的。當然最可寶貴的還是孩子了，「有小不愁大，就怕養不下」。

周老師只住一間房，炒菜的煤球爐子擺在走廊。周老師很會做飯，切菜時全憑感覺，沒聽說有傷了指頭的事。周老師喜歡吃臘肉、徽菜和竹筍。我平生第一次吃竹筍就在他家，那天飯後他給我看那個忘恩負義的女人的照片，除了臉盤有點方正，倒也不太難看。周老師一點兒也不恨她，甚至懷念那些短暫的歡愉給他帶來的「性福」。

我畢業數年後還曾見過這兩位師長。上世紀八十年代初，我和同學去看周老師，周老師仍然住在筒子樓裡的那間小屋。那天他的屋裡還有一位青春靚麗的小妹妹，周老師說是他的姪女，從外地來，準備考大學，他在給她補課。

接著，同學老岳又領著朱老師來看我，那天我的伯父因胃癌要做手術，我正要坐公車去醫院陪床，在路口碰見了他倆。朱老師聽老岳說，我有不少文章見諸於報端，他很想拜讀。那些應景的文章說來實在慚愧，一篇小文的稿費僅夠給老婆買一雙尼龍絲襪，長度只能過膝，如果再長些的話，還得自己貼錢。我答應改日複印後送給朱老師斧正，然後匆匆告辭，沒想到自此一別又是二十多年。

此後不久，朱老師和周老師都第一批住進了農大為老教師蓋的住宅樓。八十年代初的住宅樓面積都很小，才五十平米，不過對於住慣了筒子樓的人來說，已經很難得了。甚至可以想見，他們搬家時的欣喜之情。

不才於二〇〇九年賦閒在家，無事之餘在新浪開通博客，發些對人生感悟的文章，及至二〇一〇年春節前，竟然已逾三十萬字。在朋友的攛掇下，在電力印刷廠少量印刷，分送各位好友。二〇一〇年春節後，我興沖沖地去給朱老師送書，在農大東家屬區遍尋不遇，後來才知道他在天津的女兒家長住，只有夏季才回來避暑。未見恩師，我一時悵然若失。

二〇一〇年夏季，我又和同學呂武通一起去朱老師家拜訪，這次終於見到了恩師。他已七十三歲，鬢髮斑白，已顯出老態。我將《老綏遠韓氏人生感悟》奉上，朱老師欣喜異常。他說，他已經辦好簽證，不日即將飛赴加拿大看望愛子，愛子曾經是訪問學者，現已在加拿大定居。女兒在天津的一所高校任教，已熬到副教授位置。那天，我未見師娘，據說是上街購物去了，有些遺憾。

朱老師的房子大約有八十平米，中等裝修，九十年代初，他升為正教授後即由五十平米的經濟適用房喬遷於此。那次和朱老師見面，有說不盡的千言萬語，我們同感世事滄桑、福禍相依及人生的短暫。

期間，我們還回憶起了當年朱老師為同學老岳和武鳳鳴寫的詩詞。朱老師喜歡詩詞格律，經常即興作詩賦詞，抒發感慨。一九七五年，我們全班下鄉去畢克齊對農民進行「社會主義教育」，我和朱老師睡在一盤大炕上，那時同學岳玉泉和武鳳鳴已「戲調初微拒，柔情已暗通」。老岳和小武一個郎才，一個女貌，朱老師很看好這段戀情。我卻不以為然，一個是貧下中牧的後代，一個是地主的子孫，他們會愛的熱烈？

記得那天早晨，天已發亮，朱老師已經睡醒，爬在枕頭上，手放在在炕沿上悉悉索索地不知在幹什麼？好像用筆在一張廢紙上勾勾畫畫。及至我也睡醒，他把那張廢紙遞給我，讓我分享他創作的快樂。他的詩描寫的是我們社教工作隊舉辦文娛晚會時，老岳與武鳳鳴的小提琴、揚琴合奏的情景。那次演出，效果的確不錯，贏得滿堂彩。朱老師的那首詩寫得很精彩，有點「大珠小珠落玉盤」的味道。

那張初稿我留下了，文字用紅油筆寫就，至今仍被我珍藏，那是他送給老岳和武鳳鳴愛情的獻詞：

——**樂聞居室**

君不見造化奇功巧奪天？萬物輔成理昭然！
提琴揚琴難相及，今宵喜見珠壁聯。
隱約南島椰林景，幾經彈拉現眼前。
婉轉悠閒龍游水，翻滾踴躍魚騰歡。
起承轉合復桃引，勝似「花兒與少年」。
變奏移調步步上，如理玉箏與擊磬。
叮噹忽下點睛筆，常把鮮花錦上添。
弓飛旋律金蛇舞，槌打滿盤協和絃。
霹靂風暴眉宇際，絢麗彩霞素指端。
熱鬧沸騰正酣處，嘎然一聲巧成篇。
戰士娘子何歡樂，琴師琴女亦翩翩。
鳳鳴歧山不可考，願見明月映玉泉。
無須千金相如賓，晨寢趁與憑口占。
欽慕二君新意匠，匆匆獻諸譜架前。
（一九七五年元月二日晨朱必文）

那天，我們從朱老師口中得知，周老師仍在八十年代初的蝸居中居住。按他的指點，我們很快又找到了周老師家。時值盛夏，周老師身著背心短褲，端坐在簡易沙發上。他已經雙目失明好幾年了，聽我說話，竟然一言就道出了我的名字。周老師沒有子女，眼下的生活靠農大的一位貧困的女學生幫助料理，他由退休金裡支付點酬金，作為報答。那天，我見到了那位女孩，她迎我們進屋後，又回到裡屋看書。周老師說，原本他的眼睛還能看見點光亮，後來醫學院附屬醫院的眼科大夫慫恿他做手術，結果手術後徹底瞎了。天氣好時，他可以摸摸索索地扶著樓梯下樓在單元門前散步。他還說，除了聽電視，再無任何精神寄託。對於前半生手不釋卷的人來說，這是何等的苦不堪言。他說想自殺，已經想了很久，但九十多歲的老母親還健在，因此有些猶豫。我們自然對他好生勸慰。

那天他的情緒很好，見到我們非常高興，我們一起回顧了七十年代的日子，雖然那麼艱苦，但仍有許多值得留戀的事情，他的聲音洪亮，好像除了眼疾，其他臟器均沒有大的毛病。

周老師的文學水準也很高，博覽群書，學富五車。及至高齡，許多唐詩宋詞仍能脫口而出。那天，他說的話很多，估計我們離開後他一定會很疲勞。唉，往事不堪回首，現在，我只能在此遙祝二位恩師健康長壽了！

《十大姐之歌》

黑黑的臉蛋火紅的心，
半老的夫人也懷春。
達旗人愛說普通話，
吃遍素飯想動葷。
心寬體胖發福早，
弄盡嬌羞百媚生。
燻雞好吃肋無味，
家居包頭鋁廠東。
挪前搬後不了情，
至今臥病在家中。

不才在內蒙古農業大學讀書時，班上有十位女同學，不才喜歡搞笑，曾擬寫《十大姐之歌》，進行戲謔，並無惡意。當年正值青春年少，淘氣自然難免，現在追記下來，以為紀念。

第一句描摹的女同學姓武，是個蒙古族姑娘，她是被兵團推薦來的，為人聰慧熱情，聽黨的話，跟領袖走，革命意志非常堅定。她的外號叫「黑女子」，是同學閻喜歡給起的，閻喜歡因為睾丸癌已經過世，不說也罷。

武妹妹對此外號一直耿耿於懷，前年還問我：「我當時真的很黑嗎？」我說：「反正我不記得了，也許那時你剛從革命生產第一線下來，皮膚被日曬雨淋，難免有點健康色彩，你不要介意。」

現在看起來，武妹妹並不黑，雖然說不上漂亮，但也模樣周正。不才的審美觀日趨滑坡，眼下見了四十歲的女人都能砰然心動。據哲人說：「如果一個男人覺得身邊的女人都很醜，說明他還年輕；如果覺得身邊的女人都很漂亮，那就說明他老了」，看來我真的是老了。

武妹妹至今思想仍然比我進步，她看完我博客裡抨擊時政的文章後對我說：「上次，我回錫盟，聽我父親說，說起來還是共產黨好。」其實我也沒說過共產黨不好，只是好好的一鍋湯，不時從裡面撈出一隻老鼠來，怎能不讓人蹙眉疾首呢？

武妹妹的賢婿老岳也是我的同班同學，我和她的賢婿過從甚密。老岳他爹當年是內蒙古水利廳的副總工程師；母親是四川人，也屬大家閨秀。老岳兼有內蒙人的粗獷、睿智和南方人的纖巧、細膩。老岳是呼市二中老高三畢業生，學業無人可比，音樂體育無所不能。老岳性格隨和，為人善良，只是讀書時對黨和社會主義愛的不夠深刻，行為也有點自由散漫，他能和武妹妹能在一個鍋裡攪稀稠，實屬意外。

第二位寫的是北京知青老徐，那時我二十四歲，她已二十六歲了。其實二十六歲擱在眼下也不算大，但在當時，農村女人三十四歲當婆婆的不在少數，二十六在我眼裡已經是一個令人恐怖的數字了。

徐大姐相貌平平，氣質平平，胸部平平。她非常喜歡我們班的一位姓付的上海帥哥，也許是姐弟戀，或許就是一般的友誼？反正每天走得很近。我常常想：如果則天武后在世，付哥們不會讀大學，第一批就入宮了。這麼說吧，如果當年拍《紅樓夢》，物色演員，有付哥們在，就輪不上歐陽奮強。付哥們那個帥氣呀，皮膚那個白皙呀，一般女人看了都會嫉妒到死。

後來聽說徐大姐在北京郊區的水磨石廠工作，此刻應該在家含飴弄孫。

第三個妹妹姓王，是從伊盟達拉特樹林召農機廠來的，屬小家碧玉。王妹妹文化底子薄，但是學習異常刻苦。她和班裡的幾位北京上海人走得很近，和貧下中農子女反而有些疏遠。每天上下課，去圖書館，去食堂，都和徐大姐、付琪如影隨行。不到一年光景，說話聲調再無鄂爾多斯的沙土味，已接近北京郊區的口音了。

王妹妹紅顏薄命。她曾傾心於付哥們，但付哥們後來娶了與我們同屆的農機設計班的一位北京女孩，那個女孩是位大家閨秀。王妹妹認定付琪與她分手完全是徐大姐從中作梗，至畢業時，已和徐大姐水火不容。

遺憾的是，王妹妹從此自暴自棄，後來嫁給了河北涿州的一位喪偶的老大學生。凡事福禍相依，近日得知，王妹妹的女兒就讀於北京大學，是軟體專業的碩士研究生。王母已九十高齡，仍耳聰目明。我想，女兒的聰慧一定是得益於那位老哥哥的優秀遺傳基因，母親的健康和內地良好的醫療條件不無關係。我常常暗自為她祝福。

第四位是韓姐姐，年長我一歲，從小不吃肉，畢業多年，息交絕遊，和任何同學都不往來。也許和她的哮喘病有關？不得而知。二〇〇五年，大年初一的晚上，我和同學呂武通去她家探視，她家裡啥也沒有準備，後來看我們決意要留下吃飯，給我們拌了一鍋拌湯，拌湯也行，不吃白不吃。

韓姐姐的父親在內大當木匠，她說，她父親啥忙也給她幫不上。她父親會做棺材，但她說，現在都是火葬了，校長也用不著那個玩意兒。

第五位是郝妹妹。入學時才十八歲，長的豐腴白皙、面如滿月。她的夫君牛處長也是我們的同班同學，郝妹妹是毛澤東時代的典型美女。豐乳肥臀。如果讓貧下中農來分析，一定是個多子多福的女人，可惜現在計劃生育不讓多生。雖然郝妹妹性格溫良敦厚，但是牛處長很懼怕她，見了陌生的女人都不敢說話。郝妹妹一定有相夫教子的秘訣。

第六位是在內蒙古大學職業技術學院教書的張妹妹，她後來官運亨通，一直做到了系主任。張妹妹很漂亮，一笑兩個酒窩。但是在學校時，衣服穿得肥大，包裹的很嚴。看不出婀娜的身姿來。

去年我們一同參加同學兒子的婚禮，她問我：「韓哥，『弄盡嬌羞百媚生』是啥意思呀？」我說：「那是說你長得喜人呢！」「你那會兒咋不說呢？」我一時語塞。

後來我和同學呂武通說起此事，呂說：「人家那是逗你玩，即便說，還不是碰一鼻子灰嗎？人家是靚女，又比你高半頭！你獐頭鼠目、瘦小枯乾，還想吃天鵝肉嗎？」我連連點頭稱是。

張妹妹教子有方，兒子和兒媳都是博士後，兒媳是雲南的少數民族，張妹妹全家是民族團結的模範。

第七位女同學是烏盟卓子山的，姓于，畢業後被分配在烏盟工業學校教機械製圖。此女瘦小羸弱，係那個年代營養缺乏所致。但卓子山盛產熏雞，揚名整個華北。

前幾年于老師來呼市，牛處長做東在滿都拉賓館宴請于老師。我有幸作陪。那天于老師的女兒及姪女也在場。我們剛入學時她的姪女才四歲，一晃三十五年，姪女都成了學業有成的女強人，唉，世事滄桑呀！

第八位女同學讀書時家住包頭鋁廠宿舍，畢業後又被分在了鋁廠工作，她是個典型的相夫教子的好女人，據說她的家裡窗明几淨，一塵不染，現在這樣的女人猶如鳳毛麟角。

第九位是宋姐姐，她的老公付河寶也是我的同班同學，宋姐姐官至內蒙古黨委統戰部某處處長，現在也退休賦閒在家了，臨畢業時，付河寶坐在前排，她也把桌子搬到前排，付河寶把桌子移到後排，她也隨之搬到後排，有情人終成眷屬。

第十位是楊妹妹，楊妹妹伉儷都是我的大學同班同學，寫以上的打油詩時，已經開學好久，她還在家裡病休。上世紀九十年代初，她的老公銀守貞曾來呼市找過我，求我給他幫忙。原因是他有十幾萬元的電纜壓在手上無法出手，債主相逼，沒有退路。我當即找到了內蒙古送變電公司變電處的汪主任，汪主任查遍歷年來內蒙古電力設計院的變電站的圖紙，銀守貞的電纜都不在常用電纜的範圍。

汪主任遺憾地對我說：「韓工呀，如果他的電纜十年之內能用上，我也就收下了。關鍵是他的電纜如果入庫，恐怕永遠都不見天日了，將來我退休了，後人不戳我的脊樑骨嗎？」

不知道銀守貞是上了什麼人的當？他本想發財，卻被徹底套牢。他回到包頭後，一天騎車上街，半路上心口疼，下車蹲在路邊喘氣，就此撒手人寰。

去年楊妹妹來呼市參加婚禮，始知她的女兒也出閣了。戲劇性的是，她幾乎同時也嫁給了女婿的父親，母女倆同嫁父子倆，不知該如何稱呼？我私下和別的同學說：「他媽的，那家人的便宜可占大發了！」同學們都竊笑不已。

發糕

一九七三年，我在內蒙古農業大學讀書時，一下課就去排長長的隊買飯，叮叮噹當地敲自己的飯碗，然後將一大塊玉米麵發糕和一大勺燴菜，不品滋味地胡亂吞下。

那時的食堂不像現在的大學食堂，飯菜有許多的品種，可以自己點菜，然後再劃卡。那時，我們每個月的飯票都是提前印製好的，上面印著日期及早餐、午餐、晚餐字樣，至於哪天哪頓飯吃什麼，給的量多大，全憑食堂管理員來決定。

主食數年一貫制都是玉米麵發糕。菜也就是一種：大燴菜。大燴菜裡沒有肉，沒有豆腐，也沒有粉條，只有白菜和土豆。饅頭偶爾才有，每逢吃饅頭，薩拉齊來的一位老兄就會高興地說：「今天有點心了！」我問他：「你管饅頭叫點心，那管街上賣的點心叫啥呀？」他回答：「叫精點心唄！」

人餓了吃啥都是香的。薩拉齊的哥們叫郝志昌，他的肚皮非常大，女同學吃不了的發糕，他都會要過去大快朵頤。我看他狼吞虎嚥地吃發糕時也感到很愜意，但老郝對發糕的喜好常遭到同學們的揶揄。

不知是誰給起的，老郝的外號叫「老盜皮」。一次，班裡舉辦晚會，我用同學的姓名或外號做謎底，出了好幾道謎語，其中一道是「年深日久，鑽牆逾穴，金玉其外」。我一說出來，有的同學就喊：「老盜皮！」

好像那時我們只是營養不良，還不是很餓，因為每次吃完飯，餐桌上到處都扔著半截甚至完整的發糕，那是女同學吃不了剩下的。我的家離學校不遠，家裡養著一大群雞，母親每天早晨早早就起來給雞剁菜，然後在菜裡拌上玉米麵來餵。一天，我有意在最後離開餐廳，然後用書包把餐桌上所有的發糕一掃而光，騎車送回家裡去餵雞，從此我們家的母雞產蛋量猛增。

一天我的小妹妹告訴我：「哥哥，你們學校的發糕真好吃！」我說：「那是桌子上搜羅來的，不乾淨呢，你們怎麼會吃？」妹妹告訴我，凡是完整的發糕，母親都用菜刀把六面分別切下一片，把芯取出來，給家人吃了。唉，饑不擇食呀！

儘管那時我們每天饑腸轆轆，但是政治覺悟還是日趨高漲。我們深知，世界上還有三分之二的人民處在水深火熱之中，等待我們去解放；阿爾巴尼亞、古巴、越南、朝鮮等亞非拉美的人民都需要我們去援助。我們今天能吃上發糕，不忘世界上還有多少受苦受難的人民就連發糕也吃不上；我們今天吃發糕就是為了明天不吃發糕！

記得那年坦贊鐵路通車了。坦贊鐵路完全是我國無償援助的，也有我們天天吃發糕，從牙齒縫裡省出的錢。但有一件事情，使我感到很沮喪。在坦贊鐵路通車儀式上，尼雷爾總統說：「美國、蘇聯、中國都是我們的好朋友。」「他媽的，熱臉貼在了涼屁股上了！」我忿忿地想。

有專家說，不要小瞧玉米麵，其實玉米麵中保存著一些細糧中沒有或含量少的營養成分，比如植物纖維。植物纖維可促進腸道蠕動，使人體排便順暢，加強代謝功能，皮膚也會變得更有光澤。但不管專家如何說，至今只要有人一提起發糕，我的胃裡立即就會有酸水湧出。

那時只有到了節假日，學校才會給我們改善生活。但飯量大的同學一份兒根本不夠吃，每逢此時，我就找出和飯票一樣的紙，用繪圖筆，蘸著繪圖墨汁，自己來畫飯票。那時我就擅長篆刻，我能把篆字刻得「細若蚊足，勾畫了了」，因此描摹宋體字，信手拈來。不過即便可以以假亂真，我們還是不敢大意，專找眼神極差的廚師去買飯，因此屢試不爽，數年之內沒有出過事。

你說，我算不算辦假證的鼻祖？造假證的是否應該給我塑個金身，把我供奉起來，從此香火不絕呢？

同學們也佩服我的巧手和藝術天賦。可惜那時黨不讓我進藝術院校，否則我也會成為一代大師。記得開班會時，我能用粉筆雕刻裸女，玉乳高聳，兩個米粒大的乳頭都歷歷在目；下面私壙隆起，一絲細縫兒依稀可見。一個女同學看完後，從粉頸處給忿然掰斷。

唉，不能再說了。再說就離題了。

派飯

上世紀六七十年代時，我經常下鄉。去抗旱、去支農、去進行社教。鄉下沒有食堂，吃飯就被安排在老鄉家裡，叫做「吃派飯」。吃派飯，每頓飯半斤糧票，兩角錢，是政府的規定，不多給，也不准少給，更不准不給。

吃派飯的規律都是從這個村子最前邊或最後邊的一頭開始，挨家挨戶地輪流指派。派飯的權力一般掌握在村上的會計或保管手裡，條件太次的人家，他們有權跳過去。

經常下鄉的人都有經驗，對於情況熟悉的村子，吃飯時不用村幹部指路，一家一天地吃下去。吃了飯放下糧票和錢就走，也不用說什麼客套話。

我在後山下鄉時，曾遭遇過一次吃派飯的尷尬，村保管給我選派了一戶最典型的人家吃飯。那天，我一進這家，只見一位半邊臉上有胎記的中年婦女，正蹲在灶膛旁燒火。她一見我進門，就哇啦哇啦地迎我上炕，原來這個女人是個啞巴。在鋪著破炕席的土炕上坐著一位好像是總也不梳頭不洗臉的老太太，懷裡抱著一個不滿周歲沒穿衣褲的小女孩。老太太雖然雙目失明，但她聽見我進屋，挺客氣地說：「家裡不乾淨，隨便坐吧。」

我在沒有炕沿的土炕邊上，坐了大約二十分鐘，那個啞巴女人從鍋裡舀了一碗黑綠色的大燴菜，端上桌來。這個啞巴女人在端飯時，黢黑的大拇指插在碗裡。把碗放在飯桌上後，又把手放在自己沾滿污垢的前大襟上。反覆地擦拭。儘管我當時肚子已經餓得咕咕叫了，見狀頓時沒了食慾，不吃又怕違反勞動紀律，所以，只好強擰著鼻子，端起飯碗，準備就這樣吃下去了。我剛要吃第一口飯。啞巴女人又從鍋臺上端上來一盤玉米餅子。還沒等她把餅子放穩，老太太懷裡的光屁股女孩，「噗」地一聲拉了一泡稀屎，稀屎不僅拉在了老太太的懷裡，估計還濺到了飯桌上，啞巴女人只顧收拾孩子的屎，把手裡拿著的玉米餅子放在了一片稀屎的土炕上，這時，我實在忍不住了，險些嘔吐出來，於是放下飯碗慌忙下地，把半斤糧票、兩角錢，放在了飯桌上，背起書包，落荒而逃。

後來我和村保管說起此事，他眯縫著眼睛笑個不停，說：「我又不是故意的，實在是趕到那家了。」第二天我去供銷社花一元錢買了一瓶燒酒和兩盒煙，送給了那個保管，後來他再也不往太窮的人家打發我了。

一九七四年，我還在土左旗參加過社教工作隊。那時村裡對工作隊另眼看待，輪到誰家，老鄉們都會盡力做一頓好飯來招待，不是烙油餅就是擀麵條。那時候一人一年才分幾十斤麥子，出不了多少白麵，很是金貴，等到新麥子快下來時，大多數人家的面缸裡早已空空如也。這時候工作隊來吃飯，沒有面的人家就會去有面的人家家借一兩碗白麵來，面少了不值得蒸饅頭，又麻煩又費火。不如烙油餅擀麵條省事。

一天，我在地裡和社員挑大渠，苦很重。早飯吃的是玉米麵糊糊、攤花兒，不經餓，中午回來已是饑腸轆轆。趕到派飯的那家，看到有兩碗撈面擺在桌子上，端起一碗就狼吞虎嚥地吃了起來。

再說這家有個五六歲的孩子，做飯時看見他媽在廚房煮麵條，吵著要吃，他媽說：等這個叔叔吃剩下了你再吃。孩子不鬧了，眼睜睜地看我吃飯，那天，我吃了一碗才吃了個半飽，我剛端起另一碗，那個小孩子就哭著去院子裡找他媽：「人家都吃完了！」說著大哭起來。搞得我萬分尷尬。

記得一九七五年在商都辦學習班時，午飯派在一個寡婦家，那個寡婦很窮，有七八個孩子。那是個冬天，她家非常冷。正在做飯時，水蒸汽把家裡打的啥也看不見，等水汽下去，才發現有一排孩子衣衫襤褸地依大到小靠牆端坐在炕上。

那個寡婦給我擀了一碗麵條，麵條做的味道很寡，只是熗了點蔥花，撒了點鹽。就這點麵，還是她轉了半個村子借來的。

麵條端了上來，幾個小孩子也圍了過來，眼睜睜地看我吃飯，那個最小的孩子口水流的滿胸脯都是。我吃不下，眼睛有點濕潤，我用筷子把麵條挑起，依次餵給了各個孩子。

那個寡婦的眼睛也紅了，她說：「實在對不起了公家人，娃娃們不懂事。」

後來，我也從她鍋裡舀糊糊喝。糊糊不知是啥麵的，裡面煮著幾根乾豆角，豆角皮又乾又硬。糊糊沒有一絲油星，連點鹽味都沒有，寡婦給我在糊糊上面舀了一小勺辣椒糊。我一邊吃一邊猶豫，嚼不爛的渣滓是吐出來還是咽下去。看看這個寡婦，竟然吃得乾乾淨淨，一點渣子也沒有，我也只好把豆角皮強咽下去。心裡鼓勵著自己，再堅持一段，等回了呼市就好了，眼下不管吃什麼，都要填飽肚子。

在農村吃派飯時常會遇到一些尷尬事。有一位女工作隊員特別愛乾淨，平時吃東西也很講究。農村當時衛生條件又不太好，特別是夏天，家家有蒼蠅。這位女隊員有一天去吃派飯，在飯碗裡發現了一隻死蒼蠅，頓覺胃裡翻江倒海，終於控制不住自己，跑到院子裡吐了。房東忙問怎麼了？可她又不好意思說出真實的原因。我只好給她打圓場說：「沒事的，她可能是懷孕了。」把我們那位大小姐氣的回去大哭了一場，和我半個月不說話，因為人家那時還是姑娘呢。

還有一次，是在冬天，因為天氣冷，那家做飯時水汽彌漫，啥也看看不見。主婦把燴菜盛上來時，家裡的霧氣已漸漸消散，我用筷子頭一扒拉燴菜，竟然發現，菜盤裡有一隻童鞋，不知道童鞋是如何搞到鍋裡的，主婦嚇得臉都白了，連聲說對不起。我頓時胃裡翻江倒海，落荒而逃，後來，不知那鍋燴菜她家吃了沒有。

有時候，老鄉的實在也讓你發愁，吃燴菜時給你舀得過多，大瓷碗還要冒尖。你剛剛把那個尖尖吃下去，冷不防，人家又從天給你蓋下來一勺。讓你吃也不是，不吃也不是，苦笑不已。

唉，真是說起來令人唏噓不已的派飯呀。

二蓧麵

在上世紀六七十年代，內蒙古土默川的老鄉們，每天的主食為二蓧麵。即百分之三十的蓧麵和百分之七十的高粱麵混合而成。蓧麵好吃但產量低；高粱產量高但難以下嚥，因此先人們為了日哄肚皮，就想出這個絕招。那時人民公社啥也好，就是口糧給的少，不如此填不飽肚子。

但二蓧麵的功力，著實讓吃過此物的人們難忘。有歌為證：「二蓧麵不但社員要吃，幹部也要吃。二蓧麵最容易吃，真正消化就不容易了。要把二蓧麵當做細糧來吃，吃了就要拉，搞好肥料革命化，搞好肥料革命化。」

二蓧麵吃的時候還算順當，但一旦進到肚裡就不好消化了。二蓧麵裡含粗纖維多，在腸道裡待的時間很短。肛門細的人好進不好出，先是要憋氣，待滿臉通紅時，再放鬆肛門，全身用力，將直腸裡等候多時的二蓧麵擠壓出去。低頭看時，一條半尺長的黑紅蔔浪盤桓在茅坑裡。整個努力的過程像婦女生產一般。

二蓧麵也可以像蓧麵一樣做出好多花樣。有「魚魚」、「餃餃」、「囤囤」、「塊壘」等等，但口感比蓧麵差了許多。因為摻了高粱，所以蒸熟的二蓧麵顏色暗紅，土旗有句罵人的話，不知道看官是否聽到過：「二蓧麵捏球，真是配對顏色了。」

記得有個南方籍同事對我說：他剛去武川下鄉時，開始不知蓧麵，更不知二蓧麵為何物。他吃了好長時間的二蓧麵，春天種地時，還問搖耬的老農：「大爺，這蓧麵也種了，高粱也種了，啥時種二蓧麵呀？」呵呵……

製作二蓧麵是個非常辛苦、繁瑣的營生。首先要把蓧麥高粱篩簸乾淨。高粱還相對省事，蓧麥就比較麻煩。蓧麥芒必須在篩簸時搓乾淨，不然人吃進去胃裡受不了。蓧麥芒搓下來就會到處飛，無孔不入，鑽進人的衣服裡就會「如芒刺背」，使人奇癢難耐。所以，再熱的天氣篩簸蓧麥時，女人們都要包裹得嚴嚴實實，衣領處還要纏上毛巾。篩簸乾淨的蓧麥高粱還要淘洗，晾乾後在炒鍋上炒。炒蓧麥和高粱是個技術活，火候、成色都得精心把握。火輕或火重都直接影響食物的顏色和口感。蓧麥、高粱炒好後，就可以磨麵了。早些年，常見人們把蓧麥、高粱攤在碾子上壓。人或毛驢拉著碾桿一圈圈地在碾道裡轉。碾完了還要收攏到籮子裡篩。三番五覆，辛苦異常。自從有了電磨，一合閘，電機「嗡」地一轉，須臾，一切都搞定了。

那個年代，土旗的農戶一日三餐是兩稀一稠，早晚都是稀的，午飯大多是二蓧麵。每到晌午，家家戶戶的風箱一停，一籠熱氣騰騰，暗紅色的二蓧麵就端了上來。只有親戚朋友來了，才給趺雞蛋、下掛麵，或烙油餅、炒雞蛋。客人吃飯時，不懂事的娃娃眼睛直勾勾地著看。客人哪能吃得下，於是象徵性地吃一點，然後就和主人家一起吃二蓧麵了。

高粱是大秋作物，生長期長，後山無霜期短種不了高粱。但是後山養牛養羊又需要高粱作為飼料；蓧麥產量低，前山人愛吃，又不適宜種植。因此物資交換這種最低級的商品經濟，在這裡仍然盛行。

一九七五年冬天，我在畢克齊搞社教。恰趕上隊裡要去後山換蓧麵，我出於個人目的跟車同行。記得那是雪後的一個晴朗日子，雖說多時封閉的公路已經開通，但斷斷續續的殘雪依然是行車的大患。老「嘎斯」吱吱呀呀地上路了，車樓裡很小，只能坐三個人，車廂是布篷的，裡面沒有暖氣還走風漏氣。我坐在車樓裡，穿一件白茬皮襖還感到透心涼，腳下的大頭鞋也不管用，雙腳幾乎麻木了。不知道車廂裡的幾位弟兄是否還活著，車行一會兒就把他們換進車樓裡坐坐。不過他們在車廂裡都用狗皮褥子圍著，好像沒有生命之虞。

大青山上白雪皚皚，腳下的山路曲曲彎彎，間或有超車鳴笛的聲音，都是那種小輪胎低車廂載重五噸的日野車，看著那種耀武揚威地樣子，實在令人嫉妒和生氣。

翻蜈蚣壩時，轉彎多、坡度大、緊貼懸崖的雪後的三級路面，著實讓我心驚肉跳，但司機卻氣定神閒，吹牛說：「當年我在青藏線上開車時，比這危險十倍，尤其翻越二郎山時，下面是萬丈深淵，一旦掉下去連屍骨都找不到。那時，我一天至少開一千五百公里，瞌睡了，手扶住方向盤，還要打個盹。」

他的話，聽得我心驚肉跳。我說：「師爺，今天你可千萬不能丟盹呀。同時我也在心裡一直祈禱上帝：我這輩子可啥壞事也沒幹過，您讓我順順當當地到家吧！」

快到武川時，天色漸漸黑了下來，老嘎斯開大燈行駛，遠光燈還正常，近光燈時有時無、時亮時暗，形同鬼火。隨著前方不斷變化的路況場景，我一陣陣眼前出現幻覺。突然光柱中出現一隻黃羊，在燈光的視界裡狂奔，也不懂得拐彎。司機頓時來了精神，保持與黃羊二十至三十米的距離追了七八分鐘後，那隻黃羊突然栽倒在一個土坑中。急忙下車查看，只見黃羊口鼻出血，估計心臟已經破裂，我們欣喜若狂地把獵物抬上了車。

車到武川後，晚上吃的就是二蓧麵，是房東大嫂一隻手四根給精心搓製的，因為我們是客人，高粱麵摻的很少，又給我們上籠現溜的羊肉臊子，吃的我們滿身大汗，感到十分愜意。

在講求營養、食不厭精的今天，二蓧麵作為一種特定時代的食物已隨那個時代遠去。但它所承載的那個年代人們的生活形態和情感蘊涵卻不會消逝。有時，人們去西貝蓧麵村還故意點食二蓧麵，當服務員把二蓧麵端上來時，大家都會露出驚喜的神色，那種久違了的感覺就會油然而生。

鄉間惡俗

一

在北方的農村，男女之間相互的性騷擾非常普遍。一九七五年我和同學去武川縣大南房子公社實習，就親眼直擊了那裡農民的惡作劇。

一天，早晨剛下地，還沒鋤兩壟麥子，人們就又坐下了。男人們抽旱煙，女人們納鞋底子。男女在一起總是沒有多少好話，正話說的好好的，三下兩下就又轉到房事上了。那天，生產隊王會計一邊吞雲吐霧，一邊指著隊長媳婦鳳蓮說：「鳳蓮可是個好媳婦，愛說那白天呢，愛說那黑夜呢，都行！」鳳蓮反唇相譏說：「狗嘴裡吐不出象牙來！」王會計調笑間又換了個人，指著婦聯主任愛花說：「我是個大老粗，要多粗有多粗，我的粗細愛花知道，她的深淺我也知道！」愛花杏眼圓睜，反諷道：「你的粗細，你們家老母豬也知道！」記不住王會計又騷擾了誰一下，只見愛花給眾姐妹使了個眼色，五六個女人突然起身，朝王會計圍了過去，還沒等王會計反應過來，他就被一幫女人按到在地，摁手的摁手，壓腿的壓腿，愛花解開了王會計的褲帶，好幾個女人都慌忙從田裡抓起一把土，土裡還有雜草、樹葉，幾乎同時塞進王會計的褲襠，連揉帶抹地塗在了王會計的陰部。這時除了幾個年輕姑娘扭頭不看，其餘所有的人都哈哈大笑，有的人甚至笑出了眼淚，開心極了。王會計並不惱怒。須臾，起身整理一下衣服，抖抖身上的土，又招呼大家趕快動彈了。

那天鳳蓮和愛花的老公也都在場，他們目睹老婆的瘋狂舉動，也都笑的喘不過氣來。

在那時的農村，人們活得枯燥無味，男女之間的調笑或曰性騷擾，是唯一開心的事情。比如某女手上扎了根刺，疼得直吸溜嘴，旁邊的半老徐娘就開導她：「夜黑地那麼粗一根扎上都不怕，今兒個這麼細一根卻直叫喚？」一聊到臍下三寸的話題，人們往往開懷大笑，疲乏頓消，聊到興起，就拄著鋤把，停下來大侃，甚至整個一排人都停下來聊天。直到隊長發聲：「咱再動彈動彈哇！」人們才又緩緩地發動起來。

二

一九七五年，我在土左旗畢克齊進行社教的時候，目睹了一對青年男女的婚禮過程，那是在一個很大的院落裡，新婚男女站在屋簷下，主持人、證婚人陪伴在左右，院子裡擠滿了圍觀的人們。在拜完天地、拜完父母後，突然，有一群後生擁上臺，把事先準備好的道具拿了出來，分別塞在了新人的手中。只見道具被用細繩拴著，上端繫在一根小木棍的端頭，新人各持一根小木棍，像提溜著一個燈籠一樣提溜著那個道具。

那天，我們幾位男女同學站在最後面，看不清他們提溜的是什麼東西，於是我們擠上前去觀看，幾位女同學突然臉色羞紅地走了，我這時才看清，男女新人手中提著的分別是橡皮泥狀的男女性器，形狀和顏色非常逼真。只聽得幾位老鄉在旁邊笑著議論說：「二蓧麵捏球，真是配對顏色了。」我們這才知道，這個道具是用二蓧麵捏製的。

幾位後生在不停地調教新郎與新娘，讓他們分別提著面塑的道具進行碰撞、接觸。那對新婚男女臉色羞紅，慌亂地不知所措，雙方手提的道具都在不停地晃動與旋轉，根本無法正面接觸，而不能正面接觸又不算數，他們做出了最大的努力也不合格，尷尬極了。所有在場的人都在歡呼與喝彩。他們開心極了，甚至感到比過年還要紅火。

回去後，我們幾位男同學還在興奮地議論這件事，那幾位女同學鄙夷不屑，一位還氣憤地罵：「這裡的人真流氓！」

文革婚戀紀實

情書範例

文革中，我因為出身不好，寫給女友的情書常常被對方黨組織截獲後審查，對方黨組織說我有嚴重的小資情調，給我公司發函，要求對我抓緊革命教育，為此我多次受到土建工地劉書記的責罵。後來，他把愛人寫給他的情書拿給我看，想讓我從中受到啟發。那封情書至今還被我收藏：

尊敬的光亮同志：

你好！你的來信收到了。知你在單位政治上進步很大，我們家裡人都很高興，我也很高興！家裡一切都好，請安心工作，別惦記。

毛主席教導我們說：「世界上沒有無緣無故的愛，也沒有無緣無故的恨」，列寧說：「從來的愛，都是一定階級的愛；從來的恨，也都是一定階級的恨」。我們「生在紅旗下，長在甜水裡」，是沐浴著黨的溫暖陽光長大的無產階級革命後代，我倆的感情是無產階級革命感情，這種感情是世界上最純潔、最偉大的感情，有了這種感情，我們做革命工作的積極性會更高，工作熱情會更加高漲。今年冬天，公社召開搞農田水利基本建設，我們大隊的任務是幫助李家溝修「大寨田」，由於開展了「抓革命促生產」錦標賽，大家幹得熱火朝天，工地上，一輛輛小車推得飛一樣的快。想到我是基幹民兵，又剛剛交了入黨申請書，我就主動提出參加「青年突擊隊」，和男勞力一樣幹重活累活，公社工作組的王書記到我們工地上來檢查，還特別表揚了我。幾天下來，雖然很勞累，還病倒了兩天，但我的精神是愉快的，心裡是甜的。在床上躺著的那兩天，一想到你，我就覺得病好了很多。

現在春節剛過，地裡活不多，正好有時間可以好好讀毛主席的書。只是我文化程度不高，有些字還得查字典對著看，你學習毛主席著作學得透，對毛澤東思路領會得深，你一定多幫助我，我想讀完了四卷後，再讀《馬恩選集》，我們一起學習，一起進步，做又紅又專的革命接班人……

最後祝你學習進步！工作順利！身體健康！精神愉快！

此致革命的敬禮

玉梅　一九七〇年八月二十日

徒工不准戀愛

文革期間，學徒工是不准談戀愛的，如果私自談戀愛，一但組織上發現，輕者延長出徒時間，重者會被開除公職。火電公司土建工地小型機械班的石景山，是位從部隊轉業下來的幹部，到了三十五歲，老婆還沒有著落。一九六五年，火電公司招了一批徒工，恰巧給他們班分去了一個小姑娘，那個女孩十八歲，長得眉清目秀，石師傅天天晚上派那個女孩在泵房裡看水泵，看的看的倆人就好上了。一天晚上，他倆正抱在一起親嘴，被工地主任逮了個正著，那個女孩因此被單位除名了，石師傅也正好娶了她。

結婚證書

結婚要領結婚證，但那時具備結婚條件的人要寫結婚申請書，經單位領導研究批准，並出具單位介紹信，婚姻登記處才予以受理。申請書必須要寫的情真意切，能夠感動領導才行。

我偶然翻出「文革」時期領的「結婚證書」，想起當年結婚登記的情景，頗覺好笑：

當年我是在呼和浩特回民區登記結婚的，記得我們先在單位拿到了同意結婚的證明，然後才去的區委民政辦公室。正襟危坐的文書要我倆並排站好，對著毛主席像畢恭畢敬地鞠躬，然後跟著他念一段毛主席語錄。當時我們念的是：「下定決心，不怕犧牲，排除萬難，去爭取勝利。」我們在念語錄時，辦公室的門口、窗外早已圍著一些看熱鬧的男男女女，他們也許想先學一學，將來輪到自己時好對付，但我感到他們好像在動物園看猴子表演，看得我倆渾身好不自在。

念完語錄後是分頭談話，內容是：聽毛主席話，跟共產黨走，做一對革命夫妻。折騰了約半個小時，文書才取出兩本粉紅色的《結婚證書》，叫我們分別填寫和簽名，這兩本《結婚證書》如今看來倒有收藏價值。

《結婚證書》封面上方有顆紅色五角星，牽帶出一鏡框圖案，內印有毛澤東語錄：「我們應該謙虛，謹慎，戒驕，戒躁，全心全意地為中國人民服務！」扉頁在框內印著：「最高指示：我們都是來自五湖四海，為了一個共同的革命目標，走到一起來了……我們的幹部要關心每一個戰士，一切革命隊伍的人都要互相關心，互相愛護，互相幫助。」打開封面，第一頁是一個放著光芒的毛澤東頭像，下面是林彪手書的：「偉大的導師，偉大的領袖，偉大的統帥，偉大的舵手毛主席萬歲！萬歲！萬萬歲！」結婚證書的封底還有兩條毛主席語錄：「我們作計畫、辦事、想問題，都要從我國有六億人口這一點出發，千萬不要忘記這一點。」、「要使我國富強起來，需要幾十年艱苦奮鬥的時間，其中包括執行厲行節約、反對浪費這樣一個勤儉建國的方針。」

一場結婚登記，就像上了一堂毛澤東思想教育課。不過，當時結婚登記是免費的，領到《結婚證書》沒花一分錢。

那年去美國考察時，北京美國大使館的美國鬼子，曾翻開我的結婚證好一陣研究。不知道他們的結婚證和我們的有啥區別？

《新婚夫妻手冊》

領結婚證時，民政部門還發給我們一本《新婚夫妻手冊》，翻開一看，第一頁上半部分是紅彤彤的嵌框大號字——「毛主席語錄——要鬥私批修！」再往後翻，記不住是第幾頁，只見上寫：「革命夫妻在新婚之夜，要先團結，後緊張，本著循序漸進，由淺入深的原則。尤其是男同志在一開始時，要特別注意謙虛、謹慎、戒驕、戒躁、關心和愛護革命女同志。」再下一頁接著寫到：「革命夫妻每一次不宜將運動深入持久地進行下去，以免影響休息。要保持充分的睡眠，以便第二天能以飽滿的激情投入到火熱的革命工作中去。」

文革婚禮程序

如果說二十世紀六十年代初的婚禮簡單如白紙，那麼文革期間的婚禮就是燃燒的火焰了。文革中人們談婚論嫁的時候，首先的標準是要看出身，看成份。工人和貧下中農成份是硬槓槓，共產黨員是最佳的配偶。地富反壞右或者是他們的子女，即使男子高大英俊，姑娘貌美如花，也常常是俊男娶醜婦，靚女嫁惡夫。雖說不合理，但那是當時的時尚。婚姻裝束是清一色的藍色制服，時髦一點的則穿上綠色的軍裝，「革命伉儷多奇志，不愛紅妝愛綠裝」，貼切地反映了當時人們的價值觀念。

記得文革時期婚禮的基本程序是，婚禮開始，新人與賓客一起揮動《毛主席語錄》敬祝偉大領袖萬壽無疆，接著是新郎新娘共唱《東方紅》或是《大海航行靠舵手》，學兩段毛主席的「最高指示」，向毛主席像三鞠躬。那時有的婚禮也有「三拜」：先拜偉大領袖，再拜革命群眾，最後才是夫妻對拜。

不堪回首新婚時

我結婚時，是租用呼市西郊孔家營子老鄉的房當新房，婚床是把兩張單人床合在一起的，還從單位借了一套桌椅。被褥也是兩個人的被褥合在一起的，床上鋪的呼市毛紡廠生產的毛毯，價值五十四元，這是父親送給我們的最為實用又最為昂貴的禮物。這條毛毯我們一直使用至今。

四面的牆壁上，是寫滿了毛主席詩詞的「紅海洋」，還有妻子貼上的一些樣板戲的劇照。桌上擺的兩個暖瓶和一套水杯算是很實用的結婚禮物，還有三四個搪瓷臉盆也是同事們送來的。

「最最珍貴的禮物」是「中國革命攝影學會」編輯的《毛主席是我們心中的紅太陽》畫冊。這是十幾位大學同學湊錢買來的，入洞房的當晚我倆還在欣賞「最最珍貴的禮物」——《毛主席是我們心中的紅太陽》。

結婚的那天，我的幾位朋友一早趕來，打掃衛生，貼毛主席像，還準備了一些香煙和花生、糖果之類的食物。幾個不錯的哥們，借幾輛自行車，到新娘宿舍，把新娘接來，接著，不斷有客人來祝賀，送上一幅畫，上面簽著好多的人名。人們抽煙，吃點糖、花生，說點笑話，然後就走了，也不請客。那時在農村還擺些宴席，城市一般沒有。到晚上，有些關係不錯的同事再來鬧一下，很早就散了，唉！好沒意思，哪像現在這麼熱鬧。

黨支部劉書記那天代表組織來慶賀時對我說：「你們結革命的婚，好得很，堅決支持你們的革命行動！你們不要度低級下流的蜜月，要照常上班幹活。」他還用上了那時廣播裡反覆說的話，要我倆「團結起來，爭取更大的勝利！」

婚後第二天我倆就照常上班了，各自在食堂裡打飯吃，晚間回到這間簡陋的新房裡睡覺。

記得那天晚上客人散盡後，妻子望著小山似的《毛選》堆對我說：「這麼一大堆書，賣不能賣，吃不能吃，燒更不能燒，用的話，不要說我們的兒子、孫子，就是到了重孫輩，恐怕都用不完呀！」

「沒關係。」我開導她說：「兒子死了有孫子，子子孫孫是沒有窮盡的！我們的小書山雖然高，卻是不會再增高了，用一本就會少一本，有什麼用不完的呢！」

唉！如今已步入晚年的我，參加過多少親朋的婚禮都已淡忘了，但對自己在文革中的非常婚禮卻記憶猶新，每每想起來都會有一種涕笑皆非的感覺。

我的老婆是焊工

據報載：「一九七〇年六、七月間，陳伯達一反常態，特意穿上軍裝，在林彪的支持下，竄到華北各地亂跑亂說。陳伯達先溜到天津、唐山、石家莊，後又竄到太原、大同、包頭等地，到處接見駐軍，召開群眾大會，發表講話，製造聲勢……」

但是，妻子卻說她很感激那個陳伯達，就是這個陳老漢，一九七〇年竄到包頭，也不知道是出於什麼目的，也許是出於狼子野心，故意和偉大領袖作對，突然對包頭市的領導說：「今年應屆畢業的娃娃們都不要下鄉了，都給安排工作算了。」於是天下掉下來的餡餅，一下子就砸在了她這個初中生的腦袋上。

那年秋天，妻子被安排到內蒙古電力建設公司工作，她們那一批去電建公司的學生有十幾個，大多安排在安裝工地，焊接隊的也有幾個，不知道是何原因，妻子被安排在了公司的職工子弟小學當老師，給一年級的小學生代課。

聽妻子說，在小學教書每月的工資是三十多元，但在焊接隊當焊工可以拿到五十幾元。因為焊接的氣體及輻射對人體有危害，焊工除了保健津貼之外還有肉蛋等特殊供應。那時岳母家真窮，一九六九年岳父因肝癌去世時，妻子十八歲，下面還有三個弟弟兩個妹妹都張口等飯吃，家裡的生活一時陷於困頓。岳母那時在東河區糧庫給人家縫麻袋，業餘時間還給工地脫坯，岳母雖然那時才四十多歲，但屬於解放腳，走起路來歪歪扭扭，試想端起三塊裝滿濕泥的磚模，走到晾磚的地方反扣在地上，這哪裡是一個女人能幹得了的營生？苦不堪言呀。妻子一工作，家裡就有一點寬鬆了，你說她們怎能不感謝那個林彪的死黨呢？

人心不足蛇吞象，妻子有點得隴望蜀，看到同學收入比她高，於是就去找領導，說死說活不想教書了，也要去焊接隊當焊工。她鼻涕一把淚一把地向領導哭訴家裡的困難，領導說：「其實比你文化高的人有的是，當初主要看你家庭出身是貧農，把孩子交給你這樣的無產階級後代我們放心。你既然實在不想幹，那就算球了吧！」於是她就來了焊接隊。

看官有所不知，世界上沒有好來的錢。電建公司的焊工是個又苦又累又髒的營生，據說因為輻射，壽命還要縮短。後來實踐印證，此話並非荒謬，因為她的那些師傅及同學們大多都早早離世了，她能安然活到現在，全憑嫁了我這個好老公。

當焊工之苦，其次在於蹲。一蹲就是半天，蹲在那腿就麻，慢慢腿就沒有感覺的了，甚至焊完就站不起來了。為了適應，妻子就天天練習蹲著，幾乎半年之中她的體重就減了二十多斤，再後來一蹲大半天根本就不費勁。

在妻子當了幾年焊工後，腿部靜脈嚴重曲張，猶如幾十條蚯蚓再爬。不得已於一九九三年在內蒙古醫院做了手術，外面的靜脈血管全部抽出，僅依靠腿內部的血管運行。

人們不想當焊工主要還不是累。你看這個「焊」字，旁邊是火，上邊是日，底下在幹活。這個焊工的「焊」字就決定了焊工的工作性質，要天天頂著烈日，旁邊用火烤著。

當焊工最厲害的就是一個是燙，這要過苦肉關。妻子胸部因燙傷留下的疤痕特別多，那時，即便大熱天穿著厚厚的工作服，焊渣掉上面，或者火星掉上去，隔著衣服就能燙起一個大水泡。

七月流火的夏季，腳下的鋼板能曬到六十多度，加上火焊一烤，燙的站不住腳。四周像一個蒸籠，恨不得把人身上的水分都烤乾了。

尤其那個電弧焊，電弧溫度是六千到八千度，掉下來的瞬間溫度也得近千度，後來有人看見妻子的疤，以為她是皮膚病，妻子告訴他這是燙的，人家問她當時有多疼，她說也沒感覺多疼。

有時，因為空間不夠，她還經常仰焊。焊花飛濺，都鑽進了脖子。最厲害的一次，就連持面罩的空間都沒有，她僅戴一個護目鏡，咬住牙、忍住痛，分幾次把管接口焊完，等她鑽出來時，師傅們都哭了。

妻子為了苦練技術，用去的短管足有一馬車。那些短管都是合金管，車工切成十公分長的短截兒，在一端車上坡口，用此來練習手法。那時，等別人來上班的時候，她往往都練了一兩個小時了；晚飯後也總是練到天黑，才拖著疲憊的身子回宿舍去。

「只要功夫深，鐵杵磨成繡花針。」後來妻子經過哈爾濱鍋爐廠、武漢鍋爐廠中央實驗室的考核認證，拿到了高壓焊工的執照，在電建公司名噪一時。

在電建公司當焊工最難的一點，就是爬高，如果有恐高症是絕對不能勝任的。電建公司的女焊工膽子都賊大，不過那也是沒辦法，是逼出來的。上主廠房、煙囪、水塔，都需要從外面的露明鋼梯往上爬，一不小心掉下來就會碎屍萬段。雖然外面有一圈護欄，也能使當今中性化的男人們肝膽欲裂、魂飛魄散。

我曾聽師傅們說，五十年代，電影《護士日記》的主要外景地就在包頭第二熱電廠一期工程工地上。妻子的師傅趙改梅，曾做過王丹鳳的替身。主廠房有五十米高，別說電影演員，就是一般男人打死也不敢往上爬。有一場戲，女主角要爬鋼梯上主廠房頂部，趙師傅換上了王丹鳳的衣服往上爬，攝影機只照了個背影。

電影分鏡頭劇本中還有女主角走在主廠房框架頂端的鏡頭，那是女主角去給工人師傅們送藥的。主廠房框架頂端的寬度不足半米，王丹鳳身背藥箱，在塞外淩厲的寒風吹朔中，搖搖晃晃、戰戰兢兢。這個鏡頭是一個男師傅做的替身。

我大學畢業後，來到內蒙古電管局工作，妻子也隨之調到電管局供應處的物資倉庫當保管員了，她從此脫離苦海。她那時已經三十多歲了，我吩咐她，你不懂不要問人，我來教你。整整有半年時間，我每天晚飯後給她補課。從金屬材料的規格型號；合金元素的含量；型材板材的檢尺；庫房材料的「五五碼放」，我邊學邊教。直至她對所管的物資瞭若指掌，甚至對各種合金材料的元素含量都能脫口而出。人們驚異她是個無師自通的人，誰能知道我在背後的辛苦。

數十年後，我在達拉特電廠的擴建工地見到一個法國專家，他對中國竟然有女焊工覺得特別驚訝，因為歐盟國家就認為女人幹不了焊接。他通過翻譯問一個女工，你去不去法國，我們高薪聘請你，並說想讓她去帶動歐美國家的女人搞焊接。那個女工未置可否，他又跟翻譯說，一年的稅後收入可以達三萬歐元。

我非常鄙夷我黨的高官們換老婆，按封建社會的律條，對於婦女有「七出之條」，但同時還有「三不出」，其中之一就是「賤娶貴不出」。即一個男人在貧窮時娶的妻子，在後來富貴時是不容許休棄的！否則就要被治罪。許多男人不曉得，當一個女人衰老時，結髮之夫仍能陪伴在她的身旁，該是件多麼幸福的事情。

回憶領袖「駕崩」時

一九七六年九月九日，我新婚燕爾，在呼市西郊孔家營子居住。那天下午，我從果園回來，快走到供銷社時，遠遠看見有人聚在電桿下聽廣播，我似乎聽到了些什麼，但是聽著聽著就覺著不對勁了，這次不是一般的大幹部了，前面說的一大串職務，都是導師、統帥、舵手這些，莫非是他？毛主席？簡直太不可相信了，太突然了，之前怎麼一點跡象都沒有，他是要活一萬歲的呀，雖然民間流傳的說法也很明確地說，活一萬歲是不可能的，但活一百五十歲是北京的專家剛研究出來的呀？完全可能的，現在還沒到一百歲嘛，毛怎麼這麼不經活？他的命怎麼這麼脆弱，不爭氣，這麼快就交代了？……

我嚇壞了，因為這件事情對於我來說猶如天塌地陷，猶如一顆彗星正以每小時五萬公里的速度朝地球飛來。雖然毛死了，我心中有點竊喜，但不知道沒有毛的中國將會如何？日本鬼子會重新佔領中國？國民黨會反攻大陸？我不得而知……我騎車徑直向市里奔去，出了這麼大的事情，我必須回家和母親商議！

在回市區的路上，我看到路上的行人們都停下了腳步，聆聽廣播裡的不幸消息，人們都自動低頭默哀，很多人止不住放聲大哭。

那時，母親已經病休，我到家時，她正在翻閱《聖經》，她還不知道這個消息，我也不知該如何表達「毛主席死了」這樣的意思，當時全中國的人恐怕沒有一個人敢說得出口。說「賓天了」、「駕崩了」母親也聽不懂。於是我低聲對她說：「毛主席逝世了！」

母親沒聽清，反問：「失事了？咋就失事了？」

我只好貼著她的耳邊悄悄地說「那個姓毛的老漢死了！」

「啊，毛主席怎麼會死呢？誰都能死，他也不能死啊！不是說要活一百五嗎？」

我說出這句話，如釋重負，但母親頓時臉色蒼白，臉上的表情也變得複雜起來——悲哀中帶著驚恐。母親說：「唉呀，他死了，那我們以後怎麼過呀？」

那時，許多人聽到毛主席去世的消息，都不約而同地感到，中國就要滅亡了，然後心情都非常憂鬱，心想沒有了毛主席可咋辦？資本主義要復辟，地主資本家會反攻倒算殺害勞動人民，無產階級的紅色江山就會變色，然後勞動人民就要被剝削被壓迫，就要受二遍苦，遭二茬罪……

九月十八日，我參加了呼市新華廣場舉行的追悼大會，那天下午兩點整，廣場上已經黑壓壓地站滿了人，鴉雀無聲，一片莊嚴肅穆的景象。

三點鐘到了，市內所有的警報氣笛齊聲鳴響。汽笛聲後，高音喇叭中的哀樂開始在空中迴響。新華廣場萬人默哀。莊嚴的《國歌》、《國際歌》又隨之響起。

我站在隊伍裡，緊閉雙唇，不敢亂說亂動，老老實實地聽那高音喇叭裡傳來的，不知聽了多少遍的哀樂聲。這些單調的音符，彷彿充塞了整個空間，並覷準每一個縫隙，讓它們無可逃匿。突然，離我不遠處，一個人倒下去了，像中了槍彈，卻沒有一點聲音。周圍沒有人動，是不敢動，還是不知如何動？直到場外負責警戒的人來了才把他扶走。轉眼間，一切如初，像什麼也沒發生過一樣。然而，不一會兒，又有一個姑娘倒在地上，情景重複如上。追悼會時間不長，但加上開始站隊和等待的時間，對那些身體或精神脆弱的人來說還是太長了，他們真的挺不住了，就好像大救星死了，中國就挺不住了一樣。

那天，會場內外都事先安排了很多治安保衛人員和醫護搶救人員。這個安排還真的派上用場了。有好多群眾當場哭的昏迷過去了，工作人員迅速將其抬上救護車，送往醫院搶救，因為救護車不夠，忙不過來，工作人員就用擔架把昏迷職工直接抬到附近的鐵路醫院，好像在戰場上搶運傷患一樣，悲痛、緊張、壓抑。

退場的時候，有的人仰望著毛主席像遲遲不肯離去，有的哭抽筋了，兩條腿不聽使喚，站不起來，只好由工作人員攙扶著慢慢退場。

我站的位置靠前，又不敢東張西望，所以，不知道一共有多少人倒下。幾年後，我調到了內蒙古電管局上班，一天上班沒事，我和辦公室的一位女同事閒聊起這件事。她說：「還說呢，我就昏倒了！」我問：「當時什麼感覺？」她答：「開始就是感到有點熱，心裡發空，後來就越來越站不穩了，不知什麼原因，突然腦袋『嗡』地一下就倒下了。其實我身體挺好的，那天也不知為什麼。」我問：「咱們單位當時昏倒幾個？」她答：「不知道幾個，反正一會兒一個，一會兒一個，後來我也堅持不住了。」她邊說邊笑，完全失去了當年的凝重。

那天，我看到所有的人們哭成一片，雖然也想裝，但就是哭不出來。也許我的心腸有點硬，更重要的是我真的沒感覺到「老人家」對我有什麼恩情，我十七歲被打成了現行反革命、牛鬼蛇神；二十歲又被打成「內人黨骨幹分子」，期間九死一生。

當我低垂頭顱混在擠擠挨挨的葬禮行列中，周圍數百人的嚎哭一陣陣如爆炸般轟鳴，怎麼辦？那些年我常常暗自落淚，但現在竟然一滴眼淚也沒有，我不能無動於衷，此刻必須痛哭！於是我瘋狂地搜索悲慘的記憶，忽然想起文革中「邱書記」被紅衛兵用銅頭皮帶打的皮開肉綻的情形，及邱書記被屈辱歪扭的胖臉，老淚溢出……我一陣眼熱，下齶趁勢抽搐，幾秒種後，我成功地哭起來。

看到有許多人哭得死去活來，我後來問他們：「你是怎麼哭出來的？」有人說：「我是想到一九六〇年挨餓的事，就哭出來了。」；有人說：「我是想我奶奶被餓死時的情況，就哭出來了。」；還有人說：「站在隊伍裡覺得不哭又不好意思，想哭又哭不出來，於是就想最悲催的事：被別人打？狗日的，不可能，從小到大都是我打別人；後來我想到了老爸，一想到他掛著大牌子，彎腰站在批鬥臺上，被打手打的滿臉是血，就哭出來了……」

哎呀！一晃快四十年過去了。毛依然躺在那裡，當時的孩子們現在也都年過半百了！

近日北朝鮮的金正日壽終正寢了，在電視上看到平壤的人民如喪考妣，捶胸動足、呼天搶地，痛不欲生的樣子，讓我也回想起我們的一九七六年。

聽說在北朝鮮，部隊戰士每天也只有四兩玉米麵，一個個面有菜色，餓的皮包骨頭。為什麼仍然如此熱愛他們的領袖呢？我百思不得其解。

有好友說：「政治領袖等同於精神領袖，也就是教宗！這種離世的悲哀，是常有的事，羅馬教宗如果一下子離世，很多西方人也會是這個樣子！」

他還告訴了我法國革命家羅伯斯庇爾的一句話：「過往的行人啊，請不要為我哀傷，如果我活著，你們誰也活不了！」

我於是恍然大悟。

服喪軼事

一九七六年九月九日，偉大領袖駕崩。全國各地都舉行了隆重的追悼大會。服喪期間的奇聞軼事層出不窮，雖然已過去數十載，但至今說起來仍令人忍俊不禁。不才不敢私藏，寫出來與大家共用：

一、聽表弟說，當年他們參加追悼會時，前後左右的同學都大放悲聲，他正努力擠出了幾滴淚水，突然領隊的女老師哭的捶胸頓足，一聲尖利悠長哭叫，把他嚇了一跳，他忍不住哈哈大笑起來，這時後腦勺重重挨了一巴掌，原來背後還有壓陣的男老師。那一巴掌，打的他天旋地轉，兩眼直冒金星。

表弟還告訴我，有一個同學趁著低頭鞠躬那一會兒偷著吃爆米花，他們班長站在他後邊要拉著他要去告老師，那個同學給了班長半袋，班長才算甘休。

二、一個同事說：「那天，我看到不少人哭得上氣不接下氣，不禁撲哧一笑，孰料被民兵小分隊扭進了派出所，我急中生智說：『我沒笑！你們難道不知道哭臉和笑臉很像嗎？』我堅持到天黑死不改口，才被放了。」竊以為，這個哥們真聰明，當時換了我，恐怕至少也有一年半載的牢獄之災！

三、另一年輕同事回憶：「那年，我們全校操場哭喪，三鞠躬時，前排有個同學連續放屁，幾個同學實在憋不住笑出聲，遂聽到屁聲的都跟著笑，後更多人笑。校長責令班主任查，告密者都指認我帶頭笑，五天停課寫檢查挖根源在班上宣讀。好在不久就畢業了，也沒有大的傷害。」

四、一家在農村的同事說：「那時，我們鎮裡要求村裡挑會哭的人去鎮上參加追悼會，像我這樣不會哭的人沒資格。」至今還記得他說的一句話，「日他個媽啊，那雜種當時哭得比他爹死了都還厲害！」

他還說：「那年，我們村開追悼會，小學生進會場前怎麼也哭不出來，被老師一巴掌打哭後推進禮堂的，不只我一個孩子。後來我們老師對家長說，這是為孩子好，我相信老師說的是真的。」

五、另一家在農村的同事說：「那幾天，我們村各生產隊都在抓階級鬥爭新動向，五類分子不准亂跑亂動，社員不得消積怠工，不得搞娛樂活動，不得結婚出葬。有一個社員要娶媳婦，因在毛澤東未死前就定了日子，按俗規是不得違定日，他無數次向公社書記請求，公社書記氣憤地說：『他沒有結過婚的嗎？不結婚就會死人嗎？』哎，真橫蠻無理！」

他還說：「就在那幾天，一個五類分子死了，按鄉俗三天必須出葬，再加之天氣炎熱屍體不能久放，可出葬時正好是毛澤東追悼大會，那當然不允許出葬，於是死者家人跪著向公社書記求情。公社書記大發雷霆：『不行！階級敵人臨死都不安好心，想沾毛主席的光！』直到追悼大會開完第二天才出葬，據說臭氣難聞。」

六、一個哥們回憶說：「那時，商品經濟是空白，跑遍全呼市也休想買到花圈，大家只好自己動手做，用白紙折疊白花，用漿糊粘。漿糊這東西也沒有賣的，也要自己做，在沸水中摻麵粉攪成粘稠狀。要知道，那個時候個人家裡麵粉很少，家家都是吃粗糧，麵粉要去單位後勤部門領。於是，大家趁機多領麵粉，省下的麵粉在辦公室的爐子上拌疙瘩湯吃。那個時候，也沒有什麼酒店、大餐什麼的，就這些疙瘩湯，在我們看來就是最好吃的東西了，真希望這樣的事情能多來幾回。」

七、其實我那時也挺悲催的：在毛走後，單位發給每位職工的黑紗，用完後有些人扔了，我捨不得，看看這玩意兒挺好，就用來做了兜布。這個事情被同事知道了，認為我反動，揭發了我，我差點被抓進去。

八、一九七六年九月十七日，呼和浩特鋼鐵廠有一名工人被鐵花圈砸死。那天，在往新華廣場運送花圈的途中，他在卡車上用手扶著鐵製的花圈架子，誰知，因為汽車拐彎，花圈傾覆，這位師傅被活活砸死。九月十七竟成了他的忌日。

九、也是那一年，新疆生產建設兵團伊犁農四師霍城六十一團，在團部大禮堂開過追悼會後，留下的花圈誰也不敢處理。誰料到，五個月後，在這裡開大會時，這些花圈著火，燒毀禮堂，死亡六百九十四人。從起火到屋頂塌落，一共只用了半個小時。

火是由一個十二歲的小學生燃放花炮引起的。在遇難者中，十六歲以下的少年兒童有五百九十七人。另有一百六十一人受傷致殘。六百九十四人做了偉大領袖的陪葬，這是歷朝歷代活人陪葬最多的一次，偉大領袖從此不會孤寂了。

我曾住過地下室

一九七六年我大學畢業，因為多年沒有大學生進來了，內蒙古電管局幹部處欲留我在電管局本部工作。那時我的大妹妹麗平高中畢業，正面臨下鄉，當時政府有個政策，就是一對父母的身邊只可以留一個子女，如果我去外地工作，妹妹就不用下鄉了。我婉轉地向管人事的幹部提出此事，她們也感到為難，因為去包頭工作，屬於調動，還要經過內蒙古人事局和包頭人事局，手續很繁雜，幸得有忘年交白處長的幫忙，此事前後經過半年多，我終於得以去包頭電力修造廠工作了。

我剛去電力修造廠工作時，廠裡沒有住處，暫且在東河賓館棲身。吃飯也在賓館的餐廳，是桌飯，每天一元錢的伙食標準，我一個月五十多元，吃飯就占去一多半。飯菜的味道不行，量也給的太少，每次開飯時，十個人像搶一樣，如果手腳多少慢一點，就不能吃飽。

那時我剛結婚不久，妻子還在內蒙電建公司的呼市電廠工地工作，家安在呼市孔家營子。孔家營子的房牆壁單薄，屋頂也簡陋，四處走風漏氣，兩間大的房子生一個小火爐子，煤也不好，冬天凍死人。我不在家時，妻子用四五個葡萄糖瓶子灌上開水暖被，她形容像老母雞抱窩一樣，就這樣半夜裡也仍然冷的瑟縮發抖。貧賤夫妻百事哀，這就是數十年來，我始終和她不離不棄的原因。

孔家營子的老鼠非常多，也非常大，大的有一尺長。如果我是廣東人，一定會用來改善伙食。記得我過年回家時，把耗夾子支在老鼠經常出入的地方，半夜裡正在夢中，聽得一聲響動，起身一看，一隻老鼠被斃命。然後把耗夾子用爐火烤一烤，去掉血腥味，再次支起來，須臾又能打住一個。記得最多時，一晚上能打死五六隻。

我在包頭賓館居住時，一次妻子來包頭看我，她剛剛進屋，擦了一把臉，正要坐下休息，房間的門就被服務員用鑰匙打開了，上下把我妻子打量了一番，然後問：「你們是什麼關係？」我說：「這是我老婆！」

服務員再次問：「結婚證呢？」

我說：「她在呼市工作，是來看我的，帶什麼結婚證？再說她也許不在這裡住，一會兒要去看她的媽媽！」

服務員冷冷地放下一句話走了：「如果在這裡住，必須要有結婚證，這是我們賓館的規定。」

後來不久，妻子也調到包頭電力修造廠工作了，我倆都住在單身宿舍。那時包頭的房子非常緊張，許多工作幾十年的老工人都沒有福利房，有的在外面租一間小涼房，有的三代人擠在兩間平房內。為了我的妹妹，為了給母親分憂解愁，我和妻子做出了很大的犧牲。

一天晚飯後，我和同事在院子裡乘涼閒坐，有的同事說，老廠的汽輪機基礎裡面能住人，而且曾經住過一對夫妻，如果你們有勇氣，可以去試試。我突然來了興趣，再說我們夫妻分居也不知何時是個頭？我讓那個同事帶我去看，他深一腳淺一腳地把我領入了那個地下室。其實這裡和毛澤東在韶山的防空洞差不多，裡面漆黑一團，有點陰冷，但我用手電筒四下照射了一番，覺得還是不錯的。

這個房間是上世紀初包頭電面公司的汽輪機基礎，據說廢棄前的機組還是大日本昭和年間生產的。不知何年、何月、何人給四面砌了牆，安了門。裡面粉刷的也很白。我請電工在裡面安了好幾個五百瓦的白熾燈泡，裡面頓時如同白晝，也沒有了潮氣，好在那時用電也不花錢，燈泡可以一天二十四小時地長明。

次日，我在裡面進行了大掃除，一邊幹，一邊心中暗自高興：我終於又有家了，我的家風雨不動安如山，汽輪機基礎的四根大柱子每根都有辦公桌粗，別說七級地震，就是十四級地震也不會有事的，唐山的那些倒楣貨。哪有我這條件？

我逐一把寄放在同事家的家具和衣物都搬了過來。當晚搬家的時候，車間的支部書記在院子裡看到了我，他正顏厲色地警告我，不許把廠裡的東西拉出去，同時勸告我，汽輪機基礎裡住人會得病的。他說啥我不在乎，但他那種居高臨下的說話方式實在讓我接受不了，「良言一句三冬暖，惡語傷人六月寒」，如何不叫我對他腹誹。就是這個傢伙，他的妻子後來因計劃生育手術失敗，喪失了行走功能，每天出入全靠輪椅。而我的妻子至今卻非常健康。誰說老天爺不公道！

住進汽輪機基礎裡一個多月，就入冬了。妻子找水暖班的師傅給安了暖氣，整個冬季裡面是非常舒適的。第二年開春，電力修造廠有史以來的第一座三層住宅樓建成了，許多望眼欲穿的老工人，老幹部都輪不上，我卻在首批的考慮之列。緣由是「那是地下室，怎麼能住人呢？」其實，一是小平同志主政，知識分子的地位節節提升，再者，同情弱者畢竟是中國人的傳統。

我剛住進樓房，是感到很風光的，曾經讓許多人豔羨不已。不過我在包頭僅僅待了四年，等妹妹一就業，就調回呼和浩特內蒙古電管局工作了。這座樓的位置就在東河區河北小街的路口，不知現在還存在否？

我常常想：毛澤東在延安都住窯洞，穿打補丁的褲子，晚上睡覺，熱炕能把褥子引燃，棉褲也燒開大洞，我等草根賤民吃點苦又算得了什麼呢？

苦難對於成功的人來說屬於財富，對於一蹶不振的人來講才是滅頂之災。

技術員郭智仁

上世紀七十年代我在包頭電力修造廠金工車間當技術員的時候，那裡還有一個技術員叫郭智仁。我那時二十多歲，老郭已經四十多了。

郭技術員畢業于北方兵器工業學校，聰明睿智，思維敏捷，但是最大的缺憾是身材不足一米，是個侏儒。

老郭年近三十時還未成家，既是個大齡青年，又是個困難戶。試想一下，誰家的女兒肯嫁一個侏儒呢？男大當婚、女大當嫁，廠長也為他感到憂慮。

天無絕人之路，一九六二年，國家困難，許多國有企業紛紛下馬。包頭三電廠根據國家政策也要精簡一大批人員回鄉務農。適逢這次精簡，廠長開動了一番腦筋，他在待精簡人員中為老郭物色了一個河北籍的女青年，這個女青年身材有一米六，相貌姣好，皮膚白皙。

廠長找到這位女青年談話，開誠佈公地對她講：如果她肯嫁給郭技術員，就可以繼續留在廠裡工作，否則就捲起鋪蓋捲回老家。

女青年為此輾轉反側、夜不能寐，此事她自然要反覆平衡：回到河北老家將面臨餓死的危險；留在包頭，至少每月有二十七斤的糧食可吃、三十多元的工資可拿。

經過激烈的思想鬥爭，她終於決定：「刀山可上、火海敢闖」，嫁給老郭又何妨？

老郭終於與此女喜結良緣，他無限感激黨的溫暖，工作更加努力勤奮。

我一九七六年大學畢業分配到電力修造廠的時候，老郭已經是三個孩子的父親了。大兒子有十七八歲、大女兒有十二三歲、小兒子也有五六歲了。

老郭的孩子都長的很高大，眉清目秀、聰明活潑，沒有一個侏儒。因此我猜想，老郭的疾病是後天的，按科學家說法是腦下垂體出了毛病，沒能得到及時治療。

老郭的工作十分順心，畢竟搞金加工幾十年了，技術上得心應手，歷次漲工資都沒受到影響。他唯一煩惱的是家務活兒太重，他不止一次地對我講：「我來辦公室就等於休息，回家我都快累死了。」也聽同事講，幾乎所有的家務活兒都是他的，他回到家裡幾乎疲於奔命。不過我想：你既然有所圖，就得有所失吧！人家一個身材健美、如花似玉的大閨女都嫁給你了，你即便每天給人家洗腳，也不算為過呢。

我對老郭是十分尊重的，一次我和他去烏拉山電廠出差，吃飯歸來，一大群小孩子跟在我們後面起鬨，都讓我用半頭磚給嚇唬走了。

記得老郭曾對我說，一九六〇年，包頭三電廠有個鍛工，身高一米九幾，非常能吃，供應的四十五斤糧也不夠他吃，每天開完飯了，他還逗留在賣飯的窗口不走，向裡面不住地張望。後來廠長吩咐食堂管理員，打飯時適當多給他一點，但也無濟於事，他後來仍然被餓死了。老郭以此來證明，同樣的糧食定量，身材矮小的人就足夠了，誰說侏儒沒有好處呢？

文章帶來的禍患

一九七九年，我在包頭電力修造廠的金工車間當技術員，由於喜歡文學，又趕上文學藝術的春天，因此工作之餘勤奮筆耕，不時有文字見諸報端。

但是有一篇文章給我帶來了禍患，使我銘心刻骨，至今回想起來仍懊悔不已。那是我寫的一篇文學小品，發表在《包頭日報》的副刊上，那時電力修造廠每個車間都訂有《包頭日報》，那篇小文竟在一個早晨給全廠帶來了一場不小震動。文章具體內容如下：

離下班時間還有半個鐘頭，車間裡好多人就走了。車間黨支部書記開會回來，一進車間就不由地倒吸了一口涼氣。他又往裡走了走，只見車間東南角還有一臺工作燈亮著，馬達也在不停地轟轟旋轉著。劉書記見此情景，臉上頓時又現出一絲寬慰的笑意：「誰還在幹哪？」他高聲問道。

青年工人小李正在聚精會神地車一根檯燈的燈桿。聽到這突如其來的問話，心裡有些慌亂。他想把私活藏起來，但已經來不及了，只好聽天由命。他不安地抬頭一看：啊！是劉書記，真是謝天謝地！他長長地噓了一口氣，心裡想：「要是張主任那就糟了，什麼也瞞不過他那雙眼睛。」還沒等小李打招呼，劉書記已到了跟前，小李滿手油污，滿臉是汗，不好意思地對他笑了笑。

「別人都走了，你怎麼還沒走？」劉書記又高興又疼愛地問道：「車的什麼活兒？」

「地腳螺栓！」小李一邊回答一邊用卡尺裝模作樣地量著尺寸。

「哦，好！」劉書記看了看小李車的活，就高高興興地幫他往工件上澆冷卻液，還用一種贊許的眼光望著小李……

第二天，在車間大會上劉書記批評了車間紀律鬆散的現象，同時當眾表揚了小李，他還要求大家說：「我們每一個同志都要學習小李遵守勞動紀律，廢寢忘食的工作精神！」

不少人向小李投來了羨慕的目光，只有個別人在交換眼色，竊竊私語，臉上露出會心的微笑。

儘管金工車間的書記不姓劉，但仍然有許多人去書記那裡挑撥離間，說我的文章就是在含沙射影地諷刺他。認為書記是可忍孰不可忍，不應該表示沉默。但書記城府很深，從此對我耿耿於懷，見了我目光總是冷冷的。

我因為此文得了五元錢的稿費，卻影響了一級的工資。因為所有的車間技術員兩次百分之四十都長了工資，唯有我是個例外。

此後，書記多次批評我不下車間勞動。我的本職工作是搞工藝裝備的設計及編製工藝流程，我如何勞動、勞動什麼呢？為了在書記面前示弱，我工作之餘，常常主動去和臨時工搬運半成品件，但是仍然收效甚微，時不時會感到來自書記的壓力，我感到非常鬱悶，

個別班長為了討好書記，也趁機來刁難我。一次我設計了一把鉸刀，鉸刀的形式是從一本外文期刊上看到的，各個齒呈不均等分佈，銑工班長拿著圖紙找到我說：「我當了一輩子銑工，也不知道銑這樣的齒該如何掛論，小韓你來給我掛吧！」

幸好我當時住在廠子裡，技術書籍都在家中堆放，我對這位班長說：「我先上趟廁所，回來幫你解決好嗎？」

我急如星火地趕回家中，翻遍典籍，終於找到了依據，然後銘記在心，匆忙趕回車間，才算下得臺來。

我終於在那裡待不下去了，申請調走，書記不批准。後來內蒙古電管局下調令調我去局機關工作，他仍然刁難，必須讓我寫調動申請，說明調動原因。我氣憤地說：「又不是我要調走的，是局裡要調我走的，原因你去問局長吧！」他這才作罷。

我後來常常想，此事如果擱在一九五七年，右派分子的帽子我是戴定了。

我也終於明白，頂頭上司是萬萬不能得罪的，許多年後我仍然不斷地告誡我的兒子，決不能得罪自己的頂頭上司。你可以罵鄧小平，可以罵江澤民，但是車間主任你是絕對不能罵的。此事在美國也是如此，你可以罵總統，但是絕對不能罵老闆，因為老闆是你的衣食父母，總統鞭長莫及，又能把你怎樣呢？

小小說創作要領

我開始學習寫小說，還是在文革剛剛結束的時候，記得有一篇小小說寄到《鹿鳴》文學期刊沒幾天，編輯就約見我，說我的文筆不錯，小說的立意也可以，就是情節有點荒唐，如果想發表需要大動干戈。

記得我的那篇小小說名字叫《覺悟》，是寫一個縣長，在一位女下屬的誘惑下，一時糊塗上了床。當他把生殖器插入的那一瞬間，突然想到了自己是共產黨員，想到了組織上多年來對自己的培養，想到了毛主席一九六〇年有半年沒吃肉，想到了為革命出生入死的戰友（幾個想到，全是從革命文學《歐陽海之歌》裡學來的，在此聲明，不敢掠美），毅然把生殖器拔了出來，從該女的肚皮上爬起，整裝離去。

《鹿鳴》的小說編輯根據我的文章，對我進行了詳細的指教。他說：「你作為剛入門的新手，一定要熟練掌握以下幾個公式：

渴望＋障礙＝衝突

衝突＋行動＋結局＝故事

衝突＋行動＋結局＋情感＋展示＝小說

衝突、行動、障礙是小說的基本構架（線條），情感和展示是作者的基本寫作技法。」

此外，還講了有關視角調控、人物設置問題等諸多技法，他說：「小說的核心就在於故事情節的構思，而沒有衝突就沒有故事，沒有故事發展下去的動力運作機制。當一個人物出現了『渴望』，你又必須給他設置一個『障礙』，這個『障礙』的力度必須是越大越好，當然，『渴望』的力度也要相應地呈正比例上升。當你的渴望與障礙都達到一定的強烈程度了，那麼你的故事就具備『戲劇性衝突』這一要素了。任何故事任何情節都是這樣，如果你的衝突足夠多，故事也就有足夠的發展空間。切忌，在你的寫作停滯不前時，回過頭來檢查，看看你的故事是否具備『渴望』和『障礙』？它們夠強烈嗎？還能夠再強烈些嗎？如果你做到了，寫作根本不會停滯不前。」

他又說：「而你的故事呢，情節過於簡單，沒有寫渴望，沒有寫衝突，沒有寫行動，沒有寫情感。你的故事情節又決定你不能過分地詳細描述，如果仔細描摹，又無異於黃色小說了。結論：此事極不宜入文！」

該編輯對我好生啟發訓導後，又把他剛收到的一篇小小說推薦給我看，並說：「你看看人家同樣也是寫的縣長，人家怎麼就寫的這麼生動？你要好好學習人家的創作要領！」記得那篇小說叫《老縣長軼事》，經回憶，內容梗概如下：

隆冬已過，剛滿六十歲的老縣長便主動申請離休。很快，區委組織部下了批文，文件發到縣人事局，一切順順當當。老縣長來到人事局，卻因兒子轉幹一事，突然變卦，拗著不肯辦離休手續。於是，一些好管閒事的人，便一傳十，十傳百，不到兩天，方圓僅三公里的小縣城就沸騰了。大街小巷，茶餘飯後，人們各抒己見，議論紛紛：

「人不為己，天誅地滅。別聽他平時嘴上說得好，裝成一副廉潔的樣子，可到了關鍵時刻，誰不往自己身邊扒。」

「有權不用，過期作廢。在位時不為子女著想，離休以後，還有哪個買他的帳。」

「老縣長幾十年如一日，辦什麼事都很講原則，也都先為別人著想，從來不沾半點『私』字，該算是一生廉潔的表率了。怎麼也不會想到，快離休了，他還去辦糊塗事。人啊，真不可預料！」

「老同志，沒有功勞，也有苦勞。離休前，想把兒子轉幹的事解決了，也是情理之中的事，沒有什麼大驚小怪的。」

事情很快傳到區裡，區委組織部正準備組織調查組調查此事，老縣長卻送上門來，將一份不肯辦離休手續的聲明交給部長。聲明中寫道：「……縣裡為照顧老幹部，在最近這批工人轉幹指標中，擠出一個指標來解決我兒子的轉幹問題。這是不符合規定的。……如果他們不把這個轉幹指標收回，我就不辦理離休手續。」看完聲明，部長沉思良久，才從嘴角縫裡漏出一句話來：「你啊！還是老樣子！」

我看完後，對編輯說：「其實，我寫的這位領導更值得敬佩，一個男人突然中斷性行為，那得多大的自控力，不是特殊材料製成的人，誰能做到？」我反問編輯：「換你，你能做到嗎？」編輯說：「做不到，換我，就是屁股上扎上一刀，也得先幹完再說！」

其他幾個編輯也都哈哈大笑不已。

後來，我的這篇小小說完全重起爐灶，又被編輯改的面目全非，發表在一九七七年的《鹿鳴》上。第幾期我也忘了，那本雜誌後來被表姐用來剪了鞋樣子。

我家的第一臺電視機

早在上世紀五十年代，還是孩童時代的我，就聽見多識廣的父親講道，國外有一種小電影（其實就是現在的電視機），就像我們家裡的古式座鐘那樣擺放在桌子上面，擰開開關就可以看電影了。

我第一次看電視是在一九七六年，那時我家住在內蒙古地方病研究所的大院裡。「地病所」的辦公室裡有一臺小黑白電視機，一九七六年九月九日是「偉大領袖」去世的日子，也是這臺電視正式啟用的日子。「地病所」辦公室的人在一個二樓窗口朝外把電視放置，人們仰著脖子在外邊觀看。電視很小，信號也不太好，裡面的人晃晃悠悠的，但是大家依然看得很起勁。看得是什麼內容？追悼會！那個追悼會播了很長時間，起碼一個星期，大家在下面沉醉地看著一個屍體和很多人來來回回地走，看了一遍又一遍。很過癮！

「昔日王謝堂前燕，飛入尋常百姓家。」現在無論城市還是農村，家家戶戶幾乎每個廳房裡都安裝有各種款式的色彩鮮豔的電視機。可是在上世紀七十年代，很多人連電視機啥樣都不知道，買臺輾轉入境的二手黑白小電視機，還是一種奢侈的享受呢！

一九七九年，我在包頭電力修造廠工作，因為我文革時在內蒙電建公司期間被打成「內人黨骨幹分子」，受盡酷刑，九死一生。原單位通知我回呼市落實政策，給我補發了精神損失費五百元，這五百元拿在手裡沉甸甸的，感覺是：這錢可是拿命換來的呀！

回到包頭，聽說單位來了一張日本夏普十二英吋黑白電視機的購貨票，沒人買得起，我急匆匆地趕到工會，很輕易就得到了這張票。我仔細端量著沒有半個巴掌大小的紙片，在這方寸大的紙片上寫著：夏普十二英吋，北京組裝，五百二十元，還蓋著商業經銷公司的大紅印章。電視機票印製雖然簡陋，但在我的心中分量可不輕。那時，單位裡只有工會幹事老郭有一臺九英吋的電視機，十二英吋的電視人們聞所未聞。

我和妻子興沖沖地來到了東河區百貨商場，交了錢，開了票，售貨員去庫裡提貨。當售貨員把包裝箱打開，把電視機擺在櫃檯上，一擰旋鈕，黑白圖像出現時，人們一片喝彩之聲。有幾個女人站在我妻子的身後議論著：「你別看這個女人穿得爛，人家可真有錢！」那時妻子在電力修造廠當焊工，衣服上燒的都是洞。因為走的著急，她連工作服也沒顧得上換。

為了把電視機帶回家，我倆琢磨了好久。怕一路顛簸有閃失，寶貝似的用行李繩橫七豎八地把包裝箱捆在自行車的後衣架上。我執車把，妻子在後面扶著，比呵護襁褓中的嬰兒還細緻，一路戰戰兢兢地推回了家。回到家屬院，一聽說我買上了日本電視機，同事們像歡迎南洋的歸僑一樣，小孩子一直跟著蹦著喊著，那場面可熱鬧啦！

那時包頭電視臺只在晚上才有幾個小時的節目。發射臺在昆區，東河區距離昆區好幾十公里遠，靠電視機本身的天線，信號非常弱。鄰居的哥兒們七手八腳地忙活了老半天，螢幕還是白花花一片，喇叭發出嗞嗞的聲響。

為了提高接收能力，第二天我便開始自己動手製做天線。天線是用廢舊凝汽器的細銅管做的，做好後，同事們幫忙在樓頂安裝。安裝時，需要在樓頂調節方向、安避雷線。一開始，效果總是不行，有的人說，是否裝錯啦；有的嚷，天線沒對準發射臺的方向！屋頂上的人轉動天線的鋼管立柱，外面的人向屋頂喊：「朝東、往西！」上面的人每轉動一下便問：「怎麼樣啦？」我在屋裡喊：「有影子啦！」看的人憋悶得滿身大汗；調試的人心急火燎、面紅耳赤；擠在中間的小孩被大人們長槍短炮的煙霧薰得又哭又叫，可夠熱鬧的！

上世紀七八十年代，誰家能有電視，那可是件很榮耀的事，我家很快就成了俱樂部。沒等吃完晚飯，左鄰右舍的大人、小孩，有的抱著小板凳，有的拎著小竹椅就來了。還有大人提前讓孩子來占座，不到十五平米的房間裡擠得水泄不通。雖然電視機有八個按鍵，但僅能收看一個臺，節目也不豐富。大人們愛看日本武打連續劇《姿三四郎》、《加里森敢死隊》、《敵營十八年》，孩子們愛看《小蝌蚪找媽媽》、《黑貓警長》、《大鬧天宮》。不過不管節目如何，大人孩子還是個個興高采烈。

後來，鄰居的哥們出差，還給我買回來一張彩色薄膜。薄膜有三種顏色，上面是藍色，中間是紅色，下面是綠色。貼到電視螢幕上，變成了「彩電」，又讓我高興了好幾天。

那時的電視臺還經常出現故障。有時，整個電視螢幕上佈滿了雪花點；要不就是電視劇中的人物變成快動作，像木偶一樣；廣告的時候有黑斑出現在女明星的臉上，像超級大痞子……逗得人們哈哈大笑，連剛補過蟲洞的後槽牙都能看見了。

那時，我的兒子才一歲，妻子上一天班很疲勞，她往往坐在床上抱著孩子睡著了。晚上十一點多，電視結束了，人們都走了，我把她喊醒，她睡眼朦朧地問我：人們都走了？這才開窗戶放風，打開行李鋪蓋睡覺。

那時，人們都沒有一點環保意識，大人們一邊看電視一邊抽煙，抽的家裡煙棚霧罩。包頭冬春季很冷，也不能開窗戶，我不懂得壞處，也不好意思制止。兒子那時才一歲多，至今肺部也不是太好，估計和那時被煙薰有關。

後來父親說我：「你們也真是的，孩子那麼小，買電視幹啥？等一多半人家都有了，再買也不遲！」有一個階段，我把電視鎖在了立櫃裡，謊稱拿回呼市給老人看去了，家裡才算消停了幾天。

隨著改革開放的不斷深化，我國開始繁榮富強起來，人民的收入和生活水準不斷提高，市場供給更加繁榮。進入九十年代後，隨著住房條件的改善，我家先後又添置了二十九英寸彩色電視機、五十英寸背投彩色電視機，三室二廳居室裡的每一個房間都有了電視機，無論是在客廳還是進入臥室都能看到電視節目，可以說是一人擁有一臺電視。同時，也解決了我與妻子、兒子爭看電視頻道的矛盾。

去年，我購置了新房，又添置了五十五英吋和四十六英吋的液晶平板電視機，幸福的生活又上了一個新臺階。

現在的液晶平板電視機，頻道多、視角寬、高清晰、不傷眼、能K歌、還能直接播放硬碟裡的音訊視頻節目，還能當作電腦顯示幕使用，可謂一機多用。回首往事，值得感歎的事太多了。

煤油爐子

我第一次見到煤油爐子，是一九六〇年在我大爺家裡。那個德國產的煤油爐子，是一位比利時神父回國時，留給大爺做紀念的。依稀記得，爐體上有典型的大鬍子老頭商標，油箱蓋右側有中文「德國造」字樣。銅質的爐體由於年代久遠而泛出古銅色的光澤，十分惹人喜愛。那個爐體實際上是一個貯油的圓形小罐，罐體上方有一個用來加灌煤油的輸油口和調節閥門，另外還有一個打氣用的活塞手柄。

聽堂哥講，這個煤油爐子是大娘每天早晨用來煮牛奶的。大娘屬於高幹，困難時期有特供；大爺是右派分子，在三輪車社當會計。大娘的牛奶大爺喝不上，大爺過日子非常克儉，甚至有些鄙吝，因為飢餓，淘米的水他也要喝掉。

那時，我對煤油爐子非常崇拜，和許多同學說過此事，他們都沒有見過此物，聽完我的訴說，都表示出很神往的樣子。

直到一九七六年，我才有了自己的煤油爐子。那時，我剛成家，住在呼市西郊孔家營子。因為工作繁忙，劈柴打碳不勝繁瑣，所以做飯時就用煤油爐子湊乎。

我的煤油爐子和大爺家的不是一種類型，不用打氣，說白了就是一個多頭的煤油燈。國產煤油爐子的材質主要是薄鐵皮，外形有正方形、圓形兩種。撚子也分八根、十根、十二根三種。我的煤油爐子是圓形的，有十根撚子，火力不算大。

點煤油爐子是要摘下好幾層外殼的，最裡面那層圓筒上有密密麻麻的小眼兒。點火很麻煩，需要用火柴把每根撚子逐一點著。外部有一隻旋鈕是用來升降煤油爐撚子高度的，旋到最上面火最大，旋到底是熄火。

煤油爐子燒得時間長了，撚子最上端就燒焦老化了，必須用剪子鉸掉老化的部分，否則既費油火力又不旺。撚子頭老化一次鉸一次，直到撚子短得夠不著油壺裡的煤油了，就要買面紗搓新撚子更換。鉸老化的撚子頭，搓新撚子，都是我的事情。

撚子點燃久了，有時會燒的和撚管口持平或縮進洞出不來，這時就需用小鑷子來拔了。使用煤油爐子最難的一項活兒是拔撚子和穿撚子，很費勁，而且動作不可過猛，否則連一點「游絲」都找不到了。只有穩準狠，力量到位了，才會拔出「蘿蔔」帶出「泥」。碰到回天無力時，只好重穿撚子了，重穿撚子需要將老撚子從底部倒拔出來，然後一根根重新穿上，全部工程起碼耗時半天。

用煤油爐做飯其實是個湊乎事。記得有一次，我想吃拿糕，妻子再三說煤油爐子做不成，我不聽，說：「我使勁按住鍋，你負責攪就行了。」妻子使不上勁，我說：「你按住，我來！」結果我使得勁兒大了，妻子把不住鍋，把爐子打翻，煤油流了一地。虧得煤油燃點低，否則非要釀成大禍。還有一次，妻子在煤油爐上做蛋炒飯，不小心鍋翻了，她嚇壞了，不知該如何處理這灑在青磚地上的蛋炒飯。在當時將一鍋蛋炒飯倒進垃圾箱簡直就是一宗罪呀！妻子將一地摻著泥土的蛋炒飯掃進簸箕裡，端給房東女人，訕訕地說，大嫂，飯灑了，餵給你家的下蛋雞吃吧……

那時候，供應的煤油很少，許多人有錢也捨不得去買，於是從工地弄來柴油湊乎，常常熏得鼻孔烏黑。哈哈，聽說還有加汽油的，一出事就不是鼻孔黑的問題了，連鬍子眉毛都燒了，煤油爐子也成了一團火球！

那時，工地上有許多人自製煤油爐子。油箱是用鐵皮餅乾盒替代，發火圈是舊罐頭盒底部打個直徑十二毫米的洞，罐身用鐵釘紮出密密麻麻的小孔，非常費工。撚子管是截下廢棄傘把的鐵管，一段一段地固定在一塊底板上，穿進撚子的爐芯安在儲油箱內。最麻煩的是提升撚子調節火焰的齒輪，得找兩塊三毫米厚、二釐米見方的鐵片，劃上圓，在外周等分地打上小孔，截下後再用小挫挫成鋸齒。

不過好景不常，在開展「鬥私批修」的活動中，有同事檢舉有人利用公物幹私活損公肥私。結果工地上把所有自製的生活用品都搜了去，還辦了個「鬥私批修的展覽會」。雖然好多零部件是生活廢棄物的代用品，加工也是粗糙的手工活，但在那個年代這也是不能容忍的。

一九七八年，我的兒子韓龍出世了，那時給他熱牛奶全憑那個煤油爐子。因為煤爐子很不方便，要不斷地添加煤炭，晚上還要將爐子封上，你著急用時，火卻上不來。我雖然在電廠工作，但單位嚴禁使用電爐子，查的很嚴。

那時，我從包頭郊區銀匠窯子雇了個小保姆，名字叫瑞芬。那個女孩十四歲，長得眉清目秀。母親去世，父親給她娶了個繼母。繼母見不得她，不讓她念書，打發出來當保姆掙錢，按行情，我每月給她十四元錢的報酬。夏天好說，入冬，瑞芬每天要頂風冒雪地騎車十五華里來我家上工。一進家，寒氣逼人，她脫掉棉衣，解開圍脖後的第一件事情就是用煤油爐子給孩子熱牛奶。那個煤油爐子，遇上不完全燃燒時就冒黑煙，室內就烏煙瘴氣的。加油時還散發出難聞的氣味，污染的雙手也難以洗淨。有時候孩子被嗆得哇哇大哭，由於是冬天，也不敢開窗戶。

韓龍一周歲就送進了包頭三電廠的幼稚園，瑞芬被我們解雇了。臨走的那天她哭的淚如雨下，後來，她每逢進城，總要來看看韓龍，她說：「我離不開龍龍呀。」

瑞芬十八歲就嫁人了，算來今年也有四十九歲了，唉！我真應該去看看她，不知道她現在是否還在銀匠窯子居住。

我和我的那個煤油爐子已經訣別三十年了，每次當我用著簡便快捷的電磁爐和微波爐時，眼前時常會浮現出那時的情景，鼻孔裡總會飄過一股淡淡的煤油味夾雜著飯菜的香味，那是一種無法割捨的情緣，是時代雕琢在我腦海中無法抹去的印記！

韓龍的童趣

每個孩子都有美好的童年，都有童話般的故事，我的愛子韓龍當然也不例外，他也曾經有如天使，兒時充滿了令人感動的童趣：

一、一九八一年我因工作調動從包頭搬家到呼和浩特，龍兒多次問我：「爸爸，咱們家的廁所為什麼不搬來呢？」「廁所和房子是一體的，怎麼能搬呢？」我為此解釋過兩次，但是他仍然搞不明白，第三次又來問我，我表現出不耐煩的樣子，他也就再也不問了。

二、一次，龍兒問我：「爸爸，人將來都要死嗎？」我回答：「是的！」龍兒苦惱萬分地說：「那我不想死，怎麼辦呀！」我勸慰他說：「好的，咱們不死，讓他們先死好嗎？」龍兒於是點頭，又高興地去玩了。

三、一次，說起小孩子長大後一定要孝敬父母，龍兒說：「爸爸，我長大了一定會孝敬你的！」我說：「到時候你娶了媳婦就由不得你了，人家不會同意的。」龍兒突然說出一句石破天驚得話來：「那我就把她給殺了！」嚇得我趕緊勸告他：「哎呀媽呀！嚇死我了，那還了得！」

四、龍兒小時候不喜歡數學，一天我教他學加法，我問他：「一個蘋果加一個蘋果，一共幾個蘋果呢？」、「爸爸，是什麼蘋果呀？是紅的還是綠的呢？」、「你別管什麼蘋果，一共是幾個呀？」、「爸爸，是國光蘋果還是紅富士呢？」我不說了，知道該給他出去買蘋果了。

五、龍兒在包頭三電廠幼稚園的時候，一天下午，他的媽媽去接他，到了門口，她先站在窗外觀察龍兒究竟在做什麼。她突然看到一個孩子正在吃糖炒栗子，一邊吃，一邊隨手把栗子皮扔在地上。龍兒站在這個孩子的面前，流著口水怔怔地看著人家，人家每扔下一片皮，他都要彎腰撿起來咬咬，發現不好吃，又把皮吐了出來。媽媽萬分心疼，於是開門抱起龍兒，直奔市場去買栗子。

六、小孩總是有怪異的思維方式。龍兒在呼市第一幼稚園時，一次正要開飯，我去看他，只見他吃力地幫老師抬飯筐和拎菜桶，後來我問他：「你為什麼要幫老師幹活呢？那麼重的東西你能提動嗎？」龍兒說：「爸爸，我幫老師拎飯桶，剩下的菜湯老師就給我喝呢！」我驚異地問他：「難道你每天吃不飽嗎？」他說：「不是，是因為幼稚園的菜湯非常好喝！」

還有一次週六，龍兒回家，我發現他胸前的小口袋裡有肥肉塊，我吃驚地問他：「怎麼這裡會有肥肉呢？」龍兒回答：「爸爸，肥肉不好吃，老師又不讓扔掉，我只好偷偷地塞在口袋裡了！」

七、一次，呼市第一幼稚園放暑假，龍兒在家裡玩耍，我中午下班回家，發現滿地是水，只見當地放著一個臉盆，廚房門把手上掛著兩個衣架，衣架上掛著他的制服褲衩及上衣，衣服水淋淋地不住地往下流水。我吃驚地問他：「這是在幹什麼？」龍兒滿懷成就感地回答：「爸爸，我把衣服洗了！好嗎？」、「好！好！」我哭笑不得地回答。

八、還是那次暑假，一天，我去母親家，兩個妹妹打開答錄機讓我聽一段錄音。答錄機刺啦刺啦地響了幾秒後出現了一個孩子童稚的聲音：「親愛的爸爸，我是韓龍，我正在呼市第一幼稚園裡和你說話。爸爸，我的內心充滿了痛苦，我多麼想念溫暖的家，你們能理解一個孩子的痛苦和無助嗎？你們為什麼非要把我送到這個鬼地方來呢？爸爸，你快來救我脫離苦海吧！我要鬱悶死了。」

聽完後，我大吃一驚，不知所措，妹妹們捂嘴笑個不停。後來才知道，原來是兩個姑姑教龍兒說一句，她們錄一句，最後合成的。那盤錄音帶前幾年還在家裡看到過，後來不知道哪裡去了。

一晃眼，現在龍兒已經三十二歲，是成熟幹練的電氣工程師了，但在我的眼中仍然屬於寵兒，唉，人生過得真快呀！想到今年上半年我還有媽媽，還能在媽媽面前撒嬌，如今一切都了成往事，每每想起來，我總是淚眼迷蒙。

作家張作寒

張作寒是我的初中同學，摯友，我們共同的愛好就是文學。自從初中二年級後，我們放晚學後經常在一起，談論作家、作品，討論人生的意義和價值，雖然稚嫩卻充滿了熱情。

我們幾個摯友的家庭出身都不好，作寒的爸爸媽媽都在內蒙古地質局工作，都是知識分子，她的姐姐張作賓是個美女，長的端莊秀麗。

不知為何，我們幾個摯友，初中畢業後就都失學了。據說是因為我們幾個人的畢業登記表上都被學校簽署了「該生不宜錄取」的字樣。試想，幾個出身不好的同學每天聚在一起，難免遭人懷疑，也難免被進步的同學向學校的黨組織彙報。一九六五年是文革的前夜，風雨欲來風滿樓。國家這輛車已經被一些人開上了極左的快車道，正在加速。

一九六五年秋天，我們失學後在家裡閒坐，充滿革命熱情的張作寒卻蠢蠢欲動，他是最耐不住寂寞的，很快就報名去牧區安家落戶。落戶的地點在烏拉特中後聯合旗德嶺山公社德嶺山大隊，去那裡當牧民，為革命放羊。

我和景柏岩、軒春生三個人執意不肯下鄉。機會終於來臨，一九六五年底我們一起去內蒙古電力建設公司當了工人，電建公司是大型國企，有穩定的收入，去牧區放羊當然和我們無法可比。

一九六六年春，作寒回家探親，返回烏拉特的途中在包頭召潭站下車，為的是和我們幾位同學一見。作寒先和在二冶技校讀書的孫國忠聯繫，由孫國忠轉告了我們。那晚，公交已經收車了，我們三位同學徒步十幾公里從青山區四〇六工地趕往火車站時，孫國忠已經比我們先一步到達。

那時我們剛剛十七歲，什麼也不懂，五個人就在站房裡的水泥地上坐了一宿，談天說地，興致勃勃，直至天亮把作寒送上火車。

大約在一九七〇年，作寒終於返城了。說來幸運，他趕上了呼鐵局的第一批招工。回城後，他勤奮寫作，僅僅兩三年就嶄露頭角，在《當代》、《青年文學》、《小說界》、《草原》、《山丹》等刊物發表近百萬字的作品，成為呼和浩特文學青年裡的新星。鐵道部召開的文學創作會議他也能有幸參加，並結識了李國文等大家。

很快又聽說他脫離了工人崗位，被呼鐵局局機關抽調上來，做了企業文學刊物的主編，呼鐵局還給他分了一戶三室的樓房。記得他一拿到鑰匙就張羅著買書架，很快三個書架就擺滿了書籍，估計至少價值幾千元。這在八十年代初已經很值得炫耀了。我們幾位好友都為他祝福與慶幸，並豔羨不已。

世界上的事情從來都是福禍相依。一九八九年他的愛子初中畢業，暑假時去北京遊玩，在北海游泳時溺水而亡。據說為了打撈，還動用了海軍。作寒如臨滅頂之災。

第二年，他的媽媽又因癌症撒手人寰，作寒心中的哀痛可想而知。

又過了一年，作寒經檢查發現了肝癌，一九九一年四十二歲時，英年早逝，僅給愛妻留下一女。

我們幾位好友一致認為，他的肝病絕對是因為喝酒。他曾經多次對我們說過：在牧區，每天放羊歸來，唯一的娛樂活動就是喝酒。酒是最普通的二鍋頭，也沒有什麼菜，和牧民聚在一起乾喝。經年累月，肝臟如何能承受得了？何況一個十幾歲的孩子，身體尚未完全發育成熟。

作寒去世後，他的作家好友及內蒙古大學文研班的同學們紛紛慷慨解囊，為他的作品結集出版。其中有鄧九剛、尚靜波、塞夫與麥麗絲伉儷等名流。文壇前輩李國文為此書寫了序，斑斕為此書寫了後記。上個月，我在景柏岩家見過此書，此書三十二開，二十六萬字，收錄中、短篇小說十幾篇。遺憾的是，印刷、裝訂及用紙都不夠精美，由於科技的飛速發展，和現在雷射排版的書籍比起來顯得有些寒酸。

作寒很有才氣，說起話來神采飛揚，他小說中的語言綺麗詭異，語式都是譯文常見的歐式倒裝句，很容易吸引人們的眼球。他描寫大自然的田園風光，深受俄羅斯屠格涅夫、托爾斯泰等作家的影響。然而，作寒寫小說往往沉醉於大自然，尤其是草原風光的細膩描寫，一寫起來，往往不能自拔，人物反而被冷落了。我常常想，作寒更適宜寫散文。

記得小說家大衛・落籍宣稱：「一部好的小說中的描寫絕不僅僅是描寫。大多數背景描寫的危險在於一連串的漂亮的陳述句和敘述的中斷，將讀者推向昏昏欲睡的境地。」

愛勒莫・雷納德則說：「我總是力圖去掉那些讀者會跳過去的內容。」讀者的確願意跳過那些無效的內容。因此，我常常想，作為小說的作者必須牢記這點：不要過分描述任何事情，無論它是陰山山脈，是夕陽，還是烏拉特草原上的奔馬。否則，你敘述的力度就要受到影響，你也將使讀者的注意力出現危險的空白。

我的寫作風格和作寒全然不同。我喜歡沈從文、林語堂、梁實秋、張中行行雲流水般的風格；喜歡鍾阿城《棋王》、《樹王》、《孩子王》的質樸；喜歡河南作家劉震雲《一地雞毛》的幽默；喜歡張賢亮《綠化樹》、《男人的一半是女人》的深刻；甚至喜歡文盲作家新鳳霞的率真。

值遺憾的是，作寒的文章沒有反映人民的疾苦與災難，反映芸芸眾生的生離死別。而是以清純真摯的語言，顯示中國社會欣欣向榮之象，中國人民豐衣足食之態。他仍然奉命謳歌了「偉大的時代，偉大的黨，偉大的社會主義事業」。竊以為，文學就是寫人的，寫人的喜怒哀樂、悲歡離合，寫人性、人情、人倫、人世、人道……」小說必須貼著人物寫，小說中的人物必須活起來，必須躍然紙上。看完作品後掩卷而思，能讓人心靈感到悸動。

文學家還應該是思想家，看問題要看到本質，不能滿足於淺薄地記錄生活。

楊沫的兒子老鬼的《血色黃昏》，揭示了兵團的反人性的生活場景，曾使多少人感動。作寒的文章沒有做到這一點，他僅僅有綺麗的語言，語言掩飾了內容的空洞。

以作寒的才氣，如果他能活到現在，一定早已感悟了寫作的要領，文筆更加爐火純青，寫起來更加得心應手。他會更深刻地反思那段生活，揭示出人性的光輝。

去年夏天，作寒的女兒娟子在網上用百度搜索「張作寒」，因此看到了我博客中懷念作寒的文章，由於我在博客的首頁披露了我的QQ號碼，她立即加我為好友，並給我留言說：

「韓叔叔您好！我是張作寒的女兒娟子，真的很巧，能看到您的文章。我是一九七七年出生的，後來在北京廣播學院讀書，畢業後留在北京，媽媽也接過來了，一直在我身邊。看到您回憶爸爸的文章，真的很感動，謝謝！」

「我畢業後先是在時尚雜誌社做內容主編，後來在紐約時報中國區的一家網站做總編，現在是到了一家香港的上市公司做市場運營。」

「我先生在央視做電影類的欄目，但我們自己也開了一個公關公司，主要就是面向一些大的國企，做公關服務。」「媽媽身體也不錯，喜歡旅遊，每年都會和朋友、姐妹們四處去走走；我和我先生都太忙，其實是媽媽一直在照顧我們。」

「爸爸的藏書我基本都開車搬到了北京。爸爸的藏書，外國文學居多。像您說的，他還是受了很多西方文學的影響，瑰麗詞彙的鋪墊用的很多。」

「我那時候太小，不是很懂事，慢慢長大，很多事情不想去回憶，和媽媽也很少說起，因為怕彼此難過。但是現在遇到韓叔叔，竟然發現，其實可以平靜地去懷念從前。」

「今天看您的文字，很多是平平實實的記錄，但是，會讓人很揪心。我會好好地讀您的文章，相信從那些文字裡，能夠找到很多歲月的影子。也再次謝謝您，能夠用那樣的文字記錄、懷念我的爸爸，謝謝。」

如果作寒在世，能看到今天事業有成的女兒，該有多麼高興呀。可惜呀，世事無常，也許會成為一代文豪的作寒竟然早早地遠去了。

作寒，我們幾個哥兒們都懷念你，為你歎息。

塞夫與《東歸英雄傳》

塞夫是我的好朋友，我是經過同學苗森和景柏岩認識他的，他們是摯友。塞夫雙學歷，畢業于吉林大學中文系，北京電影學院文學系。塞夫的父親是雲北峰，文革前是內蒙古農委主任，烏蘭夫的嫡系。記得文革中內蒙古批判烏蘭夫的「黑五委」，「黑五委」即烏蘭夫的五員「黑幹將」，其中就有塞夫他爹。

「塞夫」原名叫雲大建，塞夫是他成名後改的名字，就像烏蘭夫，原名叫雲澤一樣。我第一次見「塞夫」時他還是雲大建，那是一九八三年，在內蒙古電影製片廠他的家裡。是苗森和景柏岩領我去的。那天塞夫和他的新婚妻子麥麗絲都在家休息，麥麗絲把我們迎進門，給我們沏好茶後，就進裡屋整理衣物去了，我們和塞夫坐在沙發上雲苫霧罩地閒聊。麥麗絲從裡屋探出頭來對塞夫說：「大建，是哪裡的朋友呀，你也不給我介紹一下。」

記得塞夫對老苗低聲說：「記住，不要提咱倆過去的事！」我依稀知道他們「過去的事」，其實也無所謂，記得一位俄羅斯作家說過：在那個時代，正直的人的唯一去處就是監獄。習近平十四歲就被打成「反革命」，屢被批鬥；少奇同志的長女劉平平也在秦城監獄被關押了十二年，唉，一言難盡呀。

那時，塞夫剛到內蒙古電影製片廠，他的家是製片廠剛給分配的樓房，但是面積不大，僅有五六十平米。很小的客廳裡一面牆全是書架，書架是雇木匠打的，用古銅色調和漆油的，很粗糙。書架上半截是敞開的，齊齊整整地擺滿了書，下半截有櫃門，估計裡面也是書。

那時的麥麗絲還是個漂亮的小姑娘，身體輕盈、嬌羞嫵媚。塞夫說，她正在內蒙古大學的文研班學習，和我的同學張作寒同班。二十年後在電視上再次見到麥麗絲時，她已經是個臃腫的老太太了，不由得使我感歎歲月的無情，但是隨著塞夫的老成與麥麗絲身材的丰韻，他們也名聲鵲起了。

麥麗絲最早是搞聲樂的，塞夫那時叫雲大建，是搞文學的。他倆走到一起，是從一段電影夢開始的。據麥麗絲說：「有一次我翻到他寫的小說《塞夫》，問他為什麼不發表，他說寫得太幼稚，結果我找到了一家出版社的編輯。」說到這裡，麥麗絲自己都覺得很好笑：「沒想到後來真的發表了，塞夫自己都覺得不可思議。更不可思議的是，這篇作品後來一路獲獎，最終拿到了魯迅文學獎，得到八百元的獎金。後來他去了內蒙古電影製片廠，乾脆把自己的名字改成了塞夫。」

塞夫、麥麗絲于九十年代初開始聯手執導影片，並逐步取得了顯著的成就。他們執導的多部影片曾在國內外榮獲過多項大獎，其中，《東歸英雄傳》獲第十四屆中國電影金雞獎故事片特別獎，中國電影華表優秀影片獎等獎項；《悲情布魯克》獲第十六屆中國電影金雞獎集體表演獎，西班牙國際電影節最佳影片大獎，東亞國際電影節最佳視覺效果獎等獎項；《一代天驕成吉思汗》獲第十八屆中國電影金雞獎最佳導演獎，美國費城國際電影節故事片金獎。

塞夫後來升任內蒙古電影製片廠黨委書記、廠長；中國電影家協會副主席，內蒙古自治區電影家協會主席，榮膺國家一級導演。於是全世界都知道了塞夫、麥麗絲伉儷了。而我們幾位仍混跡於社會的最底層，過著捉襟見肘的生活，再無顏去叨擾他了，直到二〇〇五年忽聞塞夫因肺癌去世，享年僅五十二歲，英年早逝，我們不禁為之扼腕痛惜。

塞夫和麥麗絲的成名作是電影《東歸英雄傳》。電影製作之精美，場面之宏大，看得人驚心動魄。

《東歸英雄傳》的大意是：十七世紀三十年代，為了躲避勢力日益強大的準噶爾部的威脅，蒙古土爾扈特人西遷至俄國境內伏爾加河流域游牧。伏爾加草原土肥水美，遠離戰爭，使飽經戰火洗禮的牧民們終於找到了安靜和平之地。但誰也沒料到他們很快又墜入俄國沙皇的恐怖統治之下，因為此時正值俄國歷史上的橫徵暴斂的女沙皇葉卡特琳娜二世當權的年代，她推翻丈夫彼得三世沙皇上臺，對外大肆侵略擴張，最後女沙皇竟然強迫土爾扈特部落的牧民們參加侵略土耳其的戰爭。

一七六一年，土爾扈特部首領敦羅卜喇什去世，他的十九歲的兒子渥巴錫繼承汗位。苦難深重的土爾扈特人民熱切盼望早日擺脫沙皇的統治，在這民族生死存亡之秋，年輕勇敢的渥巴錫決心率領全民族人民起義抗俄，回歸祖國。在前有各部落人馬堵截，後有俄軍窮追不捨的嚴重形勢下，渥巴錫率領了十七萬土爾扈特同胞，長途跋涉，歷經種種磨難，進行了人類歷史上一次偉大的長征……

其實，歷史是一位任人打扮的小姑娘，人讀的書多了，常常會驚歎歷史的無情。其實土爾扈特蒙古人並不像電影、電視裡說的那麼和平良善。一六四五年，和鄂爾勒克調集了汗國幾乎所有的青壯年，對阿斯特拉罕城發動全面進攻，以此來表示自己和自己的汗國「從來不曾有一絲一毫臣服俄國的想法」。然而，這已經不是當年哲別、速不臺兩萬蒙古軍橫掃俄羅斯的時代了，裝備精良的俄國軍隊部下了埋伏，土爾扈特人傷亡慘重，幾乎所有戰士都戰死沙場，其中就包括和鄂爾勒克和他的幾個兒子。

他們和幾百年前的鐵木真一樣，不僅是游牧，而是把搶劫農民和城市作為更有利的行當。但是，游牧人橫掃天下的時代早已不復返了。一七五七年渥巴希知道自己的同胞准葛爾蒙古被清滅族了，認為可以趁虛佔領原準噶爾的地盤搞他的汗國了。但東歸的結果呢？是——亡國。

乾隆皇帝並沒有被「萬眾歸心」的喜悅衝昏頭腦，大清帝國的根本方針是絕不會變的。皇帝的諭旨言之鑿鑿：「指地安置伊等時，務以間隔而居之。我之將軍、大臣等駐於其間，致使伊等斷然不能互通音訊為善。其中之渥巴錫、策伯克多爾濟、舍楞等三人，更不得居於一處。」渥巴錫的希望完全落空，他向皇帝表示，自己仍然是土爾扈特的汗，不應該將部眾拆分，但根本得不到回應。他不是羅卜藏丹津，也不是阿莫爾撒納，他不能在部族已經元氣大傷的時候還表現出強硬，否則，準噶爾人就是前車之鑒。亡國，總比滅種要好。渥巴錫選擇了忍耐。由和鄂爾勒克率眾西遷所建立的土爾扈特汗國，就在東遷之後，在盛世慶典的禮樂當中，無聲地傾塌了。

不過活在眼下的中國，文化人必須要遵循「主旋律」。尤其作家及導演，黨給你了錦衣玉食，你就要報效黨恩，塞夫麥麗絲也屬此例，不能獨闢蹊徑。這裡我絲毫沒有責怪兩位朋友的意思。只是寫到這裡不由地想說真話，這也是我一輩子一事無成的主要原因。

田林和他的胡楊木球拍

我的朋友田林是乒乓球愛好者，數十年來傾心於乒乓球板的研究，不得要領。一般來說，製作乒乓球拍的常用木材有阿尤斯、淋巴、桐木、檜木等等，還有使用巴沙木、胡桃木，甚至竹子的，這些材料他都嘗試過，總覺得功虧一簣。

數年前的一天，他來到了內蒙古額濟納旗達來呼布鎮西南二十八公里處的「怪樹林」，被那裡的胡楊林震懾得如五雷轟頂，感動得熱淚盈眶。他頓時被擊潰、征服了。

這裡的胡楊「陳屍」遍野、寂無生息、一片慘白，冥冥之中滲透出一股猙獰恐怖的氣氛，令人毛骨悚然。剛剛進入「怪樹林」，還能見到一些正在頑強生存的胡楊，往深處走，腳下是漫漫灰黃的細沙，頭頂的陽光也不像前幾處那麼明媚，是一種慘白的強光。漫步在怪樹林中，滿目慘景，不禁讓人膽顫心寒。四周望去，枯死的胡楊奇形怪狀：有的似出沒于林間草叢中的動物，或在低頭飲水，或在採食；有的挺拔直立在沙丘上，光禿禿的樹枝像無數雙高高舉起的乾癟的手，仰天長嘯，呼喚著生命之水。

這裡簡直就是胡楊的一座浩瀚的「萬人坑」，一座悲愴的亂墳崗，綿綿延延，一眼望不到盡頭。這不禁讓他想到了秦始皇兵馬俑，眼前的胡楊多麼像那些威武雄壯的俑陣啊，只是姿態更豐富；氣勢更恢弘；場面更悲壯。每一棵樹都是一座生命的雕像，都是一聲戰鬥的吶喊。

在它活著時，張揚著活力，張揚著個性。以藍天為幕，以大漠為臺，以霹靂為鼓，以狂風為號，活得不屈不撓；當它死去時，依然能不屈地堅挺於闃寂的荒漠之上，將自己樹成一座頂天立地的生命豐碑，聳立成不朽的象徵。哪怕最終有一天它轟然倒下，也必定倒得轟轟烈烈，倒得驚天動地。倒下的僅僅是身軀，不倒的卻是那一身的風采與傲骨；湮埋的是千年一瞬的苦難與艱辛，張顯的是萬世不滅的精神。

田林一生顛沛流離，青年時的悲催經歷使得他對胡楊非常敬仰，在他的眼中，胡楊猶如夾邊溝的右派、寧古塔的死囚，在它們身上有不滅的靈魂。胡楊給了他啟發，給了他力量，他從那一刻起就立志，要把胡楊木做成乒乓球拍，發揮出胡楊堅忍不拔、桀驁不馴的精神。

他回到呼和浩特後不久，就創立了胡楊木乒乓球拍研製中心，從阿拉善盟高價買來胡楊木，拉到天津破成板材，全身心致力於胡楊木球拍的研製。

劉勰有言：「操千曲而後曉聲，觀千劍而後識器。」白居易又說：「試玉要燒三日滿，辨材須待七年期。」田林在試製過程中，從木材搭配、壓縮時間、溫度調控、膠劑調和等方面進行反覆試驗。辦法是一款做七塊，經試打留一塊、毀棄六塊……如此做七批，只保留一塊，不停地循環下去……

經過一千多個日日夜夜絞盡腦汁、嘔心瀝血地反覆實驗和失敗後，他苦苦追尋的胡楊木球拍終於獲得了成功。他把新產品冠名為「木華黎」，木華黎是成吉思汗手下的一員驍將。

用過木華黎的球友都說：「木華黎的出球軌跡不是那麼中規中矩，那種軌跡我也從沒見過，像空中飄動的雲，前快後慢，對方驚呼我則驚喜。」

「木華黎對力的回饋層次感強，速度有檔位感。觸球防守時，能將來球的衝擊能量吸收，吃球很深，回球下沉感極強，一般人很難拉起。」

「胡楊木使底板的彈性與韌性達到高度的統一，讓持拍者能夠充分體驗到胡楊木神奇的靈氣。」

「它的剛性是另類的，雖柔卻韌，當你發球和拉弧圈時，就會深深感覺到只有上好軟板才有的『吃進去噴出來』的舒服感覺。它不製造弧線，一般出球均是弧線低平，就是在遠臺拉打，總是能以低平的弧線上臺。可以說，它完全改進了纖維板的三大頑疾——手感差、底勁差、持球差。使擊球的準確率、殺傷力大大提高。」

田林精益求精、追求極致的精神，人所共知。由於木華黎選材之考究、製作工藝之精良，凡是打過的、用過的，都深信不疑。而以智勇雙全，戰無不勝，攻無不克的一代名將來命名，更讓人們平添了一份從容對敵、爭金奪銀的雄心和豪氣！

胡楊那「生而一千年不死；死而一千年不倒；倒而一千年不朽」的精神，也在心理上給愛好它的人們提供極大的助力。因此許多使用者都說，用它打起球來得心應手，猶如神明暗助。

田林在製作胡楊木球拍時，幾乎不使用現代化的機械設備，他怕鐵器驚動了胡楊木的靈魂。由於完全是純手工製作，因此產量非常低。他的球拍要傳世，他要做一個成功一個。他因此以生活於十五至十六世紀的義大利小提琴製作家斯特拉第瓦利為榜樣，把他的後半生全部傾心於胡楊木球拍的製作。斯特拉第瓦利是迄今最偉大的小提琴製作家，他手工製作的小提琴無一不是極品。

田林純手工製作的乒乓球拍在網上供不應求，日前，他贈送了我一個木華黎球拍，我為此專門買了一個紫檀的架子，把它擺放在我家客廳裡的工藝品櫃裡，作為永久的收藏。出於我對胡楊木的崇敬，即便是我的好友，把玩我的球拍時不潔手也是不行的。就像眼下有用親人的骨灰燒製的瓷器，因為它的身體裡有祖先不滅的靈魂！所以才會對它充滿敬意，我愛胡楊木球拍即是出於如此的心態。因為我也血水裡泡過，在城水裡煮過，沒有相同經歷的人，很難理解我的作為。

血海浮沉丁炘元

一九八五年，內蒙古電管局調來了一位基建副局長，名字叫丁炘元，他的經歷很快就傳遍了全局，因為他就是大名鼎鼎的丁肇中博士的本家叔叔。

丁肇中，美國實驗物理學家，曾獲得一九七六年諾貝爾物理學獎，是美國科學院院士。他的研究方向是高能實驗粒子物理學，包括量子電動力學、電弱統一理論、量子色動力學的研究。他所領導的實驗組先後在幾個國際實驗中心工作。

但是丁炘元就沒有這麼幸運了，噩運始終圍繞在他的左右。丁炘元出生在「剝削階級」家庭，在舊中國生活了十六年。一九四九年初，他們一家人都離開了大陸，臨行時，家人再三要求他一起離去，但他執意不肯，他期待新中國的誕生，滿懷熱忱地準備為新中國效力。

那時他還在高中讀書，是一個只剩最後一個學期的學生。那年秋天，他考進入了清華大學，並「有幸參加了開國大典，親眼看到五星紅旗在天安門前升起，心中熱血沸騰。」

一九五二年，首都開出專列，把一千多人的高校畢業青年送到東北進行恢復性建設，當時的情景很值得懷念。丁炘元被分配去了煤礦，清華大學電機工程系共三個專業，他學的是發電廠電力網專業，分到煤礦雖然不怎麼對口，但他毫無怨言，決心刻苦工作學習，一切從頭再來。

一九五七年，他就晉升為工程師了，一九五九年又奉調平莊煤礦，挑起了全局技術工作的重擔。他感到了組織上的信任，那時他還不足三十歲，正是一生中的黃金時代。

一九六〇年三月，由於中學時的一次偶然失誤，在階級鬥爭擴大化的年代裡，他被捲進了一樁冤案。原來一九四七年，他在青島讀高中時，軍訓教官是個特務。一天這個教官找他去給抄一些學生登記表，並讓丁也填了一張（騙他說將來可以保送升入大學），但此後他也再也沒有找過丁，丁也沒有參加過任何活動，解放後丁即就此事向黨組織做了交代。

一九五一年，在「忠誠老實運動」中，北京市公安局就此事做了調查結論，宣佈為一般歷史問題，肅反也曾確定此結論是正確的。但在一九六〇年，丁還是被捕了，罪名是「潛伏罪」，距組織上給他的結論剛好一年半。

那時，丁的愛人即將臨產，老母親重病，突如其來的打擊對於家庭來講不啻是一個災難。他從此和家庭隔離，對於家中的情況一無所知，他們的孩子在出生後不久就夭折了，後來愛人終身未育。

他被關押了將近一年，這一年正值三年自然災害，情況異常嚴酷，飢餓造成的浮腫和虛弱使身體難以支持，他只剩一個希望，就是快點判決，勞動也比囚禁強。但同時又相信組織上不會錯誤地處理他，他殷切地期待著。

他曾對我講，飢餓是當時坐牢人的一個最基本的感覺。雖然一天兩頓飯，但從來沒有吃飽過，應該說剛吃完就是餓的，其他時間就更不用說了。睡著了也逃離不了，夜裡起來小解，看一看地板上橫七豎八睡著的那些大漢，幾乎個個在咂嘴巴。時間一長，飢餓就成為一種控制性的力量，佔據了你大部分注意力，你會覺得世界上最重要、最急迫的事情就是吃。常常有些人會突然暈倒，撲通一聲倒在地上，有經驗的管教幹部過來瞅一眼，通常會說：「沒事兒，一會兒就好了。」兩三個月後，人就瘦得差不多了，基本上不會有多餘的肉。半年左右，兩個屁股墩會留下四塊烏青色的老繭——人太瘦，就變成了「尖屁股」，坐臥（包括側臥）的支撐點留下了疤痕，成為「資歷」的標記。屁股上沒肉坐在哪裡都感覺疼，有一句很經典的笑話說：「進得牢來，才知道天底下沒有軟和的東西。」

他還說：「身體很快調整到最低消耗狀態以適應漫長的飢餓，心理的適應卻要艱難得多。我所看到已有五年以上牢齡的幾位，都好像沒有擺脫心理掙扎。就以我自己為例，為了克制自己不去看別人的飯罐和菜碗，頓頓都在努力，努力了一年也收效甚微。」

他在大牢中經常會想到兩篇文章——一篇是傑克・倫敦的中篇小說《生命之愛》。一個餓得走不動路只能爬行的男人與一條餓得咬不動東西的狼在沙漠中遭遇，同行了一段路。最後是男人咬斷了狼的脖子喝了狼血，這使他重獲精力走出了沙漠。

還有就是拜倫的長篇敘事詩《唐璜》，其中有一個小節也寫到飢餓。遇海難乘救生船漂泊在海上的一船人，到了山窮水盡的地步，所有飢餓的眼睛都顯露出一個相同而且彼此都能讀懂的意思，那就是該吃人了。但他們沒有像動物一樣互相撕咬，他們還是人，沒有失去理智。

因為飢餓，他甚至吃過肥皂，他說，檀香皂要比肥皂好吃。

最終，他被判了五年有期徒刑。十多個人同判，兩個人一副手銬，送到一個生產氯化鈣的小礦上。由於飢餓，他走道都直打晃，但還要上山採石。有人不能上山就被抬了上去，出於尊嚴，他是自己咬牙走上山的。

一年後，他可以擔起二百斤重的石頭，一整桶汽油，一麻袋土豆。一個人的適應能力是多麼強呀。他說：「一個人只要在精神上不垮，就能支撐起任何壓力。」

一九六三年秋天，原始的礦山開始機械化建設，給了他這個在押犯搞工程設計和施工的機會，雖然無任何資料可以借鑒，他仍然感到榮幸。搞土建的另一個犯人，華建工人出身的工程師老陳，參加過鞍鋼、長春一汽、包頭一機廠的建設，因為說不清的事，被判了十五年徒刑。他們開始夜以繼日地配合施工，自己描圖自己曬，既是腦力勞動又是體力勞動。

他說，什麼是一心一意，那時才是一心一意。無家庭負擔、無兒女牽掛，雖然存在，想也沒用，也就不想了。

一九六四年，礦井建成了，投產了，小礦山大放光明，肩挑人扛的繁重的體力勞動消失了，勞動條件改善了。冬訓後開獎懲大會，他立了一大功，被減刑一年，一九六五年三月提前釋放，他被宣佈戴上反革命分子的帽子留隊就業。

留隊就業的人是什麼形象呢？人們稱為「二勞改」，每天晚上還要和在押犯人在一起接受政治教育、思想改造。每日仍如履薄冰，戰戰兢兢。

一九七九年初，昭烏達盟中級人民法院立案審查他的申訴，查明一九六一年發生的問題是一樁錯案。一九七九年九月末，他含著熱淚又重新回到了離開十八年的平莊煤礦。十八年，人生有幾個十八年呀！

我見到丁炘元時，發現他猶如一個長期關在籠中的小鳥，放出來時已經不會飛了，甚至不會蹦跳了。他非常謙卑，即便面對一個清潔工，也猶如面對管教幹部；普通幹部向他彙報工作時，他也會站起來向人家鞠躬，我深深地為他感到淒涼與悲哀。

八十年代中期，他在烏拉山電廠擴建工地蹲點時，從不參加任何宴會和招待，晚上在招待所自己熬粥喝，我敢說，孔繁森也沒有他這樣儉樸和謙卑。

丁炘元為何會迅速提升，據說是源於八十年代初丁肇中博士向鄧小平的一次詢問，因為丁博士無法知道叔叔的下落，他的叔叔生死不明，只好求助於鄧小平。我認為這種說法不無道理：丁博士畢竟是國賓，中國的改革開放需要丁博士的支援。

就在那次丁肇中歸國，做客央視時對主持人說：「我有三個弟弟。二弟丁肇華，三弟丁肇民，」

主持人非常自信地打斷了丁博士的話：「那四弟叫丁肇族？」

丁肇中：「NO！NO！他叫丁肇國。」

主持人一時臉紅如布，尷尬萬分，傳為笑談。

我許多年沒見丁局長了，不知道他現在在哪裡？如果健在，今年已有八十了。此刻，我在心底默默地祝福仁慈善良的丁局長健康長壽，好人一生平安！

忘年交白世廉

前內蒙古電力建設公司副經理、內蒙古電管局基建處、勞資處、物資供應處處長白世廉，是我的忘年交。

白處長是一九三八年參加革命的老幹部，在文革中屬於走資派。那時他的生活如同夢魘一般，雖然比一把手的衝擊要小些，但沒有一天不是在提心吊膽，戰戰兢兢中渡過的。

文革初起，我就被打成牛鬼蛇神、三反分子，與他關在同一個牛棚，後來我被平反了，他仍然是走資派。一九六八年夏天，好幾次對立派開會佈置要批鬥他，是我獲悉後給他通風報信，他及時隱藏，才躲過了劫難，我們也由此結下了深厚的友誼。

白處長是山西臨縣人，性格耿直，嫉惡如仇。他的相貌酷似歐洲人，眼珠是灰藍色的，臉頰的鬍鬚是赤色的，眉毛濃如臥蠶，高低參差，鼻翼寬闊，整個相貌與白種人頗為相似。

一九八二年我們一起去北京開會，閒暇時登香山，途中遇到的歐美旅遊者都紛紛用英語和他打招呼，他一句也聽不懂，只能相視而笑。

他為什麼長得會像外國人，許多同事都感到好奇，也始終是我心頭的一個懸念，近年來因為翻閱了大量的資料才終於釋疑：

「在西元七〇至一三五年之間，當羅馬軍隊佔領了以色列後，焚毀了耶路撒冷，殺害了百萬猶太人。以色列人開始分散天下，走向世界各地，尋找新的家園。在這期間，有一支一萬餘人的希伯萊人的隊伍，他們手捧著聖經《舊約全書》，按著上帝的指引，向著東方，長途跋涉，餐風露宿，歷盡艱辛，最後從西域進入了中原，安家落戶，繁衍生息，其足跡從最初的聚居地山西，河北逐漸遍及整個中國北方。到石勒建立後趙國時的西元一三九年時，已經是近兩百年左右的事了。」

你如果去過山西臨猗等地，你就會驚奇地發現，儘管時光已流逝了千多年，基因遺傳在個別人的身上仍留下了明顯的「碧瞳赤鬚」異族特徵。

猶太，屬阿拉伯閃米特人，也叫中東「閃族」。形容其特徵的詞有「膚白，髮黃、褐、黑或捲曲；鼻直翼闊，色目、目平，還有「碧瞳赤鬚」體毛較濃密等。我注意到「目平」兩字，這正是中東人與西域胡人高鼻深目的區別，多年來我一直用「同化原因」來解釋沒有深眼眶的族人，現在才明白是種族不同罷了。

由此看來，五千年中華民族的發展史也就是中東移民的遷徙史。山西的猶太人，不過是近二千年時向東方移民，定居山西的最後一批猶太人部落。他們與前人一樣、與鮮卑人一樣，建立了政權後，也就融入了這塊土地，成為了真正的中國人。

朱元璋滅元建立明朝後，就為同化異族人制定了嚴刑酷法，「凡色目人必須與漢人通婚，男娶漢女，女嫁漢男；二胡之間不能通婚，違者男女兩家抄沒，入宮為奴；同時禁胡服、胡語、胡姓，這些強制措施加速了各民族的漢化。

猶太人勤儉節約、精打細算，猶太人以精明、小氣、吝嗇著稱，善經商、講誠信、恪守規則。

山西人不是也以「一分錢也要掰成兩半花的山西老摳」而聞名嗎？而晉商的崛起不也是堅守誠信，才成為匯通天下的票號嗎？僅從這點看，說山西人是猶太後裔頗能獲得認同。

白處長屬於中共十三級幹部，本來級別還可以再高些，前些時候一位在文革中外調過他的同事向我吐露。建國後一進城，在一個幹部培訓學校，他和一位漂亮的女生相戀，但白的上級也看上了那位女孩，白執意不肯退讓，後來他們的戀情被那位級別更高的高幹活生生地給拆散，白的仕途也因此大受影響。

我大學一畢業，電管局想安排我在局機關工作。因為按當時的政策，一個家庭只能留下一個孩子，我如果留在呼市，妹妹就要下鄉插隊，於是我只好申請先去包頭工作，妹妹便得以留城。

妹妹留城就業後，是白處長主動把我和妻子調了回來，現在想起來他對我恩重如山。雖然後來他早早退休了，我生性執拗、命乖運舛，沒混上一官半職，但是在局機關的待遇不知道要比在下面強多少倍。

記得我們夫妻往回調時，白處長在半分鐘之內就簽好了字，我拿著調動表去找劉科長，劉科長感到非常意外，他說：「這個白處長，他一再強調半年才集中研究一次，你們怎麼就能破例？」我心中感到好笑不已。

那時電管局有一任局長原先在包頭當過市長，在包頭賓館居住時，結識了許多靚麗的小妹妹，他特意吩咐白處長把這些女孩都給她調到局裡來，白處長生性耿直，根本不理這一套，為了掃清障礙，後來不久他就被發配到物資供應處了，那些女孩也都如願以償地調來了。

白處長生於一九二四年，比我的父親年長一歲，卒於二〇〇九年，享年八十五歲。送葬時，他親手提拔起來的許多人，竟然都沒有來，我感到無法理解。其時我和他的子女在一起跪拜，心裡無比慘痛，以淚洗面。

白大爺，您一路走好！

李處長二三事

一、上世紀八十年代初，我剛調到內蒙古電管局的時候，在基建處工作。當時李處長是基建處的一把手，因為以前就認識，我報到後，他先找我簡單問詢了一下情況，然後突然問我：「小韓，你是黨員嗎？」我回答：「不是！」

「想入嗎？」

「做夢也想入呢！」

「哦，做夢也想入？」

他不苟言笑地對我說：「那你就排在額工和何工後面吧，等他倆入了你就輪你了，你完了寫個申請交給我。」

我心中一陣竊喜，但儘量在面部不表現出來。

他思索了一下又對我說：「為什麼要等他倆入完你才入呢？你看，人家都是六十年代初的大學生，資歷都比你深，因此你只好排在他們後面了。」

他接著說：「你們都是好同志，都夠資格。別看那些當官的人五人六的，沒有幾個好人！內蒙黨委書記周惠，離開內蒙時把新城賓館的地毯都捲走了……」

二、還有一次，處裡安排我去上海開會，我填好借款單後去找李處長簽字。李處長簽完之後突然問我：「去上海還路過哪些地方呢？」我回答：「南京、無錫、蘇州。」

「哦，路過那麼多好地方呢！你都去過嗎？」

「沒！」

「那就順便去看看吧！出去一趟也不容易，回來好好工作就都補回來了。」

「謝謝處長！」

「不用謝！」

我正要拿著借款單離開他的辦公室，他若有所思，突然又叫住我說：「小韓，不要對旁人說呀，回來我給你簽個字就報銷了，要不別人會說我老李讓你遊山玩水呢！」

三、基建處還有個工程師姓何，每次李處長去電廠檢查工作，他都陪同。何工為人很和善，見了誰都像日本人一樣有禮貌。一天李處長批評他說：「小何呀，你怎麼四十多歲了球也變不成！見了誰也點頭哈腰，像個售貨員似的！我想把你培養成個人才，你咋總像個奴才呢？」

我們其他幾個隨從都不由得掩口而笑。

四、基建處綜合科的包大姐，一次去請示李處長：「處長，老劉回東北看望老父親走了半個多月，這個月他的考勤怎麼報呀？」

「幾天就扣獎金？」

「五天！」

「五天扣獎金，你寫上四天就行了，這還用問我呀！再說誰家沒有點事情，你忍心看著他的獎金被扣掉呀！」

五、一天綜合科的包大姐又去請示李處長：「處長，人家局裡再次要求獎金要根據工作表現進行量化，拉開檔次，否則不批，咱們怎麼辦呀？」李處長說：「這還不好說？你上報時隨便拉開點距離，拿回錢來咱們再平分！」他接著又說：「同志們工作都很好，誰也不比誰差多少，局裡有些人就想製造矛盾，他娘的！」

六、李處長一向抗上，是條好漢。據說和局長爭執時還摔過茶杯，局長對他也有點耿耿於懷。

李處長平常在家待不住，每月開完處務會、佈置完工作，就下各個送變電工地檢查工作去了。一次局裡年末開總結會，局長在會上批評說：「有些處長，成天不在辦公室，像個游牧王爺，到處瞎球轉悠。」

李處長心裡明白是在說他，散會後，他找到我說：「小韓，你給我算算，我今年外出的時間一共有多少天？」

我查過考勤簿以後向他報告：「一共二百三十多天！」

「夠三分之二嗎？」

「不夠，還差點！」

「今年年初，局黨組曾要求幹部每年至少要三分之二的時間下基層，我儘管這樣努力還沒達到，你就替我給局黨組寫份兒深刻的檢查吧！」

據說檢查送上去後，局長一時哭笑不得。

李處長是內蒙古土默特旗人，烏蘭夫的老鄉，為人豪爽仗義。我常常想，這年頭當官的只要膽子大，吃進秤砣能消化得了也無所謂，只要別欺負老百姓就屬於好幹部了。

牛處長軼事

牛處長是我很久以前的領導，是個沒參加過革命的老幹部。他文化不高，每天上班除了喝茶，再就是把《人民日報》從第一版看到第四版。他很看不起讀書人，對知識分子鄙夷不屑。只有在無產階級專政的年代裡他才能混到高位，享受錦衣玉食。由於他對於技術一竅不通，因此只能抓些雞毛蒜皮的小事，還時不時鬧出一些笑話。我常常想：還是共產黨領導好，如果換了蔣先生領導，他早就餓死了。

一、一天，牛處長去醫院看病，因為胃口不好，大夫給他開了「香連化滯丸」，他從藥房拿到藥以後怒不可遏地去找大夫：「大夫，你怎麼給我開治婦女病的藥呀？」

「什麼？」

他把藥扔在大夫的面前：「婦女才有『帶』，我一個大男人哪有什麼『帶』呀？」

大夫大笑不已：「這個字讀『zhi』，哪裡讀『dai』呀！你念過書嗎？」

牛處長面紅耳赤、落荒而逃。

二、常言說「牙疼不算病，疼起來真要命！」一次，平時身強力壯的牛處長，可讓牙疼給折騰苦了。那天，他一早就去中蒙醫院排隊掛號去了，待到八點半門診一上班，他就手捂著半邊臉哼哼著進來了：

「大夫，快給我想想辦法吧，這一宿我可被這牙疼折騰死了！」

大夫讓他張開嘴看了一下，發現他右側牙齦紅腫明顯，於是便說：「你這是患了牙齦炎，我先給你開點消炎藥，拿回去喝吧，記得多喝水……」

牛處長從藥房取出藥來，一看藥名，氣就不打一處來，怒氣衝衝地去牙科找大夫興師問罪：

「你讓我吃滅滴靈？不是在拿我開玩笑吧？」

大夫瞪大了眼睛說：「這時候我怎敢和你開玩笑！」

牛處長不解地問：「滅滴靈不是治療婦女病的藥嗎？上次我老婆患滴蟲性陰道炎醫生就給她開了這種藥，你怎麼給我用來治牙病了？」

大夫這才恍然大悟：「噢，你是說這個呀！滅滴靈真的能治你的牙痛，你聽我慢慢給你說。這滅滴靈學名也叫甲硝唑，滅滴靈是它的商品名，因為它治療陰道滴蟲效果好，用得也多，所以大家一直叫它這個名字。但近年來研究證明，滅滴靈不單是治療婦女陰道滴蟲病，它對厭氧菌也有很強大的殺滅作用，而這牙周炎正是由厭氧菌所引起。」大夫解釋說。

牛處長仍然一頭霧水，滿心疑慮地走了。

三、上世紀九十年代初，交誼舞又開始時興了。但我們這些經歷過文革的人來說，都是舞盲。於是我們幾個同事在外面聘請了一位老師，業餘時間來輔導我們跳舞。

這事讓牛處長知道了，一天他批評我們說：幹點啥不好，學跳舞？男女勾肩搭背地成何體統？你們請的那位老師我也見過，留著長髮，穿著花襯衫，男不男女不女的，我總看他不像好人，你們可不要跟他學壞了呀！

四、又有一天，牛處長把我叫到僻靜處問我：「小韓，你是否罵人家××處楊處長的老婆了？人家心臟病犯了，兒子要找你算帳呢！你知道不？楊處長的兒子在××單位是保衛科長，腰裡別著手槍呢！」

我說：「哦，我想起來了，那天咱們勞動服務公司分沙拉油，楊處長老婆沒排隊就直接插到最前面去了，後面排隊的人罵她不要臉，可不是我罵的！」

「反正人家認定是你罵的，現在氣病了。」

「牛處長，你聽我說。我雖然膽小，但是我懂法。漫說我沒有罵她，退一萬步，即便是我罵了她，她突然倒地猝死，你說能判我幾年有期徒刑呢？」

「……」

「三年？兩年？一年？不至於吧？刑事拘留半個月也不可能！自古說『氣死人不償命』。即便她死了，說明她本身就有嚴重的疾患！」

「反正人家兒子要找你算帳的，你等著吧！」

「如果他兒子提著槍來找我，那就違法了。因為單位給他配槍是為了執行公務，如果把槍口對準我，那就是很嚴重的問題了！」

不知道後來他是否把我的話傳給楊處長了，反正我望斷秋水，也沒等到楊處長的兒子提槍來找我。

倒是有同事提醒我說：「那天對牛處長的一頓搶白，把他老人家氣的夠嗆。牛處長是宋局長的入黨介紹人，你不怕他報復你呀？」

我說：「反正我也不想當官，管球他的呢！」

糊塗的朱總

朱扶民是內蒙古電管局的副總工程師，一九六三年畢業于重慶大學電機系。因為出身不好，一畢業就被發配至內蒙古電力建設公司工作，在鍋爐工地歷任技術員、專責工程師、工程師。

一九八五年，丁炘原來內蒙古電管局當基建副局長。一天，丁局長去烏達電廠的擴建工地檢查工作，在鍋爐工地見到了專責工程師朱扶民，那時的朱扶民年輕帥氣，身材偉岸、氣宇軒昂、眉宇間有一股英氣。丁局長向他詢問施工組織設計及網路進度時，他如數家珍、娓娓道來。其實朱扶民並不善於言談，年輕時說話常常很羞怯，甚至稍有一些口吃，但唯有在說起技術問題時，話語連貫而流利，就像口吃嚴重的人並不影響唱歌一樣。

那天，朱扶民對丁局長提出的問題回答的非常縝密，讓丁局長這個技術行家感到無懈可擊，他立即就喜歡上了這個中年人，回局後就向局長呈請把他調局工作，任基建處副處長。

上文說過，丁局長是丁肇中博士的本家叔叔，丁肇中博士每次來華，鄧大人都要陪他吃午飯，丁炘元從平莊煤礦調至內蒙古電管局工作，和此不無關係。

在丁局長的舉薦下，朱扶民很快就來局報到了。局長、幹部處長親自把他送到基建處，和基建處的同志見面，大家一時都歡欣鼓舞。

朱扶民是典型的知識分子，性格溫良敦厚，言語溫文爾雅，初任基建處副處長既興奮又不安，來到新的工作崗位，自然想不負眾望、大幹一番。那時基建處的一把手李青山是土旗人把柵人，烏蘭夫的老鄉。李處長是個帥才，雖然他不懂技術，但手段剛柔並濟，把個基建處管理的猶如鐵桶江山，自家的後花園一般；把一幫知識分子們管理的低眉順眼、井井有條。其實，領導的作用就是管理，管理才是最大的科學，有的大學教授講起課來口若懸河，雲苫霧罩，但給他個生產隊長也不見得能夠勝任。

李處長對朱扶民說：「老朱呀，我是個大老粗，一直是對付著幹，你來了，對於我就像救星一樣，希望你好好給我出謀劃策，你先對這裡的人和事好好觀察一下，然後拿個成熟的意見出來，便於咱們改進，使基建處的工作更上一層樓！」

李處長的一番話，說得朱處長興致勃勃、蠢蠢欲動，大有捨我其誰的勁頭。經過半個月的暗中觀察，他發現基建處的許多方面都存在問題，亟待改進：比如，基建處的人下去工作，往往淺嚐輒止，滿足於聽彙報，很少深入現場和工人們打成一片；下面報上來的公文，不能及時批覆，下面急如星火的問題，也很難得到及時的答覆；處裡的同志下去，很少和現場的人一起用餐，多半去市里下館子。即使在工地吃，也是在小餐廳裡，頓頓有酒水、香煙伺候；從工地回來，都不及時向處長進行口頭彙報，遑論書面了。

一天，朱處長把發現的問題都向李處長做了詳細彙報，並提出整改的方法和建議。李處長很誠懇地聽取了他的彙報，聽完後表示，要儘快召開處務會，和同志們交換意見。

處務會很快就召開了，會上，李處長把朱處長彙報的問題毫無遺漏地進行了複述，然後面有慍色地對所有的人逐個進行點名批評。說到激憤時，污言穢語也脫口而出，甚至夾雜著辱罵：「你們這些傢伙，太不像話，除了我能容忍你們，誰還能容忍你們？是我多年來把你們慣壞了。你們老的老小的小，都是給臉不要臉，掙國家的錢，放私家的駱駝！人家朱處長來自生產第一線，對你們這套太看不慣了，他親自向我彙報了好幾個小時，讓我好好管一管，與其這樣下去，基建處不如解散為好……」

李處長的會開了有多半天，他把每個人都數算的羞愧無言，恨不得找個地縫鑽進去。

會後的第二天，李處長又驅車下工地轉悠去了，全處的員工都憤懣不已，不進朱處長的辦公室，有事也不向他彙報，甚至在走廊裡頂頭遇上也相視無言。那幾天，朱處長感到非常尷尬，不知道自己錯在哪裡？

楊玉水二三事

楊玉水，北京人，最早是內蒙古電管局生產處的一名工程師，後來歷任局物資供應公司副經理、生產處副處長、呼和浩特發電廠副廠長。老楊心直口快，仗義疏財，不會仰人鼻息、看人臉色。常常直言進諫，與局長說話都不懂得謙恭有禮，終究冒犯龍顏，為了一口氣遠走他鄉。我與他大約有十幾年了未曾謀面，後來聽說他犯事，被呼和浩特檢察院傳訊過，再後來噩耗傳來，說他因糖尿病併發症離世，享年僅六十三歲，我不禁為之扼腕痛惜，為生命的脆弱感到悲哀。

老楊說話快言快語、非常風趣。但他最大的缺點就是馬虎，丟三落四，沒有心計。上世紀八十年代初，我們經常一起出差，途中寂寞時他常與我講述自己的趣聞軼事，現在書寫出來與大家分享：

一、老楊一生丟的雨傘自己都數不清了。比如去車站買票，掏錢時把雨傘扔在售票處的視窗，買好票就揚長而去；去商場購物，把雨傘立在款臺下，交完款就揚長而去，這樣的經歷不勝枚舉。

二、有一次老楊要去烏海出差，進站後不分青紅皂白就上了開往北京的火車。火車開動了，徑直朝東而去，他有點疑惑，開始還是以為火車要轉彎掉頭的，誰知火車越開越快，風馳電掣。他趕忙問列車員：這是去哪裡的車？列車員回答：北京呀！老楊捶胸頓足、懊悔不及。好在此車在白塔站要停靠一下，他才得以下車。那時沒有計程車，他搭了輛拖拉機才返回市區。

三、還有一次，老楊託人買九十次去北京的車票，拿到車票後，他看也沒看就塞在了包裡。那天妻子小陳請假在家給他準備晚飯，他十八點以前吃飽喝足，興沖沖地趕往車站。待到檢票時，人家檢票員不給檢，反問他認字不？還讓他瞪大眼球好好看看時間。原來那位哥們去的晚了，沒有買到當天的票，買的是次日的票，老楊這個氣不打一處來呀，但是又能怪誰呢？

四、再有一次是老楊從北京出差回來。他家住在鐵道北，他沒有出站，徑直越過鐵軌，朝北而去。那時呼和浩特物資緊缺，一般人出差都要買好多吃用的東西，老楊也不例外，他一共帶了三個提包，兩個拴在一起搭在肩上，手裡還拎著一個。走了幾步，他感覺有點累，於是放下包，坐在鐵道邊休息。待到身體有所緩解，便起身向家中走去。

回家的第三天是個周日，近午時分他對妻子說：今天咱們吃我從北京買回來的麵筋吧！妻子反問：什麼麵筋？麵筋在哪裡呢？

這時他才想起來，三個包只拿回兩個，那天在鐵道旁休息時，有一個包放在身後，起身時竟忘記提了，他被妻子好一頓臭罵！

五、老楊還在生產處當專工時，一天，處長安排他去北京開會，副處長老馬對老楊說：「楊工，你從北京給我帶個砂鍋好嗎？」

老楊說：「砂鍋呼市有的是，五四商場門口就有，只不過同樣的砂鍋北京要比呼市便宜五毛錢，你不就是為了節省五毛錢嗎？你總不能為了省這五毛錢讓我舟車勞動吧！我倒有個萬全之策，」說到此，老楊從口袋裡掏出五毛錢來要遞給馬處長：「五毛錢差價我出了，你我的目的都達到了！」

圍觀的同事笑作一團。「老楊，你他媽的真是個圪泡！」馬處長邊罵邊上前揪住老楊佯裝動手。

後來，我私下對老楊說：「你娘的估計專工也就混到頭了，別人想舔都舔不上呢，你竟然敢拿領導尋開心？」

哈哈，膽大包天的老楊！

「賈幹部」與劉師傅

「賈幹部」即賈敬信，人們見面均戲謔地稱其為「賈幹部」，緣何而來，不得而知。由我推想，大約是因參加工作至三中全會以前十數年未評職稱；未晉升職務，工薪低廉、生活清貧、人微言輕，屬於小公務員系列吧。那時吃公家飯的人，工資從十數元到數百元不等，統稱為「幹部」，因此將老賈冠以「幹部」之稱，既有善意的戲謔與嘲弄，又有自我解嘲、打趣之意吧。

劉師傅即劉民治，與「賈幹部」同屬於河北籍人士。劉師傅為人溫良敦厚、和藹善意，他早年參加北京送變電公司的工作，至一九五八年支邊來到內蒙古。老劉並無學歷，職稱系後來才評定，所以長期以來，局裡的人都尊稱其為劉師傅。

「賈幹部」與劉師傅由於政策原因的使然，長期以來工資一直很低，尤其「賈幹部」三十八元竟然拿了二十多年。窮漢兒多，生活頗為拮据，多有捉襟見肘之感。為了勉強度日，幾乎想盡了所有的辦法，說來催人淚下：

那些年，每至秋季，下午下班後，他倆常常結伴去近郊撿土豆。揮汗如雨，在已經收過的土豆地裡再細細地挖一遍，總會有不少的收穫。挖完土豆，兩人又去撿拾菜葉，去砍留在地裡的園白菜的把子，回來醃在缸裡，夠吃一個冬天。

有一回，兩人下班後騎車漫無目的地閒逛。走到南茶坊附近，發現已經收割完的水塘裡還留有許多矮小的、參差不齊的蘆葦。他們找到蘆葦的主人，主人欣然答應將這些蘆葦送給他們。他倆大喜過望，這次收穫，足足地弄夠了他們兩年燒火做飯的柴草。

又有一回，劉師傅發現公園裡有數十棵被砍伐過的樹根，找到公園領導，始知公園領導正苦於無人將這些樹根挖掉，甚至同意每挖一個樹根給他一元錢。劉師傅慌忙推說不要，表示只要給他樹根就十分滿意了，公園領導為此非常感動。

此時的劉師傅正值盛年，十分健壯。他借了鍬、鎬，每天天濛濛亮就翻牆進了公園，及至上班，總能挖出一棵來。老婆、孩子拉了排子車去接應他，一來二去，他總共挖回數十棵樹根。這些樹根他燒了十幾年，直至從東院平房搬至二號樓仍沒有燒完，其中幾棵樹，砍伐時留的茬過高，他還破成木板做了一張飯桌，真是物盡其用了。

如今，他倆過世已經有二十年了。音容笑貌猶在眼前。他們為人正直、工作勤奮、恪盡職守、廉潔奉公。由於歷史的原因，生活的清貧、工作的重負，我們的許多同志積勞成疾，終至英年早逝，真叫人扼腕痛惜。

如今，他們的兒女都已學業有成，成為電力事業的中堅力量。兒子器宇軒昂；女兒豔麗如花，住的是高層建築，上下班開車來去。但是我們怎能忘記那些曾經吃的是草，擠出的是牛奶和血的老同志呢？

張君的婚事

張君，烏盟返鄉知青，上世紀八十年代初畢業於東北電力學院，畢業後即被分配至海勃灣發電廠工作，在汽機車間當技術員。張君是個帥哥，長得相貌堂堂，一表人才，面容「天庭飽滿、地閣方圓」。這其中的「天庭」指的就是上額，而「地閣」指的就是下頜。據說，凡是擁有此種面相的人，一般都性情寧靜、生活安逸、晚年運勢亦佳，能夠頤養納福。

就在他剛到海勃灣電廠後不久的一個早晨，劉廠長給車間主任打電話，讓他通知張君來廠辦一趟。那時，張君還是個沒見過世面的小後生，懷著一顆惴惴不安的心，提心吊膽地來到了廠長辦公室。劉廠長對他非常熱情，讓座、請茶，張君緊張的臉紅如布，心臟都快要跳出來了。他淺坐在沙發的邊上，低頭不敢目視廠長，手心裡全是汗，劉廠長先是詢問了他的工作情況，隨後又問到了他的家庭情況，再下來又問他找對象了沒有，打算在哪裡成家？張君囁嚅著說，自己還年輕，需要在工作中慢慢鍛鍊，婚姻的事不著急。劉廠長說，工作和找對象並不矛盾，如果有合適的女朋友可以找，這樣還可以互相鼓勵與促進。劉廠長接下來說，電廠有那麼多好姑娘，如果不好意思自己找，他可以幫他引薦。

說到找對象，張君的心裡「咯噔」一下，因為此前他就聽同事說，劉廠長也給他們介紹過對象，那個女孩在廠辦打雜，相貌很醜。據說那個女孩的父親是水利廳的一位領導，和劉廠長既是同鄉又是世交。但由於那位女孩相貌實在不佳，下得廚房，入不得廳堂，所以他們都婉言謝絕了，為此劉廠長感到很不快。他們還說，他們都無意在海勃灣久留，如果在這裡成家，那還不得在這裡待一輩子嗎？

據說，人越擔心啥，啥事就來得越快，沒有幾句話，劉廠長果然向他提到了那位女孩，劉廠長說，那個女孩是個大家閨秀，雖然人樣不漂亮，但各方面都很優秀。古人都說「寧娶大家奴，不娶小家女」、「前三天看人，後三天看心」。好女人有相夫教子的本領，會促使男人事業發達。再說膏藥好賴，拔出濃就行了，女人拉熄燈其實都一樣的……

張君沉默不語，不知道該如何回答才好，他真的不喜歡那個女孩，雖然身材還不錯，但是長得太寡，五官沒有一絲誘人之處，雖然年齡不大，但看上去就像老太太……

劉廠長後來對他說，不著急，你回去好好考慮一下，考慮好了再給我答覆。

張君回到車間後，車間主任把他扯到沒人處，連連追問他到底是怎麼一回事情。張君囁嚅著把前因後果向車間主任細述了一遍，車間主任聽完後，把他罵了個狗血噴頭：你這後生活得昏了頭了，這樣好的事情就是打著燈籠也難找，換我，她就是二福女我也娶呀！人家小劉是高幹子女，你娶了人家，從此就成了高幹家庭的乘龍快婿，不用自己奮鬥，步步有人關照，飛黃騰達指日可待。聽說劉廠長在內蒙古黨委組織部有人，他在海勃灣電廠也是委屈一時，已有傳聞要去電管局當局長，劉廠長當了局長，你還不鬧個廠長、處長幹幹？你今天巴結我這個小小的車間主任，趕明兒我就得去呼市上趕著巴結你呢。小劉是醜點，但是，你一旦升官發財，屁股後面的美女還不是大把地抓？你一個農村後生，有啥背景，在這裡就是受到死，混個車間主任算是到頭了！你還不是因為長了個捉鱉腦袋，人家才看上了你。除了這顆捉鱉腦袋你還有啥本事？……車間主任舌幹唇燥，說的一佛出世二佛升天，張君連連點頭。

第二天一早，車間主任就去找劉廠長邀功，說張君在他的勸說下已答應娶小劉為妻。劉廠長自然對這位主任表示感謝，答應舉行婚宴時，一定請他代東。後來不久，張君就與小劉在呼市新城賓館舉行了盛大的婚禮，婚禮的主持人就是劉廠長。小劉的父母樂的臉上都開了花，所有的親朋好友都盛讚小劉的福氣，誇獎張君是潘安宋玉轉世。那天張君身著筆挺的仕奇西裝，出盡了風頭。

吉人自有天相，昱年春，劉廠長就接到內蒙黨委組織部的任命書，就任內蒙古電管局局長。劉局長到任後不久，就下調令調張君與小劉同赴電管局工作。張君任內蒙古電管局生產處的副主任工程師兼發電科科長；小劉調電管局企管處工作。

後來也就兩三年功夫，張君又被任命為金川發電廠總工程師兼副廠長。二〇〇九年廠網分家後，張君從電網公司超高壓局黨委書記的位置上退休，屬於正處級幹部。

張君的女兒後來在美國留學，現定居在紐約。女兒也不漂亮，遺傳基因多半來自母親，不過她嫁的老公又是相貌堂堂。

那幾個當年不知好歹的傢伙，一直沒有離開海勃灣。他們如果知道張君前程似錦，一定會懊悔不已。張君行止方正，性格溫良敦厚，沒有過絲毫的風流韻事。現在雖然退休賦閒在家，但夫妻倆每天出雙入對、如影隨形、相敬如賓，仍是女人們豔羨的對象。相反，我還有個哥們，老婆長得如花似玉、妖冶風流，他天天在背後跟蹤，結果還是跟人跑了。娶老婆要看綜合素質，你說呢？

木訥的朱毅民

朱毅民是我的同事，上世紀八十年代初，他曾經是內蒙古電管局基建處的預算員。老朱生性木訥、不善言談，除了專業書籍，其他書籍一概不讀；報紙也不怎麼看，要看也僅看《人民日報》第一版。他活得循規蹈矩，每天晚上聽完新聞聯播就上床休息，睡覺也總是一個姿勢。

老朱為人忠厚、性格和善。但魯迅說：忠厚是無用的別名，此話放在老朱身上恰如其分。一次，處長帶一個女同志出差，那個女同志的孩子幼小，才兩個多月，讓老朱隨行是為了幫助照料一下孩子。那天，在東勝賓館，處長要和那個女同事研究工作，把孩子交給老朱照看。老朱根本就沒有照看孩子的經驗，過了不久，孩子就大哭不已，老朱怎麼也哄不住，於是抱著孩子去敲處長臥室的門。門終於敲開了，老朱囁嚅地說：「孩子哭得不行，我好賴哄不住。」處長氣急敗壞的罵他：「你他媽的球也變不成，連個孩子也哄不住，我要你還有啥用？」

後來，處長再也不帶他出門了，處長說他猶如混沌初開時的人類。

那年，烏拉山電廠擴建，從水源地到電廠要修一條供水管線。一天，老朱去現場視察，發現施工單位挖管溝時沒有放坡，管溝直直地裁了下去，於是結算時，老朱就要扣除放坡工程量。施工單位不服，和他吵得不可開交，處長讓我出面協調。施工單位知道我是電建公司出來的，見到我猶如見到救星，紛紛向我訴苦說：這個朱工以前是搞啥的了？怎麼是個棒槌，聽不進人話！

在我的協調下，那筆錢還是支付給施工單位了。下來，我對老朱說，幹咱們這一行既要有原則性，又要有靈活性。比如放坡係數，這是國家規定容許給的，圖紙上也已標明。施工單位看見土質好，不放坡也行，就把這筆錢給省下了。但是，也有的施工單位掙錢不要命，土質不好也不放坡，冒險施工。如果溝深，一旦塌方，甚至會把人掩埋。一經我們發現，必須即時向他們的現場安全員通報，防患於未然。老朱嘟嘟囔囔地接受了我的意見，但是，他從內心裡對此事還是有些想不通。

還有一次，伊盟電業局要從伊金霍洛旗到沙圪堵修一條輸電線路。按規定，概算、預算裡都計列了簡易道路修築費。修路是為了便於車輛、施工機械、施工材料的進出。那次，老朱又去現場查看，發現大多路段並未修路，只在車輛實在過不去的地方稍加修整。結算時老朱又要扣除施工單位的修路費，理由是，你們沒修路還要啥修路費？施工單位和他吵得昏天黑地、面紅耳赤，劍拔弩張，處長又派我去協調。我在開會議定此事時說：按這裡的路況，道路修築費是應該給的，施工單位不修整道路，車輛也可勉強開進開出，但這樣會造成車輛的嚴重磨損。背的抱的一般沉，看來這裡省下了，那邊修車還等著呢！

我一表態，施工單位立刻歡呼雀躍，搞的老朱好沒臉面。他雖然表面上同意了我的意見，但心裡還是有些不服氣，一散會他就走了，連飯也沒吃。

當然，老朱的工作，我還要大力支持的。那一年，呼包修建青城二回線，從呼市東郊變電站出線，曲曲彎彎經過土左旗、土右旗，進入包頭古城灣變電站。結算時，呼市供電局電氣安裝公司的常經理背來滿滿一書包「三項費用」的發票。何為三項費用？原來在修建高壓輸電線路時，除了建築安裝費外，還要發生桿塔占地、樹木砍伐、青苗補償的費用，統稱三項費用。桿塔占地比較好算，樹木砍伐、青苗補償就屬於良心賬了，施工單位能多報則多報，誰還怕錢多扎手呢？記的有一年，內蒙古送變電公司在河北唐秦線施工，結算時，三項費用就被甲方攔腰砍掉一半。完工後施工單位要收兵回營，甲方設宴送行。酒過三巡、菜過五味，送變電的項目經理在微醺時口吐真言：別看三項費用被你們砍了一半，其實就這我們還多掙一半呢！要不我們撇家舍業、遠天遠地地跑到你們這個圪泡地方來幹啥？氣的甲方的頭頭臉色大變，第二天就把預算科長給撤了。

那天，我示意常經理把發票留下，我們審完後再通知他來。常經理一走，我就對老朱說：你要想立功，機會終於來了，咱們從內蒙送變電公司要輛車，從東郊變電站出口開始，一家一戶地去落實如何？成績都是你的，我可以全程作陪，老朱自然無話。

後來，我給送變電公司的經理打電話，他們給派了一輛北京吉普，我和老朱、司機三人歷經一周，終於摸清了第一手資料。回來後把他們報來的費用砍下一多半，常經理心悅誠服、無話可說。我對他講：「我在施工單位待了這麼多年了，啥貓膩能瞞得過我？媽哄了你姥姥一輩子了，你還想來哄媽？」

原來，發票看上去都很正規，都有當事人的簽字與印章，但是數字都是虛數：給五百元，報一千；給五千報一萬。也許有的當事人心裡清楚，但大多數農戶看也不看就在上面簽字了。記得到了一戶人家，男人不在，那個女人說：「那天他們來送錢時，我的老公在炕上睡午覺，手戳和他的鑰匙拴在一起，我怕驚醒他，悄悄地取下來，交給那個人拿去蓋了。」我問：「那個人一共給你了你多少錢？」她說：「五百呀！」，我讓老周拿發票來看，發票上卻明明白白寫著一千五。

樹木、青苗都已時過境遷，數量根本無法核實。但詢問每戶的數量，所答都比施工單位報的要低得多。

那一個星期，操磨得我真夠嗆，天氣暴熱，牙都曬黑了。去包頭洗澡，搓下來有半簸箕泥。但後來處長似乎並不領我們的情，他說：「大家都要活，省下錢是你們家的嗎？過年，人家給你們米麵油肉鬧得全全的，不想想錢從哪來？」

老朱五十年代支邊來到內蒙古，老婆在龍口工作，他在呼一直過著單身生活。每年只有過年才能回家，他的同學都陸續續地調走了，他由於太刻板，始終沒有任何地方願意接納他。到了八十年代中期，處長也開始同情他，聽說火電公司的副總工程師郭松年，調到青島供電局當局長去了，後來又升任青島市市長，於是處長藉故率隊赴山東黃島電廠考察時去拜謁郭市長，在郭市長設宴為老朋友接風洗塵時，人們紛紛說起老朱的艱辛，郭市長動了惻隱之心，不久就把老朱給調到龍口供電局了。

聽說老朱的妻子是個不守婦道的女人。老朱不在家時，她耐不住寂寞，常常紅杏出牆，因此受過處分。單位領導找她談話時，她流著淚說：我還年輕，實在熬不住呀！後來，雖然老朱調回老家了，但很快就離婚了。一個重要的原因是，老朱的性機能徹底消失了。凡事用進廢退，老朱那個東西由於長期閒置不用，已徹底報廢了。老朱大我十幾歲，不知道現在是否還活著。我沒事時，經常想起他，因為那是個可憐人。

「拳師」老李

老李曾經是我的同事，三十年前，我認識他時，他就在內蒙電管局物資供應處設備科從事電站設備的採購供應工作。老李河南安陽人，身材偉岸，氣宇軒昂，慈眉善目，溫良敦厚。

從我認識他起，他就喜歡武功，家裡沒有電站設備的書籍，也沒有文學作品，所有的藏書都是關於武功的，除了各門各派的武功秘笈外就是各種武俠小說，武俠小說的著者又首推金庸。老李的技術職稱是工程師，但是我覺得稱呼老李為「拳師」更符合他的身分。

我記得，不管老李走到哪裡，身邊都不離武功秘笈。只要稍有閒暇，就要拿出來翻閱。即便在政治學習或機關開大會時，他也沉浸其中。那時，搞物資工作成天出差，出差只要路過少林寺，他都要停留，與那裡的和尚切磋武功技藝。人一旦迷醉於一個方面，其餘的方面肯定有所差池。那年，他出去給推土機訂購大鏟，因為看錯貨號，廠家把挖掘機的挖鬥給發過來了，讓領導好一頓批評，如果不是老革命，非下崗不可。

不知何故，老李從來也沒在同事的面前演示過他的武功，如果不知底細，你根本看不出他的強悍之處。因為他說話從來都是溫文爾雅，笑容可掬。從沒有見過他有持強凌弱的時候。

老李的原配在河南鄉下，他的現任妻子小蘇，土左旗人，小他十幾歲，是八十年代初在呼市認識的。據說，他的這個妻子那時也是單女，在新城區電影宮門口賣飲料。一天被幾個小混混糾纏，白吃白喝不給錢，老李路見不平，上前阻攔。幾個牛二似的潑皮前後圍了上來要教訓老李，老李不慌不忙，並未動粗，按住腦袋些微揉動了一下，他們的身體便不由自主地旋轉；只用手揉捏、推拉了幾下，就把他們一個個掀翻在地。幾個小混混頓時疼得呲牙咧嘴，爬起來落荒而逃，老李演繹了一場英雄救美的喜劇。小蘇萬分感激，從此以身相許，嫁給老李做了夫人。

老李少年時曾是少林寺的俗家弟子，後來又參軍投身革命，他的戰友大多犧牲在建國前的疆場上。老李曾經參加過剿匪，曾獲一次二等功，好幾次三等功。他剿匪後回到家鄉，始知家庭成分在土改中被劃為大地主，父親被貧下中農活活打死，其他長輩也都在土改及鎮反中被整肅，慘不忍睹。按說老李少年就投身革命，為黨國出生入死，政策應該對他的老父網開一面，然而共產黨的哲學是鬥爭的哲學，從來不講溫情。老李從此對革命萬分失望，他曾經對我說：「早知如此，還不如跟上土匪跑了好！」

老李從此不再熱心政治，甚至沒有寫過入黨申請書。由於出身不好，一直被組織上控制使用，當了一輩子的普通幹部。因無職務，老李離休工資也不算高，每月只有六七千元，但他已非常滿足，他認為和那些死去的戰友相比，他已經是活在天堂裡了，前年他還聯繫活著的戰友去廣西為他們掃墓。

老李非常喜歡寫作。八十年代初，我不務正業，經常在報端發表一些豆腐塊文章，老李非常欣賞，他安慰我說：「作家的分量比處長高多了，處長能培養出來，作家能培養出來嗎？施耐庵、吳承恩、蒲松齡、馮夢龍都名揚千古，明清那些多如牛毛的官員誰又能記得他們呢？」其實我寫的那些文章一錢不值，一篇散文的稿費將夠給老婆買一雙尼龍絲襪，但老李的鼓勵卻使我很振奮。我也鼓勵老李把他建國前的剿匪經歷寫成小說，但是老李因為不諳此道，無法施行。後來，老李也竟然開始在內蒙古的一些報章上發表文章，但僅限於武功類型。每逢新年，老李總要發一篇《×年說×拳》的文章，比如今年在《北方新報》發的就是《蛇年說蛇拳》的文章；去年是《龍年說龍拳》。只要刊載出來，老李總要複印許多份分送要好的朋友和同事，共同分享他的喜悅。

我幾乎每年正月都會收到他的複印文章，怪我不上心，沒有精心保存，大都失散了。今年我又收到了他的《蛇年說蛇拳》的文章，我依稀感覺，上一個蛇年，他發的就是這篇文章；我也記不清，是否他還寫過「雞年說雞拳」、「狗年說狗拳」、「豬年說豬拳」的文章，但我又實在不好意思問他。

老李的拳術文章寫得非常好，旁徵博引，考據詳細。我常常想，一個人數十年來專注於某個方面，怎能會沒有成效呢？老李有了這些文章墊底，覺得和我屬於同道了，因此即便路遇，他和我的話也總是很多，儘管所有的話都是圍繞著《×年說×拳》，味同嚼蠟，但我還是要耐心地聽他說，絕不能讓他看出我絲毫的不耐煩來。

一天路遇，老李對我說：「怎麼老看不見你在報紙上發表文章呢？我告訴你一點投稿的訣竅吧！」我說：「你說說看。」老李說：「給報社寫稿跟用步槍打飛機有一比，要有提前量。拿農活兒來比方吧，春耕時要寫夏鋤的稿件，夏鋤時就寫秋收的稿子，到了過舊年時，就該寫春耕生產的稿子了，等稿件寄到報社，正好趕上需要。我在龍年末就把蛇拳的文章寫好了，所以我的稿子能趕上形勢，一打就中，常能發表。」

我說：「我早就沒有投稿的心思了，凡報紙上能用的稿件，我一律不寫，我寫的都是發表不了的文章！」

「那是為什麼呢？那有啥用呢？」老李看我忙，大失所望地走了。

悲慘的金長孝

我在內蒙古電力建設公司當工人時，金長孝是鍋爐工地的技術員。七十年代中期，內蒙電建公司和內蒙電管局合署辦公，老金就調到了呼市。後來分家，他又進了內蒙電管局生產處，任專責工程師。

老金是南京人，回族，記不清他是哪所電力專科學校畢業的了，反正他有數十年豐富的電力建設施工經驗。

老金的妻子叫法土賣，維吾爾族，年輕時非常漂亮，是個豐腴白皙的麗人。法大夫一直在內蒙建公司的醫務室工作，後來老金調來呼市，她也隨之調到內蒙電管局醫務所了。

法大夫非常直率，說話口無遮攔，看不慣的事情，她就要發言，因此容易得罪人。上下班時遇到我，總要拉住我發牢騷，我只能勸慰她，讓她見怪不怪，不要生氣，以保重身體為要。

法大夫對那些在領導面前搔首弄姿的女人非常反感，她不止一次地對我說：「我如果年輕時也像她們一樣浪，哪有她們的市場！」我聽了笑到絕倒。

老金及法大夫都是上世紀六十年代來內蒙古支邊的，那時內蒙古的條件非常艱苦，他們的長子只好留在南京祖母的身邊。那個後生八十年代經常來呼市看望父母，一次我去南京出差，在公車上，還曾經看到他行色匆匆地過馬路，隔著厚玻璃，我無法和他說話。他的長子後來患尿毒癥死亡，給老金留下一個孫子，老金從老家接來撫養。

老金退休早，那時每月只有一千多元的養老金，根本不夠孫兒的花銷，沒辦法，只好繼續出去打工，好在他是工程技術人員出身，內蒙古康遠電力建設監理公司也熱心聘用他，於是他就一直在錫林浩特二電廠工地上當監理工程師。

天有不測之風雲，人有旦夕之禍福。二〇〇七年夏秋之交，老金在工地上被巨型自卸汽車的沙土活埋，他掙扎著剛從土裡露頭，自卸汽車再次向後倒車，把他活活地壓死在輪下。

其時，老金的次子正陪哥兒們驅車去北京購物，哥兒們是個體戶老闆，他們是發小。他和哥兒們剛從北京趕回呼市就聽到了這個噩耗。他的次子是個孝子，容不得思考，就和哥兒們調頭開車連夜往錫林浩特趕去。

呼和浩特至錫林浩特有六百二十公里的路程，他們從北京回來就已經疲累之極，在又開了一夜車後，於凌晨時分，車行至離錫林浩特還有二十公里時，撞在了路邊的一棵大樹上，兩個年輕人當場斃命。

數日後，法大夫的家裡同時迎來兩具屍體，阿訇在法大夫的家裡給父子倆清洗身體，軀體上纏裹白布，誦讀《可蘭經》。

可憐那個哥兒們，為了朋友，而立之年離別塵世，拋下了嬌妻愛子，不知道真主穆罕默德能否收留這個異教徒。

法大夫好像並沒有被擊垮，只是神情沮喪，嗓音嘶啞。有許多人說，此事如果擱在他們的身上，一定會瘋了不可。我想，老金伉儷都是穆斯林，法大夫一定相信他的老公和孩子是被真主召喚走了。因此，人還是有點信仰好。

後來內蒙電力集團公司給老金一次性補償了三十多萬。期間有領導向我求教，如何才能在工程上支出這筆錢，而不被審計部門發現？我說，只有一個辦法，那就是在土方工程中作假簽證，然後把錢經施工單位轉付給老金的家屬。但是這種事情必須要大家都能理解和同情，屬於合起夥來矇騙共產黨一把。

老金退休前已是處級幹部，由於清正廉潔，沒有貪腐下錢來養活自己的孫兒，直到七十高齡還要出去打工，可見穆罕默德也是很失職的，好人為什麼就不能讓他們長壽呢？

最後的賠償金顯然是合理不合法的，但是為了使我們的心靈得到安寧，也就顧不了許多了。

我已發現一個規律，好人往往沒有好報。正是：修橋補路的瞎眼，殺人防火的兒多，我去西天問我佛，佛說，我也沒轍！

劉局長的荒唐事

一

上世紀八九十年時代時，內蒙古巴盟電業局的局長叫劉海泉。劉局長是個胡傳奎式的人物，為人仗義疏財，喝酒不要命。有一個階段，電管局的人路過臨河也不敢進去，因為你只要去到劉局長那裡，必然要喝的酩酊大醉，不出溜到桌子下就算沒完。一次我去臨河，親眼見東北阿城繼電器廠的張廠長，喝的人事不省，坐在椅子上，尿就從褲腿裡下來了。

還有一次，吉林梨樹鐵塔廠一群人來巴盟進行品質回訪，劉局長擺酒席宴請，東北漢子按說酒量也差不多，愣是叫劉局長的幾個部下整的叫苦連天。巴盟電業局的辦公室主任是個少婦，她每次都主動出擊，喝起酒來很瘋，她喜歡唱的歌是：「路邊的野花不要採」，愛說的串話是：「領導在上我在下，你說幾下就幾下。」那天酒過三巡，菜過五味，鐵塔廠的一個小夥子說：張姐，你要是嘴對嘴餵酒，我就喝，張姐說時遲那時快，立馬就把一大口酒全送到了那個小夥子的嘴裡。

那次的酒足足喝了三個鐘頭。鐵塔廠的王廠長終於甘拜下風，向劉局長告饒。劉局長說：「你們既然認輸，那就這樣辦吧，男人們都脫下白汗衫，當做白旗舉在頭上搖，女人們都雙手舉過頭做投降狀，然後排隊走出宴會廳。」

鐵塔廠的人沒辦法，只好按劉局長說的辦，儘管圍觀的人很多，他們還是灰溜溜地從宴會廳魚貫而出，此事在內蒙古電力系統傳為笑談。

二

聽人說，上世紀八十年代時，劉局長去後山支農，給一個貧困鄉送去了好多變壓器和開關，幾個鄉長都對劉局長非常感激，三天兩頭請劉局長喝酒。那時劉局長的酒量還不行，每喝必醉，醉了則大發酒瘋。那時上海產的「飛馬牌」香煙，是僅次於「大前門」的好煙。劉局長喝醉後，往往嘴裡叼著「飛馬」，將一個漢子按倒，跨上去，屁股上下顛動著，叼著煙的嘴，連聲喊著：「飛馬、飛馬……」有時候，伏在地上的，就是請他來吃喝的人。每當這時，最興奮的是孩子們。對於他們來說，這是難得的娛樂。

三

一九八六年夏天，劉局長去上海出差，一個設備廠家設宴款待劉局長，那天劉局長因為高興，喝的有點過量，出了酒店，腦袋被風一吹，就暈的不知南北，走在一個過街天橋上，一時性起，從皮包裡掏出八千元現金，向橋下的行人喊：「上海人民注意了，內蒙古的劉大爺給你們送壓歲錢來了。」話沒說完，一大把錢從天而降。幸得下面有警察在維持治安，喝止了人們的亂搶，才算損失不大。次日上海《文匯報》第四版詳細報導了此次事情的經過，不過他們把「巴盟電業局」寫成了「八盟電業局」，那天的《文匯報》在電管局被爭相傳看。

四

還是在八十年代的時候，一到秋季，劉局長就給我們局裡來送瓜。巴盟的西瓜和華萊士非常好吃，都是從指定的公社指定的大隊拉來的，沒吃過的人體會不到那種甘甜和醇美。

一次，幾輛運瓜車停在巴彥塔拉飯店的後院，苫布揭開了，我們也接到通知帶著麻袋騎車過來了。那天後院裡人很多，場面也很亂，巴盟局的人根本分不清哪些人是電管局的，哪些人是巴彥塔拉飯店的旅客。正在犯愁之際，喝的醉醺醺的劉局長出來了，他對巴盟局辦公室主任說：「什麼你我，來的都是客，誰想吃就讓他們抱吧！」有他放話，人們一哄而上，瘋搶一氣。據同事說，那天有一半的西瓜被社會上的人抱走了。

張建坤軼事

張廠長建坤上世紀七十年代初參加工作，中專學歷，但是官運恒通，很早就出道，當上了烏拉山發電廠的廠長。後來內蒙古達拉特旗要建設亞洲最大的火力發電廠，張廠長又被調任達電一把手。張廠長智商、情商都很高，組織能力非常強；他能說會道，講起話來口若懸河，話說出去還能說回來，怎麼說怎麼在理。

據智者說：男人的成功，學問的因素僅占百分之十五。其餘就在於組織能力、協調能力、宏觀把握能力，也就是人們常常說的「帥才」、「當官的料」。有許多人能當大學教授，能當總工程師，但是給他個生產隊長也當不了。

張廠長為人隨和，見面熟，幾句話就和你拉近了距離，使你覺得可親可近。不像有些官僚，整天端個架子，臉色陰沉，使人望而卻步。張廠長說話非常風趣，他不經意說的話，即使過了很長時間，想起來還會使人暗自發笑，不信我給大家回憶幾段，看看他的幽默基因比趙本山如何：

一、一次我去達電開會時，他親口給我講過這樣一個故事：

「那是我在烏拉山電廠當廠長的時候，一天，內蒙婦聯有一位女領導來我廠檢查工作。聽說她喜歡游泳，我立即電話告知辦公室王主任做好安排，時間定在下午兩點半。

「小王午飯後就來到了游泳館，先是清退一切無關人員，再換水、加溫，隨後親自下水測試水溫。一切就緒，他在泳池內慢慢地遊玩，等待女領導的到來。

「不知何故，下午三點多了還沒見女領導的蹤影。小王失望地從泳池上來，擦乾身體，準備穿衣。

「不料正穿衣服的時候，女領導卻來了。小王說：『我脫了衣服等了你兩個小時了，你也不來，我剛穿起褲子了，你卻來了，玩嗎？要玩趕快脫！』女領導聽到此話滿臉地不高興，憤然扭頭離去。

「她十分氣憤地來找我：『有這樣說話的嗎？什麼叫脫了衣服等我？什麼叫想玩趕快脫？……』我聽後也氣急敗壞，把小王叫來臭罵了一頓，還扣了他一個月的獎金，總算給那位女領導出了氣。」

二、又一次，我對張廠長說：「我一般冬天是不穿內褲的」。張激動地，緊緊地握著我的雙手說：「知音呀！英雄所見略同！」我問他：「你為什麼冬天不穿內褲呢？」張說：「冬天穿的太多了難受，如果穿內褲，內褲外面是秋褲、秋褲外面是毛褲、毛褲外面是西褲，鬆緊帶、皮帶，一層又一層，勒的腰疼，因此減掉一層就少一層的負擔！」

哈哈，知音無處不在。

三、還有一次，張廠長對我說：「老韓，你知道我的名字的寓意嗎？」我說：「不知道！」他說：「建坤，『建』是建立的意思，『坤』就是女人的意思，連起來講就是我的事業是建立在女人的基礎上的！」我聽完哈哈大笑：「淨他媽的胡扯！」他隨之也哈哈大笑起來。

四、一天，我去達電檢查工作，張廠長向一位新提拔起來的副總介紹我：「這是管局的老韓，我們的關係非常好，我和老韓的關係僅次於男女關係！」我佯裝生氣地說：「什麼屁話！現在男女關係才不值錢呢，找個小姐二百元，你我的關係難道就值二百元嗎？」

「哈哈哈哈！」我們三個人都笑個不停，那位副總笑到氣絕。

五、張廠長過五關斬六將，也有走麥城的時候。一九九六年，張廠長突發奇想，要在電廠南面的沙漠裡修建水庫。那時達拉特電廠有大量的工業廢水需要排走，黃河裡是不讓排放的，如果要排必須先搞水質淨化，水質淨化投資巨大。若往遠處排，要修長距離管道，還要修水庫，費用更是天文數字。

沙漠裡最缺少的就是水，達拉特地區的蒸發量遠遠大於降雨量。張廠長天真地想：如果把水排在沙漠裡的低窪處，不但可以養魚、養鵝、養鴨子，還可以改善地方的小氣候，使北國變為江南。

於是他說幹就幹，組織了達電多經公司的十幾臺推土機，在沙漠裡開始營造水庫。沒有圖紙，他們就因地制宜，選擇大面積的低窪處，用推土機來築壩。

沒用幾個月，壩體築好了，水也放滿了。一日張廠長帶我去觀看，他興致勃勃地為我介紹了下一步更美好的遠景。我站在壩體上，看著忽忽悠悠的水波在蕩漾，心裡有點害怕：「這沙粒築成的壩體不會垮了吧？」「不會的！」張廠長躊躇滿志地說。但是我還是有點提心吊膽。

時運不濟，沒有多久，沙漠壩體就垮塌了，淹了下游的村莊，淹死了人，沖走了牛羊。張廠長臉色煞白，管局領導對他還算手下留情，他被調到包頭一電廠當書記去了。

也不能說張廠長沒有一點科學頭腦，其實剛開始考慮在沙漠築壩時，他也曾諮詢過內蒙古水利設計院，人家給出的投資估算是一億三，他驚得咂舌，只好作罷。但「人有多大膽，地有多大產」的想法終於占了上風。

出事後，又有人又去北京中科院做過諮詢，國內一流的水利專家說：「沙漠裡築壩？開國際玩笑吧？到現在為止，世界上也沒有過先例！」

不過我還是要說，在當今壞人多於好人的情況下，張廠長還是屬於好幹部的範疇，哪個人不犯點錯誤呢？他起碼為人厚道，辦事和諧，這就符合當今社會的潮流。

安福虎軼事

安福虎，烏盟四子王旗人，內蒙古農業大學的高材生，是達拉特電廠的前計畫部長。安為人和善，性格溫良敦厚，但人不得全，他不屬於帥哥，身材五短，腦袋很大，和《鄉村愛情》裡的劉大腦袋差不多，身體又肥碩，好像吃了發酵粉，發的很虛很大。

安福虎面白無鬚，說話也軟綿綿的，因此我一般戲謔地叫他「安公公」，我常常和他開玩笑說：「誰說安家沒出過名人，安祿山、安德海、安子文、岸信介！」他也反唇相譏：「山東的韓復榘不是你的先人嗎？最終還不是叫蔣先生給誅滅了！」

安福虎上世紀六十年代初生人，但面相有點老，能比同齡人多認十歲。他也常常拿自己的這個缺憾自嘲：

「一天，我在家屬區打牛奶，交了錢，拿上牛奶就回家了，不一會兒賣牛奶的老漢追到家裡來，我老婆開的門，老漢說：『你爹呢，剛才沒等我找錢，他就走了。』」

「還有一次，我去給閨女開家長會，有的小孩不認識我，對我的閨女說：『這是你爺爺吧？』」

安福虎說的不知是真是假，反正吃飯時曾經讓對面的人噴飯滿案。我也乘機杜撰說：「有一次我去商店買東西，一個四十八九的女售貨員對我說：『老大爺，這個東西不錯，你就買了吧！』氣得我扭頭就走，本來我已經把錢都掏出來了。」

有人笑出了眼淚。

一次和達拉特電廠的一幫弟兄們聚餐，我看到空氣有點沉悶，就搞笑說：「你們知道為啥神六要降落在四子王旗嗎？」大家都說不知道。但知道安福虎老家是四子王旗的人，似有預感，都不禁掩口而笑。

我說：「中央政治局開會研究神六的返回艙降落地點問題，開始不是在四子王旗。胡主席說：『如果返回艙降落後，艙門不能及時打開咋辦呀？楊利偉同志會憋死的。』老家也在內蒙古烏盟的劉雲山說：『胡主席，內蒙古的烏盟人都會撬門，無論多結實的門，他們三下五除二就撬開了，我建議就降落在我們烏盟吧！』於是胡主席拍板了，神六就降落在內蒙古烏盟的四子王旗。」

內蒙古西部方言「撬門」不叫「撬門」，而叫「澳（ao）門」。烏盟人在呼和浩特打工者甚眾，溜門撬鎖多系烏盟人所為，已是很出名的事情。

安福虎喜歡開玩笑，死豬不怕開水燙，不管話如何過分，他仍喜笑顏開，但同桌還有一個烏盟的同事卻臉紅如布，感到無地自容，看來講笑話一定要看場合，因為人的心理承受能力是不一樣的。

安福虎為人寬厚，仗義疏財。有一年他爹養了一口二百多斤重的肥豬，是自己用糧食餵起來的。那年入冬大小雪間宰殺了以後，他先後開車拉電廠的四十多位中層幹部和朋友同事去他父親家吃肉，農家豬的肉就是好吃，一家煮肉，全村都能聞見香味。朋友同事們端坐在炕上大塊吃肉、大碗喝酒，一個個都吃的汗流浹背，大叫痛快。

也許你會說，這個安子也太傻了，他爹辛苦兩年，叫他這個敗家子沒幾天就糟蹋完了。其實你只知其一不知其二，劉主席當年都有「吃小虧占大便宜」的說法。你想想看，那幾年，在達拉特電廠供職的人工資有多高！誰登門吃請會抹抹嘴就離去，帶點禮品是小事，哪個人臨走時不給老人留個三五百元？這樣算下來，一頭豬就成了一頭駱駝的錢了，哈哈。

然而，「運退黃金失色，時來頑鐵生輝」，俗話也說：人倒楣喝涼水也塞牙！但你聽說過滿嘴就一個牙的人，吃東西還塞牙的嗎？我就聽說過。何故？吃藕片，牙套在眼兒裡了。

因為達電三期工程概算超支八千萬元，安福虎被免去了計畫部長的職務，去當一個支部的書記，安子一時臉色灰白。但三期擴建工程的主要負責人卻相安無事，反倒提拔到總公司當了副總經理，安福虎感到非常委屈。我曾經這樣安慰過他：「安子，你聽過這個故事嗎？如果聽過你就會感到釋然。」

「甚故事呀？」

「一個領導和幾個同事一起乘坐電梯，領導不小心放了一個屁，他淡定對同梯的辦公室主任說：『是你放的吧？』辦公室主任慌亂地回答：『不，不是呀！』後來辦公室主任被免職了，他去找領導問個究竟，領導對他說：『屁大點事情都不能替領導承擔，我要你何用？』」

我又說：「安子，你就替領導承擔點責任吧，也許有一天人家想起來還會重用你的。毛澤東瞎指揮，一九六〇年餓死好幾千萬人，不也仍然是『爹親娘親不如毛主席親』嗎？我們的黨不也一直是『偉大、光榮、正確』的嗎？」

但是我在內心裡仍為安福虎感到憤憤不平，超支的主要責任在於高層領導，把全責壓在安子一個環節幹部的身上很有些不合理，但是天下哪裡有那麼多合理的事呢？

劉月紅軼事

在內蒙古電管局，會講故事我是出了名的。我講過的一些我們老百姓自己的故事口口相傳，傳的很遠，最北的傳到了呼盟的根河，最西的傳到了阿拉善。記得當年海拉爾電廠的一位廠長就很喜歡聽我講的故事，我每次講完，他都趕緊掏出小本本做記錄，做完還要找我核對，唯恐哪個地方記錄的不夠準確。

有一次，這位廠長認真地問我說：「韓工，怎麼你的故事我給別人講起來就不那麼搞笑呢？」我說：「講故事要有起承轉合，要有鋪墊，要煞有介事，包袱要在不經意間抖出，這裡面的學問可大得很呢！」他連連點頭稱是。

其實，我的許多故事來源於內蒙電力設計院技經室主任劉月紅，為了避免掠美之嫌，我每次在對同事朋友們的講述過程中，都要把故事的來龍去脈交代清楚，這樣也顯得更加真實，更加神龍活現，更加栩栩如生。

記得最精彩的一個段子是：劉主任去南方出差，途中遇到了一位同路人，那位同路人問他：「你在什麼單位工作呀？」

「內蒙電力設計院。」

「哦，好單位呀，你們的上級單位是哪裡呀？」

「內蒙電管局！」

「哦！電管局有多少人呀？」

「三百多人！」

「三百多人為什麼還要設個妓院（計院）呢？」

「……」

劉主任回來後氣呼呼地對我說：「韓工，你說咱們中國怎麼還有這麼素質差的人呢，你說到底是我沒說明白，還是他沒聽明白呀？他娘的！」

這個故事傳開後不久，一天早晨我去局裡上班，在電梯口等電梯，一位副局長招呼我說：「小韓，你來我辦公室一趟！」局長辦公室就在二樓，我以為有何大事，便興沖沖地隨他步行上樓。來到局長辦公室，局長順手關門，然後狡黠地微笑著問我：「最近還有什麼新段子嗎？給我講講！」

我有點難為情，但局長鼓勵我說：「講吧，都是男人有啥呢？我經常去政府開會，政府的主席、副主席們說話也不離臍下三寸，他們在酒桌上講的段子比你的黃多了！」

記得劉月紅還有個故事也很精彩，至今我想起來，還不由得發笑：

一天，晚飯後劉主任去鄰居小張家閒坐，適逢週末，單位宿舍供應熱水，小張一家三人已輪流洗浴完畢，浴室內仍水汽氤氳，客廳裡也溫馨潮潤。張妻秀髮雲堆霧卷，身著寬鬆的真絲睡裙，嬌癡嫻雅地端坐在沙發上看電視，兩歲的小女孩光屁股在地上亂跑。

劉主任剛入座就逗弄小女孩說：「羞，羞，那麼大了連褲衩也不穿呀？」

說時遲那時快，小女孩飛似地跑到媽媽身邊，忽地撩起張妻的真絲睡裙說：「你快看，我媽媽也沒穿褲衩呢！」

劉主任猝不及防，想不看也來不及了，只見張妻白花花的大腿間烏黑一片，自己的腦子一片空白。

他尷尬萬分，已完全忘記來張家是為了何事，遂語無倫次地匆匆告辭。

我每次講完後都要結論性地告誡大家說：家，始終被人們看做最為安全的禁地，竟然也存在偌大的隱患，提醒諸君一定要引以為鑒呀！

可是小張卻堅決不承認有過這件事情，我對他說：「反正我是聽劉主任親口講的，不信你就找他去落實吧！」可是說此話時劉月紅已經調到深圳了，打長途電話去落實吧，話費又太貴了！再說劉月紅賴兮兮的，大家又都是好朋友，小張能找回什麼便宜？

哈哈！

林堅軼事

一

二〇一〇年秋天，不才在電力中學公車站牌下，看到一張「××國際旅行社因發展需要，特以萬元月薪招聘公關先生若干名」的啟示。該旅行社的招聘條件是：體健貌端，無生理缺陷，年齡在十八至三十五歲左右，身高在一米七以上的男士。

因為該廣告粘貼的不牢，我順勢揭下帶回了辦公室。那天，同事林堅正在辦公室閒坐，我把這張廣告扔在了他的辦公桌上，說：「你不是老嫌錢少嗎？爺給你找了個第二職業，月薪過萬，只要你勤勞肯幹，今後就會有大把的錢花了。」

林堅立即用座機撥通了該啟示上的手機號碼。沒想到，接電話者立即開門見山地問他，你是否想應聘公關先生？得到林堅肯定的答覆後，那位自稱姓王的小姐便詢問林堅的姓名、年齡和學歷。林堅胡亂說了個名字，謊稱自己是內蒙古大學的應屆畢業生，今年二十二歲了。隨之，王小姐便要求林堅立即前往大天酒店進行面試，讓林堅抵達大天酒店後，給她打電話，她會派人下樓對他進行面試。

二十分鐘後，林堅用手機撥通了對方的電話，謊稱他已經到了大天酒店。王小姐讓他進入大廳，坐在一樓右手邊的沙發上，不要胡亂走動，靜等他們人力資源部的經理對他進行面試；並說他們的經理將在他難以察覺的條件下，暗中查看他的體態、氣質、儀表等。

十五分鐘後，電話再次接通，王小姐熱情洋溢地聲稱，經理對他十分滿意、大為讚賞，已當場拍板決定聘用。我們辦公室的幾個同志都竊笑不已。

林堅假裝喜不自禁，說：「不會吧？我的個子一米七還不到，體重有一百六十多斤，你們怎麼能看的上我呢？」王小姐極力打消林堅的顧慮，說：「我們經理主要看重的是你的成熟與穩健。所以，雖然你和我們的條件有些差距，但經理是個慧眼識人才的人。」

林堅極力使自己的語言呈歡喜狀，問她什麼時間正式上班，公關先生主要做些什麼工作，既然決定聘用了，怎麼都不見面？王小姐說，這是個「款姐富婆俱樂部」，東南亞一些小姐太太喜歡趕時髦，流行消費「男色」，為適應這個群體尋求刺激的「需求」，特意成立這個俱樂部，我們只是打著「旅行社」的招牌而已。並說，公關先生白天的時間可以自由支配，晚上八點至第二天早晨六點是上班時間。上班時間無非是陪女客人吃飯、喝酒、聊天而已，最主要的是滿足客人提出的性生活要求。由於這一行業的特殊性，在不能確認應聘者身分的情況下，我們經理及其他員工是不會隨便與人見面的。

接下來，王小姐又說，公關先生公司要統一包裝。每人要量身定做一套三四千元的西服，另外還要配送一部時尚彩屏手機。為了避免有些人把西服和手機騙走，需要交納押金一千元，打到她指定的帳戶上，只要押金到賬，公司就會立即派人接他上班。

林堅說：「你們難道就不考核一下我的性能力嗎？萬一我的性能力不夠強，那不就委屈了客戶嗎？我的意思，王小姐是否明天親自測試一下我的性能力，如果合格，我再把押金打過去也不遲！」王小姐一時語塞，林堅又說：你如果不好意思親自出馬，讓你的姐姐妹妹出面測試也行，王小姐立時就把電話壓了。林堅再次打過去，手機裡提示：「對方話務忙，請稍後再撥。」

林堅放下電話，辦公室立即熱鬧成了一團。幾個哥們都責怪林堅把這麼好的事情給攪黃了，有的還說：「如果女客人太強悍，你的身板頂不下來時，弟兄們盡可以幫忙呀！」

其實我們都瞭解，林堅是個比鬼還要精的人，能把他的錢騙出來的人到現在還沒出世呢！

二

二〇一一年夏天，林堅正在辦公室辦公，忙的焦頭爛額，有人打進電話來要找一個他根本不認識的人，他回答說：「你打錯了！」

林堅的提醒根本無效，這位不知名的先生仍不屈不撓、再三再四地打進來，林堅憤怒至極，精神近乎於崩潰。那個人第五次打進來時才問他：「那你這個電話是哪裡的呀？」

林堅很嚴肅地回答說：「我這裡是火葬場，上午三個爐都滿了，如果你著急，也只好等下午第一爐了，請你告訴我你的詳細住址，午飯後我就派車去拉！」

「……」

片刻後，聽到對方和另外一個人說：「嗨，真倒楣，怎麼會打到火葬場了呢！」

至此，那個人的電話再也沒來。

友人軼事

一

博友綠窗畢業於中國人民大學。一次，她和我講，在她剛剛畢業分配至泰安衛生學校的時候，曾受到一位鄰居九歲男孩的追求：

「那一年，凱大概有九歲吧，有一天有如往常一樣溜到我屋裡，我做著飯，感覺他有些異常。只見凱臉憋得通紅，進屋就縮在門後面的床邊上。用低得幾乎聽不見的聲音對我說：「阿姨，我想告訴你一件事。」我邊忙活自己的事邊用親切的語氣讓他說，凱囁嚅著說：『我想讓你等我十年……』『哦？等什麼？』我詫異地問。『你等我十年，十年之後我就長大了，到時候我就娶你！』凱用很低的聲音很順暢地說。聽到九歲的男孩說出這樣的話，我一點都沒有吃驚，我知道，這不過是孩子表達對我特別崇拜和喜歡的情感方式而已，我必須慎重回答他，否則可能讓孩子極度難堪，甚至有可能就此傷了他的自尊。因此我裝作恍然大悟的樣子說：『哦，原來這樣啊，但這肯定是不行的，你想想啊，十年之後，你長大了，阿姨也在長啊，到那個時候阿姨就老了，你說是嗎？』我笑著看著他，凱依然低著頭，說：『哦，那就算了』，說完就跑回家去了。

「從那之後，凱依然如故經常和我一塊玩，似乎那個事情從來沒有發生過，我也在他面前再也沒有提到過此事，我怕孩子會難為情。

「凱四年大學本科畢業後被保送了研究生，之後順利分配留在北京。但凱並未滿足，工作一年之後，又成功考取了香港一所著名大學的全額獎學金博士生。」

二

忘年交姚老曾在內蒙古政府某局當局長，上世紀九十年代，一次他去呼倫貝爾盟視察工作，一天晚餐時，他們一行人在呼盟賓館進餐，呼盟的盟長做陪。那天，酒過三巡、菜過五味，本來不能喝酒的姚局長滿臉通紅，話語也比平常多了幾倍。負責上菜的那個服務員小姐長得端莊秀麗，眾人都說很像姚局長的女兒，喜歡開玩笑的姚局長和她打趣說：閨女，我認你做乾女兒好嗎？呼盟的女孩素來粗獷大方，一個窮人家的女孩本來就沒有什麼背景，看到有高官認她做乾女兒當然滿心歡喜，因為這是求之不得事情，當時就甜甜地叫了一聲爹爹。所有在場的人都喝了個滿堂彩，攛掇姚局長給女兒買見面禮，盟長手疾眼快，頓時就把姚局長手上的金戒指擼下來送給這位女孩了，作為信物；又把姚局長的名片掏出來遞給了這位女孩子。女孩深深地鞠了一躬，感謝姚局長的知遇之恩。

姚局長只當是開玩笑，回來後就把此事忘在了腦後。兩個月後，乾女兒來到了呼市，徑直去姚局長的辦公室找乾爹，姚局長見狀心裡一驚，不知該如何是好。姚局長讓秘書把「女兒」安排在了賓館，又和餐廳打好了招呼，關照好了她的飲食起居，當晚，姚局長又設宴款待「女兒」。

晚餐觥籌交錯之際，姚局長開始細細地盤問「女兒」此行的目的？不問不要緊，一問，「女兒」淚如雨下，原來「女兒」接到了呼盟賓館的通知，她屬於第一批下崗人員。據她說，凡是有後門的人都不用下，危難之際想起了乾爹。姚局長好生勸慰，答應給盟長打電話，妥善安排此事。「女兒」不見兔子不撒鷹，非要乾爹當著她的面給盟長打電話，否則就在呼市住著不回去。姚局長迫不得已，只好立即給盟長掛電話訴說此事。盟長接到了姚局長的電話，大吃一驚，玩笑之事，竟然讓姚局長如此不堪。盟長再三讓姚局長放心，說這是一樁小事，解鈴還需系令人。在電話裡盟長也對女孩好生安慰，勸說她趕快回來，不要給領導添麻煩，今後再有什麼事情，可以直接找他，萬萬不可再來呼市添亂。「女兒」於是笑顏逐開，抱著乾爹的臉蛋狠狠地吻了一下。三日後，姚局長的秘書親自把女孩送上了草原車，路上帶的吃喝一應俱全。並千叮嚀萬囑咐，猶如對待姚局長的嫡親女兒一般。

後來姚局長的老伴獲知此事，和姚局長好一陣鬧騰，有半個月不過話。有了此事的經驗，姚局長外出時再也不敢亂開玩笑了。

後來，姚局長活了七十五六歲。本來身體素質非常好，七十多歲了還天天跳迪斯可，結果誘發腦中風，一命嗚呼。看來，人老了，做什麼事情都要適可而止。科學家說：生命在於運動，但又有科學家說：生命在於靜止。你看那些烏龜，行動緩慢，心臟一分鐘才跳一下，能活上千年。你再看農村的老太太，養幾隻老母雞，哄哄外孫子，並不鍛鍊，也都能活到高齡。因此，有人說他走的太著急。黃泉路上也應該排隊，人家八十多歲的人都活得好好的，你插啥行呢？

善良的任部長

一

錫林郭勒盟電力公司計畫部的任部長是個善良人，記得我和他第一次吃飯是在巴彥塔拉飯店，那天好像是他宴請內蒙古發改委的有關人員。因為有個煤電聯營的工程要立項，有求於人，因此飯菜異常豐盛，盤子摞盤子在桌子上冒尖。那頓飯吃了好幾個小時，花了好幾千元。三個小時後，酒過三巡、菜過五味，人們都飽嗝連聲。領導們有的在吞雲吐霧；有的在品茗香茶；有的在用牙籤剔牙。任部長一邊喚來服務員結帳，一邊又吩咐她們儘快拿些餐盒及塑膠袋來，把剩菜剩飯都要分成若干份打包起來。我大惑不解的是，任部長家在錫盟，來呼市是公出，把這麼多的剩菜剩飯打包起來幹啥？

分開打包的飯菜有六七份，任部長雙手拎著出門。一下飯店的臺階，徑直朝幾位擦皮鞋的女人走去，同時召喚旁邊修理自行車的師傅，又把埋頭在路邊垃圾箱裡刨撿食物的老太太也叫了過來。他說：「我手裡提的都是好飯菜，今天給你們改善生活。你們要感謝黨、感謝政府、感謝我這個雷鋒式的好同志。」我不由得一陣竊笑。

任部長的話沒說完，眾人蜂擁而上。他說：「不要搶，一人一份，你們排好隊來領取，這個撿垃圾的老大娘排在第一位。」於是眾人應聲排起隊來，任部長根據面相來確定他們窮困的程度，按食物的檔次逐一分送給了這些社會最底層的人們。我至今記得，那天領到食物的人都笑顏逐開。

二

前年夏天，任部長去武漢出差，一出武昌火車站，只見一位滿頭白髮、推著三輪車的老太太，在熱情的計程車司機中，顯得特別醒目。那時，在車站迎接客人的計程車，多半是黑車，司機都爭先恐後地拉扯任部長乘車。任部長連聲說有車有車，躲過了一片計程車，來到了老太太身邊。老太太也招呼他坐車，他有些同情，又有些猶疑：坐還是不坐？

他的潛意裡立時湧出數套方案：

其一、給她點錢，不坐她車。但轉念一想估計她不會要，因為這個老太太，看上去比在車站乞討的其他老人可憐很多，如果也像那些人一樣伸手討錢，估計比蹬三輪掙得多。謝絕她，等於斷了老人今天的一次生路；直接給錢，性質就成了施捨了。如何既能體現愛心，又讓當事人保持尊嚴，他有些犯難。

其二、坐車，到地方多給她點錢。但老太太的三輪拉上我，在這個車水馬龍的街道上確實不安全，也不知道她有沒有這個體力。

儘管各種想法在他的大腦裡閃動，他還是無意識地上了她的車。老太太問去哪兒，他不知道怎麼回答，只好說：「按我指的路走就行了。」

他問老太太：「大娘，你多大年齡了？」老太太笑答：「小呢，六十八了。」

前面不到一百米就是汽車站，老太太問他：「你是不是到汽車站啊，如果到汽車站那就不收你的錢了。」任部長說：「不是！」

過了汽車站，任部長看見老太太有些吃力，心裡不忍，就說：「大娘，你停一下，你上車，還是我來蹬吧！」任部長下車，換下了老太太，把老太太攙扶上車，他一直蹬到武昌最繁華的黃鶴樓一帶才下車。下車後，他給了老太太五十元，老太太要找給他四十，他堅辭不要。老太太感動的熱淚盈眶，說：「謝謝你，大兄弟，你今後一定會有好運的！」

任部長說：「大娘，今天你就收工吧，割點肉，回家和大爺包餃子吃吧。」

三

還有一次，任部長下晚班回家，那天北風呼嘯，天氣很冷。他看到有位大嫂在路邊賣菜，所剩的菜已不多，大嫂的身邊還有個幾歲的孩子，手和臉凍得通紅。他下車問明菜價，又多給了幾元，一股腦兒把菜抱進了後備箱。回家後，老婆嫌菜的品質不好，好一陣埋怨，任部長還慶幸把菜價少說了一半，否則會不得安寧。

悲催的馮老太太

高齡的馮老太太住在電力集團公司一棟很舊的樓房中，按說邁出一樓的家門不是一件難事，但對於她來講也是很艱難的。由於高齡導致的骨質疏鬆，她已經骨折過好幾次了。

她有老伴，但自年輕起倆人就貌合神離。她屬於大家閨秀，小資意識甚濃；老伴出身根紅苗正，一直是組織上依靠的對象。說不清是什麼原因，月老把他倆生硬用紅繩牽在了一起。兩人背後相互說起來總是充滿怨恨，不知是生活原因還是政治原因。值得探究的是，他倆竟然能在一個屋簷下廝混至今。

她住著一套三室一廳的房子，她和老伴各居一室，平常也很少說話。吃飯也不在一口鍋裡，一直各做各的。家裡養有四條寵物狗，她兩條，老伴兩條。四條狗也分成兩撥，有點水火不容。

白天，天一亮，老伴就牽著自己的兩條狗出去散步了；馮老太太也前後腳牽著自己的狗出了門。馮老太太腿腳不好，走起路來慢慢悠悠，挪挪對對，兩條小狗一前一後地圍攏著她。早晨她出去買一個焙子，自己吃半個，剩餘的半個就分給她的小狗吃了。

馮老太太走不動路，出門走在那裡歇在那裡，也許是馬路牙子上，也許是店鋪外面的臺階上，不管乾淨與否，腿腳稍有不適便隨意坐了下來。

一個人如何度過每天這漫長的時間呢？坐在馬路邊看形色匆匆的人們上班是她唯一的樂趣；能夠遇到熟人和她說話更令她無限開心。等到上班的人們走完了，她就返回家中睡個回籠覺。她看不了電視，因為自從裝上了機上盒，兩個遙控器，她實在無法弄清楚到底應該先按哪裡，後按哪裡。

她有兩個孩子，女兒在山東大學教書，女婿在美國讀研，半年前女兒赴美陪讀去了；兒子原先在電建公司工作，九十年代下崗買斷後下海做生意，開始在南方遊蕩，還不時聯繫，後來十幾年竟音訊全無，生不見人，死不見屍。兒子及女兒的一切消息，成了支撐她活下去的全部動力。她天天盼望兒子能夠突然現身，或者能夠在電話裡聽到他的聲音。近來女兒也十天半月不來一次電話，這時她的日子真可謂度日如年，失落、焦慮、悲觀、無奈、擔心，說不清是什麼滋味。

塞外，好的天氣不多，春寒料峭、秋風怒號時節，等電話成了她的惟一樂趣。老伴有時午飯也不回家，家裡就剩下她一人空守著這一套三室一廳的房子。

她獨自在家時，常做三件事：第一是玩玩具，她把孫子當年玩的玩具都放在一個紙箱子裡，每天都挨個兒玩一遍，特別是那個拼圖，一次一次拼上又拆開；第二件事是翻看一本舊相冊，每天都翻，這本相冊看上去已經髒兮兮的，被翻得角都翹了起來；第三件事是翻看過去的日記，沉浸在往昔生活的回顧中。

從去年起，馮老太太很長時間因腿疼出不了門。雖然蜷縮在家中，但心裡卻很明白，如果老不走動，走路的功能很快就會喪失，那就真的走不動了。後來，她每天都要堅持在家門口慢慢地挪動，用毅力與死神作鬥爭。

有親戚每週來一次，給她多做一點飯放在冰箱裡。如果打開她的冰箱，你可以看到，芹菜都已經蔫了，胡蘿蔔也長了白須，看上去起碼放了半個月了。平時她也就是把冰箱裡的剩菜用微波爐熱一下，囫圇吞棗地就吃了下去，多數時間就泡速食麵吃。

我曾經問起她的飲食問題，她說：「我還吃什麼飯哪！每天吃的藥比飯還多哪！」為了對付好幾種慢性病，她每天一次就吃差不多一小碗藥，再喝點兒水，就吃不下什麼東西了。

和她做伴的兩條小狗，那條十五歲的狗死了已經半年了，現在這條十三歲的京巴，也相當於人類的九十歲，已進入風燭殘年，搖搖晃晃地走不動路。有時候她拉的急，這條狗會扭過頭來向她示威，憤怒地吼叫，因為它的體力也實在無法支撐。

她渴望和人們交流，只要有人和她說一句話，她就像祥林嫂一樣牽住你和你絮絮叨叨地說個沒完。因此許多人見到她都會躲避，生怕影響自己的事情。

許多次，她打電話把水暖維修工及電工叫來，但人家並未發現有什麼故障，欲加責難，她終於說出實情：我叫你們來，只是想和你們說說話。唉！

她叫馮昭靜，人們都說她是民國大總統馮國璋的曾孫女，是馮國璋次子之後。退休前在內蒙古電力建設公司從事管理工作，曾經的大家閨秀。我看過她年輕時的照片，相貌端莊秀麗，衣著高貴華麗。

如今意氣風發的靚女們，你們會料到，自己也許有一天也會這樣嗎？

老漢們的婚事

一

劉處長世然，張家口人，張家口解放前就在銀行工作，因為張家口解放早，銀行被共產黨接管，所以，後來他享受離休待遇。解放後他先在歸綏市建設銀行會計處當處長。後來赴內蒙古電建公司當副經理，及至輾轉至內蒙古電管局財務處任副處長。一九八二年我去他家時，他還給我看過布赫簽發的委任狀。

一九八二年，電管局成立了一個庫存機電產品報廢辦公室，劉處長負責，我在他的手下廝混了一年。記得劉處長對工作認真負責、一絲不苟。那時，他已經六十四歲了，屬於返聘。劉處長的老伴臃腫肥胖，患有高血壓、心臟病及肺氣腫等多種疾病，經常住院，每逢冬季來臨，常常難受的要死。後來老太太不到八十就去世了。

那次去劉處長家，他還給我看他多年來積攢保存的購物發票，票據按類別整理粘貼。原來，他家裡不管買什麼東西，都要保留發票，哪怕是一盒牙籤、一雙筷子、一根釘子。劉處長一直從事財務工作，說話辦事謹小慎微。經歷過建國初三反、五反的人，都很膽小，生怕來了運動說不清楚，他說，如果沒有發票，誰能知道是公家的還是自己買的呢？

就是這樣一個一輩子小心翼翼地活著的人，晚年竟然辦出一件驚天動地的大事，那就是他娶了一位比他小四十多歲的小媳婦。那年劉處長八十歲出頭，那個女人才四十歲。

那個女人是豐鎮人，在呼市打工。她身材頎長、容貌俊秀，經人說合給他當了保姆。那時，劉處長的孩子們顧不上伺候他，女兒下崗，為了生活四處奔波；兒子劉運武是我的同事，也因為工作忙無暇照料他。

後來不久，劉處長就娶了這個女人。因為不是夫妻，無法全方位服伺，比如洗澡。據說劉處長和這位女人協商：你如果能伺候我五年，我給你二十萬元；如果能伺候到死，我把這套房子也留給你。劉處長的房子有一百一十平米，四室一廳。上世紀八十年代，內蒙古政府主席的房子才一百五十平米。

我沒見過這個女人，聽說機靈、細心、肯幹，做飯、洗衣、幫劉處長洗澡，樣樣都行。那幾年電管局每年都要組織老幹部出去旅遊，她也常去老幹部處打聽，唯恐把他們拉下。但人家一聽說已年過八旬，不敢讓去，她怒氣衝衝地說，有我陪呢，出了事又不用你們負責！人家拿她沒辦法，只好就讓他倆也去了。

劉處長後來又活了八九年，將近九十歲時去世。她把老劉打發後，喪葬費等還富餘七八千元，她給劉運武打電話，要把剩餘的錢退給劉運武，劉運武說，你辛辛苦苦地伺候了我爹好幾年，這錢我不能要，你自己留下花吧。我覺得就從這一點，劉運武也算個好人。但有一次，我和劉運武見面，說起他的父親，他似乎也有些意見。具體什麼意見，他也沒說，估計還是遺產的問題，一點兒也沒留給他。聽人說，劉處長當初曾經對兒子說：你就一個女兒，也沒個兒子，留給你也沒用！

當初，那個女人還帶來個三歲的女孩，劉處長去世後，因為屬於遺孀，她和孩子都有生活、撫養費。今年那個孩子也夠十八歲了，她的成長得到了劉處長的福蔭。不幸的是，今年她的媽媽因病去世了，才五十多歲，也算有福沒祿之人。

劉運武今年也六十九周歲了，身體非常好，還在京津唐一帶打工，為那裡的電力工程做監理，每月有六千元的收入。他比繼母大十幾歲。你要向他提繼母的事，他不高興。

二

牛師傅是電管局的司機，今年七十八了，老伴是呼市郊區人，死了好幾年了。老伴生前非常節儉，近乎於刻薄。她有句口頭禪：有錢不買半年閑。家裡的東西只要還能湊乎的用，就絕不買新的。那幾年，老牛的背心爛的就像味蟲蛀過了一般，都是細碎的窟窿眼兒，她也捨不得給換。

老伴去世後，老牛孤獨的不行，常去公園散步，那時，一進青城公園南門，就有一群二人臺票友們在哼哼呀呀地唱，老牛喜歡聽，一聽就入迷。唱一會兒，就有人端著一盤銅鑼來收錢。老牛捨不得走，只好三元、五元地往裡扔。那時，有個六十出頭的老太太，人樣也不錯，長得白白淨淨，嗓子非常好，天天在這裡唱。只要是她過來，老牛扔的錢比平常多一倍。有人看見，每逢這個女人來要錢，老牛還要趁機捏捏人家的手。

後來一來二去，老牛就和這個老太太勾搭上了。老太太來她家住時，要求很嚴格，讓老牛把前妻的照片全部摘下，前妻的衣服都必須扔掉或送人，老牛一一應承。後來她又提出要買一件兩萬元的貂皮大衣，老牛也答應了。雖然他心裡頭一萬個不願意，但是為了能留住人家，不得已而已。

然而，這個女人和他只過了一年，就拔腿走了，老牛接受不了，但也沒辦法。人家在公園裡唱戲，他也不敢過去，遇見我，常和我打聽，你看到那個女人了嗎？

前半年，老牛又找了一個老伴，這個女人比那個年輕，只有五十歲，比他小二十多歲。天天進出戴個口罩，沒法看清容貌，看身條還可以，頭髮染得黃黃的。

今年五月份，老牛腦梗住院了兩個多月，這個年輕女人天天陪床，他的兒女們卻不聞不問。

前幾天，老牛出院了，這個女人攙扶著在院子裡散步。天熱，她沒帶口罩，我發現，這個女人長得不醜，不過倆人不像夫妻，倒像父女。老牛自己也說：白天是閨女，晚上是老婆。

有許多老漢背後議論說，老牛患病源於性生活過度。老夫少妻，性生活不夠節制，設備超出力所致。你想，一輛跑了五十萬公里的夏利非要追奧迪，能不散架？他自己都對人說：每次完事後，身上總要疼好幾天。

我們院子裡的人們說啥的都有，尤其女人們看不慣，罵他「老騷狐」。我是男人，我能理解，這麼大歲數了，還有幾天奔頭？管球他呢，「寧在花下死，做鬼也風流，」咋好活咋來就對了。

花花的婚事

因為文革，因為田林的家庭出身，因為田林命乖運蹇，他的第一個妻子是個村姑。那個村姑是田林父親同事的姪女，老家在烏盟涼城。那時，田林歲數有點大，他看不到出路，再說那個女孩也不算醜，他只好屈就。

田林的妻子小史生性多疑，自己來自鄉下，自卑感極強。婚後，田林的工作漸有起色，與女同事往來頻繁，小史愈加不安，天天尾隨盯梢田林，唯恐他會有外遇。矛盾因此愈來愈深，直到田林與她離婚、淨身出戶。

小史給田林育下一兒一女，女兒花花，天生麗質、嬌羞嫵媚。要不是個子稍微矮些，絕對是模特的料。田林出身於大戶人家，經過幾代的優選，田家的男人個個相貌堂堂，女人個個婀娜多姿。

田林離異後自己開店行銷體育用品，花花是個非常任性的女孩，讀初中時就隔三差五前來騷擾。一次花花來店裡找田林，田林不在，繼母小夏掏錢給她，她不要。須臾田林回來，花花和他張嘴就要五百元，田林點了五百元給她，她又要一千元。錢拿到手後，花花又看上了運動服，田林給打包好一件後，她又要再拿一件，田林毫無辦法。花花出門時，口中還念念有詞：「哼，這是我們家的，我想拿幾件就拿幾件！」

花花畢業於北京體育大學，因為田林的妻子文化淺薄，花花一直學業平平。但她有體育特長，立志要繼承爺爺的衣缽，從事體育事業。

北京體育大學是中國最高的體育學府，為了花花在入學時能夠順利通過專業考核，花花的爺爺沒少費心，曾在內蒙古體委找了好幾個體育運動的尖子陪她進行惡補，幾個月下來，果然立竿見影。花花的爺爺還在北京體育大學找到了他當年的學生，要求專業測試時給以關照，因此在測試跳遠時，皮尺放的很鬆。

花花大學畢業後在呼和浩特的一所小學裡任教，因為孤傲，直到二十七歲時還待字閨中。一天，花花來到了田林的店裡，進門是一句話就是：「爸爸，我想嫁人了，你給踅摸一個吧！」田林回答：「這事只能慢慢來，又不是捉豬娃子，出去就能逮一個回來！」

一天下午，田林和市政府的雲局長在一起打球，花花有事去找，雲局長看見她，喜歡的要命。花花走後，雲局長放下球拍就和田林商量，想要和他做親家。逼著田林立即給女兒打電話，看看她有什麼條件。田林沒辦法，只好撥通了女兒的電話。女兒是個直性子，立即答覆說：「第一、家裡必須有錢！」雲局長在旁邊應聲道：「俄（e）家裡有的是錢！」花花的第二個條件是：「給我弄個校長當當！」田林向雲局長複述後，雲局長回答：「說給你閨女，這也不是個大問題！」

雲局長是土左旗人，是烏蘭夫的老鄉。那時，一進入市府大樓，滿耳都是土旗話，就連保安、保潔人員也大多是土旗人，在雲局長看來，土旗人家的媳婦，又有大學文憑，當個校長算個蛋事呀！

第二天，花花就和那個後生見面了，那個後生在交通隊工作，是個科長。長得五大三粗，體重在二百斤以上，人們都叫他二一三；他腦袋也很大，像個水斗子，和纖巧秀麗的花花比起來就像一座山。

那天，那個後生一看見花花就喜歡上了，出門後就和花花拉拉扯扯，還向花花要電話，花花沒給，說：「完了再說吧！」

過了幾天，田林又見了雲局長，雲局長很不高興，責問田林，為啥花花不和他的兒子聯繫，是否看不起他的兒子。田林也有點不高興，說：「這是孩子們的事情，和我無關。我又沒答應過你，也沒收過你的彩禮，你這麼說我有啥道理？」

又過了一個月，花花來店裡找田林，出口便說：「老爸，我打算下個月就結婚呀，你給我趕緊找酒店，張羅婚禮吧！」田林大吃一驚，說：「現在呼市人結婚，至少要提前多半年預定酒店，我又不是市長，去哪給你找酒店呢？再說，我現在手頭也沒錢，你搞突然襲擊，把我的思維全搞亂了。」

女兒是田林嬌慣出來的，任性得很，田林雖然不高興也沒辦法。幸虧他交遊極廣，很快就聯繫好了巴彥塔拉附近的陽光大酒店。他給同學、同事、朋友都下了請帖，一共擺了十幾桌。酒席是他花的錢，彩禮他一分也沒要，都給了花花，做為陪嫁。

這個女婿，是一個電力施工企業的支部書記，後生個子不高，但皮膚白皙，長得眉清目秀，性格也文文靜靜。他媽是個單身，在民族商場供職，好像是個部門經理。

花花的婚姻沒幾天，便出現了危機。緣由是，婆婆守寡多年，性格有些變態，視媳婦為情敵。兒子是她的掌上明珠，從小到大和她在一個床上睡覺，現在雖然仍在一套房子內，卻和另一個女人睡在一起，她感到難以接受。一天，婆婆居然半夜起來鑽進他們的臥室，只為了親兒子一口。花花對父親哭訴說：「那天我睡著睡著忽然口渴，打算起來喝口水，沒想到一睜眼睛，發現婆婆正在親我老公的臉蛋，那種感覺真是難以形容。當時婆婆似乎也嚇了一跳，馬上和我解釋說，擔心兒子睡覺不老實蹬了被子，所以過來看看。我當時就想，難道以前婆婆也來過，只是我們沒有發現？這難道不是在侵犯別人的隱私嗎？」

更讓花花不堪忍受的還有，丈夫的工資全部交給婆婆掌握，花花需要時還得伸手和她討要，婆婆並無好臉色給她看。

不到一年，花花就和那個後生離婚了。一天，花花又來到了田林的店裡，問田林說：「老爸，那個肉圪蛋找下對象了嗎？我如果現在嫁他，他還會要我嗎？」田林氣不打一出來，說：「那誰知道呢？人家難道還會等你嗎？不行，你自己去交通隊看看吧！」

花花藉故去了交通隊，那時，那個肉頭已經升任隊長了。花花推開他辦公室的門，探頭向裡面張望，雲隊長一眼就認出了他，但態度非常冷淡，花花悻悻而歸。

花花畢竟是美女，不愁沒人要，很快又嫁給了一個伊盟煤老闆的兒子，那個後生在呼市搞工程，父親給他們在機場附近的「東岸國際」買了套樓房，屬於「高層別墅」，上下兩層有三百多平米。花花今年三十六了，結婚又有三年了，但就是肚子裡沒有一點動靜，婆婆急的不行，上個月陪她們去北京做試管嬰兒，花了十幾萬元，也沒有成功。那個後生雖然沒說啥，但婆婆天天冷言冷語。一天，花花來看田林，田林說：「如果他們再這樣對待你，你就和他離了吧，爸爸再給你找個對象。我這麼漂亮的女兒絕不愁嫁！」

花花對他說：「爸，你也給我媽找個對象吧，她一個人在家孤零零的，好可憐。」田林說：「我給你媽介紹對象？哪有這種做法！成何體統！聽說那年你媽找了個對象，相處的挺好的，不是楞讓你給攪黃了嗎？現在，你才想起你媽可憐來了？」

現在，花花雖然生活安逸，不缺錢花，但是，仍然常常來和他要錢，我猜她的本意是，怕錢被她的繼母獨吞。據田林說，前些時候花花又從他的工資卡上劃走好幾萬。田林愛女心切，自然無話可說。

田林至今認為他的原配是個好女人，只是因為性格的差異，他們才沒有過到頭。雖然他現在又已成家，但在生活上仍然經常接濟她。一次，花花的舅舅來店裡為公家採購體育用品，有好幾千元的回扣，人家不要，田林都讓花花給了她媽。從這點來看，田林也不失為一個好男人。

幸運的老王

老王是山西臨縣人，他從老家來到呼市已經快二十年了，我認識他時，他還在電管局十三號樓看自行車棚。

老王非常勤快，是個閒不住的人，人們分回東西，馱回煤氣罐，他只要看見總要幫著往樓上扛；冬季，女人們下窖取東西，他也總是主動跳下去幫著往出遞。有時，他還幫助人家去幼稚園接孩子，往醫院送病人。他雖然沒錢，但渾身有的是力氣，為了鄰居，他從來都不惜力。一來二去，人們都喜歡了他，離不開他。

自從老王來到這裡，這座樓把打掃衛生的人也減了。因為，老王沒事時，把樓前樓後打掃的乾乾淨淨，他也不要求增加一分錢。

那時，電管局的福利待遇尚好，有好些處室的人很肥，冬天涼房裡整羊都碼垛到房頂，白麵、胡油都積存的吃不了，人們感覺不新鮮時都拿出來給了他；不時新的衣服、年多的鋪蓋，也都送給他。老王哪裡見過這陣勢？一時幸福的都快要暈厥了。

據老王說，他們老家是國家級貧困縣，他從小都沒吃過肉，他這一生吃過幾個白麵饃饃都是有數的。他剛來呼市不能吃肉，一吃就頭暈嘔吐，聽一位在市醫院工作的大夫說，這是由於長期不吃肉造成的。目前研究認為，食物不耐受是由於機體不能充分地消化食物大分子並由此引發抵抗性反應。肉類屬於蛋白質，蛋白質分子很大，必須經過蛋白酶的消化變成小分子的氨基酸身體才能吸收利用。如果人體缺乏某種蛋白酶，大分子的蛋白質不能消化，滯留在體內，容易引起變態反應。由此可引發一系列的症狀：肉類刺激腸道內壁細胞產生組織胺等刺激性物質，使細胞通透性增強，血流量加大，從而產生嘔吐的現象。過敏反應嚴重的人，甚至可以斃命。

老王來到呼市的第二年，就認識了一個年輕漂亮的村姑。那個村姑也是個山西人，還帶了個三歲的男孩，她和老王住在一起，每天給老王做飯吃。那個村姑二十六歲，身材匀，豐腴白皙。我總擔心老王拿不住她，害怕他上當受騙，但又不好提醒。不過我又想，老王一文不名，她能騙老王什麼呢？

後來沒多久，果然那位村姑把三歲的孩子給老王留下，跟人跑了。老王又當爹又當娘，一時非常辛苦。好在有許多富有的鄰居們接濟，日子也就慢慢過下來了。半年後，那位村姑回來了，她露了一面，就把孩子接走了。她始終也沒說，這半年去哪了。

十三號樓，我有個要好的哥們，後來，他被提拔成了某二級單位的一把手。這個單位也在錫林南路，離滿都拉賓館很近，他喜歡老王，就把老王也要走了，便於鞍前馬後地侍奉他。老王一走，整個十三號樓的人都感到有些失落。

那時，我仍然經常能看到老王，我去那個單位辦事，經常看見老王往各個辦公室送開水、送報紙、打掃樓道、給領導擦車，幹各種力所能及的事情。有一個領導家門口栽了一畦蔥，他也要按時去澆水。老王自早至晚地忙碌著，人們見了他都非常熱情，這種熱情是老王用辛勞換來的。

老王那時沒有住處，我的那位哥們把他安排在十三號樓旁邊，一座緊貼電廠舊樓的涼房裡。那年，那座舊樓開發商要拆除重建，攆老王搬家。老王無處可去，來向我的那位哥們哭訴，我那位哥們是個紅二代，據說，他爹和烏蘭夫是把兄弟，內蒙中院的院長都是他的發小。他一個電話，那位開發商就乖乖地答應在新建的樓房裡劈出一間作為補償。那天，那位哥們給開發商打電話時，我正好在場，其中幾句話是這樣說的：「你個小圪泡，你不聽爺的話，小心爺把你的抬死的。爺弄死個你，還不像按死個臭蟲嗎！」我猜那位開發商當時就汗如雨下了。

後來，那個傢伙果真給老王補償了一樓的一間房，還帶有衛生間和廚房。只是不走樓道，從那幢樓的一端開門。那間房是個陰面，永遠也見不到太陽。後來老王又緊貼那間房又接蓋了一間，這下也算一戶二室了，老王現在在呼市也算有房戶。

後來，我那位哥們的父親去世，老王也披麻戴孝地盡了孝。那位哥們是個少數民族幹部，心眼很實，從此對老王更厚愛有加了。

十年前老王又找了一個老伴，也是他的山西老鄉。那年，那個女人才三十八、九歲，還從老家帶過來一個十五六歲的男孩。剛上來時，那個女人土眉混眼，頭髮像擀了氈，聽說一輩子沒洗過澡，手腕子、脖頸上都黑的掉渣，穿的也七長八短、破破爛爛。一來這裡，老王先領她去滿都拉賓館後面的機關澡堂洗澡，然後又給她換上了鄰居們送來的乾淨的衣服。這時，我才發現，這個女人其實一點也不醜，皮膚白淨，眉眼甚至有點像彭麗媛。後來不久，這個女人因為有好吃好喝，又洗涮的乾淨，再用人們送來的新潮衣服一打扮，活脫脫一個資深美女。那時的電管局局長姓吳，老婆奇醜，如果拿吳局長的夫人和老王的妻子相比，真是不可同日而語。

昨天，我在街上還遇到了老王和老伴，也在忙於節前採購。他們已經是十幾年夫妻了，看來就算過穩當了。聽說那個女人的兒子，也給安排到電廠上班了，不過是長期合同工，但三險都是有的。

單位一直給老王交養老保險，原先不足的部分，我的那位哥們也都給補交了。再過幾年，老王就能頤養天年了。吉人自有天相，誰能說老王活的不幸福呢？

多事之秋

一

一九八六年，對於內蒙電管局基建處來說是個多事之秋，一年之中走了兩個人，頭一個是李青山處長的司機聶榮。

聶榮是從呼市供電局借調來的，那年他還不到四十。聶榮在李青山的訓導下，開車非常謹慎。李青山出行時喜歡坐在副駕駛的座位上，時時幫助聶榮觀察路況，聶榮該快該慢都要聽從李青山的指示。路上車多時，李青山絕不讓開快，如果開快了，他就會出言不遜：你撲刀子個呀？或者說：咱們家裡又不是有病人，開那麼快抓藥去呀？遇到路上沒車，車速上不去時，李青山又會說：人家是一年四季，你是死求一季，現在路上一輛車也沒有，你卻像蝸牛一樣爬！

那年秋天，李青山去廣西出差，聶榮留在家裡。適逢華北電管局開展「生產安全月」活動，來內蒙古巡迴檢查工作，基建處自然也要出人出車配合。那天，他們一行人驅車去烏盟檢查工作，臨卓子山，聶榮超車時沒測准距離，躲避迎面來車，一頭撞在一顆大樹上，車毀人亡。他的身體被方向盤卡住，拖不出來，直至消防部門來人，把方向盤切割下來，才把他抱出，只記得往出一抱他，一股鮮血從嘴裡湧出。

人們都說，如果李青山在，聶榮一定不會出事。人被約束久了，一旦放開就會出事。看來人還得有點束縛才好，人少了約束就會自我膨脹，自我膨脹會導致送命。

二

第二個英年早逝的是李光祖，老李是天津大學的高材生，一九五七年被打成右派後，發落在內蒙古改造。老李起先在內蒙電建公司土建工地任技術員、工程師，七十年代成立內蒙電建二公司時，他又來到電建二公司工作。自一九五七年起，老李一直是歷次運動的運動員，受盡了摧殘。粉碎「四人幫」後，他總算時來運轉，職務節節攀升，一直熬到電建二公司副經理的位置。

一九八六年，因為一場重大事故，電建二公司的領導班子集體下崗，李光祖也在其中。那時電建二公司的一把手是周伯甸。周伯甸四川人，是個白領麗人、女強人。周經理下崗後，因為心氣不順住了醫院，李光祖三天兩頭去探視，據說兩人見面，一說到傷心處總是掩面而泣。

其實上級領導深知，培養一個幹部很不容易。經過一個階段的面壁思過，周經理又去華蒙電建公司當經理去了。此後，局領導又多次在會上向二級單位的領導呼籲，欲把剩下的幾位幹部也給予分頭安置。據說，李青山處長就帶頭說，我們基建處可以「消化」一個。李光祖對李青山的「消化」一詞非常反感：我又不是吃的東西，用你們消化？

最終，李光祖還是來基建處上任了，任基建處的主任工程師。然而老李命乖運蹇，來基建處不久，就因心臟病發作住進了中蒙醫院。本來治的有所起色，後來醫院病房裝修，勸說老李暫時回家。回家的第三天，疾病突發，趕忙打一二〇，拉到內蒙古醫院，心臟已經破裂，一命歸西，家中妻女嚎哭成一片。

李光祖系因「心病」，才導致很嚴重的心臟病。按說，老李當過幾十年的「運動員」，歷經劫難，應該對於名利很淡漠了，對於「宦海沉浮」也應該有心理準備，誰能料到渡過了大江大河卻在小河溝裡翻了船。

那個期間，基建處剛給聶榮辦完喪事，接著又給李光祖操持。聶榮因為是個工人，所以比較簡單，李光祖好歹也算個處級幹部，我們幾乎通知了所有的建設單位，建設單位又鼓動施工單位及設備廠家贊助。因此出殯那天大小車輛就三十幾輛，花圈輓幛鋪天蓋地，各單位送的呢料帳子掛滿了幾十米的長繩。據說李光祖生前，妻子對他並不敬重，此刻，她除了偉大領袖，還從來沒見過如此隆重的喪禮，心裡暗自吃驚。想起自己過去對老李的冷漠，懊悔萬分。

那時，張羅這些事情的主要是我和助理工程師劉建民，那天出殯時，劉建民按規矩給了內蒙古醫院看太平房的老漢一條煙，因此事情辦得很順利。建民對那個老漢說：「我們經常給你們添麻煩，今後也少不了！」我對建民說：「你說啥呢？你咋和他還拉關係呢？你還想把誰送來？」建民自知失言，不再吭聲。

三

李光祖前腳離開，朱扶民隨後就來報到。我和老朱一九六五年就是同事，因此和他說話從無禁忌。一天我和老朱開玩笑說：「基建處這個地方風水真硬呀！生人來了待不住，想在住起碼要熬過一年。」

那年七月，基建處在烏拉特前旗召開年中基建工作會議，散會後就往包頭趕，我在中巴車上又說起風水之事。那天老朱坐在副駕駛座位上，我坐在最後一排的右角，聽我說完，他說啥也不敢在前面坐了，非要和我換。我說：「既然你很擔心，那就換吧，反正我們家祖輩都是信基督的，有上帝的護佑，我啥也不在乎！」

那天散會已經很晚，吃完晚飯已經九點多了。車開到哈業胡同附近，天已放黑，司機老杜突然發現黑漆漆的路上有一輛中巴車拋錨，尾燈也不著，老杜本來眼神就不好，發現時已經晚了。人都有避險的本能，他慌忙向左打舵，我與迎面的車尾擦肩而過，嚇得肝膽俱裂。只聽見「砰」的一聲巨響，我們的車尾和那輛車相撞，然後側翻。等我們鑽出車輛，發現老朱坐的位置，外殼凹進去一塊，老朱已被撞得不省人事。我們慌忙把老朱抬到隨後上來的車上，告訴他們直奔包頭青山區第四醫院。

等我們趕到包頭青山區第四醫院時，老朱已經蘇醒了，大夫說很僥倖，尚無大礙。老朱睜眼看見我，微微一笑說：「就怨你這個小子咒的來！」我說：「哈哈，凡事都是信則有，不信則無。不過你這一劫總算躲過了，大難不死，必有後福！」別的同志並不言語，只是傻笑。

從此我再也不敢信口雌黃了。若真有個三長兩短，老朱家人還不得把我恨死嗎？

長使英雄淚滿襟

一

劉海泉在上世紀八十年代時，曾經是巴盟電業局的局長。劉局長是文化人、知識分子，但是如果蒙住你的眼睛，僅從他的說話來分析，他無疑是一個大老粗，內中的靈秀被藏掖的嚴嚴實實。這估計就是知識分子被工農兵徹底改造後脫胎換骨的典範。

八十年代後期，不知道劉局長冒犯了巴盟的那位長官，說他有腐敗問題，欲做調查。內蒙古電管局見狀，為了避免節外生枝，把他匆匆調到包頭供電局當總工程師去了。

那時，劉局長的愛子在薛家灣供電局工作，他到包供上任後，首先想到的就是把愛子調到身邊來，為此他找了電管局的多位領導，據說各位領導都無異議，就是幹部處處長裝傻充愣，置若罔聞，遲遲不給辦理。劉局長心中的氣不打一處來。他數次和我路遇，說起來憤憤不平：「他媽的，想讓爺給他破費，爺就是不尿球他！」

數月後，劉局長的愛子終於持調令赴包供上班。半月後，愛子驅車去烏海出差，途遇車禍。英年早逝、蘭蕙早催。據說面部看不出人形，慘狀不可盡述。

事後劉局長懊悔萬分，如果孩子依然在薛家灣供電局上班，哪裡會有此事？

二

二〇〇四年，內蒙古因貫徹國家廠網分家的政策，北方聯合電力公司應運而生，公司總經理馮大偉系由北京中國華能集團派來。那時，內蒙古東部區的發電企業劃歸北方公司管理，馮總經理上任不久，便不辭勞苦地奔赴呼盟電力公司檢查工作，口頭通知後的第三日，他便攜隨從飛抵海拉爾。東部區人熱情好客，接風洗塵自然不能免俗，觥籌交錯、耳酣面熱之際，馮總經理提出第二天即赴紮蘭屯電廠視察。

那時，呼盟電力公司的總經理姓譚，為人豪爽仗義。他當即向辦公室主任面授機宜，安排第二天的行程，陪同人選及車輛。新上任的海拉爾電廠廠長是他的乘龍快婿，這種出頭露面事情自然不應該拉下。

據說譚局長的賢婿接到通知後，亢奮不已，因他的座駕不夠豪華，排量也不大，唯恐途中不能緊跟甚至拋錨。因此叩求岳父大人幫忙，從呼盟公安處借調了一輛簇新的豐田四五〇〇，懸著的心這才放了下來。

次日早餐後，前有警車開道，後有保安車輛護駕，車隊浩浩蕩蕩地一路直奔紮蘭屯而去。那天，譚局長乘龍快婿親自駕車，新官上任，自然志得意滿；仰仗車況精良，開的風馳電掣。就在車隊即要馳抵紮蘭屯時，搞不清什麼原因，竟然一頭撞在路邊一棵碗口粗的樹上，當場斃命。

後來聽說譚局長的愛女哭的死去活來，譚局長也無限懊悔，甚至死的心都有過。

三

二〇〇八年夏天，內蒙古電力設計院有一位新的副院長上任。上任之初，正好趕上電力設計院集資興建的家屬樓竣工。按級別，面積、樓層院長都在首選之列。家屬樓一經交工，裝修就緊鑼密鼓地進行。就在裝修臨近尾聲時，這位副院長興沖沖地攜愛妻，乘越野車去北京採購窗簾及床上用品。據說那天因為出發較早，臨近黃昏，所有清單上的用品都已盡收囊中，副院長無意在北京逗留，欲連夜趕回呼和浩特。

卻說那天，因為自早至晚地奔波，司機早已人困馬乏，再加上頭天晚上他又打了一宿麻將，體力不支，遂向副院長提議，當晚就在北京歇息，第二天早晨再上路，但副院長執意不肯。正要上路時，突然天色大變，大雨從天而降，司機再次向該院長求告：雨大路滑，不夠安全。但該院長對司機的意見不屑一顧，司機雖然心存不滿，也只好勉強上路。

那晚，就在車快要到興和時，該車終因雨大，軲轆打滑，在會車時躲閃不及和迎面來車相撞，翻滾後墜入路下的深淵，三人同時斃命。司機不說，可憐副院長的女兒，僅僅八歲便成了孤兒。

嗚呼哀哉！

生死有命，富貴在天

一

李奉志最早是內蒙電管局的臨時工，後來因為踏實肯幹，很快就轉正了。上世紀八十年代初，他在電管局收發室工作，專門負責去郵局取送郵件。每天騎一輛很破舊的自行車，用一個很大的郵政綠帆布包，把數十斤報紙背回來，然後再往各處室分發。

電管局是個知識分子成堆的地方，人們說話都酸文假醋。李奉志文化水準低，個人素質也不高。他總感到人們對他說話居高臨下，從心眼裡瞧不起他，因此在機關裡感到很壓抑。

李奉志是個很努力上進的人，不甘寂寞；知道知識改變命運的道理，於是奮起直追，報名上了內蒙古師大中文系的函授班。幾年下來學的很辛苦。當畢業證拿到手的那天，他激動的熱淚盈眶。他勤奮好學、不甘人後的精神感動了局長，局長數次在職工大會上對他進行表揚，並批評那些淺嚐輒止，每天酒池肉林、歌舞昇平、麻將桌上度春秋的名牌大學的本科生們。

後來不久，李奉志就被調到辦公室當秘書去了，說是秘書，其實幹的是陪領導出差，給領導買車票，安排食宿的雜事；給領導分的東西，也由他分頭送往家中。但他的福利待遇和秘書是一樣的。

九十年代初的一天，李奉志陪烏力吉局長去北京出差。那是一輛豐田越野車，烏局長坐在後排，李奉志坐在副駕駛的位置上。聽說，車開到懷來附近，一個小孩橫穿馬路，司機一個急剎車，車中的人因為慣性，直往前衝。李奉志不顧個人安危，從前排一下躍到後排，一屁股坐在烏局長的懷裡，雙手緊緊地推住前面的椅背，直至汽車停穩。三個人都驚出一身冷汗。

回來後不久，李奉志就被破格提拔，被任命為辦公室秘書科科長。沒幾個月又去電管局勞動服務公司當了副經理；再後來又在服務公司當書記；在老幹部處當副處長、處長，最後在正處級的位置上光榮退休。

二

嘎勒曾是內蒙電管局的基建副局長，土旗蒙古人，六十年代初畢業於山西工學院。聽說，嘎局長和前中央民委主任文津是高中同學，和前內蒙古政府主席雲布龍是大學同學。

九十年代初的一天，嘎局長驅車赴豐鎮電廠檢查工作，車開到土貴烏拉附近，突然有一輛小四輪在橫穿公路時拋錨，這時，嘎局長的車開的風馳電掣，車速足有一百多邁。司機見狀，急忙剎車，車雖剎住了，但坐在副駕駛位置的嘎局長卻一頭頂破前面的風擋玻璃，沖出車外，又一頭栽在車前的一大堆沙土裡。司機嚇得臉色蒼白，趕忙下車救助，當他把嘎局長拉起來時，發現嘎局長七竅裡都是沙土，衣服上雖然有土，但不算多。他撫摸、詢問嘎局長身上哪裡疼痛，嘎局長此時驚魂甫定，扭扭腰、轉轉脖子，好像並無大礙。司機趕忙回車上拿了一塊白毛巾，先給嘎局長擦臉，然後抽打身上的土，這才攙扶嘎局長上車休息。事後，人們分析，幸虧公路上有一堆沙土，嘎局長的頭插進鬆軟的沙堆裡，起了緩衝的作用，要不是那堆土，以頭搶地，後果不堪想像。從此，電管局的領導們，外出坐車再也不敢坐在前排，即便坐在後排也要繫好安全帶。

三

關恒順是我的同事，在電管局基建處工作時，我在設計科，他在送變電科。那年夏天，小關驅車去伊盟檢查工作，車行至伊金霍洛旗附近，他尿意急迫，呼籲司機停車。車在公路邊停住後，他看到這側有女人在放牧，於是橫穿公路，到對面去小便。過馬路應該是先看左面再看右面，他把左面的車讓過後，便低頭快速過路。那天活該他倒楣，右側過去的車，擋住了視線，他沒看到左側正有車迎面飛馳而來。等雙方發現，都為時已晚。那是一輛桑塔納二〇〇〇，速度已達極限，根本無法剎車，迎面眼睜睜地衝著小關而來，小關已經嚇傻，不知所措。車將小關從地上鏟起，高高地拋在空中，然後小關在空中翻了一個跟頭，重重地摔在了公路旁邊的沙土堆上。

同車的人都已嚇傻，個個臉上沒有血色，說話結結巴巴。人們蜂擁而上，把小關扶了起來，直問他哪裡斷了，此時，小關竟然推開扶他的人，獨自站了起來。他活動了一下四肢，扭扭脖子，好像並無大礙。人們又幫他解開衣服查看，除了胳膊肘有一點淤血，臉上有幾處微小擦痕，別處竟然毫髮無損，於是大家簇擁著小關，苦笑著踉踉蹌蹌地朝汽車走去。

那段時間，小關的車禍成了電管局人們的笑談。機關裡，人們處處都在分析事故的成因：大家都認為，像小關的結局，重複一萬遍都不會再有；有智者分析說，因為桑塔納的前臉低，小關轉身回避時，車從小關的背後而來，撞在小關的膝關節的拐彎處，把小關從平地鏟起。也幸虧車速高，才會發生這樣的事情；如果車速慢，就會把人推到碾過；還有當時小關是豎直站立，如果有一點偏斜，也會死於非命。

儘管如此，小關在醫院裡還是住了好幾天，我去看他時，他談笑風生，完全好人一般。小關對父母非常孝順，他的父親是個社隊幹部，因為四清運動的整肅，身體有點疾患，六十出頭就去世了；她的母親九十年代有病時，他送到北京診治，每天背進背出，花了好幾千元，人們都說是百裡挑一的孝子。這次老天爺不接收他，估計和他平常的盡孝有關。

四

呂小平是我的一個小兄弟，為人十分好爽仗義，一九九三年，東北霍林河電廠開工建設，他被任命為廠長助理，很快就去那裡走馬上任了。人相處久了就有感情，那年夏天，我去霍林河電廠檢查工作，說起烏蘭浩特蕎面驢肉餡兒餃餃好吃，第二天，小呂就對我說：「韓工，我花五百元從郊區給你買了一頭驢！」

我聽後大驚失色：「我要毛驢幹什麼？」

小呂說：「你不是想吃蕎面驢肉餡兒餃餃嗎？」

「嗨，我也就是隨口一說，你還當真了！」

那天中午，電廠籌建處的幾十號人都吃的是蕎面驢肉餡兒餃餃。

一九九八年春節前，呂小平從霍林河弄了十幾條大魚，派人開車千里迢迢送到呼和浩特。記得那條魚至少有三十斤重，立起來有一米多高。不知道還有誰的，反正花名冊上我赫然在列。

開車的是個很漂亮的小夥子，既機靈又帥氣。送來魚，司機次日要返回，小呂設晚宴歡送，那天我也應邀前來捧場。那天的晚宴是在鄂爾多斯大街的王記餃子館，飯菜很豐盛。我們輪番給那位小夥子敬酒，喝的那位後生臉蛋紅撲撲的。

次日，車開到錫盟西蘇旗境內，剛學車不久的計畫部王部長突然車癮來了，非要替司機駕駛，司機不好意思拒絕，只好讓位。那天，據說也是因為急剎車，坐在副駕駛位置的司機腦袋頂破玻璃甩出車外。王部長慌亂之中剎車時又踩動了油門，載重卡車從司機身上攔腰壓過，司機當場斃命。我們獲知此噩耗後，悲痛欲絕，甚至不敢吃那條魚。

王部長老婆是做服裝生意的，很有錢，後來，電廠隱瞞了車禍實情，讓王部長賠付司機家屬二十萬元了事。現在二十萬元不算錢，那時的二十萬元可不是小數。

再後來，家屬知道了實情，也嚥下了這口氣。因為，即便把王部長抓起來，又能如何？再說自己人也有責任呀。切記：當司機的，說下大天來，也不能把方向盤隨意讓人，這可是血的教訓呀！

小小說《惶惑》

一九八六年，內蒙古電管局要成立電力報社，電管局黨委宣傳部長劉安琪兄首先想到了我，我們都是來自電建公司，在文革中屬患難弟兄。安琪兄出道較早，他的佳作《巡線工》曾經名燥全國，曾被翻譯成多種文字在國外出版。這篇小說還受到中央姚同志（為尊者隱）的盛讚，為此他還參加了全國的文代會。那時節，內蒙古後來湧現的許多作家對寫作還不得要領，在求索中苦悶與彷徨。

劉兄找我談，沒想到我會回絕。我說，我因為文字已經受過沉重的磨難了，再也不想身陷其中，再說我又不是黨員。劉說，有我在，入黨還不是一句話嗎？我說將來職稱也不好評。劉兄失望地走了。

接著我去北京電力部出差，住在西長營招待所。一天我要坐火車返呼，出門遇到電力部駐內蒙古記者站站長王澤普兄，他看我拿的東西多，非要送我上站。路上說：「聽說你也要來咱們電力報社？」

我說：「你聽誰說的？」

王說：「劉部長。」

我說：「我不想去。」

澤普兄說：「為啥？」

「報社是個清水衙門！」

「基建處難道就好嗎？」

我開玩笑說：「基建處起碼能跟上領導喝點泔水。」

他反問：「泔水有啥好喝的？」

「泔水油大了也養人呢」我笑著說。

看我實在無意，澤普兄只好一聲歎息。

從北京回來，主編劉奎臣又來找我，說電力報創刊號缺一篇小說，拜託我來寫，盛情難卻我只好答應下來。

晚上回家，我沒心思看電視，坐在桌前怔怔地構思我的小說，客廳裡的電視哇啦哇啦地響著，七色光在雪白的牆上閃耀，我心情十分煩躁且理不出一個頭緒來，稿紙一團一團地撕了一地。此時我才明白「要我寫」與「我要寫」的區別了。試想一下，一隻老母雞不想下蛋，你愣要摁住肚皮往外擠，那能擠得出來嗎？

入夜，我在床上輾轉反側，妻開燈披衣坐起，以為我病了。我說：「沒病，是因為明天要交出一篇小小說。」妻也替我著急，說：「沒把握怎麼能胡亂答應人家？要什麼情節的？我看過不少電視劇，我來替你編吧！」我說：「這倒可以試試。」結果妻子說了幾個情節都不成，都是老生常談，沒有新意。不是丈夫加班晚了，回家老婆不給開門，鬧出一段糾紛，就是某勞模身患絕症還將診斷書悄悄藏起來不讓人知道。我說：「快算了，你快睡吧！還是我一個人想好了。」

我想啊想啊，終於想出來這麼一個情節：一個離大山很近的電廠，在一個春天舉行一場爬山比賽，哨聲響了，「我」捷足先登，一路遙遙領先。緊隨我的就是年富力強、身材矯健的電廠廠長。忽然「我」想起剛才在山下時，廠長對本次比賽的一等獎的獎品——景泰藍大花瓶十分喜愛，於是便有意地閃在了路邊的小樹叢中，讓廠長贏得了第一。誰知明察秋毫的廠長發現了「我」的「陰謀」，批評了「我」，又把第一名的獎品鄭重地還給了「我」。最後的一剎那，「我」感到非常的惶惑，在廠長的高風亮節面前，「我」隱隱地感到了自己行為的「渺小」。

構思一成，我披衣而起，扭開檯燈，端坐桌前，匆匆而就。次日晨拿到編輯室給諸位編輯一讀竟紛紛喝彩，一個剛來報社的編輯張小平吹捧說：「韓工下筆猶有神明暗助，恐怕兄弟我到死也趕不上了！」這下我倒真有些「惶惑」了。

由此為契機，我開始了給電力報供稿的業餘生涯，只是稿費太低，熬油費眼不說，一篇千字文的稿費還不夠給老婆買一雙長筒絲襪。

後來，我寫的一些小文，竟然獲得電力設計院技經室女士們的青睞。時間長了不寫，就會受到她們的嗔怪。但終因工作太忙，未能堅持。我常常一天工作下來頭昏腦脹，有時候因為一些費用問題被施工單位糾纏不休，剛有一點靈感又被煩惱吹到九霄雲外了。正如英國哲學家、文學家培根說的：「人身上本來有許多嚮往，包括高貴的衝動和善良的激情。可是這些往往被日常生活瑣碎的小事所破壞，被淹沒在日常生活爭吵的泥潭裡了。」

「文章千古事，得失寸心知」，何況都是一些應景的文章，其實不寫也沒啥遺憾的。

文章引發的煩惱

一

一九九六年我在內蒙古電力報上發表小文《賈幹部和劉師傅》，意在懷念兩位英年早逝的同仁，文章的素材來自劉民治師傅和我的一次聊天。

一九九五年我和劉師傅一同去豐鎮電廠出差，住在電廠的第二招待所。晚上睡不著，劉師傅給我講起他在六十年代的艱苦生活，期間講到他和同處的老賈去郊區撿土豆；去郊區菜地砍農民廢棄的圓白菜根子；去南茶坊割蘆葦茬子等等辛勞的事情，我感慨萬分。不成想，時隔一年，劉師傅就駕鶴西遊；老賈不久也因病仙逝。劉師傅享年五十九歲；老賈也僅僅五十歲，我一想起他們來就感到扼腕痛惜。兩位師傅風華正茂時從北京送變電公司支邊來到內蒙古，把自己的青春年華獻給了內蒙古的電力事業，及至寶貴的生命，可哀可歎。感動之餘，我決定寫一篇小文作為紀念。

文章一經發表，賈嫂就憤憤不平地去找電力報社的郝總編，聲稱我把他們家說的如此貧困不堪不是事實。因為老賈一直是搞勞資工作的，掌管人事調配權，巴結他的人有的是，根本不缺吃喝，無論如何也不至於那樣捉襟見肘。小韓那樣寫，近乎於對我們的污蔑，再說我們的兩個女兒眼看就要出嫁了，你把我們家說成這樣，誰還敢娶我閨女？她再三要求追究我的責任，郝總編勸說無效。

從報社出來，賈嫂又去了劉嫂家，鼓動劉嫂一起和她澄清此事。劉嫂看過我寫的文章，當然對文章細節心知肚明。她勸說賈嫂說：「人家小韓寫的都是事實，再說，說咱們窮是誇獎咱們呢，你咋分不清道理呢？……」

後來劉嫂見到我，解釋了此事，她說：「你賈嫂能聽進我的話，我把她勸住了，總算沒事了，你就放心吧！」

說實話，那時誰家不貧窮呢？那是一個越貧窮越光榮的年代，如果現在再說誰家窮，那才是不懷好意呢。眼下即便是窮人也儘量裝富，生怕別人瞧不起。

賈幹部死於肺癌，和他長期大量吸煙不無關係。他從事人事調配工作，不會缺乏高檔煙酒，但送菜蔬與引火柴的估計不多。為尊者諱，是做人的美德，只是有些事情，我不能說罷了。

二

上世紀八十年代末，內蒙古電管局流傳著這樣一個故事，這個故事據說是從撿垃圾的拾荒漢那裡傳出來的。說的是電管局某號樓，中秋節過後，有人扔出整盒的過期月餅。拾荒漢撿回去打開吃，發現月餅下面竟壓有五百元錢，一時欣喜若狂，按捺不住，不由地對人道出。

事情當然是傳聞，真偽誰也說不清，也無從落實。但領導同志認為，我們局裡的領導幹部都是優秀的，都是特殊材料製成的，流傳這樣故事的人肯定居心不良，是妄想破壞我們電管局的安定團結，製造人心上的混亂。

不久有人給電力報社寄來稿件，以童話的方式描寫此事，第一人稱竟然是那五百元錢。發生時間、地點、人物均闕如。郝總編出於對革命幹部的警示作用。此文得以放行。

文章見報後，在電管局引起軒然大波，兩位局長在會上接連批評電力報社，矛頭直指郝總編，郝總編竟一時抬不起頭來。

因為文章沒有具體指向，此事總算不了了之。郝總編在此後的工作中更加小心翼翼，直至退休再未發生過此類讓領導感到不快的事情，但他的仕途卻大大地受了影響。

其實，在當時，用這種方式行賄的大有人在。我曾幫我的同學往某電廠推銷過茶葉，事成後，他給那位廠長送了一桶特製龍井，在茶葉桶裡塞了五千元錢。此後不久，那位廠長就給我來了電話，說：「老韓，你那位同學鬧球甚呢，你讓他來我這一趟，把錢拿回去。」

我的同學遲遲不去，一天上午，突然，那位廠長給我來電話說：我正在來呼市的高速路上，中午讓你那位同學請咱們吃飯！他還指定了酒店。

那天，我與同學與廠長一行在一家大酒店共進午餐，廠長一進來，就把那五千元，扔給了我的同學，然後開始點菜。那天，吃的是海鮮，一共花了六七千元。由此，我才徹底心悅誠服了現在官員們的行事方法。

說說達電那些破事兒

一

達拉特電廠是國家級特大型火力發電廠，坐落在鄂爾多斯達拉特旗樹林召境內。達拉特發電廠目前工程建設已完成四期，形成相當規模，最終規劃容量為五百萬千瓦，將成為亞洲第一大火力發電廠，與日本鹿兒島發電廠齊名。

達電於一九九二年開工建設，初步設計審查會議就在達拉特旗舉行。那個會議開得非常隆重，僅北京電力規劃院就來了好幾十人。那時，達電的現場一片荒蕪，遍佈小沙丘及蒿草，只有不遠處的一座白塔在夕陽下熠熠發光。電廠的第一座建築物是蒙達賓館，坐落在公路邊，北京來的專家就住在這裡，他們就佔據了一層樓，其餘的房間被內蒙政府和電管局的人們占了，其他與會人員，只能屈居於旗裡的一些小旅社。

為了把會議開的隆重些，電管局當時把西部區各單位的黑色奧迪車全部調來。每天吃飯、開會，一溜奧迪車魚貫而行，前面是達旗公安局的警車開道，嗚哇嗚哇地叫個不停。達旗的市民駐足在路邊觀看，有的市民不知道出了什麼事，猜疑說：大概又要槍崩人了！

那時，達旗還沒有能容得下一二百人吃飯的地方，只好由電廠出錢，把旗政府的禮堂裝修一新。不但購置了桌椅板凳、杯盤碗筷，還臨時搭建了伙房，就連數十個上菜的小姑娘的服裝鞋襪也都是我們花錢給置辦的。我們本打算連她們的內衣也給一併買了，但旗辦公室主任說：內衣就算球了吧，這些村姑連個褲衩、乳罩也沒見過，不要慣壞了她們的毛病！

達拉特電廠的土地非常便宜，起初旗政府答應白送給我們，我們覺得不妥，萬一將來反悔，就說不清楚了。後來旗長說，那就一畝按一百五十元給吧！我們覺得太少，後來按八百元一畝簽訂的合同。

達拉特電廠由西南電力設計院擴大總承包，因為內蒙人從來沒幹過這麼大的工程，電力部對我們有點不放心。啥叫擴大總承包？就是設計、施工、安裝、調試直至交鑰匙一條龍全部由西南院來負責，工程概算結餘，人家還要提成。這在當時是個全新的辦法，可以鼓勵設計單位精心設計，避免浪費。實踐證明，這個辦法還是不錯的。

然而，有利就有弊。西南院的那些設計人員，惜土成金，把達電的廠區搞的過於窄憋。辦公樓緊挨冷卻塔，汽車進去都掉不過頭來。已花錢購置的數平方公里的廠前區則閒置無用。達旗近年來迅猛發展，廠前區逐漸被旗裡無償侵佔，建起了大批的商品房。結果，達電五期工程還得重新征地。南方人小家子氣，把庫布奇沙漠當成了四川的良田，說起來令人唏噓。

二

西南院為此工程傾巢而動，幾乎把他們所有的閒散人員及離退休幹部全部拉到內蒙古了，物資部的會計就是個西南院的退休老漢。那時物資部的小金庫有一百四十萬元，都是廠家給的回扣，回扣私人不敢花，都放在部裡。員工出去辦事、往來應酬，上級領導來了吃、玩、拿都可以從這裡開支。沒有不透風的牆，此事不知道如何讓檢察院知道了，一天突然開來警車，把部長、副部長都給戴上銬子弄走了。承包公司總經理驚恐萬狀，趕忙搬門弄窗地進行活動，向人家耐心解釋，最後人家說：「有錢要大家花，你們給我們贊助一輛奧迪，這事就算球了吧！」達電後來只好給人家買了一輛奧迪。上好了牌照，油箱灌滿，開上人家的門，兩位部長才被放了回來，那兩個人的小臉兒都瘦了一圈。

值得一提的是，四川人說起來膽子大，其實也蛋球事，那個成都來的會計老漢，在兩個部長被抓走的當晚就跳進電廠的淨化水池自殺了。人們既為他惋惜，又感到可笑：你一個會計又不主事，怕個球呀！唉，可憐他的老婆娃娃，在家翹首相望，迎回來的竟然是一盒骨灰。

三

達電一期工程的計畫部長王繼斌是北京人，他早年被分配到西南電力設計院工作，老婆是個川女，唱川劇的，川劇他也能哼哼幾聲。一次我去計畫部檢查工作時發現，凡是重大項目都經過招投標，概算還要下浮；但小的項目，比如水泵房、循環水處理間、警衛傳達室、深井泵房，都沒經過招投標，而且都據實結算。我又去電廠實地查看，這些工程的施工質量非常粗糙，且不能按時交工。我非常生氣，要扣他們的錢。王繼斌非常難堪，不得已拉開抽屜給我看了一大堆條子。原來幹這些工程的都是關係戶，都有人寫條子。從電管局機關到內蒙古政府的王群、布赫，各級官員都有，其中最大的官兒是中顧委的陳丕顯。王繼斌歎了一口氣對我說：「你說我該咋辦呢？我能惹得起誰？」當晚，電管局的一位副總就給我打來了電話，似有嗔怪之意，後來我的仕途因此大受影響。那位副總其實人很好，他介紹的隊伍，是他老婆的同鄉，他懼內，沒有辦法。

四

工程的批准概算不夠時，要申請概算原審批單位進行調整概算。調整概算很麻煩，繁瑣、枯燥，無聊。既要核定工程量、核定設備材料的價格、審定結算資料，還要去電力規劃院求告各位專家，一尊神仙，一炷香。但是，從事調概的人，到哪裡都招待的很好，酒池肉林、鶯歌燕舞。因此有人喜歡套用《北京人在紐約》裡的一句話來形容調概的事：「如果你愛誰，就讓他去調概，因為調概是天堂；如果你恨誰，你就讓他去調概，因為調概是地獄。」

說起調概來，還有許多值得感歎的事情：電力規劃院有一位退休的老專家，非常喜歡內蒙古電力設計院的一位女士。那位女士花容月貌，只要她在場，老先生的情緒就非常好，可批不可批的項目一律放行。後來，我看出了這個端倪，故意給老先生多安排接觸這位女士的機會。每逢晚上出去跳舞，我就專門安排人守在這位女士身旁，除了規劃院的老先生，其他人來邀請時，一律擋駕。那些天，老先生一直玩非常盡興，那位女士也配合的香汗淋漓，我們的調概工作得以順利進行。

一次在調概過程中，電管局一位副局長來工地檢查工作，一天晚上，設計院幾個後生在會議室裡看A片。這位副局長信步走了進去，看見後說：「唉，你們看吧，我是領導，我不能看！」他在走廊轉了一圈後，又走了進來，發現他們還在看，又說：「唉，你們看吧，我是領導，我不能看！」此事後來傳為笑談。

五

達電一期工程完工後，內蒙古電管局要向電力部呈報工程總結報告。達電一期工程的總結報告是我寫的，有數萬字。既肯定了西南院的成績，又婉轉陳述：我們內蒙古人不但會放羊，也完全有能力做好達電二期工程的管理工作。局長看完後連連叫好，問我們處長：「這是誰寫的？」處長說：「這是小韓寫的，我稍加潤飾。」雖然局長此時對我的評價甚高，但一到關鍵時候就三緘其口。不才一直流年不利，不知道在哪個環節上得罪了他老人家。

達旗有個「金三角」

不管哪個電廠在施工建設階段，進廠公路的兩邊都會火爆好幾年。聰明人一知道這裡要建設電廠，就把進廠公路兩邊的地提前買好了，在上面大興土木，建設餐館、酒吧、網吧、歌廳、舞廳，準備大撈一筆。這是經驗之談，絕不會有所失誤。記得好幾個電廠在計畫任務書一批，不少熟識的哥們就有這種打算，他們也給我通風報信。奈何我頑固不化，因此一輩子受窮，到老仍過著捉襟見肘的日子。

達拉特電廠的東牆外，隔一條馬路有個「金三角」歌舞廳，就是在一九九二年應運而生的。金三角歌舞廳那幾年那才叫火爆，每天晚上摩肩擦踵、人頭攢動，老闆靠達電賺的盆滿缽滿。你想達電每年有數十億的投資，有多少施工單位、設備廠家及材料供應商們雲集在這裡？達電給達旗帶來了空前的生機。有人說，如果金三角門前出了車禍，撞死五個人，有四個就是達電的。

從法國來的阿爾斯通的專家們住在專家招待所，他們的月收入是五萬美金。「專招」專門給他們開小灶，一天的伙食費一百元。開頭他們吃的很滿意，後來有一天，他們去金三角附近的路邊店吃飯，發現在那裡吃一頓飯才五塊錢，也很可口，後來有些人就再也不去小餐廳吃飯了。原來法國人也會算帳，知道他們在廠裡是挨宰的。

法國專家在達電，人生地不熟，他們的業餘生活更是枯燥無味。在路邊店吃完飯，專家們總要在金三角歌舞廳裡坐一坐。要一杯飲料，點一支煙，在塵土飛揚中看人們跳舞。其中有個叫「羅卜絲兒」的小夥子幾乎天天晚上在這裡消磨時間，我幾乎每次去都能碰上他。

金三角的舞廳實在不敢恭維，低矮、窄憋，汗味、煙味、香水味混雜。許多年輕人，左手摟著舞伴，右手拿一支煙，男男女女貼的很緊，四隻腳在地上磨蹭。像鴨子一樣行進，說不清是啥舞步。

一次，一個電管局的副總來了，我帶他去那裡玩。那天，沒人陪他跳，他坐在旁邊耐不住寂寞，站起來去邀請旁邊的村姑，沒想到人家誰也不買他的帳，搞得他非常尷尬。後來他升任電管局的副總經理，一次開會時，我剛說，×總，你還記不記得咱倆在金……，他立即搖頭、擺手，示意我不許提及此事。

那時，金三角附近還有許多民居改成的「歌廳」，門上或院牆上用白泥寫著兩個大字「歌廳」，一間土房、一盤大炕，炕上擺一張炕桌，炕桌上放一個半導體收音機，「歌女」就盤腿坐在炕上。猶如香港最簡易的「一樓一鳳」。達電的農民工們常來光顧。

據傳，那年達旗公安局整頓治安，抓了好幾個金三角的賣淫女，在其中一個小姐的電話簿上發現有達電的中層幹部多人。公安局開警車派人向電廠索要罰款，廠長一看電話簿，二話沒說就從小金庫裡給拿了好幾萬。後來他在會上大罵：「就這一次，再你媽的出事，爺就不管了。」

有個北京小夥子，是一個設備廠家的代理，給達電供貨。那個後生才叫聰明，達電一期工程剛開始，他就在金三角的旁邊買了一塊地，圈了一個大院，建起一個旅店，有好幾十間客房，日進斗金。他那時還是個單身，又從大樹灣娶了個挺喜人的女女，他跑設備，老婆搭照旅店的生意。後來等一期工程結束，他就離婚走人了，財色雙受。

金三角的舞女，常常入夜來電廠找熟識的農民工哥哥們，武警強烈阻攔。但奈何鐵絲網太長，疏漏的地方太多，防不勝防。拿著達拉特醫院墮胎費單據來廠裡找事的村姑，隔三差五就會遇見。

達電計畫部的巴大智，是金三角的常客，那裡有個飯館的老闆是他的朋友。老闆在達電承攬工程，飯館主要由他的媳婦照應。一天，他帶我去這個餐館吃餃子。那天的餃餡是專門給我倆拌的，估計倒了二斤香油，咬一口，油就直衝耳朵噴來。

那個老闆，老家是山西的，兩年在達電掙了二百萬。發財後，不忘家鄉父老，花了好幾萬，給家鄉修了一條輸電線路，打了幾口井，還鋪設了入戶的自來水管道，家鄉人把他敬奉的猶如神仙。

那些年，凡是腦筋活泛的，都能在這裡打鬧到錢。有一個四川來的小夥子，剛到達電時，只帶了五百元，五年後，掙了五百萬。他是給達電供應保溫材料的，保溫材料價格的高低沒法說，有關係的，任由你來報價。

那個小夥子我在金三角見過，他對金三角的娛樂方式很不以為然，他說：「有時間你去我們成都看看，看看我們那裡怎麼玩！」後來才知道，成都那時就流行黑燈舞了，伴舞女不穿內褲，自然達旗的金三角人家不入眼了。

喜歡在金三角跳舞的小車司機趙大柱，開車時喜歡把胳膊放在窗外，我曾經多次提醒他，他也不聽。一九九七年，他開車去東勝，仍然把胳膊伸出窗外，正好一輛大車擦肩而過，頓時把他的胳膊從膀子卸下。幸虧他老練，及時刹車，才沒有傷及性命，但那條胳膊卻永遠不復存在了，他也永遠跳不成舞了。

在金三角蹭吃、蹭喝、蹭玩兒的主兒也有。達電的副總李哲有一次對我說：「電管局×總的兒子真不省心，金三角的歌舞廳及歌舞廳旁邊的飯館都有他的欠帳。一次，那裡老闆見到我，說起此事都怨恨不已，我只好都給掏錢了結。」後來李哲見到×總的貴子，咋呼了一頓，說：「你再要是這樣，我可就不管了，還要去告你爹！」從這以後，這個後生才有所收斂。

唉，一言難盡的金三角呀，該叫我如何說你才好呢？

海勃灣電廠的農民工

一九九四年夏季，海勃灣電廠一期工程正在夜以繼日地緊張施工，一天，我陪同幾位領導去貯灰場進行視察，順便瞭解一下工程轉包的事情。那時對工程的轉包管理很不嚴格，一家中標，然後輾轉分包幾次是常事。內中的奧妙我並不知曉，只知是層層剝皮，到了最後的一家利潤已經所剩無幾，如果不偷工減料，甚至還要賠錢呢！事先就聽說海電工程的貯灰場就轉包了四次。

其實你如果去問任何一家施工企業的老闆，他們都會告訴你，他們參加的招投標，沒有一個是真實的；所承接的業務，無一例外都是通過潛規則拿到的。所謂招投標，早已成了形式，有的工程都快完工了，那邊還在搞招標呢，因為手續要完善呀。

我認識的一個老闆他也承認，他承接的第一個項目就是第五包。按規定，轉包一次都不行，他能接到五包，可見管理完全是做樣子的。

那天到達現場時已近黃昏，灰壩的施工人員一口陝北口音，一打聽，原來都是延安來的農民工。我們一到現場，這些農民工就把我們圍了起來，哭訴著說，他們來了快一年了，一分錢也沒拿到，工錢他們不指望要了，現在就想回家，只要能給路費就行了。家裡的莊稼馬上就熟了，再不回去，莊稼就會爛在地裡。

這些陝北農民工都沒有穿鞋，光著腳在搬運、砌築毛石，有些人腳被石頭磨得血淋淋的。我們問他們為什麼不穿鞋，他們說，和石頭打交道很費鞋，一般的布鞋一天就幫底分離了，好鞋他們買不起。

我問他們住在哪裡？幾個農民工把我們領到一個山坡下，我們看到的是一個一個的洞洞，他們說，這是他們自己挖的，用來居住。每個洞口都有一塊塑膠布，我們撩起了一塊塑膠布，看到裡面並不大，深有兩三米，高度勉強可以坐起來，裡面都有一捲破行李。

在一個洞裡的破木箱上我看到了一個小碟，小碟裡剩有幾片長有綠毛的豬頭肉，旁邊還有半瓶二鍋頭。一個民工謙讓我們嚐嚐，大家都謝絕了，他有點羞怯和難堪。

所有的同志都非常震驚，有些同志的眼睛有些濕潤。我們這些經常出入高級賓館的人，很難理解這樣的地方竟然可以住人。陰暗潮濕、蚊蟲叮咬、皮膚濕疹，而這些農民弟兄竟然還是從延安革命老區來的。

農民工說，這幾天晚上還要加班到半夜。工頭說好沒有工資，只給一大碗麵條和一瓶啤酒。他們不想幹，但是不幹又沒有飯吃，想回家又沒路費，許多人說著說著流下了眼淚。

同行的領導說了許多勸慰的話，答應回去後立即向上級彙報，儘快尋求解決辦法。農民工的眼神裡充滿了期待。

這個貯灰場我再也沒去過，也不知道此事後來如何處理了。反正不時能見到，來我們辦公大樓門前靜坐要工錢的農民工。我們的工程預算說來非常高，可是真正到了受苦人的手裡就少的可憐。有的時候就這一點少得可憐的工錢，農民工也往往拿不到。層層發包、層層剝皮，許多人因此中飽私囊、大發大義之財。

我是一介草民，本不該杞人憂天，但惻隱之心人皆有之。此事雖然過去許多年，延安農民工的苦境，一直縈繞在我的心頭，難以忘懷。

饑不擇食

一個大型火力發電廠每年產生的粉煤灰就有幾十萬噸，灰場即便建的再大，用不了多少年就被填滿了。新建貯灰場需要另行花錢買地，鋪設長距離輸送管道更費錢。那年，中科院的專家們發明了粉煤灰制磚的新工藝，總公司領導聽了非常振奮，於是打算先在海勃灣電廠試行。海勃灣電廠在與寧夏接壤的地方買了一塊荒地，開始建廠房、買設備、招募工人。磚廠的營生苦太重，內蒙人懶惰，沒人願意幹，後來他們從四川的布拖招來了四五十號人。布拖縣位於四川省西南部，地處「雲貴高原」，是個國家級的貧困縣。

布拖人真窮，初秋來內蒙古，一人就帶了一張涼席，連棉被也沒有，要不是電廠基建辦發動工人募捐，冬天連蓋得東西也沒有。

聽磚廠周廠長和我講，那些工人來的時候一人帶了一尿素袋子辣椒面。為了省錢，他們自己起夥。燜熟米飯後，把一大盆辣椒面用油鹽拌起，吃時一人狠狠地挖一勺和米飯相拌，即可入口。米飯血紅，內蒙人看見害怕，但人家吃的狼吞虎嚥。說是不辣，其實嘴裡直吸溜冷氣。

那時，磚廠的食堂養了一口豬，有二百斤重，眼看年底就可以殺了分給基建辦的職工。然而天有不測之風雲，一天中午，那口豬突然劇烈地嘔吐、腹瀉，繼而痙攣、流口水，緊接著就肢體冰涼、脈搏細弱、呼吸麻痹而死亡，疑似中毒。

老周說，他當時腦子裡立即高速運轉：趁毒素還未在體內彌漫，趕快放血，也許肉還能吃。於是他招呼了幾個炊事員，立馬放血、燒水、褪毛。豬的頭蹄下水都挖深坑埋了。肉無人敢吃，他又捨不得扔，剁成幾塊兒塞進了食堂的冰櫃。

那天晚飯後，他在磚廠的院子裡散步，走到四川民工的住處附近，突然聞到一股燎毛味，只見幾個人在宿舍內用燒紅的爐鉤子在豬頭上燎毛。爐子上的大鍋內正煮著豬下水，熱氣蒸騰。

老周見狀大吃一驚，問：「你們哪來的豬頭？不會是那頭死豬的吧？」川工笑著說：「就是呀，咋啦？」「你們不怕死嗎？這頭豬是中毒死的，我們連肉都不敢吃，這豬肚子裡、腸子裡都有毒，你們吃進去，一會兒誰給你們收屍？」

川工說：「我們不怕，我們在老家時，死豬從來捨不得扔，都這樣吃了。我們都活的好好的，哪有你們蒙古人那麼嬌氣！」

老周說：「反正我和你們說過了，你們有個三長兩短可不要來找我的麻煩！」

老周走了，他心裡對此事總有點放心不下，直到深夜，也不敢歇息，後來看看沒人找他，這才安心睡去。

又過了好幾個月，老周的部下們說起肉來，都直流口水。老周說：「冰櫃裡不是有肉嗎？想吃就用高壓鍋燉，一會就熟了。」然而人們都說不敢吃。老周說：「人家四川的哥們連腸子都煮的吃了，啥事也沒有，你們還怕球啥？」於是在老周的攛掇下，他們從冰櫃裡取出肉來，用高壓鍋滿滿地燉了一鍋，吃完自然無事。

今年春節，老周再次和我說起此事，我突然恍然大悟：「他媽的，也許『毒』就是那幾個川工給下的，他們幾個月沒肉吃，實在嗆不住了，才出此下策。」

老周說：「你憑啥猜疑人家川工？我估計是附近的老鄉給下藥了，因為豬老跑出去拱人家地裡的莊家。」

我說：「如果不知道豬是因為吃啥死的，誰敢冒這個風險？」

老周又問我：「那你估計他們給豬餵了啥啦？」

我自然說不上，不過我也許冤枉了那些川工弟兄。

那時，磚廠還養了不少海狸鼠，養殖海狸鼠的主要目的是獲取其珍貴的皮毛。在國際市場上，海狸鼠皮十分暢銷，每張甲級毛皮可賣到八至十三美元。但磚廠養殖海狸鼠不是為了皮毛，而是用來下仔兒賣錢，起初一對兒幼仔兒能賣到三百五十元，後來養的人太多了價格一路跌到五元錢一斤。一隻大母鼠從一千五百元跌到六元一斤，商品鼠多到沒有人收。養一隻海狸鼠一年要二百元成本，不得已他們只好放生在院牆外的一個水塘裡。

川工開始不知情，問他們：「這些海狸鼠你們還要不要了？」老周說：「不要了。」於是川工慌忙捕來吃。

海狸鼠肉呼呼的，一個就能燉一臉盆。內蒙人沒見識，沒吃過的東西一概不敢下口。川工煮熟後讓他們嚐嚐，他們才知道，這東西比豬肉好吃多了。

據悉，海狸鼠肉質細嫩，味道鮮美，營養價值高，是名貴、滋補的野味。在歐洲市場，海狸鼠肉的價格是豬肉、牛肉、羊肉的六至八倍。唉，這麼高檔的食物，都讓那些川工給享用了。

簽證軼事

文學名著《西遊記》中寫道：「行走多時，到了玉華府，唐僧叫徒弟在外等著，他換了衣帽，拿著關文，向那引禮員說明來歷，要求參拜萬歲，倒換關文。」

啥叫「倒換關文」？我知道「關文」不是指護照，但是按照「動態對應」的原則，我認為唐僧所做的事，就好比今天我們拿著護照去辦簽證。

接下來的描述為：「國王看了各國印信手押，也欣然拿寶印押了花字。」雖是小說，卻也在一定程度上反映出當時的社會現實。這位國王，其實擔負著今日簽證官和入境處官員的雙重角色。作為入境處官員，他問：「自你那大唐至此，經過多少國，共有多少里？」這不禁讓我想起洛杉磯入境處的盤問來：「你到美國的目的是什麼？此前到過其他哪些國家？」

國王在接見唐僧時候親自辦理簽證。而今卻不勞奧巴馬親自審閱，交駱家輝手下的人辦理即可。

「國王看了各國印信手押，也欣然拿寶印押了花字。」這等於就是「落地簽」，是極便利的。有人說歷史上的唐僧去印度取經，其實是沒有拿到簽證，是偷渡去的。唐代法律規定出境要辦「過所」，而唐僧等了三年都沒有等到印度的過所，於是直接去了。事實上並沒有遇到簽證和居留上的問題，反而成為一代名僧，在天竺和唐朝都倍受尊重，說來讓我們現在偷渡的新移民真是無地自容。

現在的赴美簽證，審查得很嚴，簽證官防上加防，對「移民傾向」實行嚴打。如果像唐僧這樣的孤身一人，是很可能被拒的。

二〇〇六年，我在北京建國門外美國駐華大使館辦理赴美簽證時，就歷經過嚴格的審查。幸虧我們預先都有心理準備，並且在呼市相互進行過多次預演，即便如此，站在簽證處的窗口前還是有些心虛腿軟。

那天一早，我就和幾位同事來到了美國大使館。我們預約的時間是上午八點三十分。大使館門外人很多，使館柵欄處有中國衛兵檢查護照，進去以後有個桌子簽到。工作人員說筆不能帶進大使館，也許怕我們成為刺客。

大使館的門大概是防原子彈的，外殼是金屬，有二十多釐米厚，超級沉。進了門就是過安檢，人和簽證的文本資料都要過安檢機。在進入簽證大廳主樓之前會經過一個小廣場，這是簽證大廳的前院。

進入簽證大廳，大廳裡人頭攢動，排的第一個隊是去一個類似銀行櫃檯的地方交簽證費繳款證明。隊伍一點兒一點兒地挪動著，工作人員把我們幾個人編成一組，讓我們排好隊，不能交換位置。一直到這裡，工作人員都是中國人。

接下來，又排隊採集指紋。好不容易到了窗口，當我左手按指紋時，無名指在觸控板上滑了一下，那個負責收集指紋的黑女人，叫我重新按。我擔心，這會不會給一會兒的面簽帶來影響？於是我的腎上腺素開始加速分泌。

採集完指紋後，我們又按照指引繼續排隊進行面簽。去過上海世博會的人應該體會過排隊那種煎熬——大約一個小時的時間，隊伍一丁點兒也沒動，那是一種多麼無聊的感覺。來簽證的人什麼樣的都有：朝氣蓬勃的學生、西裝筆挺的商人，濃妝豔抹的貴婦，白髮蒼蒼的老人……，隊伍非常緩慢地蠕動著，蠕動著……

我好久才排到了前面：可以清楚地看到面簽窗口，玻璃前的簽證者和玻璃後的簽證官了。簽證者們有的簽證成功，拿著郵局的護照寄送小票興奮地出來了；也有少數人沒有通過，面無表情甚至含著眼淚離開了。

終於輪到我了。我按捺住心底的波瀾，昂首走到視窗前，臉上裝出自信的微笑，露出三分之一的牙齒。簽證官見到我，用中文說「你好」，我也回應Hello！然後就把護照、邀請函和OF156表一股腦兒塞進了窗口。

聽說，美國人最擔心你不能如期歸來。你必須設法打消他們的顧慮，證明你有房、有車、有老婆、有銀行存款。美國的法律是假定你去了就不會回來的。你必須要證明自己完全沒有那種意思，簽證官才會給你發路條。

為此，那天我還給簽證官奉上了結婚證、戶口、銀行存款證明、家庭影集什麼的，證明我在國內有所牽掛，生活的也很好，絕無「移民傾向」。那天的那個美國鬼子，心情也很好，他問我去美國所為何事，我如實回答；他又仔細查看了廠家的邀請函，再三端詳了我的面容，覺得不像那種居心叵測的人，於是在護照上面痛快地加蓋了藍印。我懸著的心這才落地。

那天，同去辦理簽證的老靳，就被人家把護照扔了出來，因為他在美國有不良記錄。據同事說，因為在美的一次車禍，他謊稱癱瘓，不能行走，那位美國司機賠償了他一百五十萬美金。錢到手後，他騎車到處遊竄，被人舉報，賠償金如數追回，因此再次入境遇到麻煩。老靳的妻女都在美國定居。那天他神情沮喪，站在簽證處的窗口外悵然若失。

和唐代相比，我朝國際公信力退步了。雖然今日高談盛世，高談中國夢，但一說到簽證這些事，不免有些尷尬。和其他國家和地區相比，我們國際旅行的難度還是很大。臺灣「建交國家」寥寥無幾，護照卻很好使，去一百多國家免簽。臺灣的吳敦義曾嘲笑：「我不好意思講，有一個國家很大很大，但免簽只有二十個。」

眼下，天竺國的學生在美國簽證有效期五年，大唐學生才是一年。讓我們情以何堪？

華盛頓的脫衣舞吧

小時候被告知的事情總是記憶深刻的，尤其是對反覆強調過的那些。所以當我反覆被告知資本主義是燈紅酒綠的時候，燈紅酒綠這個詞在我腦海裡便成為了資本主義的代名詞。

二〇〇七年，我和烏拉山電廠的幾位同事去美國考察，竟然在華盛頓去過一次脫衣舞吧。

那是一家比較小型的脫吧，營業面積大概能容納不到一百個客人的樣子，裡面的音樂悠揚悅耳，中間一大一小兩個舞臺，每個臺上都有一個女人在表演裸體舞。舞臺四周圍放著一圈椅子，客人可以坐在舞臺邊上近距離（甚至是零距離）地觀賞豔女。離舞臺遠一些的是一些小圓桌和椅子，最後面四周靠牆放著一圈沙發。我們進去時，可能時間還早，客人不多，零零散散地坐在各處，總共也不過二十幾個客人。

有二、三個客人坐在舞臺邊的位置上，臺上跳舞的女孩時不時地對他們做出一些親熱、或者挑逗的動作，有時還讓客人輕輕地觸碰一下她們身體的關鍵部位。坐在臺邊上的客人，每支舞曲都要給舞女一次小費，每次至少是一美元，就像電影中常見的那樣，客人把錢插在舞女大腿上的一個很誇張的箍襪圈裡，同時趁機摸一下她們的屁股和大腿。

我坐在離臺二、三米遠的圓桌旁，坐在這裡能看的很清楚，又不用每支曲子都給小費。凡是既想飽眼福、又不想給小費的客人就散落地坐在這裡。

每一曲終了，場內舞廳的司儀開始介紹下一位上臺表演的豔舞女郎，導遊會告訴我，下一位是這裡最性感最漂亮的舞女，我想按中國話講，應該就是在這裡的「頭牌」吧。音樂再次響起的時候，這位豔舞裸女上臺亮相了，她有著一身歐美白人女性粉藕色的皮膚，一頭充滿地中海情調的烏黑的頭髮和一雙烏黑的眼睛。挺拔而大小適中的乳峰，平坦的小腹，圓潤翹挺的屁股，然後就是兩條令男人迷戀到死；讓女人嫉妒到瘋的纖長白皙的秀腿。一時間，原來散坐在各處的客人都紛紛坐到了舞臺跟前。震耳欲聾的音樂響起，豔女在聚光燈下用一雙含情脈脈的電眼掃射了一圈四下圍坐著的觀眾，然後縱身蛇舞起來……

最後面的一圈沙發是舞女們和客人談進一步生意的地方，所謂進一步的生意就是去VIP房間享受裸女的貼身豔舞。美國的脫衣舞酒吧雖然是合法的，但是具體什麼可以做，什麼不可以做，各地法律都有非常明確的規範，如果違反，懲罰相當嚴厲。至於客人在VIP房間裡面可以享受什麼，什麼不可以，各個地方的規定更是五花八門。所以在美國去看脫衣舞，最好問清楚規矩，否則搞不好會惹出麻煩的。

聽說一些單身的美國鬼子經常光臨這些地方，甚至國會議員也不時來這裡休閒消遣。我覺得，其實見慣了也無所謂的，並沒有多麼可怕。也許我老了，反正沒受到什麼太大的蠱惑。

亂穿衣的美國人

我有一年去美國時，是在一月份，一月份在美國屬於深冬。在紐約機場候機時，看到許多女士完全是夏季的裝束：超短裙、光腿，下面著一雙拖鞋。仔細觀察一下，還真是，不管男女老少，大部分人都只穿一件短袖，然後外面裹一件大厚外套，還有很多人依然穿著短褲、涼鞋。有些小女孩只是一件沒袖子的連衣裙，完全是夏裝……唉……什麼世道……，我有些驚詫，導遊鄙夷不屑地說：「他們美國人哪裡懂得冷熱！」

美國人穿著的最大特點是「亂」。我去華盛頓的時候，正處二十四節氣的「大寒」之中，這時多數中國人都裹在棉花包中，但在這裡，並排走著三個人，穿啥的都有。看外觀，誰也不會想到是一個季節，倒像是三個季節。

在美國，大公司的職員冬天上班的時候，也普遍是淺色的短袖襯衣、T恤衫和牛仔褲，女職員大多光腿穿著裙子。鞋子呢，男的基本全是旅遊鞋或運動鞋，女的一年四季全是拖鞋或者涼鞋。也許他們比中國人抗寒？在中國如果這樣穿，一定會有人過來摸你的額部，問你是否有病了，是否需要去精神病院看看。

有人說，美國人的亂穿衣，源於美國人的居室與工作場所，常年都設有中央空調，轎車內也有空調裝置。因此，即使是嚴冬，人們只穿單衣即可對付。可我覺得辦公室裡絕對沒有暖和到可以穿短袖的程度。雖然他們外出時會加件夾克、大衣類，但有些婦女照樣穿著裙子逛市場。把我搞得有點季節錯亂。

就算屋裡有空調，難道外面不冷麼？很多人，尤其是男士，上面穿羽絨服，下面只是一條短褲，而且大多不穿襪子，就連穿皮鞋也是。你說穿皮鞋不穿襪子該有多難受呢？

美國幅員遼闊，國土縱深。我從東北的波士頓到西南的洛杉磯；從美加交界的尼亞加拉瀑布到沙漠中的賭城拉斯維加斯；從寒冷的北方到四季炎熱的南方，發現他們穿衣服不分長短厚薄，逮著什麼穿什麼。在尼亞加拉瀑布，我冷的穿著羽絨服，卻有人光腳、涼鞋、大褲衩子。你說他不冷吧，他上身卻是棉衣還扣著帽子；在夏威夷海濱，一邊是比基尼三點式，渾身暴露在陽光下，一邊卻又有高筒、皮靴、長大衣。

筆者曾經在一個寒冬的晚上，見到一對美國學生夫婦，每人身上披著一條大毛毯，他們是在毛毯的中間剪了一個孔，並讓腦袋剛好從那裡穿過來。那長及腳裸的毯子分別披在兩個二百多磅的美國人身上，下身卻是短褲和拖鞋。當他們就像兩個蓬鬆的巨大的粽子，排山倒海地走進超市的一瞬間，我的腦海裡不由地浮現出在國內逛商場經常見到的一句標語：衣冠不整，謝絕入內。

導遊說，在美國，穿什麼似乎都沒有不合時宜的說法。沒人說、沒人笑，只要是衣服，什麼樣的、什麼顏色的，怎麼穿都成。美國人崇尚個性，對於另類的事物，他們已經習以為常，見怪不怪了。同一個季節穿四季不同的衣服，似乎是稀鬆平常的事，一點都不會覺得突兀。

盛夏的美國大學，教師西裝革履，而在講臺下就座的，則是一群穿著隨心所欲的學生。不論男女，他們身穿短褲，或在屁股和膝蓋到處開洞的牛仔褲、無袖T恤或胸罩，腳著人字拖鞋甚至完全不穿鞋。這些留著各種各樣奇形怪狀的髮型的學生上課時總喜歡習慣性地把他們「高貴」的腳擺在課桌上面。

當然，也有例外出現，如果哪天輪到學生們要上臺作演講或答辯，學生們會鮮有地穿上他們進企業招聘會才用得到的服裝走進課堂。而此時，把腳擺上課桌的，則是臺下坐著聽演講的教授了。

在美國，服裝最鮮豔奪目的季節也許要數夏天了。在燦爛的陽光下，姑娘們身著各色花裙，令人眼花繚亂；小夥子們穿上圖案繁多的T恤衫和襯衣，競尚新奇；許多老年婦女的衣服比年輕人更豔麗。海濱度假的遊客當然著泳裝，有些人甚至上影院、去餐館也不換掉泳裝，人們卻不會對他們側目而視。

當然，夏天的美國，在裸露的汪洋大海中，也會有不合諧的景象出現：有些時候，不管是多高的氣溫，也會有西裝革履的美國人出現。那一定是去參加什麼儀式的，比如講學、簽約、赴宴、面試等活動。美國人雖然平常衣著隨便，但在真正正式的場合他們的穿戴是絕對不馬虎的。

但除了參加正式的社交活動外，他們很少衣冠楚楚。在社區、商場、運動場、公園、醫院，我沒見過穿西裝的美國人。

赤塔紀行

滿洲里，是中國最大的鐵路口岸，也是中俄兩國最大的貿易口岸。漫步滿洲里的街頭，一幢幢「尖頂、紅脊、白牆」的歐式建築映入眼簾，那許多座用整棵原木垛成的木刻楞房，色彩鮮豔奪目，格調典雅。而那些掩映在青楊樹間的哥特式建築，彷彿森林的童話，呈現出中俄文化的熱烈交融。

中國國務院於一九九二年將滿洲里辟為沿邊開放城市。從那時起，滿洲里逐漸成為中國北方最大的邊貿自由市場。據不完全統計，每天在滿洲里旅遊、生活和工作的俄羅斯人與蒙古國人超過一萬人。滿洲里的大街小巷彌漫著香水的味道，所有商鋪裡的營業員都能用俄語招攬生意和討價還價。街上的路標和商店的名字大多是中俄兩種文字；商場、飯館、酒店以及各種辦事機構門口的停車場上，一多半的車掛著俄羅斯牌照。在街頭，有無數身材高大，手拎著巨大編織袋的俄羅斯人與你擦肩而過。據瞭解，他們當中的多數人是常來常往的「倒包」族，也有不少是旅遊加購物的「自助遊」者。

我從小就嚮往俄羅斯，一九九三年，我終於有機會實現了兒時的夢想。那年秋天我與內蒙古電管局的幾位同仁一起去海拉爾檢查工作，工作一結束，我們便與幾位呼盟的同志結伴去赤塔遊玩。

走近中俄邊線上的國門，高大的國門上國徽閃閃，「中華人民共和國」幾個大字鮮紅耀眼。車行約七八公里，進入中蘇交界的第一站後貝加爾斯克，算是踏上了俄羅斯的土地。辦完入境手續後於下午四時，換乘開往俄羅斯遠東地區主要城市赤塔的列車。

火車是軟臥車廂，非常整潔乾淨，列車員是一位布裡亞特蒙古族老大嫂，她不停地跪在過道裡擦啊擦啊。

十月的俄羅斯草原極美，如詩如畫。一望無際的綠毯展示在蒼茫的暮色裡，正像一首蘇聯歌曲唱的那樣：「我們祖國多麼遼闊廣大，它有無數田野和森林……」同時，也讓人聯想到俄羅斯著名風景畫家列維坦的那些油畫名作。列車飛過草原，穿過河流，進入山巒地帶。經過二十個小時的運行，于次日中午時分抵達赤塔。

在到達赤塔前的一個小時行程中，荒涼寂寞之感漸漸消失，沿途兩旁山清水秀、林木蔥蘢，陽光也顯得格外燦爛。我們不斷地看到一些度假別墅，沿著山坡、水邊和鐵路沿線綿延分佈。家家戶戶差不多都是二層小樓，純屬木質結構的俄羅斯古典建築，塗上絢麗的色彩，讓你立刻聯想到，這裡若是沒有豐富的森林資源，那些有著俄羅斯情調的小木屋，就很難在這裡紛呈詩情畫意了。

在賓館住下後，我們就去列寧大街和列寧廣場散步。廣場上聳立著一尊列寧的全身雕像，它已經歷半個多世紀了。在它的周圍，有活潑而美麗的俄羅斯姑娘與天真爛漫的兒童在嬉戲。他們一看到中國客人在這裡漫步，就親熱地圍上去索要「大大泡泡糖」；還有一些年輕漂亮的夫婦，領著孩子，牽著愛犬在廣場上悠閒散步，一片和平、安祥和幸福的景象。

赤塔是美麗的。全市雖然只有一百五十萬人，與我國比較，乃屬中等城市，但這裡整潔的市容，幽靜寬敞的街道，馬路兩旁的綠化樹和街心公園的佈局及一幢幢古老的俄羅斯建築，都給我們留下了難忘的印象。

聽導遊介紹，這裡經濟發展雖然顯得蕭條，居民收入似乎也不是很高，但社會福利制度非常優厚。俄羅斯實行免費教育，包括教材和營養午餐；實行免費醫療，除藥費之外醫院不收任何費用；水、電、氣、暖和物業管理收費也非常低廉或索性不收。由於土地資源豐富，環境優美的鄉村別墅價格極低，大多數城市居民都能擁有。儘管滿大街盡是些破舊的汽車，但家家戶戶的窗前屋後無一例外都擺放著一盆盆鮮花。俄羅斯人的生活節奏比較慢，也許，這樣的福利制度和生活方式對俄羅斯社會的發展和經濟轉型未必有利，但卻讓老百姓充分享受著安詳寧靜的生活，誰說這不是真正的以人為本呢？

次日一早，我們就匆匆趕往赤塔市近五千平米的中俄商品交易大廳，門外偌大的廣場，被多年的蔓草侵佔，灰白色大石塊地面，頎長挺直的廊柱，顯示出沉重、奇異的俄羅斯民族精神；碩大無朋的交易空間，沸騰著俄羅斯人對中國商品的狂熱。

這裡中俄兩國商品交易者的比例是一比五十。每天上午八時，當兩輛大巴車的中國商品交易者一到來，三千多名俄羅斯人就如同潮水般地湧入大廳，幾千雙渴求的眼光，一齊投向大廳正中的中國商品攤位。攤位外的俄羅斯人，則排成一道道的人牆，急切地等待著挨到攤邊，同中國人易貨。語言的障礙，阻擋不住商品的交流，世界通用的阿拉伯數字，成了討價還價的工具，只要對商品和小紙片上的標價滿意，雙方即可拍板成交。「China!」、「China!」交易廳到處都可以聽到俄羅斯人急切的呼喚聲。

在這裡，中國商品都能賣到大價錢，使俄羅斯人怦然心動的皮夾克、運動衫、運動鞋，賣價高得驚人。手頭拮据的俄羅斯人，大多以貨易貨，用俄國產的呢子大衣、照像機、釣魚桿、銀狐皮、雪貂皮等商品來交換中國商品，其交換比價，按約定俗成習慣上下波動。一雙十三元的冒牌愛迪達旅遊鞋可以換一件呢子大衣；一件冒牌羽絨服可以換一件銀狐圍脖；一套中國仿製的名牌流行服可以換來好幾雙冰鞋。

可憐天下父母心，一個知識分子摸樣的中年人用一套精美的鍍金餐具和我換了一雙旅遊鞋，他的十五六歲的兒子竟然欣喜異常。一個俄國中校軍官在人堆裡擠了整整一天，衣服全部汗透，才用幾塊蘇聯將軍表換到一套中國運動衫；另一俄羅斯姑娘全身汗水淋淋，直到交易會結束，她的盒裝圓規也沒能換出去，還是一個中國人同情地送給她一雙絲襪，她才總算得到一點安慰；還有一俄國老漢兩把斧子整整舉了一天，也未見誰去光顧。

赤塔市中俄商品交易廳如此火熱、沸騰，然而，該市的大型國營商場卻門可羅雀。貨架上的商品空空如也，貨櫃內商品稀稀落落。我見到一些蘋果與土豆也是乾朽不堪，電視機、冰箱、洗衣機等常用商品絕難見到。商場售貨員日工作六小時，無事可做的售貨員們聚在一起聊天。

俄羅斯的少女纖巧秀麗，但中年婦女卻很肥碩，估計和飲食習慣有關。你別看商店裡食物緊缺，但實際上她們肉蛋奶的消耗量非常大，遠非中國人可以相比。反正我們在赤塔的幾天裡飲食極好，肉餅、奶油、果醬、土豆泥、雞蛋、麵包、紅茶管夠，飲料還有優酪乳、果汁等。服務員熱情友好，待人以禮，有時還能說幾句簡單的漢語和我們逗樂兒，有如家中一般溫暖。

中國商品在遠東的俄羅斯十分引人矚目，尤其仿冒的名牌衣衫、鞋襪，把俄羅斯都市人群點綴得異彩紛呈。上至地方官員，下至普通市民，不論成人孺子，穿中國的衣衫、鞋襪已成了俄羅斯人當今的時尚。

我們都滿載而歸，中俄私人間的易貨貿易使雙方都得到了實惠，赤塔之行換來的商品，回到國內至少可以增值三倍。

俄羅斯的商品經濟，好似一個即將乾涸的河床，俄羅斯人的願望，是河床中一葉擱淺的小舟，他們正急切地企盼著洶湧澎湃的商品湍流。

當我們離開赤塔州的時候，輝煌的夕陽正輝灑在富饒的俄羅斯田園上，赤塔河水也泛出金燦燦的光芒，讓人感覺這個國家一直都酣睡在夕陽中，而時光卻在不停地流動。當我們踏入一條嶄新的河流時，俄羅斯人卻一直沐浴在過去的時光中。

列車一路上穿行在草原、河流、樹林和山巒之間，湛藍的天空漂浮著大朵大朵的白雲，山坡上綠樹掩映著零星散佈的一座座白色的小木屋。窗外掠過的景色如同一幅幅豐富多彩的油畫，使我由衷地感歎俄羅斯才是真正的地大物博。

再會，赤塔！

為國雪恥？

前兩天參加了一個莫名其妙的飯局，做東的年輕富豪向我吹噓和朋友總找機會去嫖日本小姐，認為是在「報仇雪恨」、「為國爭光」。我不以為然：「人家日本小姐本來就靠幹這個掙錢，任你們這些中國男人有再多的鈔票，再好的體力，也不過是給人家帶去更多的生意和經濟收入，你們哪來如此多的自豪感？」

一個哥們評價說：「其實你們是享受完了，再為自己的行為找個好聽的藉口罷了。」

前年和上海電纜廠的一位老兄在一起吃飯，這位老兄給我們講過一個故事：「一個上海人到日本來，上海人的奶奶在日本侵略中國的時候，被日本人侮辱過，上海人尋思報仇雪恨，找了一個女孩子，好一陣嘿咻後，口中還叫『報仇！報仇！』那個女孩子說：『儂輕點啦，阿拉是上海人。』」聽罷，女同事大叫缺德，男同事都哈哈大笑。

二〇〇五年我和烏蘭浩特發電廠的幾位領導及同事去符拉迪沃斯托克考察，做東的是吉林省電力設計院。在赴符拉迪沃斯托克的火車上，電力設計院的楊總口口聲聲要報仇雪恨，興安盟的王副盟長問他：「符拉迪沃斯托克什麼東西不錯？」

楊總莫名其妙地笑笑，點上香煙，狠狠抽了一口，突然說了句：「他媽的，要報仇雪恨，這仇一定要報，這次去符拉迪沃斯托克，我就要報仇雪恨！」

其餘的同事看看楊總，又看看帶隊的王廠長，大家都沒聽明白啥意思。「什麼仇？對誰報？」發電廠的劉部長總是對楊總的話反應最及時的一個。

「老毛子！」

「咋地，你想殺人？」

「老毛子他祖宗搶佔咱土地，屠殺我人民……，這血海深仇，我這次去俄羅斯一定要替咱們的先人報回來。」

他接著又說：「一八五八年的《中俄瑷輝條約》，俄國就割讓了黑龍江以北、外興安嶺以南六十多萬平方公里的領土；一八六零年的《中俄北京條約》，又霸佔了烏蘇里江以東約四十萬平方公里的中國領土。還慘絕人寰地製造了海蘭泡大屠殺，江東六十屯慘案。中國人的鮮血染紅了滔滔的黑龍江！」

其實，這時我已經明白他所謂的「報仇雪恨」是啥意思了。我相信，這傢伙貌似一副國仇家恨的樣子，其實他所謂的「報仇雪恨」根本端不上檯面，果然，劉部長追問楊總：「你具體怎麼報仇雪恨呀？楊總！」

「不用飛機大炮，也不必打一場現代戰爭。」楊總輕描淡寫。

「那你用啥？」

「就用咱男人們自身攜帶的武器？」

「你有啥武器呢？」設計院技經室的小妹妹小常像傻子一樣地亂問一氣。

「他祖宗殺我人，搶我地，這次咱們過去就報復那裡的洋妞！」楊總說完哈哈大笑。

「真噁心，缺德！」小常終於聽懂了，臉騰地就紅了，她立即抗議道。

「流氓！」趙會計把喝光的空易開罐丟出車外，「啐」了一口，回頭狠狠地剜了他一眼：「你小心啊，回去我就控告你性騷擾。」

大家都恍然大悟，狂笑不已，連王盟長和王廠長都笑了，盟長夫人和廠長夫人也跟著笑。

我正色道：「老楊，別瞎說啊，你還是知識分子呢，車上淨是女同志，你別整出事兒來。」

次日晨，火車抵達符拉迪沃斯托克。一出符拉迪沃斯托克火車站，一位老華僑就尾隨上了我們，一人遞給我們一張名片，我一看就明白這是俄羅斯小姐的聯繫方式卡。

我堅辭不要，這位老華僑說：「同志們啊，報仇雪恨的時刻到了，你們不知道當年老毛子糟蹋了咱們多少女同胞嗎？……」

我們都不敢說話，低頭快速行走，此時的楊總也有些躲閃不及。我勸他：「老楊，快收下名片，這次的報復行動全靠你打頭陣了！」

楊總倉皇逃竄，比我們跑的更快，他媽的，原來他也是個色大膽小的貨色！

娜達沙

娜達沙是俄羅斯符拉迪沃斯托克的導遊小姐，是一位金髮碧眼、玉腿酥胸、唇紅齒白、語笑嫣然的女孩。我們在符拉迪沃斯托克旅遊期間她始終陪同我們。

娜達沙是符拉迪沃斯托克理工大學法律系畢業的，因為一時找不到合適的工作，就臨時做起了導遊。她的漢語說的比較流利，但好像和在中國留學的外籍學生比還是有點差距。因此娜達沙有個夢想，就是能夠來中國學習純正的漢語，但她又說：「學費太貴了，估計得五萬多呢。」五萬多人民幣，在她來說實在是太多了，無法承受。

娜達沙非常喜歡汽車，她是符拉迪沃斯托克賽車俱樂部的成員，她有兩輛跑車，都是日本二手車。據她說進口的日本二手車在符拉迪沃斯托克是不打稅的，一輛八九成新的高檔二手車，在符拉迪沃斯托克也就二千多美元，讓我們聽的豔羨不已。

在符拉迪沃斯托克的幾天裡，娜達沙始終不離我們左右。我們流覽了符拉迪沃斯托克的市容；參觀了列寧廣場及西伯利亞鐵路的終點標誌；觀看了俄羅斯太平洋艦隊的潛艇；並乘船在金角灣上航行，美麗的海鷗始終盤旋在我們的船尾，我們每個人都買了麵包，不時投食給它們，形成一道亮麗的風景。我們每一個男士都和娜達沙親昵地合影留念，娜達沙笑靨如花。

臨走的前一天，我們向娜達沙提出想去她家看看，娜達沙似乎感到十分為難。她囁嚅地說：「我媽媽不喜歡中國人，她經常對我說：你怎麼經常和那些中國人來往？中國人非常不好！」

原來在符拉迪沃斯托克有個中國市場，設攤的都是中國人，經營的都是假冒偽劣商品。這些商人能坑則坑、能騙則騙，後來慢慢地失去了信用。娜達沙的媽媽從這些商人身上推而廣之地誤解了全部的中國人。娜達沙多次解釋說說：「媽媽，你不瞭解，有許多中國人真的非常好呢！」

後來，在我們的鼓動下，娜達沙終於給她的媽媽打電話商量此事，她的媽媽也勉強答應了。

娜達沙的家在一棟很陳舊的樓房裡，外牆沒有裝修，樓外的地面也沒有硬化，這座樓還是前蘇聯沒有解體時無償分配給她們的。樓道很寬闊，室內面積有一百二十多平米，是個四室的房子。雖然家具陳舊了、地毯陳舊了，但是女主人仍然收拾的窗明几淨、一塵不染。娜達沙的舅舅是個智障病人，和她們生活在一起。她的舅舅身材高大，穿的也很整潔。

我們十幾個人同時湧進這個家庭，女主人雖然歡迎，但還是感到有些局促。我們好奇地詢問，娜達沙在中間耐心地翻譯。娜達沙的媽媽結婚早，也就四十出頭，個頭不高，但是面如滿月，笑容可掬。

據娜達沙說，因為酗酒，她的父母在她很小的時候就離異了。她對她的父親沒有任何印象，甚至有些恨那個對家庭不負責任的父親。

走在符拉迪沃斯托克的街上，你不時會看到手拎酒瓶，東倒西歪的男人，酗酒使得許多家庭解體。

娜達沙說，在俄羅斯，單親家庭比比皆是。因此她得出結論，中國男人是最優秀的，是最對家庭負責的男人。她還說，許多俄羅斯女孩願意嫁給中國人。

從娜達沙家裡出來時，我們把預先湊好的一千元人民幣交給了她的媽媽。並解釋說：「來家打擾了，不知道該買點什麼禮物好，一點小錢不成敬意。」

娜達沙的媽媽接受的非常勉強，從臉上能看出她的羞怯和不安。

娜達沙有許多觀點，比如她說：「女人還是豐滿些好，起碼男人摸上去手感很好，如果太瘦了，讓人家摸你的肋條呀？」每逢她說這樣的話，同行的中國導遊小妹妹就會臉色羞紅地說：「真難聽，說的什麼話呀！」

娜達沙還有個觀點，讓我們所有的中國人都無法接受，比如有的中國遊客向她提出：「娜達沙，符拉迪沃斯托克過去是我們的領土呢！」

娜達沙總是生氣地說：「你不要這樣說，你要是這樣說，大連還屬於我們俄羅斯呢！」

不知道娜達沙的思維方式是從哪裡來的？旅大，的確俄羅斯曾經佔領過，但是佔領過就屬於你嗎？這個小逼丫頭！

臨回國前，我們才得知，娜達沙結識了一個臺灣青年，正在熱戀中，她的二手跑車就是那個小夥子給買的，我們大家都在心裡默默地為她祝福！

北京的馬克沁餐廳

北京的馬克沁餐廳坐落於崇文門西大街二號。拾階而上，餐廳內楓栗樹葉狀的吊燈與壁燈散發著幽暗的光輝，映照著牆上的鎏金藤條圖案，以及摹自盧浮宮、故宮的裝飾壁畫。四周無數水晶玻璃；五彩繽紛的彩畫玻璃窗，眼前的一切彷彿使您置身於十八世紀的法國巴黎豪華宮殿。

馬克沁餐廳現設有正餐廳、咖啡廳和若干個沙龍，可同時接待二百人的正餐宴會或三百人的雞尾酒會、自助冷餐會。在正餐廳您可以品嚐到法國廚師長親自為您烹製的法式洋蔥湯、鵝肝批、阿爾貝黑胡椒少司牛排等純正傳統的法式大菜，也可在咖啡廳品嚐到品種繁多、風味各異的歐陸便餐。

馬克沁餐廳有樂隊，演奏一些柔和的樂曲。這裡最講究的是樂聲的「可聞度」，即聲音要達到「似聽到又聽不到的程度」，就是說，要集中精力和友人談話就聽不到，要想休息放鬆一下就聽得到，這個火候要掌握好。

這裡環境雅致，氣氛和諧。有潔白的桌布；有鮮花擺放，所有餐具非常潔淨。如遇晚餐，燈光暗淡，桌上擺有紅色蠟燭，營造一種浪漫、迷人、淡雅的氣氛。

十幾年前一位農民企業家請我們幾位哥們在這裡吃過飯。

一進餐廳，經理和服務員就非常熱情地招待我們入座，並禮貌地呈上菜譜，恭敬地請我們點菜。誰料，這位農民企業家把菜譜推到一邊，不屑一顧地說：「點什麼菜？你們看著來，什麼貴上什麼，我們有的是錢！」

我真的不知道西餐這樣難吃，聞名遐邇的披薩，簡直就是東北大餅上擱點菜；義大利麵條遠不如蘭州牛肉拉麵好吃；沙拉就更不用說了。

蘑菇湯就像我們家鄉的麵糊糊。原來他們是把乾蘑菇磨成粉狀，然後熬出來的，令人匪夷所思；麵包則烤的非常乾，裡面是空心的；其他叫不上名來的大菜全是用烤箱烤出來的，一點味道也沒有，遠不如內蒙古巴盟的大燴菜或東北的豬肉燉粉條好吃。

牛排烤的不熟，裡面還帶有血絲；洋蔥湯就像我們這裡的刷鍋水；就連名噪一時的法國鵝肝，也粘糊糊的沒有什麼嚼頭，遠不如內蒙古錫林浩特的烤羊蛋、烤腰子好吃。

還有吃西餐的規矩太多了，我們根本就記不住。比如點菜的方法、餐巾的用法、餐具的用法、主賓的落座次序，不是神仙，誰能記得住呢？

我們四人花了近一千元，總算見識了法國名菜。期間當然出了不少「洋相」：我們用的是西餐中吃的辦法，所有的菜肴都擺在桌子的中央，牛排由司機小劉一個人負責切，其他人用叉子挑著吃，餐巾我們都當了手絹用。那位農民企業家大聲地說話，杯盤碰的叮噹亂響，他還脫了鞋，汗腳引起了鄰座的側目。

不過也不要苛求這位老哥，要知道培養一位紳士至少需要三代的時間。窮漢乍富，惡習是一下改變不了的。還是中國菜好吃呀，歐美的「反動分子」在許多方面詆毀中國，但是一說起中國的飲食來總會豎大拇指的。

至今還有一些中國人推崇全盤西化，就憑西餐這一點我就堅決不予認同。說實話，西餐比餵豬好不了多少。花那麼多的錢，不如在任何一家路邊的小川菜館裡隨意點幾個小菜好吃呢。他媽的，錢花的好冤枉，只是開了眼界，今後誰再叫我吃西餐，打死我也不去了。

塞北秘境紮蘭屯

人人都說江南好，我卻以為風光秀麗的紮蘭屯並不亞於江南。紮蘭屯位於內蒙古東部，背倚大興安嶺，面眺松嫩平原，自然景觀天造地設，敢與蘇杭相媲美，因此素有「塞外蘇杭」之美譽。

提到塞北，許多人自然會把它聯想成天蒼蒼野茫茫的荒涼之地。然而，當你沿著濱洲線踏上呼倫貝爾的土地，進入紮蘭屯市就會驚訝無比，直至流連往返。這個處處自然清新，綠樹成蔭的小城，被雅魯河水環繞而擁，即使是炎炎夏日，也會讓你時時感到清涼。清清的溪流與岸邊搖曳的樹影相呼應，構成了山水相映，城野相合的精美圖畫。

美麗的紮蘭屯，四季分明。春季繁花似錦、夏季碧野蔥蔥、秋季野果飄香、冬季雪谷掛冰。春夏之交，湖邊萬花競放。目迷之餘，榆葉梅、紫丁香淡雅俊俏；山丁、稠李、山裡紅等野生樹種，鬱鬱蔥蔥，別具風采。搖曳的花影婀娜多姿，如群蝶競飛；樓榭半隱在樹花叢中，有幾分神祕、幾分恬靜。

「西山紅葉好，霜重色愈濃」。秋天是被譽為「北國江南」、「塞外蘇杭」的紮蘭屯最美的季節。漫山遍野的紅葉四處可見，令人賞心悅目，成為周邊地區少有的獨具一格的景色。紮蘭屯市柴河景區、秀水景區觀賞紅葉絕佳處在山巒頂峰上，極目遠眺，遠山近坡，鮮紅、粉紅、猩紅、桃紅，層次分明，似紅霞繚繞，情趣盎然，成為北國秋游賞紅葉的勝地。每年九月中旬至十月初，秋日經霜，柴河、綽爾河、雅魯河兩岸的楓樹、槭樹、黃櫨楓、樺等樹海被染成綺麗的紅色、金黃色。紅豔似火、美如雲霞、廣袤無際，遠山林峰晶瑩，煞是迷人。

紮蘭屯有河北豐寧壩的綠茵如氈、坦蕩無際、風吹草低；有雲南香格里拉的清幽、寧靜、深遂、神祕；也有青海湖天高氣爽、煙波浩渺、水天一色；更有新疆喀納斯湖的松濤起伏、碧波蕩漾、清涼靜謐。

這裡，林海茫茫、碧波悠悠，清澈的河水緩緩地向前流淌。純純的、亮亮的，帶著絲絲的甜蜜，帶著絲絲的愜意，穿過田野，繞過城市，靜靜地滋潤大地，滋潤萬物，滋潤著人們的心田。

紮蘭屯的森林覆蓋率為百分之六十二。森林和草原之間棲息著鹿、獐子、飛龍、麅子等珍禽異獸；山間盛產榛子、蕨菜、黃花菜、猴頭蘑等山珍，還有山杏、山櫻桃、野葡萄、酸果等野果可讓你大飽口福。

紮蘭屯小城景物妍麗天下無雙，無邊綺麗風光逶迤不絕，給八方遊客帶來美的享受。難怪來過此地的騷人墨客稱讚道：「出門三步入畫裡，到此不再憶江南。」

老舍、葉聖陶、李準這些著名作家來到這裡，無不文思如泉，著文寫詩抒發對紮蘭屯的讚美。老舍寫到：「詩情未盡在蘇杭，幽絕紮蘭天一方。深淺翠屏山四面，回杯碧水柳千行。牛羊點點悠然去，鳳蝶雙雙自在忙。處處泉林看不厭，綠城徐入綠村莊。」作家李準也寫到：「聞道紮蘭似蘇杭，果然奇秀氣爽涼。」翦伯贊先生認為紮蘭屯風光如畫，寫出了「如此風光真是畫，不須粉墨寫鮫綃。」的詩句。看到這些優美的詩句，我也想湊幾句，終因才思遲鈍寫不出來。

一九八九年初秋，內蒙古電管局在這裡舉辦概預算學習班。學員到齊的那天，賓館停水，呼盟電業局嶺東分局組織我們全體學員去雅魯河裡洗澡。

紮蘭屯的初秋，天高雲淡、碧空如洗，河水平靜而清澈。這裡的氣溫變化很大，中午豔陽高照時還有暑氣，一旦太陽落山，就會感到絲絲寒意。這季節在雅魯河游泳是極為愜意的。

那天，我們男女學員在河裡分段洗，男學員在上游，女學員在下游。那裡的水清澈見底，河水中圓潤光滑的鵝卵石清晰可見；水草在微風中輕輕的搖擺，好像在歡迎我們的到來。遠處，孩子們在水邊嬉戲玩耍，飛濺的水花伴著孩子們的笑聲在空中迴盪。一群羊兒在山坡上自由的吃著草，牧羊人在柳樹下吹著笛子，悠揚悅耳的笛聲在涼爽的秋天蕩漾。歡快的音符在心中迴響，用喜悅奏一曲春之歌。空氣中彌漫著快樂的心情，在微風中飄浮著幸福和希望。

我們洗完澡又在河裡洗衣服，洗完的衣服就直接晾在河邊的石頭上，人則裸體躺在草地上靜靜地等待著衣服的乾燥。我仰臥在草坪上，自由地舒展一下身軀，微微地閉上眼睛，深深地呼吸，嗅到了一股清清的草香和淡淡的花香。睜開雙眼，仰望天空，靜靜地觀察天上浮動的雲朵。那些變幻莫測的白雲，或流動、或停駐、有意無意地為藍天添了裝飾。平視藍天則是一望無際的素面，滿眼都湛藍或者蔚藍的顏色。在這樣的時刻，除了純淨和安詳，你幾乎再找不到合適的詞語來描繪。

青山、白雲、還有那追逐嬉戲的林間小鳥，構成了一幅絕好的水墨丹青。

「停車坐愛楓林晚，霜葉紅於二月花。」在內地夏日熱浪尚存時，東北各地已進入原野金黃，白樺流金的秋之盛季。請來紮蘭屯吧，你一定會不虛此行的。

興安盟的小火車與「驢的」

一

這是一列全世界絕無僅有小火車，它就像城裡的的士一樣招手就停。當地群眾把小火車稱作生命線，趕集、運載貨物、運送牲畜，串親訪友都離不開它。

烏蘭浩特森林鐵路始於一九五三年，是由國家林業部出資修築的，牽引機車及客車車體都是中國製造。五十多年來，他們與阿爾山的溫泉、阿爾山的森林草原共同構建了阿爾山景區獨特的風景線。

二十八噸的蒸汽機車最高時速達三十五公里，車內設正、副司機各一名，司爐二人。小火車鐵軌寬不足一米，每根鐵軌僅長十米。

森林鐵路由烏蘭浩特至阿爾山，全長二百多公里。既運輸木材，又保證了農牧民生產、生活物資及客運任務的完成。九十年代初，隨著木材產量減少，運輸成本加大，又隨之公路貫通，森林鐵路慢慢開始拆除，直至消失。

據說，剛開始運行時，寂靜的山林頓時沸騰了，人們從四面八方湧來觀看、乘坐這「吃煤吐煙」的「洋玩意兒」。這列標誌著工業革命時代的活化石般的蒸汽小火車，曾四十年如一日地冒著蒸汽在烏蘭浩特至阿爾山如詩如畫般的山水之間緩緩穿行，它彷彿是從歷史中走來，但最終又回歸了歷史……

作為過去交通工具的標誌和象徵，蒸汽小火車就像一個活生生的標本，為我們展示著一段已經久遠的歷史和生活。到了興安盟，無論你是一個崇古懷舊的人，還是追新求異的人，只要花上幾元錢，在汽笛的轟鳴聲中；在嗆人的煤灰中；在車廂搖晃的顛簸中，就會帶給你無盡的回味、無限的情趣。

當我第一眼看見蒸汽小火車時，彷彿進入了時空隧道，感受時光倒流的一種古老文明。小火車處處彰顯著它獨特的魅力。古老的蒸汽機；高亢粗獷的汽笛；狹窄寸寬的鐵軌；遲鈍緩慢的速度；搖搖晃晃的車廂；滿臉煤灰的司機……，人們在驚奇和震驚中，紛紛用手去觸摸小火車。或在小火車旁拍照留念。

低矮狹小的車廂，兩排可供二十人乘坐的木條長凳靠車廂兩邊，中間堆放貨物。每節車廂都是封閉的，車廂與車廂不能通行。客貨混裝的車廂裡常常擁擠不堪。

上世紀八十年代中期，我親自體會了那種灰頭土臉的感受。在「嗚……嗚……」的汽笛聲中，在「咣當……咣當……」有節奏的運行聲中，小火車用它特有的方式顯示著自己的存在。它喘著粗氣，拖著古老的車廂，邁著蒼老的步履，緩緩駛出老舊的車站，慢慢地穿行在森林及草原之中。簡陋的車廂搖晃、顛簸著像要散架似的，發出刺耳的噪聲，儘管如此，旅客們和我一樣充滿好奇，不時把頭伸出窗外觀賞，一路上迷人的自然風光撲面而來。

值得遺憾的是，這樣美好的歷史景觀卻壽終正寢了。本來它完全有理由申報世界文化遺產，讓國內外的客人們來這裡獵奇。如若申報成功，它的價值有如阿爾山溫泉一樣給興安盟帶來源源不斷的旅遊收入。

我曾和許多大城市的朋友談到過招手即停的小火車，但是相信者極少，有的人甚至偏激地說：

「你在說夢話吧？火車能招手即停？」

「如果你站在道軌中央，那它一定會停下來的！」

「今後你坐飛機也不用機場了，你招手，它就下來接你吧！」

哈哈！

二

上世紀八十年代，烏蘭浩特還有一道勝景，那就是「驢的」。「驢的」就是一輛小毛驢拉的平板車，它專門用來在市區運送客人，功效和大城市的計程車無異，因此被人們叫做「驢的」。小毛驢被披紅掛綠地打扮一新，脖子上的鈴鐺清脆悅耳。平板車上鋪一塊棉花毯子，車倌坐在車前趕車。那時的錢真值錢，在市區，不管坐幾個人，也不管去哪兒都是兩塊錢。

從山下到成吉思汗廟是個大上坡，有一次我們五個同事擠坐一輛車上山，那個小毛驢很瘦弱，奮力地拉著，脊背上都是汗珠，毛髮也都濕的一縷一縷的，車倌還再不停地用小皮鞭抽打它的屁股。

有的同事看不慣了，數落那個車倌：「你別打它了，它不會說話，要是會說話，早就罵你了！」

有的同事說：「這是你自己的牲口嗎？你怎麼一點也不懂得心疼它呀？你應該下去幫它拉一把呀！」

於是，我主動提議大家下車，跟在車後面走，並告訴車倌，車錢我們照付。

時隔多年，那次坐「驢的」的經歷，我仍然難忘。我懷疑那個車倌從小受虐，要不怎麼會心硬如鐵？反正後來我再去烏蘭浩特，坐「驢的」上坡時，早早就下來了。

好多年再沒去烏蘭浩特了，「驢的」還有嗎？估計早已成為歷史了。

西雙版納的「老鄉」

一九九九年夏季，我和烏拉山電廠的劉部長去昆明學習，學習結束後，我們相約去西雙版納遊玩。在旅行社簽完合同、付完費後，導遊小姐便要走了我倆的身分證，說是為了預定那裡的客房。

當晚我們飛抵西雙版納，熱帶風情讓我們內蒙古人欣喜不已。次日上午我們去苗寨參觀遊覽，午間去市內一家定點的餐館進餐，我們一行十人先被引領進客廳落座，服務生對我們說：「聽說你們客人裡有山西晉城人，和我們老闆是老鄉，一會兒我們老闆要過來看看大家。」

他還說：「請大家說說你們的習慣和口味，我這就給大家備飯。」

大家都說：「不麻煩，隨意，隨意。」

須臾，老闆到來，熱情異常，給每位客人遞煙倒茶。他說他的祖籍在山西晉城，他父親是解放軍的南下幹部，他的媽媽是傣族人，因此見到老鄉格外親，他對我們一行的一對晉城夫妻噓寒問暖，呵護備至。

突然他話鋒一轉問道：「你們這裡還有土右旗的人嗎？」

「我就是！」劉部長接茬道。

老闆又和劉部長套上了近乎，他說：「我每年要從你們那裡進好幾車皮的葵花籽，銷往緬甸，利潤非常可觀。」劉部長不由得嘆服。

接下來老闆又說：「我這裡還開著一個玉石加工廠，各式手鐲、掛件、玉飾應有盡有，大家可以看看，如果喜歡，價格盡可以優惠，誰讓咱們是老鄉呢。」

服務生立忙拿來幾大盒樣品，供大家選擇。老闆為大家推薦了其中的幾款手鐲，並說：「這款手鐲一對兒在昆明要賣到四千多元，如果大家喜歡，我半價就可以賣給你們，我收個成本價就行了。」

大家都爭先恐後地拿起來看，不知是誰，好像是服務生，故意把一個手鐲從茶几上碰到地下摔成幾截。老闆說：「不要緊，你們先看，看完再說。」

輪到還價，誰也不說話，因為大家對貨色、行情都一無所知。劉部長終於狠了狠心說：「我們大家都沒帶多少錢，如果五百元一對兒的話，我到可以考慮。」

老闆猶豫了一下說：「如果大家都買，這個價我就勉強接受了，不過我今天還是有點虧，你們還給我摔碎了一隻呢，看在老鄉的情面上我就啥也不說了。」

於是我們十位同行者，紛紛解囊，大家暗自慶幸此次沒有虛行，老闆也面有悅色。

飯後，我們去街上的攤位流覽，玉器品種多的美不勝收。售貨員小姐極力推銷，我們都說已經買好了。

「你們是從「老鄉」那裡買的吧？把你們「老鄉」賣給你們的拿出來看看，和我們的比比！」售貨員小姐說。

我們把買好的手鐲拿出來讓人家一看，人家說：「這樣成色的在我們這裡只賣一百元一對，我們有的是，你們還要嗎？」

大家恍然大悟，方知上當不淺。立即回頭去找，餐館的服務員小姐說：「老闆不在了。」

「他去哪裡了？」

「去緬甸了。」

「啥時回來？」

「後天吧！」

「既然是老鄉，就不應該這樣欺騙我們！」

「誰是你的老鄉？不要做夢了！」服務員小姐捂嘴笑著說。

後來，我們大聲責罵那位導遊小姐，她也無話可說。

旅行排程的非常緊湊，找消協吧，根本來不及，我們只好認倒楣了。後來我們才知道，在西雙版納，認老鄉的戲天天都在重複上演，經年不絕。

天星橋的小導遊

天星橋景區位於黃果樹大瀑布下游七公里處。這裡主要是觀賞石、樹、水的美妙結合，是水上石林變化而成的天然盆景區。如果說黃果樹大瀑布的特點是氣勢磅礴，天星橋景區則是玲瓏秀美。「風刀水劍刻就萬傾盆景，根筆藤墨繪製千古絕畫」的對聯，概括了天星橋景區的神韻。這裡有三個連接的片區，即天星盆景區、天星洞景區、水上石林區。

天星橋的景物，可以分為石景、水景、樹景、洞景。實際上又無法分開，因為它們是互相融合在一起的，而且這種融合不僅僅是形體的融合，更重要的是靈性的融合。天星橋是一個最具靈性的地方，山有靈性、水有靈性、樹有靈性，就連石頭也有靈性。

一九九九年夏天，我和烏拉山電廠的劉部長去昆明學習，回程路過貴州，前往黃果樹大瀑布遊玩，順便來到了天星橋。那天，天星橋遊人寥落，因為連日大雨，景區漲水，旅行團為安全起見，不敢貿然率團進入景區，我們因為是散客，景區無圍牆，亦無人阻攔。

在景區的入口處，坐著一個衣著破舊、身材矮小單薄的小姑娘，見我們到來，急忙站起身迎接：「叔叔，我是這裡的導遊，讓我給你們帶路吧，你們自己走會迷路的。」

這個土裡土氣的小姑娘怎麼會是導遊呢，我問她：「你有導遊證嗎？」

「沒有，但是正規導遊要收五十元呢，我只收二十元，但是我也會把所有的景點給你們介紹的清清楚楚的，今天漲水，你們獨自進去會有危險的。」

「給你十元如何？」劉部長說。

「十元太少了吧，路線五公里，幾十處景點呢！」

「就十元，不行拉倒！」劉部長生硬地回答。

小妹妹毫無辦法地答應了，走在前面給我們帶路。

石林中間的都有石條鋪就的小道，非常平整，但是由於漲水，大約有三分之一的路段被水淺淺地淹沒了，並不影響走路。我想，如果真的水再大些，我們認不清道路，會喊天天不應，叫地地不靈的，找個人領路絕對是上策。我們兩個北方漢子，真是膽大包天呀。

一路上，小妹妹給我們詳細地介紹了景點的象形與稱謂，因為沒有史跡遺存，完全是自然景觀，小妹妹除了口音不夠標準，完全能夠勝任。

小妹妹說，她是布依族，家在山上住。下山要走十五公里的山路，她今天出來早，早飯還沒吃呢。我動了惻隱之心，慌忙拿出麵包、雞蛋和礦泉水給她吃。小妹妹只謙讓了一下，便狼吞虎嚥地吃開了。

她說，她家裡非常貧窮，爸爸媽媽全靠在山上種地為生。她今年才十五歲，下面還有好幾個弟弟妹妹，為了給大人減輕點負擔，下山來做黑導遊。不管掙多掙少，都是一筆額外的收入。

我經歷了文革，深知人間的疾苦與不幸，為她的貧寒而感到心痛。

走了多半天，小妹妹把我們安全地帶出了景區，劉部長給了她十元錢，我又加了二十元。

劉部長說：「不是說好十元嗎？咱們還給了她吃的東西！」

我說：「小劉，這二十元算我個人破費，與你無關。記住，誰也不能保證自己一輩子都是順境。」

劉部長一時無言。

時間已過去十一年了，我曾見過許許多青春靚麗的導遊妹妹，早已全無印象，只有那個衣衫襤褸的布依族小妹妹，卻始終不能忘記。

小妹妹，你現在在做什麼？嫁人了嗎？你的爸爸媽媽好嗎？你的弟弟妹妹都長大了吧！

關於黃羊的懺悔

上世紀六十年代，內蒙古錫林郭勒盟的黃羊非常多。三年大饑荒期間，內蒙古政府機關經常組織幹部去錫盟打黃羊。人們開著大卡車，車樓子上架著機槍或步槍，追逐著黃羊漫山遍野地跑。每次都能滿載而歸。黃羊的肌肉發達、脂肪很少，因此肉有些發乾。不過在那個年代能吃上黃羊肉，真是美味呀！

因為人們的瘋狂捕獵，到了七八十年代黃羊越來越少了，即便還有一些，也都跑到外蒙古去了。因為外蒙古人不吃黃羊肉，黃羊一般只在邊界那一側悠閒地吃草，根本不敢越境。即便越境也只是過來一點點，一有風吹草動便立即逃離。原來動物也很聰明，自我保護的意識很強呀！

時間到了一九九四年，我和幾位同事代表電管局去錫盟檢查工作。一天席間，電廠的廠長建議我們去打黃羊。一來是為了遊樂、二來是打幾隻黃羊換換胃口，他們說：黃羊肉包包子非常好吃。

次日下午，我們就分乘幾輛吉普車出發了，邊境線離錫林浩特有好幾百公里，直到黃昏，我們才到達了邊防部隊××連。連長請我們吃晚餐，晚餐非常豐盛，大家還喝了酒。席間，連長問詢了他弟弟在電廠的生活和工作情況，廠長請他儘管放心，並說，你的弟弟就是我們的弟弟，於是連長千恩萬謝。

大約休息到晚上十一點鐘，連長說：咱們出發吧！於是我們換乘邊防連隊的兩輛越野車徑直向邊境駛去。越野車在平坦如砥的大草原上奔馳，夜色沉沉、繁星點點、涼風習習，花香草香撲鼻而來。大約過了半個小時，我們越過一個鐵絲網欄的缺口，連長告訴我們：現在已經進入外蒙古了。須臾，我們就發現了黃羊群。每群有好幾百隻，浩浩蕩蕩地在草原上奔跑。我們用強燈光照射著羊群，在後面緊追不捨。連長坐在越野車的副駕駛座上，把衝鋒槍從窗口伸出去尋找目標。

我發現，連長的槍法非常準，平均三發必然撂倒一隻黃羊。頭一槍也許靠前，後一槍也許靠後，第三槍必定打倒。

連長並不是隨便射殺，他是很有選擇性的，母羊、小羊不打，專打頭羊，因為頭羊很大，很健壯。每打死一隻，我們就要下車去察看，這時的黃羊雖然中彈，但依然目光炯炯地端臥在草地上。連長用腳踩住黃羊的身體，用兩隻手使勁地扭轉黃羊的脖子，直到斷氣。然後扔進越野車的行李箱內。

越野車仍在追逐著奔跑的黃羊。突然對面來了一輛大卡車，大燈如柱地照耀著我們，使我們無可隱遁。我有些緊張與恐慌，但是突然發現卡車上的人在揮手向我們致意，連長立即下車用蒙語問候他們。

連長上車後告訴我們，剛才是外蒙古的邊防人員，他們很熟悉，相處得像哥們一樣，而且經常在一起喝酒。每隔一段時間，藉故邊防照會，就大喝一頓，臨走還要給這些哥們帶上一箱草原白（酒）。因為在外蒙古是沒有高度酒的。

封建社會縣衙的二堂裡都掛有一塊匾，上書：「天理國法人情」。直到現在我們的人情仍無處不在，友誼也無國界。因此我想：那天如果沒有連長的帶領。我們擅自闖入人家的領土，絕對不會有好果子吃的！

生命力是頑強的，後來我突然發現行李箱裡有一隻黃羊竟然又坐了起來，目光清澈、靈動地看著我們，眼神裡沒有悲哀、沒有慌亂、那是一種多麼善良、溫順的眼神呀！我至今不能忘記。每次想起來，我的心就會隱痛，就會有無法抑制的負罪感。

僅用兩個小時我們就打了十幾隻黃羊。在連長的建議下，我們連夜往錫林浩特趕。因為他告訴我們，黃羊是國家二類保護動物，逮住了是要重罰的。並且吩咐我們，萬一被逮住了，千萬不能暴露他們，廠長及同事們頻頻點頭。

事情雖然已經過去十幾年了，我至今仍然為自己的這段經歷感到悔恨和羞愧。

龍井村與錢村長

龍井村位於西湖風景名勝區西南面，東臨西子湖，西依獅峰山，南靠錢塘江，北抵南北高峰。四周群山疊翠，雲霧環繞，以盛產頂級西湖龍井茶而聞名於世，被稱為「茶鄉第一村」。

村內龍井茶文化及旅遊資源非常豐富，御茶園、龍井寺、龍井泉等景點點綴其中，北宋名臣胡則歸隱老龍井，宋高僧辯才法師退居老龍井，為茶鄉增加了濃郁的歷史文化氛圍。這裡出產的「獅」字型大小龍井茶以色綠、香郁、味醇、形美「四絕」而位居獅、龍、雲、虎、梅之首。特別是清朝乾隆皇帝下江南，親題「龍井八景」，還將胡公廟前十八棵茶樹封為「御茶」。附近的龍井泉是西湖三大名泉之一，清洌甘美的泉水從山岩間涓涓流出，大旱不涸，現為直徑二米左右的圓形泉池別具一格，這些都凸現了龍井茶村的重要地位。

毛澤東生前最愛喝龍井茶，六十年代初，曾先後兩次在西湖邊劉莊，親手採摘龍井茶，采下的茶葉製成乾茶後，用虎跑水沏上一杯，毛邊品嚐邊稱讚道：「虎跑水泡龍井茶天下一絕」。

周恩來非常關心龍井茶的生產，曾先後五次來龍井茶鄉訪問視察，劉少奇、鄧小平、朱德、陳雲、陳毅、葉劍英等老一輩黨和國家領導人生前都非常愛喝龍井茶，也曾多次到過龍井茶鄉。

龍井茶在世界上也享有盛名，江澤民總書記曾陪同英國女皇伊莉莎白二世品嚐過「貢」牌龍井茶。李鵬、喬石、朱鎔基、李瑞環等黨和國家領導人多次陪同外國元首來杭，龍井茶鄉是必遊之地。尼克森、基辛格、金日成等外國首腦也品嚐過龍井茶。

龍井村鳥語花香、空氣清新，還曾接待過蘇聯、美國、越南、羅馬尼亞、柬埔寨等國家元首和政府首腦以及世界各地友好人士的參觀訪問。

近年來董建華、何厚鏵、連戰、宋楚瑜等也都來過龍井村訪問。龍井茶是中國國事活動中饋贈友好國家首腦的珍貴禮品。

二〇〇六年，中國華能集團北方公司要在呼和浩特興建住宅基地，設計、監理、施工單位在全國公開招標。浙江中天集團是特級施工企業，年產值一百零三個億，他們有幸進入預選。北方公司組織有關人員，去杭州的浙江中天集團公司進行實地考察，不才有進入專家組名單。

考察期間，中天集團老闆在龍井村請我們吃午飯，我們有幸與龍井村村長錢衛國見面，並逐一與他在虎跑泉及十八棵御茶樹前合影留念。

午飯後我們去錢村長家小坐，在他家的客廳裡看到了他和各國元首及我國歷屆國家黨政領導人的合影照片。龍井村建設的猶如人間仙境，我想那裡的空氣及生活環境絕不比中南海差；錢村長別墅的精美程度，大多數省政府主席都無法相比。

錢村長告訴我們，二〇〇六年龍井村的十八棵御茶，一公斤拍賣出一百四十三萬元的天價；他們還曾送給過香港特首董建華二兩御茶。

錢村長還說，他和國內許多官員都有私交，有一年廣東軍區的司令員曾攜妻來龍井村訪問，分別時該軍長邀請錢村長去廣東做客。錢村長後來果然貿然前去探望兩位長者，司令員家的警衛看他其貌不揚，斷然拒絕進門。錢村長在院外高聲呼喊，驚動了司令員的愛妻，她出門迎接，喜出望外，後來錢村長竟然在司令員家逗留半月有餘。

我們離開龍井村時，錢村長送給我們每人半斤龍井茶，並再三吩咐說，這都是高級貢茶，是給中央首長們喝的，價格奇高。你們自己留著喝，千萬不要送人，送給不識貨的人就可惜了。

在龍井村，我還平生第一次品嚐了河豚，開始時我猶疑地不敢下箸，中天集團老闆笑著說：「我來給大家做示範，絕不會有問題的。」河豚果然味道不凡，至今回味起來仍口生津液。

半個月後，浙江中天集團順利奪標，上億的工程，投標報價和標底竟一分不差，創史上奇跡。

遭遇碰瓷

一

二〇〇七年夏天，單位派我去廣西北海參加國家電力公司舉辦的「電力建設工程量計價清單交底會」，期間下榻北海富麗華國際大酒店。富麗華國際大酒店是國際連鎖企業，豪華程度自不待言。我住在甲等海景房，開窗即能見水，每逢黃昏，總能看到「落霞與孤鶩齊飛，秋水共長天一色」的美景。會議的飲食以海鮮為主，魚蝦多的就像我們內蒙古的土豆，至今回味起來仍口生津液。

一周後散會，我與幾位天津送變電公司的哥們結伴來到了南寧。一出南寧火車站，我們就邊尋住處，邊在街邊閒逛。須臾，我尾隨他們進了一家路邊賣箱包的小店。小店主營各式箱包，兼營其他零星日用品，老闆是個面闊口方的中年人。見我們進門，熱情歡迎，問明情況，立即口若懸河地給我們推薦各種輕盈便捷的拉桿箱。

我注意到，玻璃櫃檯上還擺著一個立式的木頭三腳架，上面的橫檔上依次擺放著許多名貴的手錶。手錶並未固定，三腳架搖晃晃，看上去也不甚穩固。老闆站在櫃檯裡面，一個勁兒地向我們介紹拉桿箱的價位及功用。

一個天津小夥子看中了一款拉桿箱，老闆興沖沖地從貨架上搬下來，小夥子伸手去接，不知何故，無人觸及的三腳架卻轟然向外倒下，數十塊手錶頓時灑落了一地。

老闆問：「是誰碰倒的？」

天津小夥子說：「誰也沒碰呀？」

「誰也沒碰怎麼會倒呢？」

「不知道呀？」

老闆從櫃檯裡面走出來，收拾地上的手錶，並逐一檢查，是否有所損壞。只見他拿著一塊錶上上條，搖晃了好幾下，手錶不再走動，對小夥子說：「摔壞了，怎麼辦呀？」

小夥子有點緊張，說：「啥毛病了，能修嗎？」老闆立即拿起手機給一個修表匠打電話，對方好像說是游絲抑或是擺輪的軸摔斷了，修復需要一百四十元錢，老闆問那個小夥子：「你說怎麼辦吧？」

小夥子有些緊張，說話囁囁嚅嚅，其餘幾個天津人也都沒了主意，只是嘟嘟囔囔地說：「沒見誰碰，怎麼架子就倒了呢？」「游絲和擺輪也用不了一百四十元吧，能少點嗎？」

我一向高看天津人，天津解放前就是水旱碼頭，流氓阿飛遍地，黑市盛行，這幾個工程技術人員，怎麼全是菘包蛋呢？一點小事就全沒了主意，已準備討價還價給老闆掏錢了。

不才也讀書、寫作、開博，上班時也曾經多次國內國外地參觀考察，也見過政府主席及能源部、國家電力公司、國家發改委的各級官員，穿起西服來也是人五人六的。因為曾接受過工人階級十幾年再教育，骨子裡已經有了濃烈的流氓無產階級的意識。

我挺身而出，對老闆說：「你想幹啥？你知道我們是幹啥的？我們都是天津來的，知道天津是什麼地方嗎？天津一百年前就是水旱碼頭，我們那裡騙子橫行時，廣西還是蠻荒之地呢！我站在後面，親眼看見是你用手指捅倒的，你想訛誰？」

我不知道一時哪裡來的勇氣，又說：「你是想來的文的還是武的？文的，咱們去找消協；武的，咱們出去找個地方練練！」

我越說越氣：「走遍世界哪裡有你這種賣表的辦法？表不是平放在櫃檯內，而是豎擺在架子上！」

我說的老闆啞口無言，於是忿然拉那幾位哥們揚長而去，那個老闆豈敢阻攔。出來後，我數落這幾位天津哥們：「你們天津人怎麼退化到這般地步？還不如我一個內蒙古放羊出身的膽大？今天不是我，你們給人家賠定了！」

那天中午，這幾位哥兒們請我吃了飯，我們還相互留了電話，我邀請他們夏天來大草原玩，他們都高興地答應了。

二

二〇〇八年夏天，不才和愚妻轉悠到了青海的西寧。在青海，有許多值得感歎的情節，且不說煙波浩淼的青海湖，一眼望不到邊的油菜花、白犛牛，僅夏日的清涼就值得懷念。

一天我和愚妻去塔爾寺遊覽，那天正趕上人家舉行法會，跳鬼的節目使我眼界大開。從山門出來後，只見有許多一臉古銅色的藏人在擺攤賣工藝品，其中不乏犀牛角、虎骨、冬蟲夏草。我搞不清真假，不敢問津。使我驚異的是，我還看到了一個用人頭蓋骨做的酒碗，要價才二百元，我拿起來端詳了半天，也沒敢買。

須臾，我又轉悠到一處買古董的小攤前，我細細地觀察，哪一件也沒有入眼。老闆示意我，他背後的店裡有真東西，可以帶我去看。我轉身尾隨他進了半地下室的店裡。

我一進門，他就把門閂死，然後開始給我細數攤位上的名瓷。瓷器在一個床板大小的木板上擺的滿滿的，從宋朝五大名窯中的精品到明清的青花，應有盡有，甚至不乏文成公主進藏時從長安帶來的珍稀。

但是，他一閂門，我就有點警惕，我粗粗觀察他的攤位，一角只用一根細木頭棍支撐著，有點搖搖欲墜，有南寧的經驗，我不敢靠近。老闆正要拉我上前，他的店門已經被愚妻擂的山響，攤主開了門，愚妻不由分說，拉我就走。出來後，她把我罵的狗血噴頭。我一言不發。

愚妻天天中午看「今日說法」，雷打不動，已經連續數年。雖然文化不高，但早已練就一副火眼金睛。她和許多人一樣，出門先把所有的人都看成壞人，然後再慢慢地區分誰是好人。（據說歐美人就和我們完全相反，他們是先把所有的人看成好人，然後再慢慢地區別誰是壞人。）

不過，現在在中國，出門不加小心的確不行。因為據國家統計局統計，截止到今年上半年，中國壞人的數量已經超過好人了。不小心如何能行？

同事的豔遇

一

一日與同事在外面吃飯，酒過三巡、菜過五味，有人問老王說：「王工，你搞設備招標這麼許多年，在外面有過豔遇嗎？」

本以為老王會一口回絕，沒成想他一口應承說：「有過呀！這算個蛋呀！」

大家頓時來了興致，一起攛掇老王說：「那你給弟兄們說說看呀，讓我們的耳朵也解解饞！」

老王說：「那是大前年的事了，我和電廠的物資部長及電業局的一個主管，三個人同去四川的廠家考察。去了廠家好吃好喝當然不在話下，飯後，我們都喝的醉醺醺的，搖搖晃晃地回到了賓館。我拿鑰匙牌打開了房間的門，只見沙發上坐著一位十分性感的妙齡女郎。我警覺地問她：『你是誰？怎麼進到我的房間裡來了？』

女孩說：『我是廠裡的工作人員，廠長讓我來陪你的，晚上陪你說說話，給你倒水喝。』

『這怎麼能行？你快走吧！』

『不能走呢，走了廠長會怪怨我的，再說廠長已經把錢都給我了！』

『廠長給了你多少錢呀？』

『廠長給了我一千元。』

『我可從來沒找過小姐，我怕染病呢！』

『大哥，我可不是小姐，我真的是廠裡聘用的工作人員。我非常乾淨，今天上午廠裡的辦公室主任帶我們去進行的體檢，下午他又帶我們去洗澡，你儘管放心吧！』

『那也不行，萬一公安局的來查夜，我就跳進黃河裡也洗不清了。』

『大哥看來是外行了，本市的公安局長是廠長的舅舅，廠裡已經和市公安局打過招呼了，這個酒店今晚是重點保護對象。公安局就是為了地方經濟騰飛保駕護航的，他們怎麼能自毀地方的經濟發展呢？』」

老王攆不走這位女孩，於是去找同住在一層樓的那兩位哥們商議。敲開門一看，結果那兩位哥們的房間裡也都有一位靚麗的小妹妹。

他們三個人在走廊裡商量對策，老王說：「我們三個人的意見一定要一致，如果讓她們走，就都攆走；如果留，就都留下。」

「那到底留下了沒？」同事小劉急切地問。

「這事能告訴你嗎？他娘的。」老王回答。

「肯定都留下了，不留下才有鬼呢！」大夥一致判斷說，又嘻嘻哈哈地笑作一團。

二

一九九八年我和烏拉山電廠的劉部長去雲南學習，學習結束後結伴去瀘沽湖遊玩，當晚住在湖邊的一家摩梭人的寨子裡。摩梭人的好客令人感動；湖光山色令人迷醉。

我們從導遊的口中得知了當地摩梭人的婚姻形式——走婚。走婚這種婚姻形式也叫「阿夏」婚，因為他們管「走婚」的另一方叫「阿夏」，不舉行婚禮也不辦證。

摩梭女子的地位較高，在家裡老祖母的地位是最高的！女子長到十三歲就由她的老祖母為她舉行「成人儀式」，之後她就可以「走婚」了。他們的「走婚」是男子到與他相愛女子的房間過夜，但是一大早就離開了。摩梭女一生可以走好幾次婚，但必須都是與現在的結束了才可以開始下一個。如果女方有孩子了，生下後男方沒有撫養的義務，是養在女方家裡。

成年男子「走婚」，是一個傳宗接代繁衍後裔的途徑，不同於其他民族，夫婦長年生活在一起。他們是日暮而聚，晨曉而歸，暮來晨去。

導遊特別提醒我們：摩梭女特別喜歡漢族帥小夥，如果她看上了哪個帥小夥，也會半夜裡主動上門來走婚，如果有這種機會，你們千萬不要和她們擦肩而過呀！

劉部長是個喜歡入鄉隨俗的人，因為長得身材偉岸、器宇軒昂，豔遇常常會主動光顧他。那天夜半，一個打扮得光鮮亮麗的摩梭少女真的來敲他的門，他自然興奮不已，一夜顛鸞倒鳳。天亮時分，女孩離去時，伸手和他要小費，他怔怔地問：「怎麼走婚還收費呀？」

女孩拿到錢後，硬硬地甩下一句話：「都市場經濟了，我如果肚裡有了孩子，沒錢怎麼拉扯呀？買奶粉、『尿不濕』沒錢，去哪找你呢？」

「嗨，又他媽的上當了！」劉部長後來對我說。

遠嫁內蒙古的川女

在四川，有個「地無三尺平、天無三日晴」的地方，這個地方就是雅安。雅安因為降雨量大，自古就被稱為「西蜀漏天」。這裡終日雲霧籠罩，空氣濕潤，孕育出的雅女天生麗質，頗具靈氣；猶如璞玉，雖未雕琢而自然生輝。相傳雅安的女子是女媧後裔，如今的雅女清秀端莊、落落大方、內慧外秀。雅女不同於都市女子，沒有那種「我是美女我怕誰」的高傲；也不同於城裡妹子，沒有那種「把柔情和囂張寫在臉上」的火辣。也許這就是雅女聚集了天地人和之精華，吸收了青山秀水之靈氣，才讓人之始祖女媧的神與形流傳到了今天。

上世紀九十年代的一個夏天，我和內蒙古電力設計院線路工程室的幾位哥們選線路過固陽的春坤山。在春坤山的山溝溝裡，我們竟然見到了一位「雅女」。

春坤山海拔二千一百五十八米，山體四周是陡峻的山坡，山頂面積卻達三點六萬畝，坦蕩如砥，綠草如茵。野花遍地的大草原，習習涼風吹碧海花浪，朵朵白雲撫地遊走，可「手摸白雲天，腳踏芳草地」。

那天，烈日高照。我們幾個人翻山越嶺走了一上午，舌乾唇燥，路過一個小山村時，進入路邊的一戶農家要水喝。這裡的農舍都十分簡陋而矮小，都是土牆，土屋頂；窗戶倒是花窗格，上面糊著陳舊的麻紙，玻璃質量不好，不夠通透；屋裡是土炕、地面上沒有鋪磚。

從外面一進屋裡，頓時感覺有些黑暗，過了幾分鐘才稍稍適應。我們一說想喝水，一個年輕人順勢給我們從水缸裡舀了一瓢水遞了過來，我們輪流接過來牛飲，張工程師因為有胃病，不敢喝涼水，問老太太：「大娘，有熱水嗎？」

這時我才看清，一個老太太坐在炕上，懷裡抱著一個一兩歲的孩子；一個年輕後生在櫃跟前站著，正低頭看大櫃上攤開的一本厚書；還有一個女孩站在地上搓蓧麵。她搓蓧麵的技巧非常純熟，一個手搓四根，雙手交叉，不聽地擺動，八根篠麵在掌端不斷地湧出。這時老太太對這個女孩說：「秀兒，你先去把灶火點著，給這幾個公家人燒點熱水喝吧。」女孩出去抱柴，我問老太太：「這是你的閨女嗎？」老太太說：「這是媳婦呢。」那個年輕後生無疑就是他的兒子了。

女孩從外面抱柴回來，熟練地把灶火點著，把鍋坐上，把水添上，又繼續在石板上推窩窩。這時我才注意到，這個女孩身材適中，長得清秀而嫵媚，鼻子和嘴十分精緻小巧，兩個眼睛大而有神。尤其是微笑時，頓現兩個酒窩，非常誘人。她的皮膚也非常好，胸部細膩而白皙，如冰雕玉琢一般；衣袖捲起來至肘部，露出的兩截手臂如同嫩藕。她推窩窩的姿勢也很好看，把一塊篠麵馱在手背上，推一個，順手指往下擠一塊，蔥白一樣的玉指上下翻飛，薄靈靈、齊整整的窩窩一個個脫穎而出。擺放在籠裡猶如蜂房一般可愛。

女孩對婆婆說：「那個槍崩貨也不知道轉悠到哪去了，豬還沒餵呢！」婆婆說：「不是你讓他去愛花家搬餄餎床子嗎？也該回來了。」

女孩一口當地方言，說的非常地道，她和她的女婿也很般配，那個小夥子像個念書人，看相貌很睿智，正在聚精會神地看書，不理會我們的說話。

張工對那個女孩說：「你搓篠麵的技術不賴呀！」女孩說：「不行呢，和我婆婆比差遠了。」女孩回答他的話時說的是很標準的普通話，更讓我們驚異於她的精緻與靈巧。

水燒開了，女孩抱出一摞碗來，在炕上一溜擺開，給我們都舀滿了，慢慢地晾著，她拿起簸箕去院裡撮炭。我指著站在地下的後生對老太太說：「你的兒子和兒媳挺般配呀，兒子有工作嗎？」

老太太說：「這是二小子，在內蒙師大念書呢，現在放假了。這個不是他的媳婦，這是老大的媳婦，他還小呢，畢業了再說也不遲。」

須臾，一個中年男人懷裡抱著一個木頭餄餎床子回來了，這個男人有四十歲，長得黑不性性的，頭髮散亂，鬍鬚也不刮；個子不高，最多也就一米五幾。老太太罵他說：「一早起走了才回來，你就像那孤魂灘的鬼，剛才又漫到哪去了？你媳婦忙的火上房，你快去餵豬吧，豬娃子早就餓的哇哇叫了。」

中年男人端起豬食盆子出去了，媳婦也去院裡摘菜。看我們幾個驚詫萬分，老太太說：「媳婦是從四川來的，好像是一個叫雅安的地方。」我說：「來咱們這地方，她能習慣嗎？」老太太說：「有啥不習慣的，起碼咱們這裡能吃飽呢。這個閨女也靈巧，攄糕、壓粉、搓蓧麵都學會了。好幾年了，總算待住了，也有待不慣的，前後跑了好幾個。」

我們喝好了水，繼續在山頭上轉悠，選擇高壓線路的最佳路徑。但一下午的話題始終沒離開這家人，沒離開那個美麗的女孩和那個武大郎一般的中年漢子。唉，好端端的一朵鮮花插在牛糞上了。你別看我們這一大堆高級工程師，老婆一個比一個醜，妻命不濟呀。

有人說，如果走在雅安的街上，你會看到，三步一個林青霞，五步一個張曼玉。二〇〇八年我有幸去過一趟雅安，卻沒遇到一個比那個女孩更漂亮的女人。我曾問過導遊：「這裡好像美女也不多呀？」導遊說：「一等的女人出國了，二等的都榜大款了，三等的都去坐臺了，現在就剩下四等和五等的了，你們就對付的看吧！」

唉，如有來生，我一定托生在雅安，早些下手。

歌唱二郎山

二呀麼二郎山，
高呀麼高萬丈。
古樹哪荒草遍山野，
巨石滿山岡；
羊腸小徑哪難行走，
康藏交通被它那個被它擋。
二呀麼二郎山，
哪怕你高萬丈。
解放軍，
鐵打的漢，
下決心，
堅如鋼，
要把那公路修到那西藏。
……

兒時，父親每天把我背在背上，口中總是在吟唱那首《歌唱二郎山》。那時我根本搞不清「羊腸小徑」、「巨石」與「遍山野」的含義，學唱也只是跟著父親在瞎喊。如今父親已經故去五年了，每當想到他，我總要想起那首歌，情形就像昨天一樣。二〇〇八年夏天，我懷著尋根一樣的神聖情感，專程為此去過一趟二郎山。在二郎山隧道洞口矗立著的巨大的褐紅色石碑上，鐫刻著《歌唱二郎山》的歌詞及曲譜，曲譜採用的是五線譜。我頓時熱淚盈眶，上去擁抱住石碑，親吻著上面的字跡。後來含淚在那首《歌唱二郎山》的石碑旁留影，作為永恆的紀念。

那首曾經唱響全中國的《歌唱二郎山》，作於一九五一年底，是一首歌唱修築入藏公路官兵的戰歌。「二郎山，高萬丈」，唱出了人們對二郎山的敬畏，也唱出了跨越天塹通往山外世界的渴望。征服二郎山，征服天塹越通途，一直是當地人的夢想。

當年參加修路的解放軍士兵們，穿著單薄的棉衣，身上捆綁著繩子吊在半山腰，一個人扶著鏨子，另一個人揮著鐵錘，除了這些簡單的工具外，再沒有任何機械設備。就是在這樣艱苦的條件下，解放軍第十八軍的官兵們用了四年時間，修通了長達二千公里的川藏公路，同時也付出了四千九百六十三名戰士犧牲的代價。

五十多年來，川藏路不斷改建修繕，千千萬萬的車與人在這條路上通過，成千上萬噸的貨物從這條路上源源不斷地運進藏區。

二郎山海拔三千四百三十七米，是千里川藏線上的第一道咽喉險關，國道三一八線蜿蜒盤旋於山中。這裡每年有一大半的時間是雨雪天氣，常年冰雪、暴雨、濃霧、泥石流，滑坡不斷，被人們譽為「鬼門關」。對於跑運輸的人來說，簡直就是噩夢。

轉眼將近六十年過去了，這首《歌唱二郎山》並沒有因為時間的推移而被人們遺忘。現在的川藏公路上，終於有了一條隧道——二郎山隧道。

這裡自古就是漢藏文化的交融之地。為了與當地文化更好地融合在一起，二郎山隧道的洞口還特別設計了具有強烈藏式建築風格的洞門。洞門口巨石上鐫刻的雄渾激越的《歌唱二郎山》詞曲，無聲地提醒著每一個到這裡的人，不要忘記當年修築川藏公路官兵的艱辛。

二郎山隧道工程，起於天全縣龍膽溪，止於瀘定縣別托村。海拔二千二百米；最大埋深七百四十八米；主洞長四千一百七十六米。工程於一九九六年七月開工，二〇〇一年十二月竣工，歷時五年。開工時是國內最長、埋藏最深、海拔最高的公路隧道。

二郎山隧道開通後，人們再也不用擔心翻山越嶺的危險了，五分鐘就能穿越川藏線上的第一高山。給我們帶來了無法想像的便利。

二郎山是四川省級風景名勝區，距成都一百七十二公里，位於青衣江、大渡河的分水嶺上。周圍的喇叭河、紅靈山、白沙河等三大景區環環相連，各具特色。優美的景致好似一顆顆珍珠鑲嵌在川西旅遊大環線上。這裡山峰雄偉險峻，河水韶秀清幽，充滿了原始風貌和獨特藏漢文化的歷史內涵。

如果沿著川藏公路穿越二郎山，就會驚奇地發現，僅僅一山之隔，東坡和西坡的氣候、地貌、植被、土壤等卻天差地別。在東坡的山麓下，公路兩旁草木葳蕤豐茂，原始森林鬱鬱蔥蔥、茫無際涯。近處青綠蒼翠欲滴；溪流純白如銀，水聲潺潺、山花爛漫、鳥語花香。但天空總是灰濛濛的，不知是霧還是小雨，那霧氣從天空到山底一直籠罩著，一個色調，沒有層次。

但是，當你經過了幾分鐘的穿越後，呈現在眼前的卻又是另一番天地：藍天無垠、豔陽朗照，朵朵浮雲潔白無瑕，空氣透明清新。放眼能看到前方聳入雲端的冰山雪峰，俯視腳下的大地，則見高低不平的黃土地上一片荒涼蕭瑟。這裡群山裸露，土丘寸草不生，而且氣候異常乾燥，熱風勁吹、溪水斷流。誰能想到，僅僅一山之隔，東坡和西坡的氣候差異卻如此之大，難怪當地有這樣的諺語：「過一山，另一天」、「一山之隔兩重天」。

二郎山為什麼會形成這種特殊的氣候差異呢？氣象專家分析，這跟它複雜而奇特的地形條件有關。二郎山的山體呈有秩序的南北走向，這使它的東坡處於迎風面，大量的暖濕氣流在這裡因抬升作用而凝結成雨滴下降，因此東坡雨水偏多；西坡因高大山體阻擋，暖濕氣流在跨越時幾乎喪失殆盡，而且過山后的溫度也會過高，導致剩餘的水汽蒸發。再加上西坡一帶地形閉塞、氣溫較高、蒸發旺盛，很難形雲成雨，因而西坡一帶的氣候乾燥、少雨。

出了二郎山隧道，離康定古城就不遠了。不管誰看到天上浮動的片片白雲，立馬都會想起那首著名的《康定情歌》：「跑馬溜溜的山上，一朵溜溜的雲喲，端端溜溜地照在康定溜溜的城喲……」我終於知道為什麼會在歌的一開始就要唱到雲了。

美麗而嬌小的康定城，有太多值得留戀的地方，一曲動人的《康定情歌》把你包圍在萬種風情之中；一碗香噴噴的酥油茶會把你溶進情歌故鄉動人的山水中；而入夜後那一彎康定的月亮則會讓你的夢迷失方向（和自己的心上人夜遊月亮彎彎的康定城會更加浪漫）。

由於二郎山一帶的公路彎多、坡大、路窄，加上進出的車輛多，所以碰車、翻車的事故時有發生。筆者那次從瀘定回成都途中，在二郎山隧道天全縣一側，遇到一輛空載的大卡車將一個馱著獼猴桃的自行車撞倒，獼猴桃散落一地，傷者被立即送往醫院。因為交警正在事發現場勘查，為此，筆者乘坐之車輛被阻滯近一個小時，險些耽誤返程的班機。

從雅安至天全二郎山隧道段，最怕雨季趕上泥石流、塌方。據我的一個好友講，那次陪同他們的導遊小姐，後來不久就以公殉職了。中巴車墜入萬丈深淵裡的滔滔江水中，萬劫不復。

坐中巴車在那裡的山路上急馳，我有些害怕，儘管我平生沒幹過壞事，但心中還是在不斷地在向上帝祈禱。因為車上有不少腐敗的官員，我生怕上帝在召喚他們時順便也把我給捎帶走。哈哈！

筆者善意提醒：成都到海螺溝全程約三百二十公里。沿途經過雅安、天全；穿越二郎山隧道、甘谷地（由此地分路，往右轉前往瀘定、康定，左轉前往海螺溝）、冷績鎮等，到磨西鎮下車。然後步行到海螺溝。

海螺溝位於四川省甘孜藏族自治州東南部，貢嘎山東坡，是青藏高原東緣的極高山地。海螺溝位於貢嘎雪峰腳下，以低海拔現代冰川著稱於世。晶瑩的現代冰川從高峻的山谷鋪瀉而下。「飛起玉龍三百萬」，將寂靜的山谷裝點成玉潔冰清的瓊樓玉宇；若想近距離一睹「蜀山之王」貢嘎山的風采，海螺溝無疑是最佳去處。除了令人震撼的大冰瀑布，在雪山下泡溫泉的誘惑也讓人無法抵擋。

不去海螺溝一睹貢嘎雪峰的尊榮，不在雪山下泡溫泉，簡直是虛度此生！試想一下，七月流火的夏季，能在寒徹周身的冰川上行走，那是什麼享受?!

穿越秦嶺

二〇〇八年夏天，我去西安熱工研究所開會。聽那裡的人說秦嶺終南山隧道已經打通，開車穿越秦嶺只需要十幾分鐘時間。兩面氣候截然不同，「一山隔南北，冷暖兩重天」。凡去過的人都說，啊呀，美極了，洞外花草樹木繁茂，像個天然花園，空氣清新猶如氧吧。說的我按捺不住內心的激情，蠢蠢欲動，很想立即就到這個號稱亞洲第一的隧道中轉一圈，一飽眼福。

會議結束的第二天，我就鼓動同事向西安熱工研究所要了一輛車，一大早就興沖沖地驅車直奔秦嶺而去。汽車順著高速公路奔馳，只是轉了幾個彎，就向路標寫著秦嶺隧道的方向奔去。車子越向前，高速路的路面越好，夾道是山，重重迭迭，到處都被濃蔭覆蓋，像綠色的海。總之，樹木茂盛、綠波掩映、風光旖旎、飛鳥爭鳴。真是：綠樹濃蔭夏日長，滿山花草放奇香。就連新修的高速路兩邊山坡劈出的斜面，也被劃成方格，中間植上草木，顯出一片秀麗；一片柔和；一片清潤的美。

清新的空氣，夾雜著泥土的馨香；混合著草木的芬芳，不斷地浸入車中，且在車的四周彌散，引得人快要醉了。車窗外的天顯得格外蘭，像空闊嫻靜的海。陽光閃爍、遠山如洗、青翠如流、歷歷在目。車子像帶著春天在奔馳，所有的美景都撲面而來。

車到洞口，我們想停靠在路邊留影作為紀念。但守衛在洞口的解放軍戰士向我們嚴厲擺手示意：這裡不容許照相！後來才知道，中國位於太白山的一個核武庫設在貫穿秦嶺山脈的一個隧道深處，這條隧道位於西安西部八十七公里的地方。另外，一支名為「第二十二基地」的部隊負責儲藏並管理二炮的大部分核武器。

秦嶺終南山公路隧道，人稱「天下第一隧」。全長十八點零二公里，北起西安市長安區青岔，止於柞水縣營盤鎮。設計等級為高速公路，上、下行雙洞雙車道。據說該項目是中國高速公路隧道示範工程和標誌性工程，也是世界雙洞最長、技術標準最高、建設規模最大的高速公路隧道。其具備國際領先的防災救援系統、監控管理系統、運營服務系統。秦嶺因此天塹變為通途，西安至柞水的通行里程由一百四十六公里縮短為六十四公里，行車時間由原來的四個多小時縮短為三十分鐘。

車子在洞中飛馳，洞中全是石壁，不時有邊洞或紅漆大門閃了出來。洞的上方兩邊是一串串分佈均勻的燈泡，閃著亮光。我看著石壁，心想，如果不是現代化的盾構機，這十八公里的石洞要靠人力來挖掘不知道要搞多少年呢？雙向開挖，靠鐳射定位，偏差僅為幾公分，不由得使你嘆服現代化的科技。

終南山隧道限速七十公里，安裝了監控設施，我們不敢超速，也不敢中途停車。隧道的一大亮點就是其特殊燈光段。特殊燈光段比前後相連的隧道要寬，長一百五十米。兩邊不僅有綠色的草坪，高大的綠樹，還有盛開的花卉。抬頭望去，「藍天白雲」向車後滑動。原來，上面的藍天白雲是用燈光照射出來的圖案，山洞裡的花卉苗木也是用仿生的塑膠製品做的。不斷變換顏色的燈光可以緩解司機的視覺疲勞。其利用光學調控的「特殊燈光段」，在中國公路史上屬首次運用。

車子鑽出秦嶺大山，陽光一片燦爛。我看了一下時間，走了二十九分鐘。司機說為了讓我們仔細觀察山洞，走得還慢了點。出了洞便是一個高速路休息站，我們在此小憩，下車呼吸一下陝南第一口新鮮空氣，欣賞一下路邊的涓涓溪流、蒼松翠嶺。給樹梢上的喜鵲打個招呼又繼續上路，不一會就駛到營盤鎮的出口了。

柞水縣隸屬陝西的商洛市，氣候與西安截然不同。這裡冬天最冷的時候也很難看到冰雪，盛夏季節反而比西安涼快。一年中很少有大風，春末到夏秋常常是陰雨連綿。南方出產的甘蔗、茶、橘等樣樣都有，成了北國的江南。而冬季的西安非常寒冷，有時最低氣溫達攝氏負十四度以下，滴水成冰；夏天炎熱乾燥，一年中又多風沙，完全是北國的景象。北國風光與南國景象本該相隔幾千里，然而由於大山之隔，竟把兩種絕然不同的景象和氣候搬到一起了。

兩地氣候為何差別這麼大呢？原來秦嶺海拔高度一千至三千米，北坡陡，南坡較平緩。嶺北的西安處在寬闊的關中盆地內，冬天，當寒流從黃土高原衝下來時，它首當其衝，而因秦嶺的阻擋，卻影響不到漢中。夏天，從東南海上吹來的暖濕空氣沿著漢江河谷吹到秦嶺，沿著平緩的南坡緩緩上升。上升到一定高度就成雲致雨，使漢中地區陰雨連綿，因此，漢中夏季也不炎熱。

但對西安來說就不同了，暖空氣即使沿平緩的南坡翻嶺，但因雨水都在山前下過了，所以空氣中所含水汽已很少。暖空氣翻過秦嶺在北坡下沉過程中迅速增溫，吹到西安的只是乾熱風，因此，西安的夏天便十分乾熱。由此可見，大山脈往往是兩種不同氣候的分界線。

隨著西康高速公路的開通，營盤鎮優越的地理位置和得天獨厚的自然條件，使它成了柞水縣的投資熱土。近年來，營盤鎮緊抓機遇，完善旅遊服務設施，規範旅遊服務市場，推動旅遊項目建設，全力打造吃、住、行、遊、購、娛諸要素齊全的旅遊環境。該鎮在高速路出口沿線大肆興辦農家樂，天天遊人如潮。西安人假日驅車來這裡旅遊購物的人絡繹不絕。當地的臘肉、包穀酒、山野菜、土雞蛋、小雜糧的銷路非常好。

那天中午，我們在營盤鎮的「農家樂」進餐，那裡的雞鴨都是現宰現殺，魚和螃蟹都是從湖裡現撈。除了山野菜，當地的臘肉炒粉皮是的傳統名菜。臘肉香而不膩，粉皮滑軟爽口，是佐酒的佳餚。柞水的臘肉炒粉皮不同與飯店、賓館裡的臘肉炒粉皮，它是選用上好的臘肉和潔白的洋芋粉精工細作而成。臘肉棕紅，粉皮白中微黃、色美味香、營養豐富、回味悠長。還有那裡的豆腐乾也是天下一絕，幾無水分、醇香可口，使我至今難忘。

許多人多次去西安遊玩，就是不懂得穿越秦嶺去看看柞水營盤鎮。營盤鎮的風貌和四川的汶川、映秀鎮非常相似，一派南國秀色。看過鄙人的博文，終於知道啥叫獨闢蹊徑了吧？諸君下次再去西安，千萬不要錯過此行呀。

喜喪

八十年代初期，我曾在家鄉看到，出殯隊伍裡有樂隊吹奏當時的流行歌曲《真是樂死人》、《社會主義好》、《大海航行靠舵手》、《步步高》、《彩雲追月》，心裡覺得好笑。最近讀林語堂的《吾國吾民》，才知道這樣的滑稽事情「古已有之」。上個世紀三十年代的中國，有錢人出殯就不再用傳統的嗩吶之類樂器，而改用銅管樂隊，所奏的曲子是《前進，基督的士兵！》這都是圖個熱鬧，面子上好看，至於內容與形式是否配套，人們並不太講究。

去年秋天，我和愚妻到南方旅遊，兩次遇到鄉間辦喪事，熱鬧非凡。開始以為是婚慶，後來仔細觀察，才弄清楚竟是葬禮。

第一次是在雁蕩山的方洞，從半山腰往下看，一公里外一幫披麻帶孝的人在公路上緩緩地移動。鼓樂齊鳴，炮仗驚天動地，煙霧繚繞升騰。樂隊走在最前面，曲子都是很歡快的，開始是熱烈、悠揚的《走進新時代》、《咱當兵的人》等樂曲，我們的精神都為之一振。但不可思議的是，突然，送葬樂隊竟然奏起了《今天是個好日子》，這個樂曲竟然在葬禮上出現，讓人聽了渾身好不自在。

聽導遊妹妹說，浙江農村老人活到八九十歲死了，俗稱「老了」，要大辦宴席。不同的是，張掛的是白布、白花，所以叫白喜事。白喜事一般情況下做法不少於三天，有錢的人家還要請和尚念經，鼓號隊奏樂。送葬隊伍中有很多花圈，當然親人越多，花圈的數量就越多。棺木是十六個人抬的，沿著去墓地的路在村子裡轉一大圈，路上會不停地放土炮與鞭炮。同時附近的村民也會自行放炮給隊伍送葬，死者的長子就會給他下跪答謝。一般在每個路口長子都得下跪引路，特別隆重。

據導遊妹妹說，在當地農村，一般辦個喪事至少要花好幾萬元。這還不算什麼，有一家暴發戶竟然花了三十多萬。那天只要跟著上山去送葬的人就給五包雲煙。那個富戶出殯那天起碼有二千人跟隨，很多人就是為這五包煙來的，呵呵。

還是那次旅行，我和愚妻最後又轉悠到福建的永定。那天，「承啟樓」正好有一家人出殯，鞭炮放得巨響。原來那裡是以鞭炮的長度來表示弔唁的誠意的。

那天中午，我親眼目睹了這一奇特的葬禮。掛滿牆壁的悼文、輓幛、輓聯全部用紅布製作。偌大的庭院中人來人往，無論是穿著紅喪服的主人還是前來敬香的賓客個個都笑容滿面，全然沒有一點哀傷的氣氛。在庭院的中間擺著幾張大紅桌子，前來敬香的賓客高舉酒杯在歡樂的音樂聲中致詞祝賀。我走進屋中，發現裡面也全都是「紅」：無論是棺材、靈堂還是守靈的人，都一律是「紅光豔照」。

聽說那個老太太享年一百零三歲，去世時無病無痛。生前共生養有三男四女，現存後代一百多人，五代同堂。老人生前為人隨和且樂善好施，頗受當地村民的稱讚。

兒子為母親親自主持這個紅色葬禮，不僅棺材外表是用紅紙貼的，連棺材裡面他母親所穿的衣褲、鞋、襪，以及所墊所蓋的都是紅的。根據當地的風俗習慣，這樣的紅喪禮不是壞事，而是喜事一樁。不過只有達到以下三個條件的才能如此：一是死者百歲以上；二是要五世同堂；三是晚輩齊全。他母親去世的消息傳出去後，周圍很多人專程前來敬香討「紅」，以期增壽。

其實農村的葬禮，大同小異。我的姥姥家，死者子孫全要頭上纏了白布，拖得越長，與死者越親，算是戴孝。有一個子孫，專門負責迎接弔唁者。弔唁者來的無論大小，他都要跪接。弔唁者所送的大約是些火紙和金錢。同村的女人，還會來哭幾嗓子，哭聲婉轉有韻。想來，比城市的葬禮，還是多了一點娛樂的氣氛。來弔唁的人，是要吃三天飯的。農村沒有飯店，都是自己請了廚子，在院子裡壘了灶臺。桌子也是擺在露天院子裡，一擺就是十幾桌，吃得也很是熱鬧。棺材當然也放在院子裡，靈堂花圈也在院子裡。

靈堂邊，還要擺幾桌麻將。喪禮完成，有些弔唁者就參加到打牌賭博中去了。一來為守靈人解悶，二來為招待弔唁者。那些打麻將的人，全無悲哀，和平時打牌賭博毫無二致，談笑自若、論牌說理、熱鬧的很。當然，死者家屬一般是不參與的，這算是一個底線。

不知道從什麼時候開始，中國人把喪事當成喜事一樣來辦，於是便有了白喜事。我的一個朋友，他的奶奶死了，他們一群子孫曾邀請了一個旗裡的劇團來進行文藝表演。有唱紅歌的，還有跳脫衣服的，應有盡有。老太太活著沒享多大的福，死後卻給整個村子帶來了歡樂。

聽說在湖北，葬禮上還有「鬧女婿」的風俗。我不曾見過這個風俗，只是耳聞。

竊以為，中國的農民活得太沉重了，吃不上喝不上，還要進行繁重的體力勞動。他們沒有娛樂、沒有節日，如果家裡死了人，還要沉浸在巨大的悲哀之中，如何能有繼續活下去的希望和勇氣？因此他們要設法解脫，解脫的辦法之一就是把喪事當喜事來辦。無論哪家死了人，都是全村人的節日，人們都會不請自來，已成習俗。

因此，世界上任何事情的存在都有它的道理。

臥鋪

出差能坐上臥鋪是一種享受。上世紀八十年代初，我就在內蒙古電管局上班了，那時經常出差北京，臥鋪票不好買，常常扛硬板。

呼和浩特到北京才五六百公里，火車竟要跑十二個鐘頭，來回都是夜車。前半夜還好熬，最難受的是後半夜兩三點多。座位的椅背是直立的，睡意襲來，人在座位上坐不住，頭不由地向兩邊倒。靠在素不相識的男人或女人的肩上，人家一躲或一推，你就會突然驚醒，尷尬萬分。如果沒有臥鋪，就是能靠近視窗也好，可以爬在小桌上打個盹。那時我非常羨慕靠近窗口的人。

也常有能買上臥鋪而故意買硬座的人，我就是一個。因為如果不坐臥鋪，還可以領到補助。那時北京到呼和浩特的硬臥才十七八元，如果不坐臥鋪，可以領取五元的補助。對於一個月才幾十元的工資的人來說，五元就不算少了。那時一個木工辛勞一天才掙五元，那是要出大力，流大汗的。你坐在臥鋪上只是後半夜難受一會兒，比文革中被批鬥時的體罰要好多了。因為批鬥不僅僅是肉體上的，而且是精神上的。坐硬座在精神上不但沒有壓力反而還是享受，你一步步地向目的地逼近，五元錢也在向你逼近。多掙五元錢還有成就感，起碼可以回家改善好幾天的生活，妻子因為這五元錢也會對你溫柔有加。

工會的老張曾經向我繪聲繪色地描述過半夜坐硬座者的眾生相，有人的口水竟流在別人的脖子裡，流在別人的口唇中。睡態的醜陋讓他眼界大開。

八十年代初，我去昆明開會。先坐硬座到了北京，在北京玩了一天，又買好當晚赴昆明的硬座票。北京到昆明可真遠呀，要走三天兩宿，幸虧我買的是靠窗口的票，睡意襲來還可以爬在小桌上打個盹。記得下車時，我的小腿腫的老粗，一時竟邁不開步。即便如此，下車去賓館報到後，又去風景區玩了一天。那時我才三十多歲，擱到現在不敢想像。

一九八四年我帶孩子去無錫開會，因為會議通知到的晚，來不及買臥鋪票了，從北京到無錫只好扛硬板。那時，兒子才六歲，稚嫩可愛。我情急生智，把報紙鋪在座位下，兒子鑽進去睡下，頭下枕個書包。兒子膽小，他的小手緊緊地抓住我的手，直至沉沉入睡。

母親家有一條毛毯，那是父親五十年代初去海拉爾時，坐硬座用補助買來的。至今仍在使用，想來絲絲縷縷都充滿了艱辛。但如果和朝鮮冰天雪地裡的志願軍戰士們相比好像又算不了什麼。

我的同事老李是個建國前參加革命的人，曾經歷經艱辛。因此從來也沒有買過臥鋪票，也捨不得在車上吃飯。不管走多遠，他總是買幾個燒餅，喝點開水。他喜歡回憶過去，他說，比起建國前他的剿匪生涯，現在是活在天上了。那時一天要步行一百華里，現在坐著就可以日行千里，還有什麼值得抱怨的呢？

二〇〇八年，我和妻子從西安上車往開封去。那天，我突然低頭一看，嚇出了一身冷汗：「媽呀，這低下還有一個人。」只見一顆花白頭髮的腦袋被一大堆垃圾掩埋著，破報紙、飲料瓶子、速食麵桶堆積著堵住了這個人的臉部，我拍拍我旁邊那個甘肅人的肩膀：「老弟，這座位底下怎麼還有人？」

甘肅人回答說：「是個老大爺，從敦煌上來就鑽到底下去了，一天一夜了都沒出來。」

車過了開封，老大爺在裡面開始挪動了，他先是用手拍拍甘肅人的小腿，我趕緊提醒他讓開，看來他是準備爬出來了。座位太低，老大爺無法翻身，他在座位底下摸摸索索了半天才慢慢地鑽出來。

我這才看清，老大爺有八十歲了，瘦骨嶙峋，一隻眼睛還有點毛病。我趕緊站起來把座位讓給老人，又遞給他麵包和水。老大爺很客氣，開始時推辭，但在大家的勸說下才接住了。看來他實在是餓極了，一會兒便吃了兩個麵包，喝了一瓶礦泉水。

看老大爺吃完喝完，我這才問：「大爺，從哪裡上的？到哪裡去？」

「從敦煌上的，到商丘下車。」

「那你為啥要鑽到座位底下去？」

他說：「人老了，沒精神，坐不住。」

「那你咋一天一夜不吃不喝？」

他回答：「沒有，怕上廁所麻煩。」

「那你在底下躺著舒服嗎？」

老大爺笑著回答：「挺舒服，不用花錢就睡了個臥鋪。」

看著老大爺快樂的笑容，我心裡卻是一陣酸楚。

記得我第一次坐軟臥是在一九八五年，那時我們經常去海拉爾出差。有一次回來時因為呼和浩特要開人代會，臥鋪票根本就買不上，我們三個同事貿然上車，打算碰碰運氣，在車上補票。車大約行了四五個小時，列車長才告訴我們只有軟臥有空位，問我們補不補？同行的哥們決計要補，並說如果回去報銷不了他會設法處理。

軟臥自然非常舒服，茶水、飲食都給送到包廂裡來。兩天兩宿後，火車停靠在北京西直門站，我們包廂的幾位旅客們都到站下車了。因為停靠時間很長，其餘旅客們也都下去散步買東西。適逢同行的哥們新婚燕爾，愛妻在北京讀書，車一停就上車來看他。我為他們拉好窗簾，關門告辭，並吩咐他們：「我在外面替你們把門，『一夫當關，萬夫莫開』，你們在裡面想做什麼隨意吧！」

我蹲在包廂的門口，靜靜地守候，直到快開車，哥兒們的愛妻才面色羞紅地出來。

翌年春，哥們的愛妻產下一女，我為之慶賀。後來我的這位哥們一直做到高官，把我當年的侍奉忘得乾乾淨淨。他是誰？自然不能說，因為「為尊者隱，為長者隱」是中國的古訓，我絕不能違背。君子成人之美，就是打死我也不會說的。

住店

早年間，內蒙古西部地區大車店的客房一般都是通敞的大間，一進門就是一盤南北大炕，連接南窗和北牆，炕上鋪著一領葦席。一間房能住十幾個人，收費也很便宜，基本上屬於最低檔的旅店。然而這種大車店，都有比較寬敞的院落，保證有停放大車和拴餵牲口的地方。住店的車老闆們一般都是跑了一天的路，人困馬乏、又累又餓，所以進店安置好車馬後，夥計給端上熱騰騰的洗臉水和飯菜，吃完倒頭便睡，次日天亮就套車上路。住這種店的人雖然大多只睡一宿，但只要在店裡吃住順心，車馬貨物安全，就會有很多的「回頭客」。

內蒙古作家楊嘯曾經在一篇小說裡專門描寫過這種大車店的細節，許多久居城裡的白領恐怕永遠也無法體驗這種生活。楊嘯在文中說，這種大店裡是不擺放行李的，一般客人都是頭枕一塊磚頭和衣而臥。冬天火炕燒的滾燙，炕燒的過熱了，晚上客人就會像烙餅一樣地不停地翻身。

這種旅店住一宿一般也就一兩毛錢。一進店，店小二會主動地問你要不要行李，如果要行李再加一毛錢，從庫房抱出來的行李沉重冰冷、又髒又爛，還有很重的異味，不知多少年沒有拆洗，被頭被無數客人的頭油磨得又明又亮。

一排人睡在一條大炕上，一人一袋旱煙，把屋裡薰得彷彿著了火。你的汗臭，他的腳味兒，不習慣的人會感到窒息。入夜，說夢話的說夢話；打呼嚕的打呼嚕，咬牙的、放屁的，這個起來小便；那個站起夢遊，五味俱全、五音不停。

抗戰以前，呼市不產煤炭，呼市的生活用煤全由山西大同運來。那時既沒火車也沒汽車，全靠牛車拉。牛車的軲轆也不似現在的膠皮軲轆，而是那種最原始的木製車輪，外面箍一層鐵圈。

我的舅舅們在山西大同北郊務農，每逢冬閒，就從礦上拉煤來呼市賣。大同到口外沒有公路，都是鄉間的土路，牛車的行進速度又異常緩慢，估計至少要走半個月。路上帶點乾糧，住宿就在馬車店裡。那些年氣候格外寒冷，凍死人的事情經常發生。毛口袋裡的乾糧凍得梆梆硬，吃時需要用手掰碎，然後店老闆給用熱湯澆泡幾次，始能下肚。其實陝西的名吃羊肉泡饃蓋源於此。我的舅舅早已作古，先人的生活真是苦不堪言呀。

三十多年前，不才也曾投宿過大車店。那是個陰雨天，我和同事在一個小縣城的飯館裡吃完晚飯，然後深一腳淺一腳地去找旅店。非常不巧，因為縣裡開會，公家旅店全滿，不接待任何老百姓。幸虧同事對這裡比較熟悉，於是把我領到一家大車店。看著院子裡有車馬，我站在大門口有點疑惑，老闆娘遠遠地在上房門口大聲地吼喊我倆：「公家人歡歡進來吧，有你們住的地方呢！」我們於是往裡走，她熱情地把我們領進一個房間說：這是我兒子的房，挺乾淨的，平常就娃娃一個人住，他今兒回姥姥家了，你倆就放心地睡吧。」

老闆娘讓我們圍坐在燒得冒藍火苗的地灶邊上後，雙手捧上一大杯滾茶，又吩咐說：「一會兒你們來廚房打點熱水洗洗臉再睡。」

她兒子的房間也是一盤大炕，炕上鋪著油布，看上去非常整潔。房中間的地灶爐火明亮，熱力四射，一會兒功夫，爐火便驅除了我們身上的寒氣與潮濕。

我倆小心地端起茶杯，輪流在杯口小口汲茶，盛滿茶水的大搪瓷杯，裡外盡黑。外面黑，是柴火煙燻；裡面黑，是濃茶沉積。

那一夜，屋外飄著毛毛細雨，屋內溫暖如春，我睡在熱乎乎的炕上有點恍惚，馬車店竟讓我產生了賓至如歸的感覺。那是個不用信用卡、不坐汽車、沒有電腦的年代，想不到，夜宿馬店竟在心中留下了長久的溫馨。

我在上世紀六十年代就參加工作了。長期出差在外，吃、住、行的問題是躲不開的要務，尤其住宿最為重要，因此對於住的問題感受頗多。我曾經住過很低檔的旅店，走廊很窄很暗，地毯很舊很髒。房間內的簡陋家具上一層灰土。床上用的被子和枕頭都被揉搓的皺皺巴巴。被子枕頭的外套都已經洗得非常薄，而且顏色都由白色變為灰色了，那有異味的被子我都不知道怎麼蓋過來的了。

有的旅店住下以後感覺賊冷，想喝口熱水，整層樓見不到一個服務員。好不容易把她找來，懶洋洋地提來一暖瓶放在那，扭身走人，那瓶水沒有一點熱乎氣兒。偌大的樓層裡空空蕩蕩，沒有幾名旅客，環境很沉悶。時值初春，乍暖還寒，疲勞過度倒下便睡，大鐵床上的被褥單薄，半夜三更會把人凍醒。想去要些毯子什麼的，凌晨時分又懶得起床。

一九八〇年我去開封出差。天色已晚，找不到住處，在一個雞鳴早看天的旅店住過一宿。那個旅店估計宋朝就有了，如果重拍《水滸》，直接可以使用。木門是木軸的，開關門會吱吱扭扭地作響，門閂也是那種從漢朝就有的橫插的木門。一個床位一元錢，我花了四元把那個房間包了下來。

改革開放以前，住宿都是要介紹信的，一男一女想住在一起必須有結婚證。那時，旅店的房間都是按人頭算的，因為窮，很少有人單獨包一間房，因此我常常和陌生人住在一起。和陌生人住在一起非常彆扭，尤其洗澡或上廁所時，你隨身的財物如何處理就是個問題。記得我晚上睡覺時，常常把錢幣和糧票壓在枕頭下，避免熟睡時，被人拿走。

「運退黃金失色，時來頑鐵生輝」，我後來竟然混入公務員隊伍，在內蒙古電管局工作，有幸住過許多高檔酒店。我曾多次參加由國家計委主持的，大型火力發電工程的可行性研究及初步設計審查會議，曾在長城、燕京、希爾頓、五洲等五星級大酒店下榻。我甚至住過總統套間，記得那是給部領導預定的，那天他因故未到，反正房費已經付了，於是我在裡面試睡。那個套間的被套及床單都是真絲面料，綿軟的猶如少女的肌膚，我不適應，興奮地輾轉反側，徹夜難眠。

我曾在五星級酒店見過雙人澡盆，對此大惑不解。有智者說，那是為了領導和秘書共浴。我想，秘書也是女秘書，兩個男人哪能洗在一起？

美帝國主義的酒店我也曾住過，從西海岸到東海岸；從紐約到華盛頓；從費城到芝加哥；從洛杉磯到夏威夷，在那裡的席夢思上都有過我的夢境。我感歎那裡衛生間的豪華與臥榻的乾淨整潔。

令人費解的是，在一些歐美國家，兩個男人是不容許住在一起的，一男一女卻隨意。一次去美國考察，我們為了省錢，強烈要求兩位男士住在一起，結果前臺營業員讓我們填寫屬於夫妻同住的表格。為把誰填在丈夫一欄裡，我和同事還進行過爭執，頗費了一番腦筋。

我的許多大學同學因一直沉寂於基層，有些孤陋寡聞。去年我們同學在呼市聚會，住在內蒙古飯店。一位在烏拉特前旗供職的同學，竟用地巾擦臉，一時傳為笑談。還有一位男同學對女士的盥洗設備倍加注視，百思不得其解。

近日，我在網上看到了迪拜「阿拉伯塔」酒店的照片，它是世界上的第一家七星級酒店，也是全世界最豪華的酒店。

「阿拉伯塔」酒店由英國設計師湯姆賴特設計，建立在海濱的一個人工島上，是一個帆船形的塔狀建築。一共有五十六層，三百二十一米高，客房面積從一百七十平方米到七百八十平方米不等。頂端還有一個獨一無二的空中網球場，據稱此網球場原是直升機停機坪。

「阿拉伯塔」酒店最低的也是總統套房，房價要九百美元；最高的皇家套房則要一萬八千美元。以我的財力，今生與它無緣了，如有來生，一定爭取去試試。

做官須知

一

王廠長曾經住在我的樓下，和我是鄰居。十幾年前的一天，他被檢察院傳訊了，再後來聽說因為五萬元被判了十年，後來又聽說被保外就醫了。

其實就在他剛被檢察院帶走，局領導就開始營救他了。當局長和檢查院長接上頭，院長說：「你們那個人是個慫包蛋，我們還沒怎麼咋呼就交代了一筆，行了，已經交代的就不好反悔了，我們也就此打住吧！」

後來據知情人講，那天晚上六點開始審訊他，沒到午夜，他就把那筆五萬元賄款的來龍去脈說的清清楚楚，口供已經筆錄了，你讓檢查院長如何辦？

局長後來去看他，他痛哭流涕地對局長說：「局長，我對不起你的培養呀！」局長本來還想安慰他幾句，一聽這話氣的扭頭就走了。

後來局長在私下和別人罵他：「如果擱在革命年代，他肯定是個叛徒，一點骨氣也沒有。你看人家趙廠長，弄進去打死也不說，這樣咱們組織上也好辦，很快就保釋了嘛！」

二

我的一位同學在檢察院工作，一次同學聚會，酒過三巡、菜過五味。他語重心長地對幾位當官的同學說：

「雙規不要怕，你怕也沒用。交代就像是講話，只說大概不說細節；只說精神不說實事兒。可以交代女人的事，人家把這個向媒體一洩露，你有花邊新聞，把人們的注意力吸引到床上，許多超級重要的事，就掩蓋過去了。

「記住，審訊時，多數時間是在咋呼你，你不要瞎交代！因為你說的很可能是人家並不掌握的事。即便你說了，人家還會說：「這件事我們已經知道了，我們問的不是這件事，你再說別的吧！」這樣你會越說越多，罪過越重，等於自己給自己湊材料呢。

「對待任何指控，你都要說是誹謗，你絕不能自認其罪。當有人給你紙和筆，讓你寫時，這時你別瞎寫。當有人說，誰誰向你行賄，這事你知道嗎？你說不知道！他會說，我們知道，有人舉報了！你就說：是嗎，那是誹謗。當有人拿出很過硬的證據時，你要說：這事兒我不記得。記住：不記得沒有罪。

「如果你實在控制不住時：就寫下級向你行賄時你沒要，結果他把錢扔在鞋盒裡，過了很長時間我才發現。一直想退，怕傷害這位幹部的自尊心，就這一次。

「這時你一定要堅持，你要相信你送過禮的上級，一定會來搭救你。在上級和檢察院接上頭之前，先要自救。

「其實許多人不明白，如果你被弄進去，上級一定不會見死不救。他們會對辦案人員說：『某某同志也是為黨工作多年，畢竟給國家有過很大貢獻。』這樣你的事情就會大事化小，小事化了，沒準兒工資還會有。即便有十個八個情婦，上級還會說，畢竟解決了一部分女同志性冷淡的問題。家庭和諧，社會才和諧嘛。

「你千萬不能說上級的事兒，否則上級都怕你死的慢。他們會說，不殺不足以平民憤！得，小命就這樣交代了。

「另外，平時在官場不要太囂張，你吃肉，給部下也啃點骨頭、喝點湯。凡事睜一隻眼閉一隻眼，對群眾反映某些官員貪污的事，要漫不經心，等到鬧大再管。千萬事兒不大就管，這時管就會得罪很多人。一定等事情鬧大了，集體上訪了。你再把官員叫來，說：兄弟，對不住了，這火我想壓，但壓不住。對不住了，你放心，你的家裡人我會照顧的。」

三

網友透露，他的一位同學已官至局級，特有實權，每次有人找他辦要事，他都要讓對方請他去桑拿，在泡澡時再正經談要事。原來啊，這位局長這樣做，也是為自己留一條後路。這位局長說了，凡是有人向他行賄，他之所以要在洗桑拿時談事，就是因為此時雙方都脫得光溜溜的，不會在受賄時被人用高科技時代的技術竊聽或偷拍。不會讓人抓著把柄，牽著鼻子走。

世事洞明皆學問呀！

幸運的胞弟們

一

史大幀曾任電力部的副部長及國家電力公司的總經理，他的胞弟史二幀是民營企業家，在江蘇自營一家專門生產發電設備的企業。因為我的級別太低，我只在開會時遠遠地見過史部長或曰史總經理，無緣說話。但是史二幀倒是不止一次地見過了，他風塵僕僕地來內蒙古推銷設備，呈上名片時，總是主動向每一位人介紹他的身世和背景。他在產品說明書的首頁上縮印了史大幀給他的企業的題詞。題詞內容我記不得了，反正是溢美之詞。因此無人敢懷疑他的身分，也無人敢駁他的面子。

那幾年好像還不太時興招投標，內蒙古的電力事業蓬勃發展，全仰仗史部長或曰史總經理的關照。用誰的設備也是用，何必得罪史部長或曰史總經理呢？再說，史二幀為人也很豪爽仗義，每逢我們遇到工程立項或審批的為難事，他都會主動表態說：「此事我去北京一定和我哥說！儘管放心好了」。

人心都是肉長的，我們沒有任何怠慢史二幀的道理，因此史二幀在內蒙古的事業也展開的紅紅火火。

有誰能說史部長或曰史總經理不好？君子愛財、取之有道。只聽說，領導的子女及妻子不能經商，還從沒聽說過有部長的弟弟不能經商的規定。

二

達拉特電廠二期工程的調整概算，由國家電力公司委託國家電力規劃設計院進行。工程費用的發生是否合理，投資缺口是否給予認定，全靠電力規劃院的專家們說了算。因為工程地質、設備選型、設計方案的差異，投資有時一張一弛差一兩個億也是常事。

達拉特電廠二期工程的調整概算緊鑼密鼓地進行，到了最後快要收尾時，主持人于工突然向我提出，他的胞弟在河北自營一座生產水淨化劑的工廠，讓我和張廠長說說，幫他胞弟消化一些產品。據她說產品品質非常好，就是價格稍高一些，大約是一萬多元一噸。我雖然感到有些為難，但為了內蒙古的電力事業的順利發展，還是硬著頭皮去了。

我見到張廠長，說明來意，沒有想到張廠長竟然是如此地善解人意、通情達理、仗義疏財，他說：「好呀，咱們就買上幾十噸吧，如果廠裡用不上，咱就倒進黃河裡去淨化黃河水，淨化一段算一段。」

於是我又慌忙轉身去找于工，告訴她事情已經說妥，請你弟弟儘快過來和電廠有關部門簽署合同，于工對我千恩萬謝，對內蒙古的電力事業從此厚愛有加。

送禮軼事

一

上世紀九十年代，內蒙古達拉特電廠經過國務院辦公會議批准，正式開工建設。當時的能源部部長黃毅誠還親臨達電施工現場視察，並且題詞留念。黃部長在達拉特電廠的審批過程中沒少費心思，因此內蒙古電管局的各級領導都銘記在心，不能忘懷。

達拉特電廠的擴大總承包單位是西南電力設計院，計畫部王部長也是從成都派過來的。一次酒足飯飽後，王部長對我說，他曾經受領導之托去給黃毅誠送過禮，禮物是一塊金錶。

王部長先去黃部長的辦公室，黃部長不在。他欲交給秘書轉交，黃部長的秘書說：黃部長從來不收禮，如果你非要留下，我就會拍賣後把錢贊助給希望工程。王部長一聽口氣，只好作罷，悻悻然下樓回賓館休息。

入夜，王部長打聽好黃部長的住處，徑直去了黃部長家，黃部長雖然位居高官，但仍然平易近人。王部長拿出了金表，說明這是上次給達拉特電廠題詞的潤筆，給錢有點庸俗，因此送點小紀念品，以示感激。

黃部長拿起金表再三端詳：「這表很高級嘛！」

「哪裡，哪裡！小意思，不成敬意。」

黃部長堅決地說：「我給人題詞，從不收禮，你還是拿回去吧！」

王部長失望地離開了黃部長的家，他對我說：「也許是人家嫌表的檔次太低，不過這只是我的猜測。」

二

聽說在山東省新建電廠的批准概算中，經常會看到大型冷藏車。電廠要大型冷藏車幹啥？往北京送海鮮唄！

內蒙古沒有海鮮，羊肉有的是。上世紀九十年代，內蒙古電管局的領導回過味來了，冬天開始給北京的有關人員送整羊。有一個同事對我講，北京的多層住宅也不設電梯，五六層樓只好往上扛，好不容易扛上去了，敲開門，人家連個好頭臉也沒有。給人家放下後，你往樓下走，沒等你下樓，就聽見垃圾道裡稀裡嘩啦地作響，估計人家把羊扔下來了，羊比你還要先到樓下。其實也難怪，你給這些知識分子送整羊，他們怎麼會不感到為難呢？讓他們如何下手呢？

三

內蒙古的羊肉非常好吃，那些年冬天涼房裡羊肉的多少和你的權利、地位成正比。過年一樣地包餃子，有的人家肉大，有的人家就菜大。

也有的領導對送羊肉很反感，有一個副局長就在全局的工作會議上講：「你們不要再給我送羊肉了，我的羊肉多的吃不了，我能拿出去賣嗎？」

還有一個領導私下對我悄悄講：「他媽的，羊肉多的沒辦法，我只好後半夜用小推車倒在垃圾堆上了。」

四

我曾經住過的一個小區，垃圾箱裡經常有好東西。比如過期的茶葉和月餅，有時候還有基本上完好的水果及蔬菜。有一年初冬，我看到單元門口的垃圾箱旁有一口袋還很新鮮的洋蔥。正欲提回家去，被老婆罵了一頓，只好悻悻然地又扔下了。

聽同事講，有一個撿垃圾的老頭，還從電力社區撿到一盒點心，裡面竟然有五百元錢，但事出有因，查無實據。

不過傳聞往往不準，我有個同事，涼房裡有一箱呼市二鍋頭，夜半被小偷給盜走了，他急如星火地報了案。兩天後傳到我的耳裡就是有兩箱五糧液被盜走了，三天后別人再講就是三箱茅臺被盜了。

後來局長把他叫過去臭罵了一頓：「丟了就丟了，報啥案呢，你他媽真是傻蛋一個！」

五

我的一個好友在一次酒足飯飽時給我講過一則送禮的趣聞：有下面二級單位一女士來給某總公司領導送禮，因為當天有事情耽誤了，車到呼市天已經黑了，於是就先到賓館開了個房間，然後打聽到領導的住處，去送購物卡。結果由於天黑，錯把賓館的房卡留給領導了……。結果，她數日後回到單位，就被告知升職了。她不由地感歎道：原來潛規則是這麼個使啊。

六

我有一個朋友是高官，他曾經提醒我說：清明節不能給領導送禮！如果趕在這個節日去給領導送禮，肯定會鬧出大亂子的。

他還說，領導一旦生病臥床不起，都會變得脆弱與煩躁，名聲、虛榮也都顧不上了，這時他最需要的是別人來探視他，你要很好地利用這個機會。

他的這些人生經驗從來都秘不示人。那天他酒喝多了，才告訴我的。

細數包頭「腐敗」街

包頭的腐敗街有幾條？我知道的只有三條，也就是人們通俗稱呼的「腐敗一、二、三街」。

民族東路美食街，當地人統稱「腐敗一街」。「腐一」街在銀河廣場的正南，「腐一」街的著名餐館，屬西餐的有「上島咖啡」、「園豆咖啡」；燒烤類有「高麗宮」、「巴西烤肉」、「小不點燒烤」；特色中餐有「阿姐說菜」、「菜根香」、「湘王府土家菜」、「肥牛火鍋」、「香辣蟹」、「甲魚村」、「全聚德」等等。此外，那裡的「筋頭巴腦鍋」、「氽丸子特色點」、「澳門豆撈」、「大長今韓式燒烤」也很有特色。

富強路美食街，當地人統稱「腐敗二街」。「腐二」在五一市場附近。那裡比較出名的是「西貝海鮮城」、「漁民碼頭」、「萬寶海鮮酒樓」，還有著名的「銀河燒烤」，以及川菜「蜀湘人家」和湘菜「金湘玉」。此外幾間清真餐館「貴賓樓」、「萬順園」也不錯。「巴盟人家」充滿巴盟特色，「布衣軒」符合大眾口味。

包頭大連開發區美食街，當地人統稱「腐敗三街」。「腐三」是指由包頭第一工人文化宮轉盤往南的勞動路。路東南即是「南國漁港」；再往南，在勞動路與烏審道路口，往東是「蘭山民間菜」，往南是「牧人嘎查」飯店；繼續往南，路東有「麻辣地帶」、「漁鄉緣」、「陶記穆斯林羊雜」、「蒙古香」、「蒙骨王」、「羊王府」，路西有「東海漁港」、「黃河漁村」。「腐三」的代表首推「南國漁港」，其次是「蘭山民間菜」。

在包頭打車，你如果說「民族東路」、「富強路」、「勞動路」，不如說「腐一」、「腐二」、「腐三」來的明快清晰。現在就連商戶在網上發廣告，不但不回避這個俗稱，反而有意張揚。我今天在網上就看到一則商鋪廣告「包頭市腐敗二街休閒會館尋求合作夥伴（轉讓）」令人啞然失笑。

有人說，腐一、腐二、腐三街是包頭腐敗的化身；包頭腐敗的形象。全是官員、暴發戶、奸商們在那裡消費。到了晚上你去看吧，都是好車。因為裡面不只是有美食，還有高檔夜總會、酒吧、咖啡廳，還有洋妞兒等等，是普通老百姓忘而卻步的地方。

「腐敗街」離包頭市委、市政府近在咫尺，純屬「吃喝街」，海鮮、清真、燒烤樣樣都有。俗話說：「當官為民，與食俱進」，老百姓看不慣公款大吃大喝，於是就把這三條街叫做「腐敗街」。

不要怪怨包頭的老百姓覺悟低。十年前，當地姑娘嫁個包鋼人，算是很體面的；而十年後，你說再找個包鋼人做丈夫，就是貧窮的意思。從遠處看包鋼，林立的大煙囪排出廢氣，可以遮住半邊天。夏天時天空常常是紅色的，可以想見污染有多麼嚴重。包鋼的工人大多每月只開一千多元，敢在腐敗街消費的能有幾人？

二〇〇四年，包頭的電力大幹快上，好幾個電廠同時開工建設。建設單位、施工單位、設備廠家走馬燈似地來回轉，不才經常有幸陪同各級領導在腐一、腐二、腐三街大快朵頤。不過，不才從小吃慣了粗茶淡飯，沒有孔老夫子的「食不厭精，膾不厭細」的習慣，從來不認為吃飯是一種享受。反而把吃飯看成了一種負擔，能逃則逃，能躲則躲。

其實和領導在一起吃飯很費勁很疲勞，期間要說許多恭維的話和無聊的話。還要替領導喝酒，觀察領導的喜怒哀樂；說話不能大聲，也不能把杯盤碗筷碰得亂響；說話的措辭要文明，還要注意符合主旋律。

我從小生長在北方，對海鮮並不熱衷。我在青島、大連吃過海鮮，和那裡的海鮮相比，包頭酒店裡的海鮮難以下嚥。我吃魚翅感覺和細粉絲沒有多大區別；吃熊掌感覺和牛蹄子沒有多大區別；我喝過燕窩湯，也感覺不比粉湯順口。

只要沒有領導在場，我能做主，我一定不在腐敗街吃飯。許多次，我鼓動電廠的弟兄們去吃蓧麵。我吃蓧麵喜歡爛醃菜湯，不過爛醃菜一定要剛剛發酵的，再熗點扎蒙蒙花，味道好極了；不喜歡吃蓧麵的，給他們上幾盤燉骨頭，弄點燒酒喝，吃的也很入法。

不過有幾次，幾位陪同我吃飯的弟兄們有了意見，有一個說：韓工，你的胃口不行了，但弟兄們的胃口好得很呢！咱們還是吃點兒上檔次的吧，省下錢又不是咱們自己的。鑒於如此，我也就不再堅持。既然人家廠長放話，吃多少都能報銷，我又何必呢？

我常常想，凡事都有利弊。包頭統一規劃且重點發展的美食街，無疑給公務、商務、私家宴請，乃至老百姓的外出用餐，提供了非常豐富的選擇餘地。面對如此集中的餐館飯店，消費者可以真正實施用腳投票的權利。所以，真正意義上的「腐敗街」也給了普通消費者偶然「腐敗」的機會。只是賦閒在家的我，很少再有去吃的機會了。

張局長是個好幹部

某盟局的張局長其實是個好幹部。

五六年前，張局長去北京辦事，車傍晚開到北京後，找了個不起眼的旅店住下，然後和司機出去找地方吃飯。在一個速食店兩人胡亂用了點飯，飯後驅車返回旅店，路過一片髮廊區時，他對司機說：你先回去吧，我在外面轉轉，然後又把手機、錢包、身分證、鑰匙都留給了司機，自己下車了。

當晚，張局長沒有回去，司機有點著急，但是毫無辦法。一周後，內蒙古某管理局接到北京警方的電話通知，讓派有關人員來北京領人，張局長因為嫖娼被刑拘。局裡一片譁然。

據知情人敘述，張局長下車後，徑直去了髮廊，談好一百元價錢後就和小姐上了床。完事後張局長稍事清洗，穿好衣裳，即掏出一百元買單，小姐不接，非要一千元，說是服務的範圍擴大了，屬於全活兒。張局長是法律專業的學士，知道口頭約定也屬於合同，對違反合同要約的事情當然要據理力爭：說好的價錢怎麼能變？這不是敲詐嗎？

爭吵中間老闆進來，張局長又和老闆爭吵不休。於是驚動警方，警方來人把張局長帶走，並告知他，根據《中華人民共和國治安管理條例》要罰款五千元。張局長誓死不從，於是被拘留。一周後，內蒙古某管理局正為張局長下落不明而憂心如焚，突然接到了北京來的電話。

事後許多人為張局長感到惋惜，管理局幹部處的同志就說，這年頭哪有因為這種事被逮住的？太笨了！他回局後，管理局的領導也把他罵的狗血噴頭：真給官員們丟人現眼，條條道路通羅馬，你怎麼能把事情搞到如此不堪的地步？

我聽到後也啞然失笑，失笑之余則認為張局長其實是個好幹部：

一、張局長估計囊中羞澀，如果有錢怎麼會去那種下三濫的地方？哪個星級酒店沒有性工作者？能多花幾個錢？

如果張局長屬於巨富，即便小姐敲詐也不會爭執，信手扔給一千元全有了。那麼大的一個局，一千元從哪裡還處理不了？即使一萬元又如何？

二、張局長也沒有複雜的社會關係。換個腐敗幹部，不知有多少廠家在眼望欲穿地等待著你的到來！你沒到北京之前，人家就把你的吃喝住行都安排好了。酒足飯飽，回到賓館，早有小妹妹在客房裡恭候你了。據說有許多廠家的推銷人員，雇的就是豔麗無比的風塵的女子，稍加培訓便上崗推銷設備，「由你奸似鬼，也喝洗腳水」。

三、張局長沒有「二奶」，也沒有「小三」。他自己吃還嫌肚大，哪裡捨得為她們一擲千金？張局長也沒有女秘書，他信守「兔子不吃窩邊草」的原則。

四、出差，是一個人人皆知的名詞，既然是出差，當然所有費用都可由公司負責。而一些酒店為求吸引客人，竟然可以在房費中加上小姐費，讓客人公費嫖娼。張局長公私分明，不做那種損公肥私的事情。

嫖娼雖然是生活作風問題，但張局長畢竟是自掏腰包，與那些拿納稅人錢去嫖的官員相比，他的境界高多了。

五、現在我們處在以性工作為恥、為罪的文化中。所以，被曝光購買性服務的法人處境非常惡劣。如果不以性工作為罪、為恥，那麼無論何人購買性服務，都應該視為對性工作者的支持，都是她們的「恩客」，企業的法人也不例外。你會處罰一個去街邊大排檔吃飯的法人嗎？或者處罰一個在超市裡購物的法人嗎？

六、中國聖賢早就定義：食色性也。在馬斯洛需求五層次中，吃飯和交配屬於第一層，是人類生存的基本需求。男人嫖娼，往往是因為性需要，而與責任感與道德無關。這個地球中，男人與女人來自不同的星球，男人進化的比女人慢，所以男人身上的動物性比女人多些。

七、網民對於上海法官集體嫖娼事件憤斥：夜晚搞不法勾當，白天能夠審好案嗎？其實這是兩碼事；法官們嫖娼歸嫖娼，審案歸審案，風馬牛不相及。老夫選擇相信他們不但不影響審案，而且能夠幫助審好案。其實，私生活與職業操守之間沒有必然的關係。也就是說，購買性服務的法人，在工作中仍然可以秉公執法。當然，完事後和老闆索要發票，拿回去報銷的人不在此例。如果單純嫖娼，不拔出蘿蔔帶出泥，涉及到貪污受賄等等，他們絕對是個好法官，好丈夫。

張局長出事後，管理局為了以儆效尤，作為懲戒，把他調到另一個單位任四把手。他一直勤奮工作了好幾年，才又恢復正處級的待遇。現在東部某大型工程的籌建處任黨政一把手。

也有人認為：張局長的損失太大了，這幾年耽誤了多少錢呀？其實，不僅僅是錢，還有名聲和地位。我曾和一位正處級的領導開玩笑說：「你萬一被人家弄住，一定要多少給多少，千萬不要計較，認倒楣算了。如果手頭錢不夠，和我聯繫，兄弟我立馬給你打到卡上去。我一定會守口如瓶，就是殺了我，也不會吐出一個字來！」他卻說：「操你自己的心吧，爺才不會那麼笨！」

張局長喝酒也很少，不講浮華與排場，老婆老了，也沒動過離異的念頭。現在到哪裡還能找到這麼清廉的領導幹部呢？這就是為什麼他還能東山再起的原因。

益賓樓的雜碎火鍋

呼和浩特新城鼓樓立交橋下，路北的小胡同裡有一家小飯店，叫益賓樓。從上世紀九十年代中期，這裡就主營雜碎火鍋。記得最火爆時，裡面座無虛席，外面的小胡同裡也站滿了等候的人群。一撥兒吃完出來，一撥兒再進去。即便是春寒料峭或秋風怒號時，裡面的人大汗淋漓、大快朵頤，外面的人則捂耳、搓手、跺腳，苦苦地等候。

我的師弟楊蘭根，是內蒙電建二公司的專案經理。那時他們正在包頭三電廠施工，擴建兩臺小機組，工程完工，結算資料報到電管局基建處來審批。那天他來找我，先是訴說師兄弟之情誼，再訴說在外施工之艱難，末了還是落實到讓我高抬貴手云云。

臨近午間，他非要拉我去吃飯，我問：去哪吃？他說：就去鼓樓附近的益賓樓吃雜碎火鍋。我說：爺給你辦這麼大的事情，你就請爺喝羊雜碎嗎？他說：益賓樓的羊雜碎是純肚的，味道也和別處的大不一樣，是目前全中國最好的羊雜碎。我礙不過情面，只好下樓坐他的北京二一二直奔新城鼓樓而去。

那天，楊經理已經和益賓樓的李經理把雅間預訂好了，雅間在二樓。只記得樓下的人烏泱烏泱的，所有的餐桌旁都坐滿了人，二樓的樓道裡還臨時加了一桌，儘管這一桌緊挨著洗手間，洗手間不時開門，裡面的污濁之氣撲面而來，但人們仍然吃的興味盎然。

那天我們一共是八個人，雜碎火鍋是酒精燈式的，很小，如果放開吃，一人一鍋恐怕還不夠。李經理說，因為人多，八個人只能上四鍋，不夠可以再點其他的菜。楊經理苦苦地哀求，要求再增加兩鍋，甚至謊稱我是從北京電力部來的幹部，剛下飛機，來呼和浩特就是專門奔雜碎火鍋來的，吃完還要趕下一班飛機回京上班。李經理是個少婦，長得有點韻味，聽完楊經理的申訴，朱唇微啟，輕柔一笑，露出一行碎玉，說：那就八個人給你們五鍋吧，再不能多了。你們進來時也看到了，外面還有多少人在等著呀！

那天那頓雜碎吃的非常過癮。我甚至鬆開了褲帶，脫掉了秋衣，只穿一件兩股筋背心，頭髮蓬鬆，直冒熱汗。

此後很長時間，我又引薦過許多人來此吃雜碎。這麼說吧，內蒙古電管局及至後來改制後成了內蒙古電力總公司，大多數廠處級幹部都在我的忽悠下來此吃過雜碎。還有施工單位、建設單位、設備廠家的頭頭腦腦，也沒少來。包頭一電廠廠長劉崇斌有一次見了我第一句話就是：韓工，我跟上你把下一輩子的雜碎也吃完了。我只有哈哈大笑。也有人對我說：跟上老韓吃飯倒是省錢，這麼偏僻的飯館你是如何找到的？不過，這裡雜碎的味道就是好，吃了一口、想兩口，吃了兩口、想三口……

那些年，有幾個包頭的哥們，每隔十天半月，就要藉故來呼市出差，來此吃雜碎火鍋。有時，他們去北京出差，本來可以坐飛機直接回包，但為了雜碎火鍋，也要在呼市停留轉車。我有一次騎車去東門外電建二公司辦事，騎到此處，竟然鬼使神差地拐進了那個小巷，自己都不由得啞然失笑。

益賓樓除了雜碎，其他幾樣特色菜也很好，比如什錦火鍋、脂油餅、擦酥糖餅、紅燒豬手、花椒油拌芥菜絲……尤其是脂油餅，熱、鬆軟、香甜。吃過那裡的脂油餅，別處的再無法下口。

我天生愛吃羊雜碎，在興安盟，那裡的羊雜叫羊雜湯。湯是清湯，能照見人影，沒啥味道；銀川的羊雜夠出名了吧？但令人匪夷所思的是，羊肺子裡為啥非要灌麵糊？灌了麵糊的肺子白白的，鼓鼓的，一看就沒了食慾。

我還在北京、山西、寧夏、青海許多地方都吃過羊雜碎，但無論哪裡的羊雜碎都不如益賓樓的好吃。那個醇美，吃完那個意猶未盡，吃進肚裡打起飽嗝來都是滿足。呼和浩特舊城有許多穆斯林開的雜碎館，儘管他們聲言他們的雜碎裡有數十種調料，但是你吃完後，還是感到遺憾，後悔為啥不直接去益賓樓。

那些年，我家每到週末，總要由兒子開車，三口人興沖沖地來此吃雜碎火鍋。三人兩鍋雜碎，芥菜絲絲也是必點的；一人一小碗米飯，一人一塊脂油餅，花不多錢，吃的心滿意足。

後來，鼓樓開始修立交橋，周圍被封閉的水洩不通，但是並不影響人們拐彎抹角地來這裡滿足一下食慾。

「十里搭長棚，天下沒有不散的筵席。」一天，臨近午間，我和幾位錫盟來的朋友趕往益賓樓。穿大街、越小巷，及至來到益賓樓時，發現門口貼著工商局的封條。外面有人嘀嘀咕咕地議論說，這裡的火鍋裡查出了罌粟殼，老闆被戴著銬子用警車拉走了，據說還要追究刑事責任。我們悵然若失，三步一回頭地離開了那條小巷。

但是時隔不久，益賓樓就又開張了，聽說李經理被罰了不少錢，人也被潛規則了。我再見到她時，她正花容失色、灰頭土臉地迎接客人。後來我又去過兩次，吃完一點也不過癮，從此再也不去了。隨後不久，益賓樓就徹底關張了。

唉！他娘的，這叫啥事呀！

粉湯

在內蒙古西部辦事宴早晨喝粉湯算是傳統風俗了。可惜現在城裡人們為了省事，大多已取消了這頓飯，唯有村裡還樂此不疲地保留著喝粉湯的習慣。大清早熱熱呼呼地喝一碗濃稠的粉湯，吃兩片剛出鍋脆生生的炸糕，其實是很愜意的事情。

粉湯是豬肉湯，裡面有很多過了油的瘦肉絲，再擱點黃花菜、豆腐絲、粉條，有的地方還放些海帶絲，煮開後加少許糖、鹽、味精，再加澱粉勾芡，撒少許香菜。濃香四溢、口味極好。

我的內弟海軍很會熬粉湯，包頭的親戚們每逢孩子婚嫁，都要請他去熬粉湯。熬粉湯很費事，頭天晚上吃過晚飯就開始張羅了，一宿不得歇息。待第二天早晨朋親底親上門時，已大功告成。人多，熬的量很大。有時要來幾十號人，即便一人一小碗，也要好幾大鍋才夠。狹小的房間裡擠擠擦擦，猶如廟會時的佛堂。大多數人站著喝，喝完扭頭就走。人多時，樓道裡、樓梯上都有人在排隊等候。為的就是喝這一碗粉湯。

喝粉湯要就油炸糕，油炸糕是用大鍋現炸，裡面的餡兒有的是豆沙的，有的是棗泥的，還有的是紅糖的。婚宴不準備菜糕，只有過年時候才有菜糕。我不愛吃甜的，喜歡吃實心兒的，酥脆粘口，油而不膩，泡在粉湯裡爽口有味，絕了。

現在的辦事宴千篇一律，吃起來味同咀蠟。許多宴席一桌菜上時啥樣離時啥樣。不少人也就是兩口涼拌豆芽就酒，交情淺淡之流更是一杯果汁走全場。

而粉湯則人人喜好。有些人就為早起喝這口粉湯，不管路有多遠也要趕到主人家，暖飽以墊肚，足可以撐到中午一點事宴正式開始時。

不才非常喜歡喝粉湯，但諾大個呼和浩特竟然沒有賣粉湯的地方。記得包頭青山區有一家張記粉湯館，每天早晨生意興隆。前幾年我去包頭出差時，每天早晨放著賓館豐盛的早點不吃，總要去那裡喝粉湯。

客大欺店，店大欺客，蘿蔔快了不洗泥。飯館好不好，看看服務員就知道。張記粉湯的服務員就是牛，愛搭不理的，想喝粉湯，還得自己乖乖端上盤子去接，服務員呼喊顧客就像大人呼喊孩子。你還別不耐煩，你敲敲打打地還想吃不想吃啊？人家才不在乎你一兩個呢。那裡的服務員沒事時總要紮堆打鬧一下啦，罵兩句髒話什麼的，太無趣了。

始創於上個世紀八十年代的青山名店，現在也不抵了，粉條淨是些圪節節，豬肉淨是些碎末末。黃花不見了，海帶也捨不得擱，就連油餅也越來越薄了。多年來，還是那種散裝筷子，真不上道。

就是這家始終沒有進步的館子，曾幾何時排隊從哈達道排到文化路，就是這家老字號的館子，當年也曾分店開遍青山區各處，服務員加起來數十人，穿戴的都像空姐。

算球的啦，聽說最近老闆也換了。想吃你就去，不想吃就和它說拜拜好啦。

令人糾結的速食麵

吃麵條在中國已有上千年的歷史了。北方人喜歡吃麵條，記得小時候，家裡就常吃麵條。夏天，吃過水的涼麵，好爽；冬天，吃熱湯麵，好暖；生病的時候，母親會做一碗香噴噴的手擀麵，好香。那時就曾突發奇想：啥時吃麵條能變得信手拈來呢？不需要母親這樣地辛勞。

速食麵終於誕生了。它是六十年代初，由一家日本的食品公司首先推向市場的。很多人認為它是上世紀最偉大的發明。其實，關於速食麵是誰發明的這個問題比乾拌麵問題更加飽受爭議。國人說是我國揚州一位姓伊的知府家中的廚子，日本人說是他們國家的安藤百福。不管是誰，我們現在能享用到如此美味的速食麵就應該感到幸運！

我第一次見到速食麵，是在一九七一年。一天，工地主任打發我去公司總工辦取圖紙。臨近中午，總工辦的一個帶眼鏡的上海籍秘書，從挎包裡拿出一袋速食麵，撕開包裝，把一個圓圓的餅狀物，放在飯盒裡。再把暖瓶裡的開水倒進去，然後打開了一個更小的紙包包，把裡面的粉狀物也倒進了飯盒。他邊操作邊向另一位工程師模樣的人介紹它的吃法。當時我還不知那是何物。我驚訝極了，麵條還可以這樣吃嗎？這種開水一泡就成為麵條的東西深刻地留在我的記憶裡。

我大規模吃速食麵是在上世紀八十年代初，來到內蒙電管局基建處以後。那時，我經常去海拉爾出差。去海拉爾要坐草原車，三白天兩晚上，五十二個小時，路途非常遙遠。餐車上雖然有飯，但味道很不好，難以下嚥，智力稍微正常人是不會在餐車上吃飯的。

每次去呼盟，我們總是好幾個同事結伴而行，分頭買許多食物；黃瓜、番茄、醬菜、香腸、茶葉蛋，主食就是速食麵了。那時的速食麵非常難吃，不知採用的是哪裡的麵粉。再加上火車上茶爐裡的水永遠也燒不開，溫吞吞的，速食麵只要多泡一會兒，就成了漿糊。好在有鹹菜和香腸，稀裡糊塗地就送下去了。

為了抵禦吃速食麵引起的噁心。那時我們還買了許多二鍋頭，每餐總要喝幾口。喝完了酒就會暈暈乎乎地埋頭大睡，減少了路途遙遠的冗長難耐。

連吃三天速食麵後，實在有點受不了。一天三頓，小臉都吃綠了。那些日子，抬頭不敢看電線，低頭不敢看毛衣；誰要是穿件帶條的襯衣，我都跟他急。因為我只要看見線狀的東西就想吐！

速食麵，速食麵！中國人都不說速食麵，喜歡稱方便麵。此「方便」雖然是「食用便捷的意思」但是卻和中國人隱諱的，表達大小便的「方便」同詞，甚至使人誤認為：「速食麵」顧名思義就是在衛生間裡「方便」時吃的麵，滑稽、可笑、令人作嘔。

不知道從哪年開始，速食麵開始變得好吃起來。是在「康師傅」登陸大陸以後嗎？不得而知。

「康師傅」登臨大陸的食品舞臺，廣告鋪天蓋地地播出，使得全中國人民都家喻戶曉。他們自己也賺的盆滿缽滿。「康師傅」紅燒牛肉麵、香菇燉雞麵、麵霸一二〇，暢銷全中國。直到今天，我仍然首選「康師傅」紅燒牛肉麵！

有人質疑「康師傅」紅燒牛肉麵裡沒看到牛肉！遭到高人反唇相譏：「你吃『老婆餅』時，見到老婆了嗎？你啥時見過人民大會堂裡坐過人民？」

「康師傅」有種不能言狀的感覺。那應該只是種味覺吧。強烈的味覺刺激，來自味精和鹽。那種感覺就像速食麵一族中的海鮮麵，麵裡雖說見不到一絲海鮮，卻帶著那麼點海鮮的餘味，讓你嗅著，勾引著你的味覺；刺激著你的胃液，可又不會讓你大快朵頤。就是那麼讓你遺憾，可是你卻還一直不忘惦記著它，不想離開它那誘人的香味。

飢餓時，泡速食麵的過程也是美好的。靜靜地期待著水的燒開，看著水是如何沸騰起來的，心情也像水的溫度一樣越升越高。幸福的一刻，終於要到來，注視著水流通過壺嘴澆淋到可愛的麵餅上，然後扣住紙蓋來浸泡。那種期待，三分鐘都覺得很長。那一包小小的調料，重量也不多，只一點。就讓人產生衝動。小包裡的味精，聞上去特能夠刺激自己的味覺，會使自己的唾液翻江蹈海般地在口中沸騰。嗅著那種略帶怪異的味道，全身的毛孔都會為之而緊縮，就一個字「爽」。接吻的感覺也不過如此罷了。

我曾有過在饑腸轆轆時等待速食麵泡開的感覺。那幾分鐘是最難熬的，心癢癢手癢癢，恨不得立刻生吞活剝。六神無主地熬呀熬，終於熬到開蓋兒那激動人心的一刻。熱氣騰騰的香味撲面而來，一時覺得人生最幸福的時刻莫過於此了……

然而，對於速食麵的質疑之聲也始終不絕於耳。很多人把速食麵與炸薯條、漢堡包一起歸結為垃圾食品：一是油脂含量高；二是含有多種添加劑；三是被很多人所關注的丙烯醯胺問題。更有傳聞：河北香河有個老太太，因為生前愛吃速食麵，死後半年屍體也不腐敗。人們因此對速食麵發出強烈抨擊，認為應該立即禁絕！

至今速食麵仍大行其道。不論是大超市還是小商店，火車站還是碼頭邊的小小售貨棚，隨處可見。五顏六色的包裝，各種不同的口味，任你選擇。儘管有人愛有人恨，明知沒營養、熱量高，還是難以抗拒它的美味，無法和它分離，時時如影隨形。這就是使我們感到無限糾結的速食麵，猶如那些小家碧玉的女人！

洋蔓菁卜留克

呼倫貝爾有一種特產，叫「卜留克」。卜留克圓呼呼的形如地雷，直徑大的在二十釐米以上，小的也有十五釐米。卜留克生長期短，產量大，又極耐寒，據說只在大興安嶺地區生長。在大興安嶺地區，幾乎家家都用其醃鹹菜，熟吃生吃皆可，既脆又鮮。

近日，我去百度裡查了查，咦，有文章是這樣說的：卜留克是俄羅斯語的音譯，意為美味佳餚。一九五六年從前蘇聯赤塔州引入根河，學名蕪菁甘藍，又叫洋蔓菁。蔓菁在內蒙古西部區很普通，原來這種體型碩大的洋蔓菁竟然和我們的土蔓菁是近親。西部區的農民看了以後一定會歎為觀止，因為誰也不會想到蔓菁能長這麼大。

過去，我很喜歡吃六必居的芥菜絲，吃過卜留克後才知道，世界上還有更好吃的鹹菜。卜留克的果實非常細膩，沒有我們芥菜的濃烈的味道，也沒有我們芋頭粗糙的纖維。醃好的卜留克少許發紅，吃時洗淨，用清水浸泡片刻。然後用香油、味精、花椒油等拌勻，味道那個醇美是無法比擬的。記得在呼盟召開寶日希勒電廠初步設計審查會時，所有的美味佳餚都剩下了，唯有卜留克一掃耳光。北京來的專家們都對卜留克讚不絕口，那個味道至今想起來都口生津液。

卜留克在海拉爾非常便宜，菜市場裡醃製好的也才賣一元錢一斤。那些年我經常去海拉爾，每次回來都要帶點卜留克。家人也都非常喜歡，兒子每次去機場接我，第一句話必然是：爸爸，這次買卜留克了嗎？

一位同事的母親從呼盟定居日本後幾次打電話談到卜留克，最近這位同事去日本探親還特意帶了一些。日本應該不缺鹹菜吧，足見卜留克是好吃的，使人難以忘懷。

退休後，我再也沒有機會去呼倫貝爾了，但是卜留克留給我的美好記憶卻無法消除。近來我在街上閒逛，突然發現青城公園南門的對面，托縣土特產商店裡，竟然有真空包裝的卜留克鹹菜絲。我欣喜萬分，立即買了兩袋回家品嚐。不知何故，總感到沒有從東北帶回來的那種奇妙的味道。我開始估計是防腐劑擱的多了，後來又猜疑這種卜留克是在托縣當地栽培的，因為土壤及氣候的原因，味道及品性有了變化。例如巴盟三盛公的華萊士栽種到臨河、五原就索然無味了。

《晏子春秋‧內篇雜下》：「橘生淮南則為橘，生於淮北則為枳，葉徒相似，其實味不同。所以然者何？水土異也。」看來任何植物也都故土難離。

我曾經想：卜留克以及大興安嶺野生漿果、野生藥材、蘑菇木耳、山野菜、礦泉水等都是響噹噹的綠色食品，卻「藏在深山人未識」，不加工、不利用，不能轉化經濟優勢，年復一年白白爛在山裡。而林區人仍在受窮，這叫捧著金飯碗沒飯吃。卜留克現象不僅僅是卜留克本身的個體現象，而是群體現象。

最近聽說北京的「六必居」開始引進卜留克製作醬菜了，我心中一陣竊喜。竊喜之餘又有一些憂慮，托縣袋裝卜留克就是憂慮的所在，因為，此卜留克非彼卜留克也。還有北京「六必居」的醬菜，鹹的要死，如此炮製，還會有卜留克味道嗎？看來，想吃正宗的卜留克，只有坐飛機去海拉爾了。

革命家瞿秋白在遺言《多餘的話》裡，最後一句是：中國的豆腐世界第一。如果他也吃過卜留克，最後一句必定是：中國的卜留克世界第一！

史上最噁心的食物——癟

一

二〇一三年十月，不才攜愚妻慕名前往廣西巴馬長壽之鄉遊玩。巴馬位於廣西西北部巴馬瑤族自治縣，是世界百歲老人分佈率最高的地區，被譽為「世界長壽之鄉・中國人瑞聖地」。

旅遊大巴一駛出南寧，導遊小姐就開始給我們介紹巴馬的名吃——羊癟湯，並說，巴馬的長壽老人如此之多，和他們喜食羊癟湯有很大的關係。巴馬的山上有四十餘種中草藥，這些草形成的羊癟不僅可以治癒百病，還能提高免疫功能，防病於未發之時。

導遊小姐說，自從頒佈了新的旅遊法，她們再也不敢強制消費。如果大家強烈要求嘗試羊癟湯，她可以提前安排，每人四十元，不喜歡的絕不勉強。她還說，不食羊癟湯等於沒來巴馬，於是大家爭先恐後地報名。遠天遠地地來到巴馬，四十元實在不算一回事情，由於我曾見過牛癟，實在沒勇氣吃，又怕拂了導遊的好意，一時噤若寒蟬。

那天，我們去的那個飯店生意真是火呀，我們足足等了一個多小時也沒有位置，都快餓暈了。在我們等待的時候，熱情的老闆遞給我們一本介紹巴馬民族風俗的書——《癟——驚天動地一佳餚》，裡面就有羊癟湯，而且她家的店最為出名。

羊癟湯的原料說起來你可能要反胃，但在當地卻是一道美食。羊癟就是從羊胃出來，到大腸前的那一段腸子，即小腸的內容物。羊宰殺後，立即把羊的小腸剪斷取出來，不加翻洗，直接放在鍋裡炒乾。據說，炒得越久，就越香。炒到後面，還可以加些羊肚、羊肝進來一起炒。炒乾後切碎，開始加水。一付羊癟，一般就得一鍋湯。水開後，出鍋，大家可以來享用了！

那天，菜未上桌就已臭味撲鼻，那個濃烈的臭味的就是羊糞味。幾個從桂林來的客人吃的滿頭大汗，不知原委而花了錢的北方人大呼上當。有幾個遼寧來的小夥子也大膽下箸，引得幾個上海人豎起大拇指的讚譽。我和妻子噁心的吃不下飯，只好掩住口鼻觀望人家食用。

飯後，許多人質問導遊：這就是你說的是羊癟湯嗎？其實就是煮了一鍋羊糞！有人說，唉，別說了，都是眼淚啊！一個驢友被逼吃了一口，吐了一宿；還有一個說，我開始以為就是肉湯，開心舀了一大碗，吃的時候感覺好苦，有點青草味，細細品品就是羊糞味，哈哈！

羊癟這個東西有人愛有人恨。恨的人，躲得遠遠的；愛的人，圍得近近的。

近日，不才從網上查到宋·《溪蠻叢笑》「不乃羹」詞條，詞條說「牛羊腸臟略擺洗，羹以饗客，臭不可近，食之則大喜」，這個「不乃羹」就是癟。

二

牛癟，又被稱為「百草湯」。食牛癟古已有之。牛癟就是把牛胃及小腸裡未完全消化的食物拿出來，擠出其中液體，加入牛膽汁所熬出的湯。牛癟在貴州的從江、黎平、榕江及廣西三江的侗族、苗族聚居區最為流行。不才一九九八年的那次貴州之行就親眼目睹過牛癟，曾為此大驚失色。

不才那次是去貴陽的一個設備廠家考察，一日午餐，廠長帶我去一個酒店品嚐牛癟。那天，牛癟湯端上桌後，惡臭薰天。我不敢下箸，廠長和他的幾個隨從卻吃的大汗淋漓，直叫痛快。他們對我的猶疑感到不解，說是只要嘗嘗就知道味美了。然而，我不但沒有品嚐的勇氣，就連目睹他們食用的勇氣都沒有，只感到胃裡翻江倒海。後來，只好另開一桌，廠長又為我點了幾道川菜，才算下的臺來。

聽說侗家的牛癟是這樣做的：牛宰殺後，將牛剛吃進胃裡還沒有消化的草取出，用手擠出其中的胃液，去渣後放在一邊備用；然後將新鮮的牛肉放在樟木製的砧板上切絲，切好後放入鍋中拌生薑片爆炒二十分鐘左右，炒熟後將牛癟倒入牛肉中，加入牛膽汁及佐料放入鍋內文火慢熬後食用。這種看似牛糞湯的東西就叫牛癟湯。在侗家，用牛癟做出的菜屬於上等菜，一般只有過年時才能吃到。這種菜分兩種，𤺥從小腸裡面取出來的，比較貴；𤺥從大腸裡面取出來的，就比較便宜了。

說實話，牛𤺥的顏色很像巴巴，其實它本來就是巴巴呀。

三

祖籍山西的漢人大多有潔癖，視羊肚為不潔之物，不敢問津。我也很少在街上吃羊雜碎，主要原因就是唯恐開店的人洗不乾淨。聽說有些奸商把羊下水拉到西河沿用河水涮涮就下鍋了，但大多數食客並不介意，說，不乾不淨，吃了沒病！

父親生前很喜歡吃羊肚，那些年，我經常從西口子食品公司買些生肚子回去。母親收拾肚子非常繁瑣、教條、吃力，清洗三個肚子大約要用去半天時間。

肚子裡的糞便惡臭薰天，洗衣盆裡的水換了一遍又一遍，直至清澈。然後母親又燒開水，倒入肚子中，燜燙片刻後，即可用手輕易撕去肚子上的黑膜，肚子頓時潔白如玉。按說，此時應該罷手了吧？不！母親還要用堿麵揉搓一遍，再用老陳醋揉搓一遍，才肯甘休。

每次收拾完肚子母親總是精疲力竭，腰疼好幾天。因此，我每次往家買肚子時，心裡總是很猶豫。

上世紀九十年代，一次春節前，我們單位從涼城冷庫買了不少出口的羊肚，潔白如玉，晶瑩剔透。煮熟後我才發現，處理的過分潔淨的羊肚已經失去了應有的味道，一點也不好吃。因為羊肚的特點就是那股臟氣味，如果沒有那股臟氣味就不成其為羊肚了。不知道食品公司是如何加工的，有人說是用火堿泡過的。反正母親如此下足功夫的羊肚，那股髒氣味仍然很濃烈。

一天，我和一個同事說起此事，那個同事隱秘地對我說，他有一個祖傳秘方，可以為我分憂解愁，一般秘不示人。次日，他從家門口的花房裡給我用紙包來了幾顆羊糞蛋兒，悄悄地塞給了我。後來我在煮羊肚時作為調料下進鍋裡。鍋一開，羊肚的正宗的味道立刻溢滿家中。妻子吃的很香，她再三追問，我也不敢如實相告，其實，同事給我的這味調料正是羊𤺥呀。

飲料軼事

一

我剛到電管局基建處的時候，處長叫李青山，土默特旗把柵鄉人，是烏蘭夫的老鄉。一次我和他出差路過他的家鄉，他非要拉我去他家的老屋看看。一進村，越野車開的很慢，李處長搖下車窗的窗戶和走在鄉間土路上的鄉親們熱情地打招呼。我坐在後排，把一罐剛打開的可口可樂遞給了一個他叫大爺的老頭，老頭喝了一口就扔了：「這是中藥湯湯吧，你這後生怎麼害人呢？」

李處長大笑不已，反而罵我：「這個小韓，你給他飲料幹啥？好好的東西讓他作害了，你還不如給他一盒煙呢！」

二

二〇〇七年，我們去美國考察，廠家的人員非常友好，熱情地歡迎我們，一天晚宴主人用啤酒來給我們敬酒，我說：對不起，我不喝酒，我用可樂代替吧。他們回答說：好吧，那麼我們喝一瓶酒，你就得喝一瓶可樂。我想了想，為什麼不呢？誰料想那些美國人能喝八瓶啤酒呢？誰又能料到我在兩個小時內喝下八瓶可樂呢？

開始時沒事，但是過了一會，我的胃由於碳酸膨脹的作用，頂的肺部難以呼吸，感到非常難受，表情也異常痛苦，最後他們開車送我回賓館。回到賓館我把身體泡在浴缸的熱水裡，張大嘴儘量讓碳酸氣排出，大約過了半個小時，我的呼吸才算順暢一些，我從此知道了可樂的厲害，遠離了可樂。

三

上週末去看一個朋友，路上買了一瓶可樂喝，發現一個老婆婆緊跟著我，於是我就問她：「你要幹什麼呀大娘？」她說：「我要你手上的空瓶子。」哦，這樣，於是我把空瓶子給了她，走了一段，發現她還跟著，我就納悶了，又問：「大娘，這瓶子不是給你了嗎，還有事嗎？」誰知道她這樣回答：「大兄弟，這麼熱的天我就不相信你不會再買一瓶！」

四

我的南二環的新家裝修完後，朋友送給我大大小小十幾盆鮮花。我要把它們搬上新樓。才搬了一盆，我就累得大汗淋漓，心跳加速。妻子心疼地對我說：咱們還是喊一個民工來幫忙吧。

我們從小臺村找到一個四十多歲的漢子，跟他說明情況後，他笑呵呵地說：錢你們就看著給吧！不到十分鐘，他就把這些花全部搬上了新樓。妻子遞給他一瓶飲料，他連忙擺手拒絕：「不用，自來水龍頭在哪裡？」他走進洗漱間，取下脖子上的毛巾，放在水池裡，打濕後擰乾，擦了臉上和身上的汗，隨即彎下身，嘴對著水龍頭，大口地喝起來。

臨走，我們給了他二十元工錢，他一個勁兒地道謝，說今天遇到好人了。臨出門時，妻子把那個大瓶的農夫山泉飲料塞給他，說是在路上解渴。他的臉漲得通紅：「這種飲料我喝不慣，要是喝慣了，以後哪能買的起呀！」

僵持了片刻，他才很不好意思的說：「這樣吧，飲料我不喝，你們就把這個瓶子送給我吧。」妻子趕緊把那瓶飲料遞給他。只見他走進廚房，拿出一個大碗，邊向碗裡倒飲料，邊紅著臉對我們解釋道：「我老婆為我縫了一條挺吸汗的毛巾，至今我還沒有機會感謝她呢！今天我把這個飲料瓶拿回去，她在田間地頭就不愁沒有水喝了。以往，她都是用一個搪瓷盆盆帶水到地裡，裝的少，又易潑灑，還時常有小蟲子和灰塵落進水裡。這下好了，這個瓶裝的多，使用方便。」

妻子聽了他的話，很受感動，硬要把剩下的幾罐飲料送給他，可他執意不收。看著他的背影，我不禁想起唐人元稹「貧賤夫妻百事哀」的詩句來。

飯局軼事

一、上世紀八十年代初，我就調到內蒙電管局了。記得有一次和領導去北京開會，一天晚上，領導要出去吃飯，把我也帶去了。那個酒店好像叫御膳房，御膳房古色古香、高雅華麗、燈紅酒綠、紙醉金迷。服務員小姐個個豔若桃李，裝扮得猶如清宮裡的秀女。就連鞋子也都是那種高底的花盆鞋，走起來如春風拂柳，婀娜婷婷。

那天還有好幾個不知名的朋友，一落座，人家就開始張羅著點菜，我對領導耳語說：「我吃不起，沒帶那麼多錢！」領導笑著對我低聲說：「你也太沒見識了，今天是人家廠家請客，盛情難卻，哪用我們花錢呢？你來到局裡，今後這種機會太多了。」

二、我平生參加過的規格最高的飯局，就是內蒙古電管局九十年代初宴請內蒙古政府裴主席與呼鐵局周局長的那一餐飯了。那餐飯由電管局賈殿英書記做東，參加的還有呼鐵局基建處的曹處長和呼鐵局的其他幾位領導，不才忝陪末座。那餐飯的起因，是豐鎮電廠鐵路專用線的投資問題，電管局和呼鐵局起了爭議，雙方搞的不可開交。一次開會時，曹處長甚至憤怒之下踢倒了一瓶熱水。後來官司打到內蒙政府，政府裴主席出面來進行協調。協調完畢，電管局宴請各方當事人。

事情一有結論，大家又都是好朋友。記得在觥籌交錯，耳酣面熱之時，男人們又都講起了笑話。

記得是賈書記先開的頭，說的是他在烏盟當盟委書記期間的事。那次烏盟召開三幹會議，早餐時，賈書記這一桌，十個人上了九顆雞蛋，賈書記吩咐服務員小姐再補一顆。誰知服務員小姐把雞蛋端過來後，並不放下，而是嬌癡地問：哪個領導沒蛋？在場的人都噤若寒蟬，不管有蛋的還是沒蛋的都不吭聲。事後賈書記批評那位小姐說：你真多餘，放下就行了，你管人家誰有蛋誰沒蛋呢！

接著呼鐵局的曹處長也說了他自己的一段經歷，我估計多半係杜撰：一次他去工地檢查工作，因為受涼，下面隱隱作疼，於是去豐鎮衛生院檢查，他說明原因後，那個女大夫問他：是睾丸疼嗎？曹處長只懂得技術，不懂得醫學，他的回答是：不搞也疼，搞完以後更疼……哈哈！

那餐飯吃的很開心，酒宴之上高潮迭起、笑聲不斷。雖時隔多年，我仍難以忘懷。

我從此知道，有許多領導幹部在臺上官體威嚴、嚴肅有餘，走下臺來卻談笑風生、說話隨便。特別是到了酒宴之上，更是善於用「葷段子」活躍氛圍、調劑情趣。因為他們也是人呀。

三、俗話說，不知者不為罪。沒見過世面的人常常在酒桌上鬧出笑話：

上世紀九十年代初我和內蒙古電力設計院的同事去北京開會。午間協作單位請我們在太上宮大酒樓吃海鮮。因為天熱口渴，設計院的幾位女士把剛端上來的一碗琥珀色的水，一人一勺很快就喝完了。須臾，服務員小姐回頭杏眼圓睜地問：「那碗洗手的水呢？」大家靜若寒蟬，一言不發。

不才在美國考察時也有過這樣的尷尬事。那餐飯是美國一個生產脫硫設備的廠家做東的。記得在吃完了蔬菜沙拉，喝過開胃酒。在正餐開始之前，侍者給我們每人端來了一杯水，上面漂著兩片檸檬。我們都很開心，端起來就喝，心裡還想著：吃西餐就是這麼好，最起碼人家餐廳想的周到呀，看我們吃過了沙拉，怕我們口中有雜味影響正餐，給我們端來檸檬水中和中和味道。我們正喝著呢，發現美國同事靦腆而吃驚地盯著我們，心中大惑不解，問他為什麼那麼奇怪地看著我們，他欲說還休、扭扭捏捏地說：「那檸檬水，是給你們洗手的。」那一刻，我們都沉默了，想笑又笑不出來。

喝功夫茶，第一杯也是洗茶的，現在應該很普及了，但開始時我們也不知道。

四、一次和同事在北京貴賓樓吃海鮮，那裡的魚翅做的非常好。快吃完時，做東的老闆問我們幾位還需要再添點啥？一位巴盟電業局來的同事說：啥也不用加了，剛才那碗細粉絲湯挺好喝的，如果方便，一人再來一碗吧！大家都禁不住掩面而笑。巴盟的同事卻混沌不知所以然。

五、還有一次，幾個包頭一電廠的朋友來呼市辦事，中午我請他們在電力北苑餐廳吃飯。你別看這裡看上去並不起眼，但菜價都很貴，所以勉強點了兩個。忽然看到一道鹿肉燒賣，非常便宜，只要二十六元，於是點了一斤。但點了以後就一直不安，總覺得不該如此便宜。拿菜單過來再看，確實是二十六元，心也就放下來。吃完結帳，價格嚇我們一大跳，問怎麼這麼貴，餐廳經理讓我們再看菜單。經其指點，才看出原因，原來是二十六元一兩，二百六十元一斤。從此傳為笑談。

六、二〇〇六年，我在北京吃西餐，上牛排前，為了顯示自己對西方文化的瞭解，烏拉山電廠的一位副廠長告訴侍應生：越生越好。於是端上來的那一片肉，就好像剛從活牛身上扯下來一樣，幾乎可以看到肌腱的跳動。最後我們在侍應生近似崇拜的眼神中依靠堅韌的毅力和牙口終於消滅了那塊東西。此後三年我見牛都膜拜之。

食趣

一

兒時，表哥娶媳婦，我哭鬧著非要跟母親一起去。一心想吃大魚大肉，步行十來里才到表哥家，累得我腰酸腿疼腹中空。涼菜上來了，令我大失所望，清一色的涼拌粉條、綠豆芽……我耐著性子等到熱菜上桌，又是清一色的燒豆腐、燒青菜。終於等到幾個有肉的熱菜，人們如餓狼撲食，一掃而光，盤子立馬就見了底。酒席最後一道菜是我盼望已久的紅燒鯉魚，送到我們那桌上的魚不但模樣不對、顏色不對，而且連一點兒熱乎氣兒也沒有。仔細一看，我們都傻了眼，原來，在大蔥、薑片和香菜下面躺著的竟是一條全身抹滿醬油的木魚。正在我們無所適從之際，大人們卻熱情相讓：「吃魚、吃魚」，但他們只吃大蔥和薑片，就是不動「魚」。還沒有等我們回過神來，一位男客卻吆喝跑堂的：「把『魚』端回去燴個湯！」「魚」原封沒動端了下去，但「魚湯」卻始終沒有端上來。

後來才知道，雁北因為貧窮，結婚宴席如果沒有魚不吉利，也不排場，因此就有了用木魚來替代的習俗。也不知是何時、何人想出的這個高招！

二

一九八四年，我和幾位同事去上海出差。事情辦完後，我們相約次日一起去逛街，見識一下大上海。

第二天，我們四個人先逛了南京路，然後又到了老城隍廟，當時已叫「豫園」。到豫園時已是中午，大家議定先填飽肚子再遊園。向人一打聽，說是豫園最有名的食品是南翔饅頭。來到南翔饅頭店才知，所謂「南翔饅頭」其實就是小籠包子。見食客太多，我們四個人作了一個分工：兩人排隊，兩人占桌。輪到我和老張排到交費口時，收款員問「儂要幾客？」我立馬就糊塗了。一問，方知這饅頭不論斤兩只論「客」。現在已記不得一客是二兩半還是三兩半了，反正當時覺得特彆扭，都是年輕人，一客哪能吃得飽？我們溝通了一下後，我和老張各要兩客，那兩個哥們都要了三客。交款時收款員看我們的眼神兒就有點兒不對，可我們那時眼裡只有包子，哪還顧得了別的？

一會兒包子上來，把我們也嚇了一跳：每個人面前都高高地摞起了七、八個小籠屜，四摞籠屜把桌子堆得像個小山一樣。還沒等我們開吃，身後就圍起了很多看熱鬧的人，像看稀有動物一樣指指點點，嗚裡哇啦地用上海話議論紛紛。那天，我們也不知道是如何吃下去的，反正走路都不能彎腰了。

三

也是到上海不久的一個星期天，我和老張、大李相約上街去買東西。走到中午，又餓又累又熱，在南京西路附近的小胡同裡隨便找了一家陽春麵小店就進去了。上海的面分為陽春麵、牛肉麵、大排麵等多種名目，其實都是在光麵上澆一勺不同的湯菜或肉類。大李是山西人，為人鄙吝。那天，他看到我手上提著一隻白斬雞，每張桌子上又有一碗辣椒糊，就只要了三碗光麵。辣椒糊是用鮮辣椒加鹽磨成的糊，有點兒微辣。但光麵拌上辣椒糊，就著白斬雞，對我們來說也算美餐了。我們三位都是嗜辣如命的人，滿滿一碗辣椒糊都拌在麵裡還嫌不夠，老張大大咧咧地端著空碗到櫃檯前又和人家去要。不料那老頭突然爆發了，衝著我們一頓亂吼，我一句也聽不懂。老張連說帶比劃地反覆說明想要點辣椒糊，互相比劃了半天，總算弄明白了。原來飯店每桌上午和下午各供一碗辣椒糊，我們買光麵，人家根本不掙錢，又把本應該支應一下午的辣椒糊都吃光了，現在又要求添一碗，怎怪人家發火？

我上前打圓場說：要不這樣吧，我們給你交一毛錢，再給我們添一碗好不好？誰知我這樣一說老頭卻又衝我發火了，嘰哩哇啦地喊了起來。這回我們才聽明白了：辣椒糊是免費的，不能收錢。我們只好又順手把臨桌的一碗辣椒糊抄過來，丟下老頭在一邊獨自生悶氣。

四

一次，我們幾個同事去一個上海朋友家做客，桌上擺得倒是不少，小碗小盤比酒盅大不了多少，菜可憐得像貓食。兩塊豆腐乾也算一盤；一小撮豆豉也算一盤；幾條筍絲也算一盤，還揮舞著筷子連連叫人家「勿要客氣，勿要客氣！」一會兒，好容易端上來一隻熱騰騰的雞，客人還沒動手，女主人先拿筷子夾一塊嚐嚐：「喔喲，糟糕，嘸沒蒸透！清蒸雞火候不到，腥得唻！」笑嘻嘻又對客人說：「對勿起，等一息噢，阿拉再去蒸一蒸，儂慢慢吃！」就端回去了。哪曉得黃鶴一去不復返，直到我們吃完飯，也沒有再看見「阿拉」這隻雞的影子！

五

還有一次，我在內蒙古醫院門口的一家小飯店吃飯，鄰桌是幾個剛做完手術的年輕大夫。席間一個大夫夾起一塊肝，對另一個說：「你說，這是肝左葉還是右葉？」另一個也不含糊，研究一會兒，肯定地說：「左葉！你看門靜脈的分支走行角度比較平直，這是肝左葉的特點。」然後他夾了塊肥腸，問那個：「你說這是哪段腸管？」前者回答：「這是乙狀結腸，脂肪成分不多、粘膜光滑，這家飯店蒙人！用乙狀結腸冒充直腸賣給我們，老闆！」

老闆沒過來，旁邊桌一個哥們兒臉色蒼白地來了：「求求你們，你們這桌我結了，別聊這個了成麼?!」

醫療軼事

一

「非典」的時候，有一項政策：凡是有人發熱都必須要及時上報，不得隱瞞。我的鄰居老王，他的父親常年有病，肺氣腫加哮喘，一年有多半年臥床不起。非典來了，他的父親因感冒有點發燒，持續幾天不退。妻子對他說：「咱爹不會是『非典』吧？」

「他連門也不出，哪來的『非典』呢？」

「我看還是送到醫院看看吧，萬一呢！」

於是他們夫妻倆給內蒙古醫院的發熱門診打電話，救護車不一會兒就開來，把他爹按「非典」疑似病例給拉走了。

一個月後，醫院把他爹送回來了，他爹紅光滿面，病好的利利索索的，而且沒收一分錢的醫療費。雖然他爹是老病，但因為沒有醫療保險，病就從來沒有好好地看過。實在難受了，就從外面藥店隨便買點便宜的藥吃。在老家時，最多熬點中藥湯湯喝。喝藥少，自然也就沒有什麼抗藥性了。

「非典」來了，醫院的服務態度是出奇的好。各大醫院的醫療費用都出國家預算，實報實銷。他爹一進醫院，好藥就都給用上了，始終不停。直至體內各種細菌、病毒被殺滅的乾乾淨淨。

老王見人就誇黨和政府好：「不是『非典』給用好藥，我爹早死了，哪能活到現在呢。」

「非典」過後，老王的妻子也說：「早知道如此，那時也該把我爹從鄉下接來按『非典』治治，他老人家也經常有低燒的毛病」

「是的」老王說：「你咋才想起來呀！」

二

二〇〇七年我在包頭一電廠蹲點。一天晚餐，劉廠長請我去黃河岸邊的大樹灣漁村吃魚。就在晚宴快要結束的時候，發生了一個小小的意外，我的嗓子被刺魚卡住了。我乾咳了半天也不管用，服務員拿來了饅頭，後來又讓我喝醋，我自己又用筷子捅了半天也不行。後來劉廠長說，別瞎球整了，咱們還是去醫院吧。

包頭昆區的一醫院在包頭算出名的醫院。在包頭生活過的人都知道，這個醫院可了不得，規模、硬體、資源等等一切都是頂尖的。對了，就連收費也和一線城市接軌了。劉廠長說，他入冬時曾經去看過一次感冒，沒有打針輸液，只開了點藥，就花了四百多塊錢。

這回去外科拔魚刺的收費應該說還算公道。好歹也是個小手術啊。連上掛號、診斷、交錢一共折騰了一個多小時，只收了我二百多塊錢。二百元錢真的不算多，出手術室的時候我們幾個對人家大夫千恩萬謝，客氣話也沒有少說。但是，我的喉嚨還是感到有點不舒服。我問大夫，醫生很親切和藹地說，因為你們處置不當，所以對喉嚨有一些劃傷，過一會兒就好了。

出了包頭一醫院，司機送我回包頭賓館休息，恰巧賓館旁邊的巷子裡有一個招牌很小的「診所」。我不由自主地走了進去，兩三分鐘後，那根魚刺就扔在了桌子上，我給了醫生十塊錢。這時我的喉嚨已經感覺舒服多了。

三

包頭一電廠計畫部王部長的母親歲數並不算大。那時他住在兒子家，每天早晨去勞動公園散步、聽人家唱戲，多年來已養成了習慣。一天，老人回來之後感到腰部不太舒服，自己琢磨是因為走的路多了，並沒有在意。

王部長的樓下有一個診所，這個診所盲人按摩師的按摩推拿在附近很有名氣。午休後，老太太下樓走進了這家診所，想讓他們輕微地給按摩一下。那天可能是這裡的盲人大夫下手有點重，結果疼得更厲害了。又過了一天，老太太實在忍受不了了，讓兒子開車帶她去包頭一醫院去看看，結果就有了如下的奇遇：

主治大夫一聽說老太太是一電廠高級工程師的母親，各類手段藥物分門別類地往老太太身上招呼。尤其每天不停地往血管裡輸各種的液體，前後大概半個月，醫院就給老太太下了病危通知單。大夫說情況很糟糕，反正給家屬講解病情用的詞彙，除了神仙誰也聽不懂，說到底就兩個目的：一是告訴你老人有麻煩，家人要做好心理準備；二要進入搶救，家屬要準備更多的錢。

現在回想起來，王部長那個人很有素質和能力。這個時候他非常冷靜，經思考後，做了一個令人吃驚的選擇——出院。他堅定地把母親從醫院裡背回了家，又從老家察素齊找了一個遠方親戚來伺候她老人家。

後來他對我說，那些圪泡大夫，一門心思想敲詐錢。我媽只是腰扭了一下，是走進醫院的，治療了一個月，反倒癱瘓在床上了，現在居然又說有生命危險了。你說我咋能相信他們這些白衣天使？再治下去非死在這裡不可。

老人家大約在家裡躺了半年。這期間王部長精心照料，期間又給她找了個中醫。說是中醫，其實是個遊醫，說他是騙子也不離譜。首先他沒有任何行醫執照，其次，看病的辦法也很荒唐，比如他曾經讓病人吃香灰，甚至建議病人家裡的門頭上對外掛個鏡子等等。但就是這麼個半騙子的遊醫竟然把老太太的病給治好了。

那個遊醫看過之後是這麼說的：「這個病就得活動，努力下床、努力活動，不要讓肌肉萎縮。萎縮了就真不行了。只要堅持活動，半年就能下床，一年內也許就能慢慢走。」他沒有開任何治療的藥，只建議多吃一些補骨補氣的東西。

他走了以後，王部長家裡所有人都將信將疑，不明就理。但老太太真的按照這個江湖遊醫的要求去做了，每天爬起來努力地站立，努力地扶住牆行走。幾個月後，老太太竟然真的能扶著家具在家裡活動了；又幾個月後，居然成功地下樓走路了。

王部長在包頭一醫院花了多少錢一直沒有對我說，不過以我的猜測，沒有幾萬塊錢是下不來的。而在那個遊醫身上一共才花了一百塊。連藥費加起來也就幾百塊錢。

不才提醒：王部長的就醫經歷萬萬不可效法，出了問題，我不負責！

死是歡愉亦是苦？

我和「綠窗竹簾」二〇〇二年初就在網上認識了，那時我們用「二六三跑車」聊天。在我熟練應用QQ時，她還不知QQ為何物。後來她通過朋友也索要了一個QQ號，我們又開始在QQ上聊。談文學、談人生、談世相百態。那時，她每天往我的電子信箱裡發一封信，一次我去呼倫貝爾出差，走了十多天，也沒有中斷。三年後，我的信箱裡有她數萬字的文字，這些文字我後來打印下來，給她寄到泰安了，那是她的心血，她要留作紀念。

那時她說，我們都是QQ上的臨界人物，意即因為我們的文運不行，沒有能夠混跡於文壇。但在當時的QQ聊友中，我們恐怕是最具文字功力的聊友了。

綠窗生於一九六五年底，認識我時她才三十六歲。她畢業於中國人民大學中文系，供職於山東泰安衛生專科學校，打開她家的後窗，就能看到具有帝王之氣的，雄渾的泰山。

那年冬天，她挺著大肚子到醫院做最後一次產前檢查，一個瘦巴巴的老醫生接待了她。例行察看之後，問她身體是否還有其他問題，她如實相告。他查看了她腰部的病灶，沉吟片刻，目光裡有驚奇有擔憂有惋惜，說：你太冒險了，你這樣的身體情況，根本不該要孩子，甚至不能結婚。

她嚇了一跳，連忙問他：難道會影響到孩子？他告訴她，對孩子的發育沒有任何影響，受影響的是你。十個月腹壓壓迫病灶，很可能會讓你腰部病灶惡化，導致癱瘓。

她長舒了一口氣，只要不影響到孩子，什麼都無所謂。至於老醫生說的後果，當時她聽起來覺得有些危言聳聽。不幸的是，三年之後，老醫生的話變成了現實。

綠窗不但有身體的疾患，她更有心病，她曾在網上用文字向我哭訴了她的不幸，及對家人的憤懣。我只能悉心地勸慰。她最激烈的一句話是：「大哥，如果我沒有病，我一定會坐飛機去呼市找你，我什麼都不要，就要你！」我驚恐萬分，勸她皈依上帝，勸她要學會寬恕，我認為只有如此才能醫治她的心病。

我和她認識時，她已經病休在家，外出離不開輪椅。因為網路，她和世界結合的很緊密，正可謂「秀才不出門，便知天下聞」。綠窗喜歡讀書與藏書，從兒時起就沒有離開過書。她說她的大床的另一半和毛澤東一樣，也堆滿了書。就讀書量來說，我遠遠比不上綠窗，我認為她沒有理由不成功，因為她的文筆爐火純青。但同時她也喜歡我的文筆，喜歡我的才氣，我們就這樣惺惺相惜。

二〇〇五年五一節，我和妻子去泰山遊玩，同行的還有幾位廠家朋友。在登臨泰山之前，我曾給她發過一個短信，她欣喜若狂，說是從泰山下來，一定要見見我，盡地主之意。我生性怯懦，她又行動不便，害怕給她添麻煩，因此婉言謝絕，她為此嗔怪了好久。

二〇〇五年後，內蒙古的電力建設空前發展，我已無暇聊天，只是偶爾在網上見面寒暄幾句，過節互發短信問候。那時她有了旺盛的創作欲，每天沉浸在凱迪網路的「原創文學」裡，寫些精美的散文、隨筆。黃土埋不住金，級別一直晉升到「俠聖」。每有新作，她都要給我發來，讓我欣賞，我為她的收穫而感到欣喜。

我驚歎於綠窗的文筆，既有小家碧玉的溫婉與靈秀，又有大丈夫的豪俠之氣。寫起文章來，縱橫捭闔，不落俗套，有大家風範。我多年無暇動筆，有時在她的面前感到羞慚。

二〇〇八年的一天，她在網上突然留言，說她在博客裡寫了一首詩，讓我去看，那首詩的名字叫「親愛的讓我為你寫這首詩」：

一幀素箋／像一方急待孕育的土地／筆的犁頭／播下一行行愛的種子／親愛的／讓我為你寫一首詩／淡淡的墨香／是來自春天芬芳的氣息／每一行詩句／都是輕叩你耳膜的愛之花語／想像每個會寫詩的女人／都必是身姿輕盈的仙子／她們用月的質地、雲的色彩和星星的光輝／來裝飾詩的花樹／親愛的／請原諒我的笨拙吧／我只能從腳下／撿拾一片灰黃的落葉／用雙唇／壓成鮮紅的書簽／夾在你的記憶裡　你溫存的話語／像五月和煦的陽光／被爽朗的笑的水波蕩起／明暗合離／布穀鳥催醒了／湧動的欲望和／晨曦中掛著露珠的歎息／我的話無疑明晰／為什麼／又總是言不由衷、不著邊際／甜蜜寫在臉上／憂傷的根系／為什麼／深深扎進／我的心裡／從眼前經過的日子／都是不變的粗糙和平鋪直敘／像看不到終點的繩索／我扶著繩索默默前行／在每一個和你相遇的地方／挽一個結／這些結／是只有你我能懂的愛情密碼／在我們遲暮的歲月裡／繩索上的所有的密碼／都會開出／大朵大朵金黃色的／太陽菊

我不喜歡自由詩，不讀自由詩。除了年輕時讀過海涅、歌德、裴多菲的愛情詩並為之傾倒外，對國內詩人的詩歌棄之如敝屣。因為他們的詩歌矯揉造作、無病呻吟、味同嚼蠟。然而綠窗的自由詩使我耳目一新，無論讀多少遍都會被她熾熱的情感懾服。一個渾身充滿病痛的人，從內心湧流出來的感受，是自然的，刻骨銘心的。再一次證明，文章從來都厚愛逆境中的人。

二〇〇五年之後，她從網上結識了一些攝影家、畫家以及文學界的朋友，山東文學界的朋友也常常談論這位女俠、這匹黑馬。電視劇《塵埃落定》執行製片人江總及製片主任老馮赴山東處理事務，還專程去泰安看望她，她在賓館設宴迎候。江總與她未曾謀面，短信問她是哪一個？她說：泰安最美麗的女人就是我！多麼自信，歡快的女人。

記得最初與她聊天時她就說：在大學讀書時，每逢在外面散步，回頭率最高的女性就是我。後來她發來照片，果不其然，令人怦然心動。

二〇〇九年春節前，綠窗在北京進行手術。因為膀胱擴容手術，術前需要清空胃部及膀胱，數日不能進食，因而誘發心力衰竭，病逝於北京。在做手術前，我數次短信詢問，她說：「兄長放心吧，這不是致死的疾病。」但如果不做這個手術，就需要長期插尿管，也不至於危及生命，但是綠窗太要強了，她的選擇要了她的命。

那時，我好幾天沒有得到她的短信，打電話她也不接，憂心如焚。一天，她的弟弟鐵軍終於給我來電話，報告了這個噩耗，我如五雷轟頂。鐵軍說，綠窗是基督徒，在北京由教會來給她舉辦追思會；凱迪網路的文友也派代表來悼念；凱迪網路「原創文學」的好友還要集資為綠窗結集出版她的文集。

我昨天粗略地統計了一下綠窗留下的文字，不算詩歌大約就有二十多萬字，篇篇錦繡，字字珠璣。綠窗終年四十三歲，如果不是疾病的原因，即使活到七十三歲，不知會結出多大的文學碩果。天妒英才呀。

綠窗的文字積極向上，從文字上看不出絲毫的病容及倦態。對生死之事也樂觀豁達。她在一些文字中多次從容地談到了死亡，也許她對此有預感亦或是準備：

「有很多個晚上，我坐在窗前，看窗外的月亮悄無聲息地把清輝直瀉到床上，抬頭看看，月亮在安靜地看著我。看著月亮，我忽然產生了一種和它惺惺相惜的感覺，我就是那輪夜空中的月亮，人們看到的永遠是它的光明的一面。真實的我只能在黑暗中獨自悄悄流淚，從來如此，一向如此，註定如此。如果有一天我不在了，那我一定不是被外界的人和事打垮的。我知道自己有足夠的堅強和豁達，沒有什麼可以打敗我，連上帝都不能，能毀滅我的只有我自己。因為我對自己的失望，對人生的失望，因為我被淹沒在回憶的夢魘中不能自拔。或許我真的就是那片從空中飄轉而下偶爾經過我面前的樹葉，葉片上那束耀眼的射入我內心的光亮並非來自我的內心，那只是反射的恰巧照臨我身上的上帝的陽光。我已離開枝頭，不可逆轉地飄向大地，腐爛成泥是我最終的歸宿和命運。誰都無力讓我復活，而我同樣亦不能再複顯生命的綠色。——這難道就是我的宿命?!」

在《輕裝出發，去遠行！》一文中，她寫道：「人到中年，開始不再那麼避諱生死的話題。一天晚上，忽然傻呆呆地對老公說，將來我死後，不要留下任何東西。毫無意義的骨灰，空洞冷清的墳墓和冰冷寂寞的墓碑，統統不要。我只希望自己隨著那股青煙嫋嫋上升，如同我的靈魂進入天堂。」

「自以為這是一種很浪漫的想像，很美好的願望。死後靈魂終於脫離了沉重的肉體，化作一股飄逸的煙；一片遊蕩的雲；一陣流動的風，達到一種全然自由的境界。」

然而，她畢竟是一個女人，病痛襲來時，她也會感到無法忍受：在《你的眼淚為誰而飛？》一文中，她寫道：「一種莫名的情緒猝不及防地襲上心頭，憂傷、失望像潮水瞬間淹沒了你的全身，胸口壓迫地難以呼吸。你頹然倒在床上，整個人蜷縮在一起，一隻手緊緊捂住胸口，那麼真切地感覺到：原來，人的心，真的會痛！」

「殘存的一點意念告訴你，這個時候，你需要走出去，需要釋放一下自己，需要外面陌生雜亂的一切混淆你的視聽，轉移你的注意力，哪怕這些與你無關，至少你在一定程度上能把你帶離這個意識的死角，可以讓你暫時忘卻此刻的痛苦。否則，胸中極度的鬱悶會讓你窒息而死。」

疾病也常常使她想到離世：在〈〔年終盤點〕活在陽光裡——感謝二〇〇七！〉一文中，她寫道：「我不否認具體的人，或多或少都有自己不可觸摸的大苦痛、大傷悲、大幸福。但是，把自己放在歷史的大背景上，人的生命渺小如蜉蝣，輕微如鴻毛。任何的痛苦和傷悲都顯得那麼卑微不值得一提。更何況，還有死亡來為每個人做最完美的謝幕，所有的人無一例外地會走到這個出口並由此得到解脫。因此，還能有什麼讓人心理不平衡呢？」

在〈〔年終盤點〕活在陽光裡——感謝二〇〇八！〉一文中，她又寫道：「有一本書談論到一個有趣的問題，就是讓人看清楚你周圍所居住的環境。比如，你可能居住在鄉村，周圍農人採桑雞鳴狗吠屋舍儼然；你可能居住在城市，周圍人影散亂車水馬龍高樓林立。那麼，你是其中的一個人，設想一下如果人類此時此刻消失了，一千年之後，你的周圍會是什麼樣子？答案會讓所有的人大吃一驚，一千年後，你的周圍會是一片莽莽蒼蒼的森林。高大的人類建築會讓時間銷蝕成齏粉，人和動物的身體會讓時間消化成泥成為植物的養分，所有人類的痕跡都將丟進歷史的記憶裡，時間成為唯一的主宰，最後的勝者！」

從二〇〇五年起，每年她都會在博客中進行〔年終盤點〕，在博文中感謝逝去的一年，感謝上帝又賜給她一年的生命，讓她感受陽光給她帶來的溫暖。

她在博文中告慰一些離世的長者時，其實也是在告慰大家。甚至有些想法是借死者的口說出，文字令人動容：在《死是歡愉亦是苦？》一文中，她著詩追思大娘：「盍然散作煙一縷，飲恨辭別向太虛，心強偏遭草根命，方知天數不可欺。大娘，在這個春天花至荼蘼的時候，你也隨著百花，和這個世界告別了。」

在《當時只道是尋常　姨媽，請你自由的……》一文中，她寫道：

閉上眼，彷彿聽到了……

請不要佇立在我的墓前哭泣

因為我並不在哪裡
我並沒有沉睡不醒
而是化為千風
我已化身為千縷微風
翱翔在無限寬廣的天空裡……
秋天
我化身為陽光
照射在田野間
冬天
我化身為白雪
綻放鑽石般的閃耀光芒
晨曦升起之際
我幻化為飛鳥
輕聲地喚醒你
夜幕低垂之時
我幻化成星辰
溫柔地守護你……
請不要佇立在我的墓前哭泣
因為我並不在哪裡
我並沒有沉睡不醒
而是化為千風

我已化身為千縷微風
翱翔在無限寬廣的天空裡

綠窗妹妹，死是歡愉亦是苦？你終於解脫了。但願真的有一個上帝，能夠收留你。你來人間沒有虛度，你用生命換來的兒子就是你生命的繼續，何況你還留下了二十多萬字的精美文字，它可以繼續激勵與鼓舞許多後來人。

大哥這幾年也沒有虛度，到現在已經完成一百多萬字的《人生感悟》及《往事如煙》系列文章了。我沒有出去打工掙錢，因為錢會縮水，文字不會縮水。文字越積澱會越沉重，文字也能體現一個人的價值。如果你沒有這二十萬字的錦繡華章，你只是一個病婦與煮婦。可惜你沒有看到大哥這三年嘔心瀝血的成果，如果你看到，也一定會唏噓不已，因為其中有不少篇章能使你動容。

綠窗妹妹，你在文中多次提及，你夢見自己住在一個有花園的房子裡，房子有寬大的落地窗，你坐在那種柔軟如母親懷抱的沙發裡。大哥已銘記在心，如有來生，大哥為你購置這樣的房子好嗎？

綠窗妹妹，如果有天堂，你一定要在那裡等我，大哥總有一天會去看望你，與你共訴衷腸。等我呀！因為死是一個人如何延誤都不會錯過的事情。

千金落難是海軍

上個月的某一天，博友王海軍來我的博客訪問，並對我的博文進行了評論，我無意中回訪了她的博客，看到頭圖很有風度與氣質，直以為是個男士，後來細看，才知道是個婦人。王海軍係北京知青，一九六八年到內蒙武川縣插隊，直至一九七八年考入內蒙師大中文系，一九九〇年回京。期間顛沛流離、歷盡波折、悲歡離合、催人淚下。我大概流覽了她的幾篇博文，文字流暢、委婉、細膩，行文很講究起承轉合，下筆及收尾都很巧妙。我當即給她發一紙條，表示敬意，紙條是一首打油詩：

一直居陸地，名字叫海軍。
本是優雅女，早年曾務農。
幸的天開眼，師大做學生，
晚年居北京，儀態更雍容。

王海軍不但名字有男子氣概，相貌也氣宇軒昂。她屬大家閨秀，不是小家碧玉。身上有股浩然正氣，但嫵媚不足。用內蒙鄉土作家陳弘志的話來說：「有國務委員的風範」。賀龍的愛女賀捷生是中將，如果王海軍穿上賀捷生的行頭，我想一定比她更有將軍的風度。

王海軍身高估計有一米七零。我和博友陳弘志的身材因為那個年代的飢餓，大打折扣，但同齡人王海軍卻長得人高馬大，和她的家庭自然有關。那個年代，人家她爹是中共「一支筆」，享受特供，屬肉蛋幹部，她自然發育的要比我們完善。

王海軍的塞外知青生活異常艱苦困頓，她在博文《獨守寒窯》裡寫道：

「那年雪特別大，下了一夜雪又刮了白毛風，我們住的是原來的小學校，門是向外開的，雪就把門堵住了。我們那兒地廣人稀，每家都住得很遠。小學校離別人更遠，叫人也叫不到。我又急又怕，在屋裡團團轉。忽然想起這小學校窗戶是可以開的。我從窗戶跳出來，才把雪鏟開。更難的是每天要去挑水，井臺上凍著厚厚的冰。井口也凍得很小，連水斗子都下不去。要打水還得用尖頭鐵棍把井口鑿開。我鑿不了井口，看見別人挑水，就趕緊也去挑。井臺又光又滑，一不留神就會滑倒。手要是碰到桶上，一粘一塊皮。我們那兒冬天不幹活，我每天在村裡東遊西逛，到人家的熱炕頭暖和暖和，和老鄉聊聊天，蹭點飯吃，一天一天地混著。」

「除夕之夜，我想，我也不懂這裡的習俗和禁忌，就別隨便去招人討厭了。就躲在自己屋裡，躲在這節日的歡樂之外。我們那時還是不會過日子，門上有一個大洞也不懂得糊上。每天早上，水缸裡、鍋裡都是冰。這時屋裡升著爐子，還是冷得要命。冷風從門上的破洞中呼呼的往裡刮，門忽嗒忽嗒地響著……」

千金小姐落難，是多麼地孤獨、無助。至此，你就不難理解，為什麼有些知青女孩要嫁給當地人了。

海軍在博客中用了很大篇幅，描述了幾對女知青的婚姻，情節淒婉而動人。我拜讀時，曾經老淚縱橫。尤其為咩咩和老四的婚姻唏噓不已：

北京知青楊聯敏，外號咩咩。長得端端正正，白白淨淨。她在別的公社時，已經和一個農村青年結了婚。縣裡得知一個女知青和一個地主子弟結了婚，覺得不合適，三番五次派人到村裡，逼得咩咩離了婚。這其中，咩咩遭受了多麼大的精神折磨和感情痛苦，她不說，也就無法考究了。離婚後，同情男方的人鄙視她；主張她離婚的人也不待見她。她自己也覺得無顏見村裡鄉親，更無法坦然地回知青點。所以，縣裡把她調到了海軍她們公社。

郭四旺，人稱老四，是個羊倌。四十上下了還沒娶過媳婦，和老母親一起生活。老四家是得愣愣的貧農，家中沒有適齡的男青年（老四的年齡和咩咩的父親差不多大）。老四有一個老母親，咩咩和老娘娘住，再合適不過了。縣裡覺得是把咩咩放進了保險箱。

誰知，過了些時候，竟爆出了驚動全縣的大新聞。老四和咩咩到公社去登記結婚了！這下可像是塌了天，公社不給登記，縣裡不批准他們結婚，原公社和現在公社的知青都不贊同他們的婚姻。咩咩的哥哥也從北京趕來，轉達了父母及全家的意見，堅決反對咩咩嫁給一個跟她爸爸差不多大的農民。這時的咩咩已完全不像上次那樣驚慌無助，任人擺佈了。面對無數的勸說、警告，咩咩一聲不吭，只有一句話：要和老四結婚！上級無計可施，就按破壞知識青年上山下鄉，逼婚、誘婚的罪名，把老四關進了公社「學習班」。咩咩不哭不鬧，仍舊一聲不吭，只是每天去給老四送飯。眼看要拉老四去批鬥、遊街了，咩咩宣稱：已經懷了老四的孩子，現在不讓結婚，以後抱著孩子去結！最終，老四和咩咩結了婚。

海軍為此下的定論是：他們都忘了老四是個男人，咩咩是個女人！

後來，咩咩帶著老四回京。她們屈居在一間小平房裡，三分之二的地方，搭成像農村大炕一樣的床。一家六口人就擠在這裡。老四的笑臉，咩咩的平靜，擋住了所有人像探究珍稀野生動物一般好奇的探詢。

咩咩回京時，辦的是假接收，回來後無處上班，找了個臨時工。老四也在打零工，維持著一家六口人的生計。咩咩家的戶口本上，老四是她的公公。想來也是先辦喪偶，咩咩和孩子回來後，再以公公無人贍養為由，辦回了老四的戶口。管他戶口本上寫丈夫還是寫公公，老四戶口回來就得。

後來，街道給這些丟了公職的知青都辦了退休，拿北京市的最低工資，還有了社保。兩人再做點臨時工，日子就寬鬆了許多。日子漸漸好過了，老四卻日漸衰老了。嘴扁了下去，背駝了起來。加上跟不上時代的打扮，活脫脫一個耄耋老農。再後來，老四患病不幸辭世，也算是壽終正寢了吧。

我對海軍說：「這個情節如果寫成電影劇本，不比《雷語》遜色。你快寫吧，如果讓尚老大（內蒙作家尚靜波，王海軍語）看到了，不出半個月就拿出文學劇本來了。」有史以來，愛與死是永恆的主題，老四與咩咩的婚姻反映了人性、人道、人倫、人心，能夠觸及人的靈魂，能使任何一個有良知的人聲淚俱下，但海軍似乎無意為此。

老四去了，卻留下了太多的謎。咩咩不說，誰也走不進她心裡。據說，當年逼迫咩咩離婚的縣裡的幹部××說：「這輩子最後悔的事就是逼咩咩離婚，害了她一輩子。」可咩咩嘴裡，卻從來沒吐過半個「悔」字，也從來沒有抱怨過誰。現在，她們的三個女兒都已成家了，都有了房子，最小的兒子上了大學。老四若泉下有知，也該含笑九泉了吧！

據海軍講，後來許多嫁給當地人的女知青，除了個別高幹女孩和丈夫反目為仇，毅然獨自離去，多數人都費盡周折，把自己的蒼老、窘困、粗俗的農村丈夫帶回了北京。

為了回京，多數女知青先辦假離婚，回到北京後再謊稱要和小叔子結婚，把老公辦回來；有的是謊稱老公死亡，甚至拿出了死亡證明及火化證明，然後再以老公在農村無人關照，需要接來北京撫養為名，把老公的戶口遷到北京。

海軍的父親是個文人，早年參加革命。一九六三年中蘇論戰的《九評》，其父就是主要執筆人。一九六六年文革伊始，他又是中央文革小組成員。一九六七年武漢騷亂，軍隊和學生嚴重對立，幾近火併。王父銜命去支持革命學生，軍隊不服，包圍和衝擊了武漢東湖賓館，抓走了王父，並對其施暴。偉大領袖其時也在東湖賓館居住，以為兵變，大驚失色，倉皇逃往上海。

據說，此事源於偉大領袖想清理軍內走資派。後來他終於知道，軍隊的事絕不能草率行事。為了安撫軍隊，他一句話，便把王父及其餘兩名文革成員投入秦城。一關就是十四年。

海軍是恢復高考後第一批的大學生。一九七八年她考入了內蒙古師範大學中文系。她插隊時是初中生，那年的競爭非常激烈，她能在高手如林的青年中脫穎而出，實屬不易。

海軍的老公是內蒙古烏盟武川縣人。海軍說：「我家老楊相貌尚好，不過無論從哪個方面都算不得出類拔萃的男人。我卻視之若寶，為他付出了全部。」

老楊結識海軍幸運的，沒有海軍，七十年代那次在鄉下患腎炎，他就早已斃命。那些年，鄉下人哪裡看得起病？是海軍動員了家庭及親屬的力量，才把老楊從鬼門關里拉了回來。

不要把女知青和當地人的結合一律看做落難，海軍和老楊的生活雖然艱難困苦，但她們婚姻也充滿了溫馨和歡樂。

海軍是個好女人，她回京後，把老公的農村親屬都弄來北京打工。把老楊的孀孀，一個不足一米五的乾枯的農村老太太，還弄到天安門城樓上，站到毛偉人當年揮手的地方照了張相。我為此很感動。

就是這個孀孀，曾給她伺候月子，並完全按塞外農家的慣例：請老娘婆接生，夏天也把窗戶糊死，穿棉衣、罩頭巾、喝米湯。海軍已經完全融了當地土著人的生活，誰能想到，她爹曾經震驚整個中國。只是我為她捏一把汗，如果難產，胎位不正，大出血可咋辦呀？

海軍不惜錢，沒有一般女人慣常的小家子氣。「滴水之恩當湧泉相報」，是一個人的最可貴之處。海軍在血水裡泡過；在堿水裡煮過，使她成為了一個完整的女人。

朋友老岑家事

老岑祖上也是山西人，清中期由山西移民至內蒙古。先是給蒙古王公貴族墾荒，交一定的押荒銀，墾熟後每年交些地租。清廷所定的押荒銀和歲租，按土地品質有所差別，東西部也不一樣。綏遠一帶押荒銀每畝至少一錢，最多達到二點一兩；歲租每畝一般是銀一分到二分左右。

老岑的先人經過多年的辛苦勞作，手中有了一些餘錢，就開始從蒙古人手裡買地。據說，那時的地非常便宜，尤其荒地給錢就賣，常常跑馬為界。老岑的先人是慈禧老佛爺領導下第一批勤勞致富的人。及至民國，老岑家的水澆地就有上百傾；草場不按畝論，而是按裡論。

據老岑講，他的先人對長工們非常好，他的祖父就是一位善良的地主，樂善好施、扶危濟困。同情農民、關心農民，幫助農民的事他常做。

那時候的地主們，一般採用「籠絡」的方法穩定長工。例如，初一十五「打牙祭」；逢年過節送糧食、衣物；年終結算時另外暗中給紅包……用這些手段來挽留那些老實本分，肯幹活的長工。在那時，地主在年前還必須關照他人的過年情況，如有窮苦人家過不去年，同村富裕人家必須單獨或湊錢給與必要的幫助。

筆者務過農、做過工，深深知道「活兒在手裡」這句話的分量。如果「對著幹」的話，長工自有千百種方法來消極怠工。因此，用欺騙、壓榨的方法，東家和長工是不能長期相處的，最終吃虧的必定是東家。小氣、吝嗇的地主是有，但一定得適可而止，如果太厲害，吝嗇的臭名遠揚，就沒有人上你家來打工了。

那時候，許多地方鬧土匪，地主們都嚇得「雞崽子」一樣，小心謹慎、生怕惹禍。叫花子來討米，總是一碗碗打發，絕對不讓他們空手而去。不要小看了叫花子，其中就可能有某股土匪的眼線，如果輕慢了，說不定哪天晚上來一幫手執刀槍的蒙面大盜，把家裡搶得精光……地主們連叫花子都不敢輕慢，哪裡敢得罪長工？

但是，突然有一天，「地主」變成了一個天大的罪名，有地皆「主」，是「主」皆惡，僕人既然翻了身，舊社會的「主人」當然沒有好日子過了。從沒收財產到人身批鬥，不僅傾家蕩產，一生名譽也掃於地下，甚至肉身難保。

一九五〇年，歸綏市土改開始，工作隊確定鬥爭對象後，需要引導貧農們起來鬥爭。但是工作隊員們很快就發現，一些貧農表現並不積極。因為並非所有的地主都與雇農勢同水火，甚至有的地方雙方關係還較為「和諧」。起初，不少人不願意撕破臉向地主發難。在工作隊動員他們起來鬥地主時，不少貧雇農反而還產生一種抵觸情緒。

為了順利實現土改目標，工作隊員還排演了著名話劇《白毛女》，採取宣傳的形式來做貧雇農的工作，但沒有什麼效果。老鄉們反而認為：「黃世仁是遠處的地主，我們這裡的地主都是好人」。

不少人無法理解地主對他們的剝削，稱：「我給地主幹活，人家管我飯吃，年底還給工錢，這都是說好了的。要是年底不給工錢，或者不給飯吃，我可以告他。可是人家確實給錢了，也給飯吃了，那還有什麼錯兒？」

土改打殺地主的手段五花八門、慘絕人寰。鬥爭地主的場面十分野蠻，拳、腳、鞋底、棍棒、皮鞭一齊上，打得皮開肉綻、口吐鮮血、傷筋斷骨，慘叫哀號之聲，不絕於耳。對於某些強加的罪名，跪在鬥爭臺上的地主想解釋一下，戰戰兢兢剛開口，臺下在積極分子的帶領下發出一片震耳欲聾的口號聲，淹沒了地主那微弱可憐的聲音；臺上的積極分子立即抽耳光，拳打腳踢，打得你根本無法開口……

除了用棍子打、錐子捅、繩索捆、石頭砸之外，還有好多種。比如磨地：把棱角鋒利、黃豆般大小的料炭和菠菜籽撒在地上，然後把要鬥的人衣服脫光，推倒在地，提住他的雙腳在這上面來回拖，拖到他半死不活為止。

捆綁可能是最有中國特色的刑罰之一。一些擁有不容置疑的生殺大權的人，只要高興，可以在任何時間任何場合，將另一些被他們稱為階級敵人的，被徹底剝奪了尊嚴的人捆綁起來肆意凌辱；即使將人致傷致殘甚至致死，其行為都是革命的，不需要承擔任何責任。

老岑的祖父在那時就被捆過一繩子。那次鬥爭會一開始，老岑的祖父就表示認罪服法，工作隊要求從明朝開始退賠剝削所得，老人家也連連點頭同意。鄉親們都說：「態度挺好的，就這樣吧，別鬥了。」但工作隊不認可，幾個村裡的地痞和二流子，他們先脫掉老人家的衣服，從後面將其轟然一聲猛推在地——他們稱為「狗啃屎」，用麻繩一圈一圈地將老人的手臂捆緊，雙手反剪，從地上拉起來，用膝蓋抵住老人的腰部，再使勁將反剪的雙手往上提，老人立刻發出殺豬般的慘叫聲。

那天，老人家被捆的血液不能流動，一會兒就臉色蒼白，全身沁出一層白濛濛的細汗，這是痛到極致的一種生理反應，就因為這一繩子，老岑的祖父半年多胳膊都舉不起來，自己不能穿脫衣服。

那年春節，老岑家什麼也沒有準備，別說肉，就連米麵也沒有了。全家人在悲悲戚戚中度過了年三十。初一清晨，老岑的父親一開大門，發現門口擺著好幾個籃子，他慌忙提回家去，倒出來一看，發現全是食物：燒豬肉、油炸糕、饃饃、粉條、豆芽，應有盡有。他們全家喜出望外，感動的熱淚盈眶。他們能猜出，這些吃喝都是過去的長工們送來的。那些年，每到年關，他們家都要準備好多份食物，送給那些貧寒的人家。人心都是肉長的，這是積德的回報。

有了這些食物，他們總算安然過了個年，但後來的日子會如何，他們根本無法猜想。起初，他們天真地認為沒收了土地和財物就算到頭了，誰能料想到，噩運這才開始，淪為賤民的日子整整延續了數十年。

幽默的黑梅

我認識她的時候，她叫黑春梅，還是個打工妹，每天灰頭土臉地為生計奔忙。現在竟然在內大文研班深造，文字不時見諸於報端，名字也成了「黑梅」了。

她是蒙古族，有游牧民族的血統，祖祖輩輩在昭烏達草原游牧，來呼市已有二十年了。前五年，她還在人民路的南端租房住，老公常年在外打工，兒子住校讀初中。那時的醜小鴨，現在混入象牙之塔，成了作家，成了黑天鵝。如果不看她的博客，不知曉她近年來在各大雜誌發表過小說、散文，誰能想到她還是個智慧靈動的才女呢。

黑梅還是幽默的，她敢在文友做東的晚會上，把第二次見面，關係還不甚熟稔，性格內向的哥們向別人介紹說：「這是孩子他爹！」她的這句玩笑話頓時讓氣氛熱烈起來，沸騰起來。席間，大家漸漸地知道她就是文壇的黑牝馬——「黑梅」。

據說那次聚會，「是一群蓬勃著生命、澎湃著激情的北方男人，唯有黑梅一個女人。這場酒席全然屬於那種狼多肉少的生態失衡，而且還非常嚴重。大家都拿黑梅『尋開心』是再自然不過的事情了。」

蒙古族作家阿勒得爾圖後來在博客中這樣戲謔地描寫她：「遙想情竇初開的青春時節，黑梅的這張臉肯定是圓潤的、光鮮的和俏麗的，但經歷二十多年的歲月消磨和男人啃噬，已經漸出層次。但淺淺的、細細的皺紋仍在努力地編織著捕獲獵物的『情網』，這應該是女人綿綿不絕的生命張力。」

幽默有廣義與狹義之分，在西文用法，常包括一切使人發笑的文字，連鄙俗的笑話在內……但在狹義上，幽默是與鬱剔、譏諷、揶揄有區別的。最上乘的幽默，自然是表示「心靈的光輝與智慧的豐富」，……各種風格之中，幽默是最富於情感的。

朋友相聚當然少不了揶揄與調侃，一般女人往往不敢主動出擊，唯恐引火焚身。但黑梅有能力控制場面，兵來將擋水來土掩，不會使自己全軍覆沒。

黑梅在博文中也不時表現出她的機敏與睿智，幽默的字句，常常讓人忍俊不禁。不是智者，誰能把戲謔的文字表達的如此生動呢？她的一篇博文《閒扯》，使許多博友為之一笑，生性幽默的我也趁機把她調笑了一把：

閒扯

——來自博友妹妹黑梅「淡淡的好」的博客：

向英特網宣佈，在呼市過年。

去你媽的春運。我不和你較勁。不是姐姐沒有票，是姐姐不想和你擠。

聽說喜歡把家裡家具位置換來換去的人，都有遷徙民游牧血統。我？呵呵。

原來想等搬家再收拾。算了，搬家不定事哪年的事，再說，我還真不想搬。

我是這樣想的：

換個沙發，換個床，換個電腦，換個腳踏墊，臥室換個舒緩點的顏色，換床罩被罩，換……

如果再能換換……哈哈，應該不錯。

春節準備，正在進行時……

「老綏遠韓氏」的評論

妹妹你想換啥？「如果再能換換……哈哈」，我也認為不錯。只是有賊心沒賊膽！

二〇〇一年我喬遷新居，家裡裝修的珠光寶氣，煥然一新。包括家具、行李被褥、鍋碗瓢盆都進行了更換。但是總感到哪裡還有些不協調。我最後的目光在老妻的臉上定格，老妻說「你想幹啥？」我頓時洩了氣。

內蒙古鄉土作家陳弘志留言說

陳老漢曰：人同此心，心同此理。人的潛意識裡，藏著佛洛伊德。淡淡也罷，綏遠也罷，不是不敢為，是不能為也。

張愛玲說過：「任何一個女人，如果機會合適，也都渴望外遇。」我想黑梅也不會例外。

「博」中有女顏如玉

一

不才的博客起名為「老綏遠韓氏」，實在沒有奧義。當初各種博名都試過，「新浪」每每提醒，都已被別人佔用，不得已才起了這個不倫不類的博名。因為生僻古怪，竟然在網上獨豎一幟。

呼和浩特最早有兩個城池，舊城叫歸化，新城叫綏遠，合稱歸綏。家父十三歲就從老家來呼市讀書，建國前曾在國民政府綏遠省建設廳任職，家眷安頓在綏遠城。我起名為「老綏遠韓氏」不算為過。

無論「歸化」還是「綏遠」，都有民族歧視之意，後來為了民族團結才改為呼和浩特。

由於不才的勤奮努力，博客漸漸為世人所知。如果用百度搜索「老綏遠韓氏」，至少可以找到關於我博文的四千條資訊。有趣的事情，常常會不期而至，從去年起，每搜索「老綏遠韓氏」時，總有「小綏近韓氏」混跡其中。好像「小綏近韓氏」是個年輕女士，容貌端莊秀麗。

你如果點擊「小綏近韓氏」，進入頁面以後，就會發現，全是網路行銷的版面。化妝品、太陽鏡、乳罩、乳貼、絲襪、內褲，衛生巾應有盡有。真沒有想到，我的博名竟能為靚妹發財提供線索。

二

幸得博友厚愛，不到四年，不才博客的訪問量已達五百多萬人次，粉絲也有六萬五千多人，聲威漸漸遠播。

去年遼寧影視製作中心有一個編劇小妹妹給我來電話說，她是通過空政的歌唱家劉和剛才知道了我的博客。一次，劉和剛去給她們的電視劇配唱主題歌時，對她們的業務水準竭盡挖苦諷刺之能事，最後說：不是我小看你們，你們的水準太次。我最近在新浪網上發現了一個博客，叫「老綏遠韓氏」，你們也去看看，看看那個內蒙古老漢的文字功力！

三

今年四十一歲的美女作家閻延文，二十五歲獲得文學博士的學位，她從二十三歲起就開始從事「臺灣三部曲」的創作。二〇〇六年，「臺灣三部曲」《臺灣風雲》、《滄海神話》、《青史青山》新聞發佈會在紐約舉行。

值得一提的是，閻延文作為第一位獻書給連戰的大陸作家，連戰對她用五年時間完成《青史青山》一書的毅力及堅持精神予以高度讚揚，並兩次為《青史青山》題寫硬筆和毛筆書名。

二〇〇九年，閻延文鼓動中國作家向「谷歌」索賠侵權損失的活動，閻延文從網上和我聯繫，邀請我也參加她們的活動。她說：韓大哥，你也肯定受到了「谷歌」的侵權，不能不做抗爭。閻延文是大陸體制內的作家，而那時我才打算申請呼和浩特賽罕區作協的會員，不禁汗顏。

閆延文文字尖刻銳利，有魯迅風，是大陸版的女李敖；但容顏卻溫婉豔麗、嬌羞嫵媚，係巾幗英雄。二〇一〇年，她揭開了「茅盾文學獎」評選的黑幕，在網上向中國作協的主席發起抨擊。隨後她又因為中國作協的官員們去雲南地震災區訪問時，居住五星級酒店的總統套房，而再一次向中國作協領導發難。

她好幾次檄文出手前，都曾和我商議，這樣做是否合適？甚至希望我也能助她一臂之力。不才因文革受到傷害，早已無了銳氣，「一朝被蛇咬，十年怕井繩」。每逢此時總是好言相告，理由是，你是體制內的作家，作協的領導都是你的頂頭上司，你一個弱女子和利益集團宣戰要注意自己的安危，鬥爭要注意方式與方法。林昭沒有不行，林昭多了，更值得痛惜。老夫憐香惜玉，不忍心看到你受到傷害。這種向利益集團宣戰的事情，似乎更應該由壯漢們來幹，但如今的男人都中性化了，像茅于軾、于建嶸這樣的鬥士猶如鳳毛麟角。

雖經我的勸告，閻延文仍鋒芒畢露，不改初衷。每逢年節仍給我發來短信問候。去年元宵節她在給我的紙條中說：「衷心祝韓大哥元宵節快樂。我又寫了一篇《誰是韓寒神話的推手》，請共同探討。」

四

菩提戀是深圳的一位女孩，是一位心高氣盛的麗人。她畢業於廈門大學中文系，直至二〇一〇年三十二歲時仍為剩女。作為剩女的原因，絕不是沒人喜歡她，而是沒有她中意的男人可嫁。一次她在博客上給我留言，戲謔地說：「韓大哥，如果我肯嫁你，你會娶我嗎？」我的答覆是：「今生不行了，如有來生，能早些托生，倒是可以考慮。」我的一句近似於玩笑的話，使她欣喜萬分，她當天（二〇一〇年二月二十四日）就在QQ空間裡發表了一篇個人日記，日記的標題是：「燈塔——韓大哥」，內容如下：

韓大哥的書出版了，祝福他！
他是我的生命導師之一，率真、寬容、積極、睿智、深刻、幽默、有學識，給我信念和鼓勵。
他也是預定了我下輩子做他太太的那個可愛的老男人。
每次想起他，就會很快樂，很有力量，很溫暖。
人生能有這樣的老師，真是甚幸。
燈塔……

五

資深美女蘇菲今年五十五歲了，是個單身。她的女兒在韓國定居，她居住在合肥近郊的一所別墅裡。蘇菲為買這套兩三百平米的別墅傾囊而出，才湊夠了首付，每月的工資都用來還了按揭貸款，所幸市里還有一套房子出租，才能得以維持生活。我看過她發來的新居的照片，使我耳目一新，裝修及家具的風格都是歐式的，小院裡的夾竹桃開的非常鮮豔，牽牛花爬滿了圍欄。

去年夏天，我在博客上轉載了一組照片，題目叫「充氣娃娃的使用方式」。蘇菲女士一直在關注我的博客，已有些傾慕於我。看到此篇文章，直以為我也是個單身，這個充氣娃娃是我買來使用的，於是在網上給我留言、發資訊告訴我，雖然她已經五十五歲了，但保養得極好，絕無老態，至今閒置家中已有十年。如果能接受她，就快把那個塑膠娃娃扔了吧！

她自信自己的使用效果要比充氣娃娃強百倍，因為每逢去游泳、洗澡，更衣時總會有人驚歎她皮膚的光滑細膩與少女無異。她還說，韓大哥，如果你不信，我這就把裸照發過去讓你看！

余勇可賈，後來她很快把裸照發來了，果真如出水芙蓉，嬌豔欲滴。她說，你即使發在網上，我也不怕。我又不是名人，誰認識我呢？

蘇菲女士離異已經十年了，她的老公是她下鄉時認識的，大她十歲。那時她在鄉下，看不到出路，他的老公其時已是縣裡的局長。在大人的逼迫下，她只好屈就。她還說，那個男人是個花花公子，她不堪忍受，於是在中年時分手。

蘇菲女士自認為是個美女、才女加小資。她一直以為我也是單身，約我去合肥與她同住。不過她提醒我說：我可不是富婆，你來了，生活費咱倆要ＡＡ制。

後來，我直言相告：家中還有老妻，按古訓「糟糠不能下堂」，你說的事情萬萬不可。於是，她再也不來我的博客，網上也不再見她的蹤影。

「都市華庭」的老漢們

呼和浩特錫林南路原交通學校路口的西北角，有一個叫「都市華庭」的街心公園。公園依託的就是呼和浩特第一個高檔住宅社區——「都市華庭」。上世紀五十年代，這裡是戲子墳，是伶人葬身的義地，尤以晉劇演員為多。也有不少暴屍於外，被野狗叼食，後來由戲班集資，購買俗稱「狗碰頭」的薄棺篋，收屍裝殮，堆壘幾層，然後挖壕用土淺埋。那時的戲子都是下九流，哪像現在都成了藝術家，成了將軍。

二〇〇〇年以前，「都市華庭」的開盤價在三千元以上。同期，附近新建的多層住宅才均價一千元。那時，呼市的一般市民絕不敢問津這裡的房子。這裡的房子大多被托縣、和林、清水河的人民公僕們買走了，買了也不住，平時晚上總是黑燈瞎火，即便有開燈的人家，大多也是人民公僕們結識的小妹妹或乾女兒們在給看家。

「都市華庭」門前的小公園，每天人氣很旺。早晨一般是在職的職工在這裡鍛鍊；下午是離退休的人員雲集在這裡閒聊、打牌，或在健身器材上運動；晚上這裡是「同志」們銷魂的天堂。什麼「同志」？當然不是抗日戰爭、解放戰爭、抗美援朝出生入死的戰友。以前我也只是聽說，去年我在網上用百度搜索「同志」一詞，結果使我大驚失色，網上的一篇文章把全國主要城市「同志」的活動場所悉數列出，呼和浩特的「都市華庭小公園」赫然在榜。

不才退休後在新浪開通博客，到近日為止，原創博文已逾一百五十萬字，訪問量也達四百六十萬人次。雖然沒獲一分錢的收益，但久坐使腰椎、頸椎受損。為了能夠延年益壽，看到中國的民主進程，天氣好時我常常轉悠到這裡來，伸伸脖子、扭扭腰，聽聽前輩們的高談闊論，有時還能啟發寫作靈感，受益匪淺。

每天下午在這裡活動的有數十人，大多是周圍企事業單位的離退休職工。上至廳局級，下至在這裡看廁所的老頭，人人地位平等。人一退休，就沒有高低貴賤之分，就像王洪文在秦城監獄裡上躥下跳地替吳法憲捉蚊子；吳法憲開釋回家後，鄰居們都叫他吳大爺一樣。人一從天上掉到地下，就回歸了自然，回歸了本性。只是在這裡看廁所的付大爺，一時還不適應。老付的老家在烏盟卓子山的農村，年事已高，一無所長，經人介紹在這裡看廁所，環衛局給他幾百元做生活費。人一窘困，心裡就敏感，人們叫他「付所長」時，他常常變臉失色。其實廁所也是「所」嘛，叫「所長」有啥不好哩？

聽說「付所長」在鄉下還有個老伴，但他沒帶出來。人們問他，為啥不領老伴出來？他說：「租出去了，一年一萬。」有人說他純屬鬼嚼，但也有人信以為真：眼下市場經濟了，人們都往錢眼裡鑽，啥事做不出來？

偉大領袖說：「凡是有人群的地方，就有左、中、右。」他老人家還說：「黨外無黨，帝王思想；黨內無派，千奇百怪。」存在決定意識，不可能所有的人都能思維一致。因此，談論一個問題時，意見相左，面紅耳赤、甚至劍拔弩張都在所難免。

就拿對待改革開放的態度來說吧，這裡的人也分「左中右」。「左」的持「烏有之鄉」的觀點，認為改革開放過火了，資本主義復辟了，人民已經開始吃二遍苦，受二茬罪了，應該儘快開展第二次「文化大革命」；「右」的則認為，改革開放還很不徹底，要加快私有化進程，尊重普世價值觀念，儘快融入世界民主潮流，走民主憲政的道路；中間派則猶疑不定，說話似是而非。符合個人利益時，全力叫好，不符合個人利益時，則顧左右而言他。

記得在前幾年就有這樣一種說法：現在是，有權的想幹啥幹啥；有錢的想吃啥吃啥；沒權沒錢的想說啥說啥。這句順口溜其實擱在這裡也挺適宜。退休早、養老金低的人，往往對國家政策出言不遜，有一個「二毛」破產後即被買斷回家的人就常常牢騷滿腹，一次他氣衝衝地說：「發展什麼呢？發展更多的漢奸賣國賊；發展了更多的貪官；發展富士康十三跳；發展了把毛主席留下的家底賣光？百姓比以前更窮，醫改改的百姓治不起病；房改改的百姓買不起房；教育改的百姓讀不起書！」

一些曾經的「右派」及「地富反壞」分子則認為：從「五四運動」到現在快一百年了，中國至今仍然沒有還政於民，人民就連一張選票也沒有，當家作主還是一句空話。

這裡的人們，就連反腐意識也不盡相同。有兒子做高官的，自己有幾套房子的人，就對反腐一言不發；而租房住的人，則往往憤世嫉俗：「他媽的，讓我們學雷鋒，當官的都學和珅！」

還有一個八十多歲的離休的馬列主義老太太則不以為然，她對任何否定毛澤東的人都言詞激烈地反駁，她說：「沒有毛主席解放我們，現在我們也和臺灣人民一樣生活在水深火熱之中！」有人反唇相譏：「你老公不是因為被打成走資派而自殺的嗎？你怎麼會懷念那個年代呢？」她則說：「這事兒不怨毛主席，是下面的人太壞了！」

這個老太太的離休工資很高，每月有六七千元，其實她沒參加過革命，只因內蒙古解放的早，她參加工作的時間趕在建國前，才榮膺離休待遇。她的保姆換得很勤，大約一個月就要更換一個。聽人說，一來是她為人鄙吝，給人家的工錢過少；二來是她每天就喝稀粥，人家保姆年輕，消化快，喝粥頂不下來。

這個老太太很喜歡向人們推廣一些奇異的東西，比如聽發過功的磁帶；喝發過功的資訊水。依她說，能治療各種疾病，從腳氣到腦瘤都能立見奇效，她就是受益者。她說這個廠家在廣州，如果有人想買，她可以幫助聯繫。但始終有人信，有人不信。

這裡每天還能看到一個據說已經有八十六歲的離休老幹部。這位老幹部身材高大，氣宇軒昂，每天戴著墨鏡，拄著一根檔次很高的拐杖，緩緩而行。他身邊始終伴著隨一位身材修長，皮膚白皙，年齡四十出頭的女人。那個女人不算漂亮，但看上去氣質高雅。她喜歡穿很高的高跟鞋，這樣走起路來可以挺胸提臀，更加顯示身材的妙曼。

聽人們說，那個老幹部是鰥夫，那個女人也是單身，她已經陪伴他十幾年了。老幹部答應他「都市華庭」的房子，死後由這位女人來繼承。當然有人妄談老幹部和她是否有房室之事，也有人認為是胡扯。但是，我卻說，不妨事，因為男人的性功能可以維持終生。

這裡每天還能見到一個九十歲的老頭，人們都稱呼他「九零」。「九零」曾經當過領導，妻子小他二十歲。他耳聰目明，腰板挺直，看樣子活一百歲不成問題，他常常抱怨養老金過低。人們勸他說：「算了吧，人們都像你，社保就不堪重負了，你管夠本了！有多少人，月月交保險金，結果不到六十，就去馬克思那裡報到了。別怕工資少，就怕走得早呢。」

一天，一個剛退休的哥兒們問他：「九零，你現在還有性生活嗎？」他回答說：「有呀，不過不喝偉哥，那個東西就動員不起來了！」聽得人們都咂舌了。

還有一個酷愛喝羊雜碎的老頭，體內膽固醇積累的嚴重超標，因此腦中風，半身不遂。他也經常坐輪椅來這裡閒聊。一次，人們也向他問起同樣的問題，他則說：「不行了，有時候我也想，但老婆不讓我擺動她，我也沒辦法。她不配合，我也上不去呀。」說到此，人們都哈哈大笑起來。

今天，我在那裡用手機給他們照了不少像。一些人扭頭、捂臉不讓照，我就說：大家都是高齡了，留個影吧，也許明天哪個就再也見不到了呢！說到此，他們也就不管我了，任由我亂拍一氣。

物是人非

父母去世後，大妹妹麗萍一直屈居於他們的那套蝸居內。麗萍離異二十多年了，一直陪伴父母，母親病重時和我說：「麗明，這套房將來就讓麗萍住吧！」我說：「您放心吧，這事兒沒問題，這兒不讓她住，讓她去哪兒住呢？」

這套房子是八十年代初期蓋的，已經破敗不堪了。二○○四年，父親和我提出想花錢裝修一下，那時，家裡的破舊物品堆積如山，人都沒有個下腳的地方，如何裝修呢？後來，我在不遠處的迎春花園打聽到一處房子，一百一十五平米二十萬元，每平米才一千七百元。我興沖沖地回家和父母商量，母親沒有意見，但是父親一票否決，他的意思是：人老了，住在這裡慣了，不想挪動了。我猜他的本意，還是怕我花錢。

防疫站的宿舍樓臨近路邊，這套房遲早要拆，因此妹妹無心收拾。雖然父親已去世六年、母親也去世三年了，但是家裡的擺設一切照舊。尤其父親住的那間小屋，枕頭、枕巾都沒有動過。枕邊的鏡盒、半導體收音機、蒲扇都依然原處擺放，彷彿父親剛剛起身，去公園散步去了，一會兒還會回來的樣子。

睹物思人，家裡的每一樣遺物，都有一段令人牽腸掛肚的故事。彷彿他們都在原地靜靜地等候主人歸來。

家裡有兩張一百多年前的歐式鋼絲床，床頭的上端是紫銅的，橫樑及兩根立柱上的銅球被我們用手摸的光溜溜的。這是曾祖父遺留下來的東西，解放前從涼城永興鎮拉至歸綏。今年五月份，聽劉秉忠的孫兒說，這些床是從瑞典飄揚過海運來的。劉秉忠是內蒙古的宗教上層人士，他家與我家是世交。劉秉忠民國時曾在涼城永興鎮的天主堂當神父，後來又在歸綏天主教堂當神父。劉秉忠在涼城時，就親見過曾祖父的鋼絲床，並知道這些鋼絲床是從一個瑞典籍神父手中買來的，更有知情網友道出該神父姓華。

劉秉忠在「鎮反」時差點槍斃，後按「反革命分子」的罪名，被判處有期徒刑十八年。他的孫兒說，祖父被關在歸綏第一監獄時，腳上被釘上了幾十斤重的鐐子。文革時，老先生更是九死一生。

家裡還有一對歐式的折疊鐵椅，估計也是從那位瑞典籍神父手裡買來的，我非常嘆服歐洲人在一百多年前就能夠設計如此精巧的折疊結構。不過這對椅子的椅面，已不是原物，我一九七二年在西郊電廠工作時給更換了。

家裡還有一架清末明初日本產的掛鐘，錶盤上的數字是羅馬字，是父親解放前買的二手貨，它也是祖父級的文物了。記得父親六十年代曾打開錶盤的後蓋查看，上面有修錶師傅的毛筆小楷記錄，最早一次修理是在民國三年。在六十年代初，這個錶還走的很準，每到鐘點，總會「鐺鐺」地鳴響，聲音非常宏亮。後來因為它的年事太高了，走走停停，世面上再也找不到能夠修理它的師傅，才算壽終正寢。

家裡還有一塊用來推蓧麵窩窩的石頭，從紋理上看，是一塊樹木化石。它的孿生兄弟我在內蒙古博物館見過，一模一樣。我也搞不清，現在到底能值多少錢？那些年，父親經常用它推蓧麵窩窩。推蓧麵窩窩需要一定的技巧，當然和蓧麵的品質不無關係。父親也會推蓧麵窩窩，但他的技術實在不敢恭維，母親挖苦他，一兩蓧麵只能推十個窩窩，厚的就像腳後跟。但是，父親的胃口好，就愛吃生冷、辛辣的東西，他說，窩窩再厚我也不怕，切成絲絲炒著吃。

廚房的窗臺上還放著一個鐵缽子，那是個傳家寶，估計它的年齡也有一百多年了。在我的兒時，姥姥就用它來搗白礬、搗調料。六七十年代時，我經常在睡夢中被它的聲音驚醒，那是父親在搗調料。那個年代，就連調料也憑票供應，買回來的調料都是顆粒狀的，不加工無法入口。父親坐在炕沿上，鐵缽子放在墊了毛巾的炕沿上，不緊不慢地搗著。搗一會兒，就倒出來用籮子籮一遍，剩下的渣子再倒回鐵缽子裡繼續搗。搗的過程冗長難耐，鐵杵在搗調料時，發出沉悶的「嗵嗵」聲，不時，鐵杵撞擊在鐵缽子的內壁上，發出清脆的響聲。

廚房的地上至今還扔著一個掏爐灰的鐵勺。呼市八十年代就開始用管道煤氣了。但是父母親用煤做飯一直到死。

八十年代的一天，煤氣公司來給安裝煤氣，那些工人不想在室外挖地溝，煤氣管道要從臥室通過。那座樓的離退休老漢們遂聯合起來抗議，煤氣公司的安裝工們只好收拾起工具走了。

直到如今，那座樓也沒有通煤氣。去父親家時，天天能看到樓下的老漢們在涼房門口劈柴、打炭。

父親的死其實也和此事有關。那天父親在涼房門口劈了一下午的柴，他先是用鋸把木頭鋸斷，然後再用斧頭細細地劈開。那年父親已經八十二歲的高齡了，經過一下午的勞作，有點疲勞。晚飯時，他吃不進，說是胃裡不舒服，其實那是心梗的前兆。母親讓他喝「速效救心丸」，他也不肯，後來喝了點稀飯就睡下了。睡下後，他連身都沒翻就逝去了。直到第二天早晨母親才發現。

還有一個帆布提包現在仍然掛在牆上，它曾經跟隨了父親四十年。一九六九年，父親從事內蒙古戰備醫學昆蟲調查時，天天提著它四處奔走。一次父親提著它去北京的中國軍事醫學科學院，就因為這個書包太破舊，人家門衛攔住不讓進，直以為他個上訪人員。後來裡面的人出來領人，才得以進去。

筷桶裡插滿的那些長短不一的竹筷子，上面的清漆早已斑駁，它們都曾經親近過父母的唇齒，而今都已休歇。

母親天天閱讀的《聖經》依然在床頭整齊擺放著。那是母親一生的精神寄託。直到她彌留之際，還說：別救我了，我要跟上帝走了！

我每次去父母家，總要端起那面母親常用的鏡子細細摩挲，那是一面記錄過母親容顏的橢圓鏡子。在那個貧乏的年代，母親曾經珍愛過它。它起碼已有六十年以上的歷史了，母親的多少次歎息被它聽到過，母親的白髮又多少次被它偷細數過。人去數年了，兒子手持鏡兒淚眼迷濛。

那根被母親的汗手已經拉到發黑的床頭燈繩，再也見不到主人的觸手，不知它最終將魂斷何處？

晉‧陸雲《歲暮賦》：「長歎息而永懷兮，感逝物而傷悲。」朋友，你的家中，是否也有一些不肯捨棄的寶物呢？

與父母靈魂的對話

一

我好幾次在夢境中見到父母，並且與他們對話。一次，我夢見父親，「塵滿面，鬢如霜」，站在我的床前清晰地對我說：「麗明，我好餓呀！」我問父親說：「爸爸，你現在在哪呢？我實在不知道你餓呀！如果知道，我怎麼會不管呢？」說完，我淚如雨下，打濕衣巾，驚醒後再也無法入睡。天一亮就給妹妹打電話訴說此事，並詢問她是否應該給父親燒點紙。妹妹說，父母都是信奉基督教的，按基督教的教義，是不能給他們燒紙的，否則適得其反。

後來，我思索再三，入夜，不顧妹妹的勸阻，在交通學校的十字路口，給父親燒紙錢若干。那天，我在那幾張黃表紙上面畫了好多食物，有麵包、饅頭、水餃、油糕。

我一邊燒一邊念叨：「爸爸，兒子給你送吃的來了，收到後再給我托個夢呀！

「吱——」一輛那種兩邊都敞開著的電瓶車停在我們跟前。車上坐著四個穿制服的城管。

「你在幹啥？」車上一個人說。

我趕緊站起來說：「老人托夢說是餓的不行……」

「把紙弄乾淨——快走吧！」

「吱——」電瓶車又開走了。我看著燃燒的紙錢，腦海裡浮現出一幅幅畫面，父親拿到了錢，他狼吞虎嚥地吃著東西。

父親沒有托夢來，也不知道他收到沒有？我常常想，如果真的有陰間，父親挨餓已經有六個年頭了。母親是虔誠的基督徒，父親雖早年受洗，但後來一直似信非信，上帝不管他的吃喝也是有道理的。

聽鄰居說，紙錢一定要用專門的工具在上面敲打出銅錢的圖樣，或用毛筆在紙錢上書寫逝者的姓名。一次，她的一個親戚，去給他爹燒紙。由於他們那兒風俗的原因，那個孩子什麼都沒做，直接把買來的紙錢燒給了他爹。後來……他爹給他托夢說，燒來的錢冥界銀行不收，買東西人家也不要……

朋友老高，去年也曾夢見母親在冥界辦事處申領「低保」，頓時驚出一身冷汗。第二天趕去墓地查看，無恙。但他還是給母親燒了紙錢，外加一張交通銀行的信用卡，上面寫清楚密碼。不知那邊有沒有取款機。

二

記得一九八三年我住進電管局新建的二號樓時，母親非常欣喜。她說，這下上廁所不用發愁了。還說她不知道何年也能住進樓房。又過了好幾年，母親才搬進了樓房。那年，父親為了採光好，要了一套把邊的房子，殊不知，把邊的房子冬季異常寒冷。牆縫裡因為灰漿不飽滿，直往裡灌風。後來的幾年，木窗戶也變形腐朽了，冬季如果不糊紙無法過冬，每年冬季，父母親都穿的非常臃腫，我每次去看，都感到心痛。

二〇〇九年，我供職的單位在南二環集資蓋房，那裡是地暖，又是大落地窗，冬季非常暖和，每逢年節時，我就去那裡居住。一天晚間，我在那裡又夢見了我的母親，她說：「麗明，媽找不見你的家呀！」從我的舊院來新房，坐六十路、三十八路公交都可以到達，我醒來後也記不清詳細告訴母親了沒有，即便告訴了，飄逸不定的靈魂能找到嗎？

有一次，我還夢見母親神情惶惑，蹣跚地走在去我們幾個孩子家的路上，是去找大妹妹還是去找小妹妹？也許是來我家吧？我看見母親躬著腰，在艱難地上坡，我還聽到她焦灼的聲音：「孩子，你們住在哪兒啊？我找不見你們，找不見你們啊……」我突然驚醒，心裡隱隱地疼。後來我很少再去新房過夜了。我怕母親找不到我，為我擔憂。

如今每逢冬季，我來到南二環的新家，沐浴在窗前溫暖的陽光下時，總要不由地想起父母親，並為此心神不定：父母親都仙逝於舊居內，他們不知道我的新居在哪裡，更不知道我棲身於哪個房間。

三

有好友對我說，目前學術界對夢的成因仍無定論，普遍的看法是：夢是腦在作資訊處理與鞏固長期記憶時所釋出的一些神經脈衝（就像打掃時揚起的灰塵或正被處理中的資訊流），被意識腦解讀成光怪陸離的視、聽覺所造成的。所以他在分析我夢境的成因時說：是因為你很想念他們。

佛洛伊德對夢的解析理論是，夢境發生的事都與日常生活有關，是日常生活的一個投射，也許就是在內心深處對父母的想念。

聽智者說，通常，無論如何做夢，如果夢到了死去的親人、朋友，都有一個共同的特點，就是夢中的死人不說話。無論夢者多麼期盼與死去的親人相遇，可是夢中的親人從不張開他的嘴。

然而，按照周公解夢：夢見與死人交談，會揚名四海；夢見與已經死了的人進餐，會長壽；鰥夫夢見已故的妻子，會與一位受過教養的女人結婚，她會成為自己事業的助手；夢見把死人抱在懷裡，或呼喊死人的名字，不久要離開人世。

有誰能解釋我的夢境的成因？我會揚名四海，抑或長壽嗎？

上帝的福蔭

父母生前一直住在內蒙古衛生防疫站的舊院裡，那座樓是一九八二年建立起來的簡易樓，到現在已經非常陳舊。由於場地的關係，那座樓蓋得位置不正，南北偏斜，院子因此一頭大一頭小，有點三長兩短的樣子，使我總感到不舒服。我曾想，如果請香港的風水大師來看，一定會搖頭不已。

我不相信命運，但就在那座院子裡，不斷有死於非命的人。開始是有一個老婦人夜半開燈，地燈的導線因為磨破了皮，銅線直接與燈桿搭接上了，於是老婦人觸電身亡。

後來又有一家男主人在五樓探出身來擦玻璃，失手從天而降。

再後來，有一家的小女兒，在院門口等公車，車沒擠上去，被擠掉在車輪下，碾壓而死。

還有一個退休老漢，剛買了一輛電動自行車，掌控還不太熟練，就騎行上路了。沒幾天就遭遇車禍，暴斃街頭。

那座樓的離退休老幹部們，也鮮有高齡的，大多在五六十歲去世。有心梗的、腦梗的、癌症的，半座樓的老太太都是寡婦。

最先走的是趙會計趙岐山，那是個舊職員，一輩子謹小慎微，不管對誰說話都唯唯諾諾。與他前後腳走的是司機馮占禮，馮叔叔是張家口人，出身很好，苦大仇深。但不知何故，一直心臟不好，儘管硝酸甘油不離身，天天打對，還是早早走了。

趙岐山與馮占禮都是防疫站的老人，建站時就在一起，好像老家離得也不遠。趙大爺有個女兒，長得面如滿月，豐腴白皙，很有點看頭。馮叔叔的長子馮瑞那時在呼鋼工作，也屬英俊青年。七十年代初，趙大爺的老伴去找馮叔叔的老伴，願意把自己的姑娘許配給馮瑞。誰知道熱臉貼在了涼屁股上，馮叔叔嫌趙家出身不好，堅決阻攔，兩家從此再不往來。

還有個叔叔叫王明，和毛主席的死對頭同名。王明是東部區人，喜歡打麻將、喝燒酒、跳舞。一次，因為打門球，他和同事爭執起來，兩人劍拔弩張還要動手，經人勸說才算分開。當晚王明喝了一瓶子燒酒，夜半撒手人寰。

陳淑芝阿姨，年齡也不大，檢查出癌症後去北京做手術，但畢竟屬於晚期，醫生也回天乏力。據說離世時非常清醒，把家庭的積蓄與債務都交代的一清二楚。

杜寶林叔叔，是個非常熱情善意的人。在那個年代，過分熱情善意都是錯誤，因此他歷次運動都受到批評與指責，罪名是「小商人作風」。杜叔叔的老伴是個美女，在內蒙古醫院工作，父親一直認為他們兩口子很不般配，一次父親與杜叔叔洗澡，回來對我們說：唉！我今天才發現，老杜的兩條小腿都粗細不一！

據說，杜叔叔的老伴，年輕時根本看不上他，但是架不住杜叔叔採用「農村包圍城市」的戰略，天天去岳父母家送吃送喝，幹活打雜，把兩位老人感動的熱淚盈眶。杜阿姨終於經不住父母的攛掇，下嫁杜叔叔。

杜叔叔死於肝癌，享年六十九歲。據說，他非常怕死，那時父親和他住對門，每晚都能聽到他痛苦的哀嚎。杜叔叔的老伴是基督徒，但杜叔叔不是，為了將來老兩口能安葬在一起，杜叔叔在臨終前受洗。老伴從教會請來了牧師，牧師為他做了祈禱。

在安葬母親時，我在呼市的基督徒墓地，見到了杜叔叔的墓，墓碑是一塊碩大的豐鎮墨玉。我淚如雨下，在杜叔叔的墓碑前三鞠躬，祈禱上帝保佑看著我長大的杜叔叔，在天堂安好。

為何那個院子裡的人都很短命？有知情人說，那個院子在解放初期鎮壓反革命時，曾經做過刑場，或許有冤死鬼在作祟？因此有人建議住在那個院子裡的，有點權勢的領導幹部，去五臺山請幾個和尚，做七七四十九天道場，但被人家視為笑談。

在那個院子裡，唯有我的父母親都活到高齡，父親八十三歲無疾而終，母親雖然從小營養不良，竟然也活了八十四歲。父母的家族一百多年以前就都是基督徒，幾代人都信奉的非常虔誠。凡中國人的禮數他們都不講究，比如過年從來不貼春聯、不放鞭炮，也不焚香燒紙。但我們兄妹三個的工作都很好，經濟上也從來沒有捉襟見肘的時候。母親認為全仰仗基督的呵護，她說，當你遵守了上帝的旨意時：

上帝要賜福給你所居住的城鎮和田園。

上帝要賜福給你和你的子孫，並使你五穀豐收、牛羊繁多。

上帝要使你盛穀物和揉麵的器具都蒙福。

上帝要使你出入平安，事事蒙福。

上帝要使你的事業蒙福，使你的倉庫充滿糧食。

……

這段話來自聖經《申命記二八：一—八》

母親還說，凡是在道德行為上遵守上帝律法的人，上帝不但要賜福他本人，而且還要福蔭他的後代——「愛我和遵守我誡命的，我必向他們施慈愛，直到千代。」《出埃及記二〇：二》

基督教不崇拜偶像，不敬神鬼。我們對神鬼的不敬，曾使許多人擔心。我的妹妹對他們說：「我們和你們不是一個系統的，你們是歸閻王爺管理的，我們是歸基督管理的！」妹妹的話似乎有點道理。

聽在醫院工作的妹妹講，凡是基督徒，一般死的都很從容。而信奉唯物主義的領導們對死亡卻恐懼萬分，常常在噩夢中驚醒，在彌留之際嗚哇亂叫。

佛教在中國被改造的極具中國特色，有一句話就可以概括，就是「燒高香」。窮人燒不起高香，自然就進不了天堂。為了能夠在死後進入西方極樂世界，高官、富豪們就拼命在寺廟裡花錢，用來賄賂佛爺。許多人認為極樂世界可以容納的人有限，而有錢人又過多，因此到死都懷揣一顆不安的心。

我喜歡旅遊，遍覽名山古剎，見廟都進，但從不燒香磕頭，也不佈施。每有出家人勸說，我婉拒的方法就是悄悄地告訴他，我是基督徒。這招很靈，他們再也不會跟在你的後面苦苦相勸了。即便有人再三勸告我，我也不聽，我說：「我在這裡孝敬你們的神仙，就會得罪基督；到時候你們的神仙沒有巴結上，基督也不管我了。」雖然看似笑話，但是萬一真的如此呢？

我喜歡胡思亂想：世界上有三大宗教，一定也有三個天堂，三處地獄，神仙會各司其職。因此信仰不要亂來，不能見廟就磕頭，逢寺就燒香，否則到時候神仙們也麻煩，人家該把你安排在哪個天堂呢？

我家的豆豆

一九九九年盛夏的一天，兒子韓龍向我要二百元錢，說是要買文具，我把二百元錢交給了他，一個鐘頭後，他給我抱回了一條才一個多月的京巴。

小狗白的像一個雪球，又像一個絨團，面部扁平如刀削過，非常可愛和讓人憐惜，我們給牠起名叫做豆豆。一個多月的小狗還在哺乳期，我沒有養狗的經驗，不知道如何餵牠，找了一個小碟，用牛奶泡了點饅頭，放在地上讓牠舔食。

豆豆在地上跑的非常歡實，不停地在人的腳下竄來竄去。一天，我突然發現牠的前腳有點跛，疑是誰不小心給踩了，但是無人認帳，從此牠就加入了鄧樸方的隊伍。這麼漂亮的小狗，一隻腳有點跛，總是有點遺憾。

但是牠的厄運由此才開始，不久我去薛家灣出差，家人給牠餃子吃，半個餃子差點要了牠的小命，牠軟弱地起不來，聲音微弱地嗚叫，兒子天天給牠餵青黴素。等我回來那天，一進屋，牠就看到了我，竟然掙扎著立起身來，向我搖尾示愛，也就一秒鐘功夫，牠轟然倒下，我感動的熱淚盈眶。

也許是牠命不該絕，過了幾天終於緩過來了，晚上就在我們的枕邊躺臥，只要我們一醒來，牠就在枕邊跳來跳去，親吻我們的臉頰。

牠命乖運蹇，不久又患了皮膚病，身上長滿了紅包、渾身瘙癢、到處亂蹭，還脫毛。那時呼和浩特還沒有寵物醫院，我們買了一些外用藥來給牠塗抹，也不知道該打什麼針，該餵什麼藥。從書店裡買了一本關於寵物疾病的書翻看，又疑似營養不良。

豆豆的皮膚病終於慢慢地好了，牠每天孤獨地守候在家裡，眼神裡充滿了憂鬱。因為家人懶惰，工作也很忙，很少帶牠去遛彎兒，不知道那些歲月牠是如何度過的。

每天牠孤獨地在家裡期待著我們下班的那一刻，只要你一進門，牠就會表現出無限的熱情，瘋狂地撲向你，搖尾乞憐，用前爪來撓你的褲腳，如果你蹲下來撫摸牠，牠還會親吻你的手。只要有一個家人沒有回來，牠就會在門口苦苦地守候。

那時超市沒有狗糧，為了方便，妻子整箱整箱地買雙匯火腿腸及兒童吃的鈣糖片。近來三・一五才曝光的雙匯火腿腸裡含瘦肉精及防腐劑，我猜想，豆豆是否因為經年累月地吃火腿腸，體質才一直處於亞健康狀態？

給豆豆買的鈣糖片很甜，含糖量很高，牠只要索要，妻子就給牠吃，一年後，豆豆得了糖尿病，牠小便時非常痛苦，每次小便時牠都呻吟，地上遺落的尿液很黏，粘腳。我買來針劑給牠注射，牠不怕疼，總是乖乖地配合。

即使是豆豆沉疴難愈，每逢夜半主人醒來，翻身，牠仍然會跑到你的身邊來看望你，打探你是否有事需要牠幫忙。

二〇〇四年，我已經到了北方公司，數十個電廠同時開工建設，我需要輪番地下工地檢查工作，妻子也經常出差不在家，只好把重病的豆豆寄託在包頭的妻妹家。豆豆生性膽怯，和妻妹的家人也不慣；再加上思念主人，每天鬱鬱寡歡，躲在沙發下不出來。

一天妻妹抱牠去看病，寵物醫院的大夫說牠已經病入膏肓，回力無天，建議安樂死……寫到此處，我淚流滿面。後來豆豆被埋在八一公園的一棵大樹下，妻子獲悉後當晚沒吃晚飯，淚濕衣襟。

我常常想：在這個世界上，一個人的好友可能和他作對，變成敵人；他用慈愛所培養起來的兒女也可能變得不忠不孝；那些我們最感密切和親近的人，那些我們用全部幸福和名譽所癡信的人，都可能會捨棄忠誠而變成叛逆，在這個自私的世界上，一個人唯一不自私的朋友，唯一不拋棄他的朋友，唯一不忘恩負義的朋友就是他的愛犬。

狗可能是上帝派來的天使，牠們讓人快樂，讓人幸福，如果你一無所有，但只要擁有一條狗，那麼你也會感到無比幸福和快樂。當你貧困的時候，你的狗在你的身邊；當你痛苦的時候，你的狗在你的身邊；當你傷心的時候，你的狗依然在你的身邊，所以，當你的狗遇到不幸時，他也要守候牠，因為牠是你的唯一忠誠不變的朋友；

誰能不嫌你貧窮；不嫌你醜陋；不嫌你疾病；不嫌你衰老呢，誰能讓你呼之即來、揮之即去，不計較你的粗魯和無理，並無休止地遷就你呢？除了狗還有誰呢？

有時候我會思索狗為什麼這麼短命的真正原因，我想那必定是因為牠們體恤人類，因為如果只認識一隻狗十年或十二年。失去牠就讓我們痛苦，那麼假如狗的壽命再加一倍，怎麼得了！

不管牠睡得有多沉，依舊能聽到你的呼喚，所有的死神都無力阻止牠興奮快樂地對你搖尾巴的心意。牠跟主人的關係，像是傳統而古板的婚姻關係，沒有一絲一毫分手、離婚的念頭，從一而終，狗不懂得背叛、欺騙和懷疑。對我們來說狗只是生命的過客，而對牠們來說，我們是全部。

豆豆，我對不起你，我不是一個好主人，對你沒有盡責。你也許不是最好的，卻是我擁有過最好的。

我永遠也不會把你忘記，直到我生命的最後一刻。因為即便是一隻小狗，我們在世界上相遇也需要緣分。

勸君不要飼養寵物，因為你一旦失去牠，就會有永久的痛！

電力二區與不粘鍋

內蒙電力集團公司有兩個主要家屬住宅區，即電力一區與電力二區，一區、二區主要是為領導幹部修建的。聲名顯赫的烏力吉就住在電力一區，老局長們住的那個社區叫電力二區。電力一區被人們戲謔為「中南海」，電力二區為「釣魚臺」，由此可見差異。

一九九九年底，電力二區竣工，分完後還剩好幾套大面積的房子，我去找副總經理王維維，說：「王總，又不是我不想當官，是你不讓我當呀！」

王維維說：「老韓，你鬧球甚呢？有話好好說！」

我說：「聽說電力二區還剩幾套房子，我也工作三十多年了，應該不應該給我也分一套？」

王維維說：「應該呀！」

我說：「那你給我寫個條子，讓他們分給我一套！」

王維維沒有猶豫，馬上扯下一張信紙，提筆就給時任辦公室主任的王永夫寫了一個條子：「永夫，請給老韓安排一套住房！王維維。」

我拿著王維維的條子去找王永夫，王永夫看完，指著牆上貼著的樓層及戶型示意圖說：「沒塗黑的就是空房，你自己挑吧。」於是，我挑了一套靠中間的，院子裡前後都不遮擋的房子，然後千恩萬謝地走了。

這套房子非常好住，客廳實寬五米一，還有個大陽臺。餐廳也非常大，設計時主要考慮老局長子女多，即便過年時，孩子們回來同時開飯，也不受影響。

這套房子是電力集團公司的最後一批福利房，因為當時我的工齡已有三十多年了，房價算下來才四百多元一平，老局長算下來好像才三百多元一平。據說，就這老局長們也不領情，出身延安抗大的副局長趙維新拄著拐杖去找現任局長，說：「我交不起，我沒貪污下那麼多錢！」局長說：「你能交多少？」後來好像能交幾個就算幾個了。我們也跟著沾了光，走廊的公攤面積就沒有算錢。

我的樓上住的是托克，那時，他還是人力資源部長，正處級幹部，他父親曾任呼倫貝爾盟的公安處長。那年，他的父親去世，國安部派專人去弔唁，人們才知道，他的老爺子是國安部的成員，北京還給他開著一份工資，人們因此對他的令尊更加肅然起敬。

二〇〇七年，托克在東瓦窯菜市場南端的「新希望家園」買了新房，舉家喬遷。說是喬遷，其實除了洗換衣服、書籍，基本上啥也沒拿。那幾年我的同事們喬遷新居基本上都是如此。

那天早晨，托克搬出了一摞鍋具放在了單元門口的垃圾箱旁。我好奇地問：「這麼好的鍋，你都不要了嗎？」他說：「不要了，都換新的了。」他扭頭上樓，我沉思了片刻，四顧無人，於是慌慌張張地把那套鍋具搬回了家。妻子見狀問我：「誰給你的？」我說：「托處長不要了，我都收撮回來了！」妻子立刻沉下臉來罵我：「一輩子的窮命，你咋不去垃圾箱裡去拾翻，裡面好東西有的是，你不怕丟人我還怕哩！」我沒理她，把一摞鍋放在了後陽臺的桌子上。

二〇〇八年夏季的一天，後半夜，我正在家熟睡，有幾個竊賊撬開我家後陽臺窗戶的護欄，裡應外合，入室偷盜。大約在凌晨四時，忽聽得後陽臺發出稀裡嘩啦的巨響，我慌忙起身查看，只見一個瘦小的小夥子正踩踏桌子從室內往外鑽，等我追出去已逃得無影無蹤。經檢查，發現兩臺筆記型電腦、一架三個CCD的專業數碼攝像機、一個手機、若干銀行卡被盜。我聽到的那聲巨響，是那個竊賊蹬翻了後陽臺桌子上的那摞鍋具所致。我雖然懊惱，卻也慶幸這套鍋具的報警，否則，小偷再拾翻半個小時，不知還要倒騰出去多少東西。我從心裡感謝托克，也感謝人家的這套鍋。

後來，我才仔細地查看了這套鍋，發現都是德國進口的雙立人牌不粘鍋，價格一定不菲。只是因為使用的年多，鍋底稍微有些磨損。我這才恍然大悟，為什麼這麼好的鍋具，人家會棄而不用。

一天晚餐，我突然來了雅興，試著用人家的炒鍋炒菜，發現真的沒有油煙，也不粘。我的新居裝修時，廚房緊跟潮流，是開放式的。為了避免油煙，把液化氣灶安置在了封閉的後陽臺裡。智者千慮必有一失，因為後陽臺沒有暖氣，冬季當冷庫放置一些食物，無法做飯。因此我家多半年時間在餐廳裡的電磁爐上做飯，因為炒菜油煙大，平常不敢在家裡炒菜，只好以燴菜為主。那天試用了托克扔出來的炒鍋，我頓時萌生了也去買不粘鍋的想法。

從去年春天始，我家的炒鍋、煎鍋都換成了帶塗層的不粘鍋。在餐廳裡炒菜、熗鍋，幾乎沒有油煙；因為不粘，鍋具清洗起來也非常方便。自從買了不粘鍋，我家的飲食生活開啟了新紀元。

托克的那套不粘鍋，我一直沒捨得扔，去年全送給了我的內弟。他使用後讚不絕口，我自然不敢向他透露鍋的來歷。作為他的姐夫，一個他很崇拜的高級工程師，竟然去撿拾人家的破爛，實在難以啟齒。

記得那次我去民族商場家電城買蘇泊爾「火紅點」不粘鍋時，正好碰上我的大學同學張海英，她也去給她的婆婆買鍋。她對我買帶塗層的不粘鍋非常不解，她認為，塗層總會要掉的，磨損的塗料會進入胃裡，被人吸收，然後就會致癌，慢慢地死掉；而她買的鐵鍋，即便有磨損，鐵粉進入胃裡會被人吸收，可以補鐵，進而可以延年益壽。那時我還不知道不粘鍋的塗層是無機材料，我只是說，歐美人都在用不粘鍋，人家歐美人都不怕死，中國人怕啥？難道中國人的命比美國人還要值錢？再說炒菜時的油煙直接吸入肺裡，那不是更大的損害嗎？我的同學王光亮，他爹是廚師，就因為年深日久地吸入油煙，後來早早地就得肺癌死了。我和張海英誰也說服不了誰，於是各自散去。

唉，許多人吸好煙、喝好酒，每天酒池肉林，麻桌上度春秋，就是不懂的給老婆買個不粘鍋。老婆每天做完飯，頭髮上都是油煙味。晚上摟著睡覺是否有點掃興？

韓某人自以為多經廣見，直到進入晚年才發現了不粘鍋的奧秘。昨天，我又花了七百多元，從民族家電城買了一口蘇泊爾銅芯導熱五層複合鋼炒鍋，本來不想為蘇泊爾做廣告，寫到此處還是不由地說了出來。這款鍋不帶塗層，也具有不粘與無油煙的功能。據說是採用德國進口的醫用不銹鋼製作的，我試用後感到非常好。

科學與民主是相符相成的，不講民主的國家，人民往往很愚昧。如今網上就是有人不接受蘇泊爾不銹鋼炒鍋，認為炒菜時火不大，味道出不來，其實這種人就適宜生活在茹毛飲血的時代。

朋友，你家裡用的是哪種鍋呢？

尋訪祖居

二〇一三年四月三十日，不才一家三口，驅車赴涼城縣老縣城永興鎮尋訪祖居，尋訪祖居的想法很早就有了，但是，因為兒子不熱心，一直未有成行。今年四月二十九日，兒子在我的慫恿下，終於答應拉我們老兩口回故鄉看看。

父親晚年曾經兩次回故鄉，一次是在七十年代初，曾經和二大爺坐長途汽車回去看過一次；二〇〇三年，妹夫開車拉父母回山西得勝堡省親，路過永興時，父親又進去眊過一頭。

車行六十多公里，路牌提示進入永興鎮地界，於是停車打聽永興中學，因為據父親多次講，我家僅剩的兩排祖居被永興中學侵佔。經人指點，前面不遠處公路邊就是永興中學，不過改成福利院已經好幾年了。

車徑直開到福利院內，只見都是新房，紅牆紅瓦，房頂上遍佈太陽能熱水器。進入辦公室打探，都說這裡原先就是永興中學，問起這裡是否曾經有過兩排老房，有的說不知，有的說依稀見過，早已拆除。我好生懊惱，怪怨兒子懶惰，沒有及時拉我們來看。

須臾，又進來一位老女人，她說，你們打聽的老涼城不在此處，還在北面。你們順路往回開四百米，朝西下路就能找到。那個女人站在路邊再三比劃，我們深表謝意。

兒子往北開行數百米，按指點朝西下路，並不打聽，徑直朝永興湖開去。永興湖就在老涼城的西南數公里處，是涼城縣的一個著名景點，這裡湖水清澈、奇山層巒疊嶂，山水輝映、景色秀麗，近年來遊人如織。

車到永興湖大門口，工作人員示意買票，我下車和幾位收費的小妹妹搭訕，她們說，永興中學就在永興鎮內，她用纖手指向不遠處的一片村莊，並說，公路邊的福利院，原先到是個中學，但是那個中學的歷史並不長久，永興鎮內的老中學，民國年間就有了，現已廢棄。

聽到明確的答覆，我興致昂然，於是驅車徑直朝永興鎮而去。進了鎮口，我先向一位六十多歲的老太太打聽，老太太不知，後來又連問了近十人，包括七八十歲的長者都搞不清。也難怪，有誰能記得一百多年前的老住戶呢？正在此時，有一個五十多歲的王姓男人過來，他一聽便說知道，興沖沖地要給我們帶路。

順路開上去三百米，我們下車隨他步行進入一條小巷，小巷的盡頭是一個大門院，敲門不開，他說看來主人不在，我從門縫朝裡面望去，也看不清楚全貌，心境快然。

老王發現院牆外垛有紅磚，他帶領我踩踏紅磚攀扶而上，翻牆後便是涼房的房頂，站在高處，祖居的房子及院落盡收眼底，我連忙掏出數碼相機從各個角度把祖居的影像盡收囊中。我又喚犬子韓龍也攀猿上來，以祖居為背景，又讓他給我照了許多照片。（在此聲明：我只是來看看，雖然照相的神態很像胡漢三，但我絕不是韓漢三。）

照完相，三人又爬下牆來，進入後面鄰居的院子參觀。鄰居的房子雖然比我們的房子要新些，估計也有三四十年了。戶主是原涼城中學的教師，他回憶該中學最繁盛時曾經有五百名學生在讀。

從教師家出來，恰巧發現祖居的住戶荷鋤回來，正在門外開鎖，我們尾隨進家小坐。女主人六十歲左右，孩子都在外地工作，老漢也去海勃灣看兒子去了，她剛從地裡勞動回來。她說，她十幾年前，見過我的父親。言談舉止記得十分真切。我出出進進審視房舍及院落，感歎這棟房子雖然歷經一百多年，仍不倒不歪，風雨不動安如山。

這個女人說，她們是花錢向鎮裡買的房子，一間按七百元。七八個房間，糧食堆積如山，就是缺少零花錢。

我算計祖居至少有一百二十年了。因為大伯父如果活著今年應該是一百零二歲了，祖父呢？應該至少加二十歲，曾祖父呢？也得至少再加二十歲。

房子的質量真好，經歷好幾次地震不倒不塌，這才叫百年大計！據父親說這個房子的基礎就深達兩米。

曾祖父畢業於山西紡織學校，教書為生，後在慈禧老佛爺的領導下勤勞致富，在老縣城永興鎮置業，在那個時代屬於先富起來的人。

我沒仔細算，這一排房約有八間。估計這些房當年是給下人住的，當年自家住的是很闊大的四合院，都被日本鬼子縱火燒毀了。據父親講，由於信仰天主教，曾祖父和神父相處的非常好，祖居緊鄰天主堂，曾祖父與時俱進，什麼都要和神父學，家居陳設非常西化。

一九三七年九月二十一日，日寇攻陷永興鎮後，屠殺了二百九十九人，史稱「田家鎮慘案」（永興鎮舊稱田家鎮），我家的房子大多被焚毀，只剩下兩排房子，後來被涼城中學侵佔。再後來，拆除了一排，如今就剩下這一排了。

房屋被焚毀後，父親哥三個都棄家而逃，在外讀書。大伯父畢業於山西大學政法系，解放前先當律師，後任國民政府專員；解放後在歸綏三輪車社當會計，一九五七年被打成右派，文革前夕因癌症病故，終年五十四歲。父親十三歲背著行李穿越蠻漢山來呼市讀中學。父親和二伯父都學的是工科，同就讀於蒙疆交通學院。父親最早在國民政府綏遠省建設廳供職；二伯父曾在北京水電部供職，後又在內蒙古水利廳任副總工程師。

犬子韓龍，電力工程師。他對家鄉和故土沒有任何感情，雖然我再三引導，他仍然沒有那種拜謁先祖故居的神聖莊嚴感。甚至說：「那時那麼有錢，為什麼不移民美國和臺灣！如果那樣，我如今就是美國人或臺灣人了。」我說，你是個混蛋！不知道故土難離嗎？

犬子懶洋洋的，他不喜歡當烏盟人，我說咱們祖上當年又不是種地的，是搞土地出租的，就像現在無數的個體工商戶一樣。不過幸虧伯父與父親逃出來讀書，要是在老家早被整死了。因為那時只要是地主都屬於剝削階級，都不是好人。

解放前幾年，祖父就死了，祖母還健在，為了同葬，祖父的棺材未入土，暫厝於山坡上。後來父親與伯父們出逃，家鄉土改，無人敢回去安葬祖父，祖父的遺體因此就灑骨揚塵了。

祖墳不知蹤影，無法憑弔；祖先已經有上百年無人祭祀了，都是孤魂野鬼。父親生前，我常常和他說起此事，他們弟兄三人竟然沒有將父親入土為安，實為不孝。但父親說：這是無法的事，誰敢回去呢？

那個姓王的鄰居老漢，也是地主出身。他的祖父土改時被整死了，父親也被打殘廢了。他的祖父和我的祖父原是鄰居，因此對我家的情況有所瞭解。他當初抱怨祖父為何不把他的父親送到歸綏讀書，使他們這一代人受了一輩子苦。現在他醒悟了，把兩個兒女都培養成了大學生。但是女兒從農大畢業好幾年了，至今沒有正式工作。

愚妻比房東老太太大好幾歲，但看上去比房東要年輕的多，可見農人的艱辛。愚妻對我的祖居也無太大的興趣，她是衝著永興湖來的。

從祖居出來，已近午時。我請那位姓王的鄰居老漢在飯館吃了一頓飯，喝了點燒酒，兒子還給了他一盒中華煙。我對他千恩萬謝，要不是他我也許會無望而歸，唉，總算看到祖宗的生息地了。

午飯後，我們與鄰居依依惜別，此行，我總算圓了一個夢！可以告慰列祖列宗了！如祖宗有在天之靈，一定會感動得熱淚盈眶的。

後記

二〇〇一年的諾貝爾文學獎得主奈保爾宣佈：長篇小說是十九世紀的產物，二十一世紀是寫實的世紀。他要把非虛構文體打磨成為一種利器，為了人類書寫記憶的權利而戰。紀實，已成了一個全球性的文學現象。

二〇〇一年，也是諾獎開獎百年紀念，瑞典文學院以「見證的文學」為題召開了一個研討會，各路巨匠提出，希望文學起到為歷史見證的作用，作家應該記錄歷史的真切感受，用自己的語言對抗以意識形態來敘述的歷史和政治謊言。

數十年來，由於大歷史背景的強大制約，個人記憶常常被限制。我們的記憶首先被遮蔽，接著被規訓。一九四九年以後的生活，歷史已經書寫塗改又書寫幾經輪迴。白紙黑字早已不是草民的經歷。國人幾乎面臨著被記憶刪除的命運。人所共知的災難，難以有細節化的描述，僅存記憶也枯燥失活。總的來說，民族記憶的容量在縮水，色彩在單一，想起來，沉痛又無奈。我常常為此感到前所未有的震撼。

不才虛度六十年，期間所見所聞的國事、家事、天下事太多了，有那麼多刻骨銘心的苦難與淚水，幸福與歡樂。這一切都會觸動我們尚且柔軟的心和脆弱的感情，我將盡力用拙筆追憶出來。說是回憶錄，其實是用事輯的方式記錄了我的人生歷程，也可稱之為老綏遠韓氏的人生風景或曰生存狀態全紀錄。

個人記憶只是一條小溪，條條小溪湧流，才能匯成蒼茫的大河。只有千百萬人齊努力，個人記憶終究會轉化為民族的集體記憶，民間史才會成為民族的歷史，民族的歷史才不會被消亡。

苦難對於成功者來說是一筆財富，對於一蹶不振的人來講是滅頂之災。海明威說，好作家要有一個不幸的童年。特殊的童年經歷會促使你用一種特殊的視角來看待世界，擁有這種視角才能成為個性鮮明的生活記錄者。

我係一介草民，沒幹過宏大的事業，沒有參與過決定別人命運的事情，因此我只有回顧，不需要懺悔。只是在回憶的過程中會引發哀痛，會一次次揭開自己的傷疤，讓它再次流血。寫作過程中淚流滿面是經常的事情。

鮑伯・伯克思說：我們的人生擁有那麼多「無法忘懷的時刻」，元・劉壎也在《隱居通議・禮樂》裡說：「余亦六十有六矣，老冉冉至，懷舊淒然。」我常常懷念舊城的北門、新城的鼓樓、老火車站的票房、二人臺的草臺班子、公園的露天舞場、厚棉褲、家做鞋、木頭餄餎床子、老式鐵殼開水瓶、手搖電話、老式麵包、翹著大喇叭的留聲機。

懷舊是一種情緒，也是一種苦澀的情結，是黃昏時分的一個節目。人類天生就喜歡這個節目，我們的心靈必須要有一些舊的東西才算是完滿。

懷舊是一種記憶，更是一種權利。我們都有過對以往的留戀，常駐足於一些卑微的物件面前而長久不肯離去，因為這些卑微的物件構成了個人履歷中的紀念碑，使我們確定無疑地賴此建立起人性的檔案。

我與新中國同齡，一九五九年建國十年大慶時拍的紀錄片《祖國的花朵》，裡面在北京北海划船的少男少女們都和我同齡。

建國初期有一幅照片《我們熱愛和平》，一對童男女懷抱和平鴿站在天安門前的華表下，這幅照片曾被廣泛印刷，並在各種場合張貼，曾出現在信封、筆記本、明信片、搪瓷杯上。記得在鐵製茶葉筒上也見過他倆的圖案，他們也和我是同齡人。不知他們後來的命運是否仍然受到上蒼的眷顧，眼下活在哪裡？

往事如煙，一切都會煙消雲散的！

是為後記

韓麗明

二〇一三年十月於呼和浩特

釀時代12　PC0419

牆縫裡的祕密（下）
——文革謬事拾遺

作　　者　韓麗明
主　　編　蔡登山
責任編輯　蔡曉雯
圖文排版　莊皓云
封面設計　王嵩賀

出版策劃　釀出版
製作發行　秀威資訊科技股份有限公司
114 台北市內湖區瑞光路76巷65號1樓
電話：+886-2-2796-3638　傳真：+886-2-2796-1377
服務信箱：service@showwe.com.tw
http://www.showwe.com.tw
郵政劃撥　19563868　戶名：秀威資訊科技股份有限公司
展售門市　國家書店【松江門市】
104 台北市中山區松江路209號1樓
電話：+886-2-2518-0207　傳真：+886-2-2518-0778
網路訂購　秀威網路書店：http://www.bodbooks.com.tw
國家網路書店：http://www.govbooks.com.tw
法律顧問　毛國樑　律師
總 經 銷　聯合發行股份有限公司
231新北市新店區寶橋路235巷6弄6號4F
電話：+886-2-2917-8022　傳真：+886-2-2915-6275

出版日期　2014年10月　BOD一版
定　　價　660元

國家圖書館出版品預行編目

牆縫裡的祕密：文革謬事拾遺 / 韓麗明著. -- 一版. -- 臺北市：釀出版, 2014.10
冊； 公分. -- (釀時代；PC0417, PC0419)
BOD版
ISBN 978-986-5696-43-6 (上冊：平裝). --
ISBN 978-986-5696-44-3 (下冊：平裝)

1. 韓麗明 2. 回憶錄 3. 文化大革命 4. 文集

782.887 103019118

讀者回函卡

感謝您購買本書，為提升服務品質，請填妥以下資料，將讀者回函卡直接寄回或傳真本公司，收到您的寶貴意見後，我們會收藏記錄及檢討，謝謝！

如您需要了解本公司最新出版書目、購書優惠或企劃活動，歡迎您上網查詢或下載相關資料：http:// www.showwe.com.tw

您購買的書名：________________________________

出生日期：________年________月________日

學歷：□高中（含）以下　□大專　□研究所（含）以上

職業：□製造業　□金融業　□資訊業　□軍警　□傳播業　□自由業

　　　□服務業　□公務員　□教職　□學生　□家管　□其它_____

購書地點：□網路書店　□實體書店　□書展　□郵購　□贈閱　□其他

您從何得知本書的消息？

□網路書店　□實體書店　□網路搜尋　□電子報　□書訊　□雜誌

□傳播媒體　□親友推薦　□網站推薦　□部落格　□其他__________

您對本書的評價：（請填代號　1.非常滿意　2.滿意　3.尚可　4.再改進）

封面設計____　版面編排____　內容____　文／譯筆____　價格____

讀完書後您覺得：

□很有收穫　□有收穫　□收穫不多　□沒收穫

對我們的建議：________________________________

____

____

____

請貼
郵票

11466
台北市內湖區瑞光路 76 巷 65 號 1 樓
秀威資訊科技股份有限公司 收
BOD 數位出版事業部

(請沿線對折寄回,謝謝!)

姓　名:____________ 年齡:________ 性別:□女 □男

郵遞區號:□□□□□

地　址:______________________________

聯絡電話:(日)______________ (夜)______________

E-mail:______________________________